审计学习题与解答

陈力生　何　芹　主编

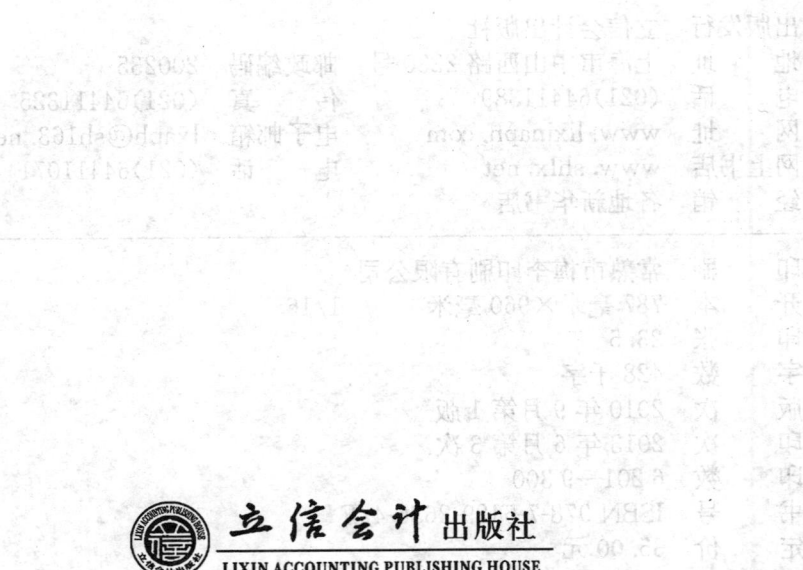

立信会计出版社
LIXIN ACCOUNTING PUBLISHING HOUSE

图书在版编目(CIP)数据

审计学习题与解答/陈力生,何芹主编. 一上海:立
信会计出版社,2010.9
　立信会计系列精品教材
　ISBN 978-7-5429-2636-4

　Ⅰ.① 审… Ⅱ.① 陈… ② 何… Ⅲ.① 审计学—解
题 Ⅳ.① F239.0-44

中国版本图书馆 CIP 数据核字(2010)第 187497 号

审计学习题与解答

出版发行	立信会计出版社			
地　址	上海市中山西路 2230 号	邮政编码	200235	
电　话	(021)64411389	传　真	(021)64411325	
网　址	www. lixinaph. com	电子邮箱	lxaph@sh163. net	
网上书店	www. shlx. net	电　话	(021)64411071	
经　销	各地新华书店			

印　刷	常熟市梅李印刷有限公司	
开　本	787 毫米×960 毫米	1/16
印　张	23.5	
字　数	428 千字	
版　次	2010 年 9 月第 1 版	
印　次	2013 年 6 月第 3 次	
印　数	6 201—9 300	
书　号	ISBN 978-7-5429-2636-4/F	
定　价	35.00 元	

如有印订差错　请与本社联系调换

前　言

　　为了适应大学本科审计、会计、财务管理和税务等专业审计学课程教学的需要，我们根据立信会计出版社出版的立信会计系列精品课程教材之一的《审计学》一书，组织编写了《审计学习题与解答》。本书和《审计学》教材一样，都是根据我国财政部2006年2月15日发布的中国注册会计师执业准则编写的。本书不仅适用于审计、会计、财务管理和税务等经济管理类专业学生学习，而且还可以作为其他相关专业的学生学习审计学课程时的参考资料；另外，还可以满足从事审计实际工作的人员及参加各类成人教育培训人员学习使用。

　　本书的编写力求适应审计、会计、财务管理和税务专业的特点。本书的特点如下：

　　1. 配套：作为《审计学》的配套习题用书，我们组织了教材的原班作者，根据我校新的教学大纲进行了大量的调整和修订。

　　2. 实用：突出理论与实际相结合，前后各章知识点能够融会贯通，讲究审计知识综合性和融合度，很大程度上满足了学生进行大量的专业判断和职业怀疑的需要。题目按照教学大纲的要求编写，具有一定的广度和深度，难易结合，颇具指导性。

　　3. 精练：选题上要求有代表性，尽量做到举一反三，事半功倍，使学生操练后确实学有所悟，做有提高，练有成效。

　　4. 规范：以现行实施的审计准则和会计准则等相关专业的规范为依据，各章均分"习题"与"参考答案及解析"两个部分，以方便学生自我测试、自我检查,增强动手能力,强化学习效果和提高学习效率。

5. 模拟:为方便学生进行自测和临考应试训练,在本书的最后附有三套模拟实战标准试卷,以供参考。

本书由陈力生、何芹担任主编,并对全书的内容进行审核和总纂。具体分工为:第四、第五、第六和第七章由陈力生编写,第一、第二、第三和第二十二章由何芹编写,第八、第九和第十八章由袁敏、陈力生编写,第十和第十一章由杨罡编写,第十二、第十六和第十七章由高前善编写,第十三、第十四和第十五章由高圣荣编写,第十九和第二十章由张彦编写,第二十一章由汪晓林编写。

由于编写时间紧迫和作者水平所限,书中遗漏和不妥之处在所难免,我们殷切期待各位任课老师及读者给予批评与指正,以便不断提高本书习题的质量。

陈力生

2010 年 9 月

目　录

第一章 审计概述

第一部分 习 题

一、思考题

1. 我国审计和西方审计的产生和发展过程是怎样的?
2. 什么是审计? 谈谈你对审计本质的认识。
3. 什么是审计发展的理论动因? 审计的理论动因的流行观点有哪些?
4. 你如何理解审计发展和环境的关系?

二、名词解释

1. 审计环境　　　　　　　　　2. 审计的概念
3. 审计假设　　　　　　　　　4. 审计判断
5. 审计本质　　　　　　　　　6. 国家审计
7. 内部审计　　　　　　　　　8. 注册会计师审计

三、单项选择题

1. 我国政府审计官职"宰夫"最早出现在( )。

A. 西周时代　　　B. 夏朝　　　C. 宋代　　　D. 唐朝

2. ( ),全国上下形成了统一完整的审计模式。

A. 明朝　　　　　B. 秦汉时期　　　C. 宋代　　　D. 唐朝

3. 国际内部审计师协会(IIA)成立于( )年。

A. 1941　　　　　B. 1940　　　C. 1942　　　D. 1943

4. 下列项目中,不属于托马斯·李提出的审计假设的有( )。

A. 审计必要性假设　　　　　　B. 审计行为假设
C. 审计职能假设　　　　　　　D. 审计目标假设

5. 审计的职能不包括( )。

A. 经济监督职能　　　　　　　B. 经济鉴证职能

C. 经济评价职能　　　　　　　　　D. 经济仲裁职能

6. 下列关于抽样审计的理解中，不正确的是（　　）。

A. 对所有的会计资料逐笔进行审计

B. 审计效率高

C. 适用于规模较大、业务复杂、会计资料繁多

D. 适用于管理基础工作好、内部控制制度较完善的单位

7. 古代审计产生的主要标志是（　　）的出现。

A. 司会　　　　　B. 宰夫　　　　　C. 御史大夫　　　　　D. 天官

8. （　　）曾采用"上计制度"，皇帝亲自听取和审核各级地方官吏的财政会计报告，以确定赏罚。

A. 秦、汉　　　　　B. 隋　　　　　C. 唐　　　　　D. 宋

9. 旧中国的第一家会计师事务所是（　　）。

A. 正则会计师事务所　　　　　　　B. 潘序伦会计师事务所

C. 谢霖会计师事务所　　　　　　　D. 徐永祚会计师事务所

10. （　　），全国人大常委会通过了《中华人民共和国注册会计师法》。

A. 1993 年 10 月 31 日　　　　　　B. 1994 年 10 月 31 日

C. 1993 年 12 月 31 日　　　　　　D. 1994 年 12 月 31 日

11. 2006 年，为了进一步规范注册会计师执业行为，提高执业质量，中国注册会计师协会又重新修订和拟订了（　　）。

A.《中国注册会计师执业准则》　　　B.《中国注册会计师职业准则》

C.《中国注册会计师道德规范》　　　D.《中国注册会计师认证业务准则》

12. （　　）年在苏格兰的爱丁堡创立了世界上第一个职业会计团体——"爱丁堡会计师协会"。

A. 1853　　　　　B. 1854　　　　　C. 1852　　　　　D. 1851

13. （　　）是指一定时期的社会经济发展水平及其运动机制对审计工作的客观要求。

A. 经济环境　　　B. 政治环境　　　C. 法律环境　　　D. 科技环境

14. （　　）是审计的基本职能。

A. 经济监督　　　B. 经济鉴证　　　C. 经济评价　　　D. 经济认证

15. （　　）是指根据特定需要或目的进行的审计。

A. 专项审计　　　B. 特殊目的审计　　C. 非法定审计　　D. 报送审计

四、多项选择题

1. 审计环境主要包括（　　）。

A. 经济环境　　B. 政治环境　　C. 法律环境　　D. 科技环境

E. 社会环境

2. 审计动因的主要理论是（　　）。

A. 受托责任论　　B. 代理理论　　C. 信息论　　D. 保险论

E. 多因素决定论

3. 对审计本质的不同认识，主要有（　　）。

A. 查账论　　B. 方法过程论　　C. 经济监督论　　D. 经济控制论

E. 经济检查论

4. 审计的制约作用体现在（　　）。

A. 揭露背离社会主义方向的经营行为

B. 揭露经济资料中的错误和舞弊行为

C. 揭露经济生活中的各种不正之风

D. 打击各种经济犯罪活动

E. 促进经济管理水平和经济效益的提高

5. 按实施审计的时间分类，审计可分为（　　）。

A. 事前审计　　B. 事中审计　　C. 事后审计　　D. 定期审计

E. 不定期审计

6. 审计基本分类的标准是（　　）。

A. 审计主体　　　　　　　　　B. 审计内容和目的

C. 审计时间　　　　　　　　　D. 审计地点

E. 审计范围

7. 我国国家审计发展过程大体经历了（　　）三个阶段。

A. 古代审计　　B. 近代审计　　C. 现代审计　　D. 当代审计

E. 近现代审计

8. 审计是独立的审计人员通过收集和评价证据，对特定经济实体的各种会计资料和其他资料及所反映的财务收支和其他有关经营管理活动进行审查并对其与既定标准符合程度提出结论，从而提高信息可信性的经济监督、鉴证和评价业务。该定义的内容体现了（　　）。

A. 审计的性质　　B. 审计的主体　　C. 审计的方法　　D. 审计的依据

E. 审计的对象

9. 西方国家的审计体制类型主要有（　　）。

A. 立法型审计体制　　　　　　B. 司法型审计体制

C. 行政型审计体制　　　　　　D. 3E 型审计体制

E. 5E 型审计

10. 下列属于莫茨和夏拉夫基本假设的代表性观点的是( )。

A. 财务报表和财务数据是可以验证的

B. 审计人员与被审单位管理者之间没有必然的利害冲突

C. 公认会计原则的一致运用可使财务状况和经营成果得到公允表达

D. 审计人员有能力独立地审查财务资料并发表意见

E. 独立审计人员的职业地位负有相应的职业责任

11. 我国审计界对审计假设的理解主要有( )。

A. 审计必要性假设   B. 审计对象可证实性假设

C. 错误与弊端存在性假设   D. 行为衡量标准假设

E. 无反证判定假设

12. ( )基本上未设专门的审计机构,审计处于中衰时期。

A. 元   B. 明   C. 民国   D. 清

E. 西周

13. 审计判断的构成要素包括( )。

A. 审计人员   B. 审计判断结果

C. 审计判断的决策过程   D. 审计判断的信息加工过程

E. 审计判断任务

14. 按照不同的审计主体所实施的审计,审计可分为( )。

A. 国家审计   B. 内部审计

C. 注册会计师审计   D. 中介审计

E. 企业审计

15. ( )规定了上市公司必须向交易所提出经过公证会计师审查鉴证的财务报表(资产负债表和利润表),这就促使了证券交易审计的诞生。

A.《证券法》   B.《注册会计师法》

C.《证券交易法》   D.《审计法》

E.《会计法》

五、判断题

1. 审计就是查账。   ( )

2. 全面审计不等于详查。   ( )

3. 不定期审计是指审计机构事先不通知被审计单位,而是出其不意的以突击形式的审计。   ( )

4. "查账论"认为审计是一种系统的查账方法和过程。   ( )

5. 莫茨和夏拉夫的基本假设分为审计必要性假设、审计行为假设和审计职能

假设共三类十三条。 （ ✓ ）

　　6. 审计环境,是指与审计有关的内部因素的综合。 （ ）

　　7. 审计属于鉴证业务范畴。 （ ）

　　8. 我国内部审计的产生与政府审计同步。 （ ）

　　9. 按照代理论的观点,审计是保持经理人与股东利益最大化的控制器,其本质在于促进股东利益和经理人的利益都达到最大化。 （ ）

　　10. 审计职能是审计本身固有的职能,是永恒不变的。 （ ）

六、简答题

　　1. 概述审计的概念。

　　2. 谈谈我国审计界对审计假设的认识。

　　3. 审计的职能主要有哪些?

　　4. 谈谈你对审计判断的认识。

第二部分　参考答案及解析

三、单项选择题

　　1.【正确答案】A

　　【答案解析】最早政府审计官职"宰夫"应产生于西周时代。

　　2.【正确答案】B

　　【答案解析】秦代实行御史制度,国家设御史大夫直接辅佐皇帝,行使对国家政治和财政的监督工作。在全国三十六郡设监御史,负责郡、县的政治和财政监察工作,全国上下形成了统一完整的审计模式。

　　3.【正确答案】A

　　【答案解析】1941 年,国际内部审计师协会(Institute of Internal Auditors,IIA)的成立,标志着内部审计进入新的阶段。

　　4.【正确答案】D

　　【答案解析】托马斯·李发展了莫茨和夏拉夫的审计假设理论,他在《公司审计》一书中将审计假设分为审计必要性假设、审计行为假设和审计职能假设共三类十三条。

　　5.【正确答案】D

　　【答案解析】我国审计界对审计职能的观点,主要有两种:一种是"单一职能论",另一种是"多职能论"。持"多职能论"者认为审计除审计监督这一基本职能外,还具有经济评价和经济鉴证职能。

6.【正确答案】A

【答案解析】详细审计是指对被审计单位所审计年度内的全部会计资料包括凭证、账簿、报表等逐一进行审查。

7.【正确答案】B

【答案解析】公元前 11 世纪至 1840 年,为我国国家审计的古代审计阶段。最早产生于西周时代,其主要标志是"宰夫"一职的出现。

8.【正确答案】A

【答案解析】秦、汉两代都曾采用"上计制度",皇帝亲自听取和审核各级地方官吏的财政会计报告,以确定赏罚。

9.【正确答案】A

【答案解析】旧中国第一家会计师事务所——"正则会计师事务所",新中国的第一家会计师事务所是上海会计师事务所(1981 年)。

10.【正确答案】A

【答案解析】1993 年 10 月 31 日,全国人大常委会通过了《中华人民共和国注册会计师法》。

11.【正确答案】A

【答案解析】2006 年,为了进一步规范注册会计师执业行为,提高执业质量,中国注册会计师协会又重新修订和拟定了《中国注册会计师执业准则》。

12.【正确答案】A

【答案解析】1853 年在苏格兰的爱丁堡创立了世界上第一个职业会计团体——"爱丁堡会计师协会"。

13.【正确答案】A

【答案解析】审计的经济环境是指一定时期的社会经济发展水平及其运动机制对审计工作的客观要求。

14.【正确答案】A

【答案解析】经济监督是审计的基本职能。无论是传统审计,还是现代审计,其基本职能都是经济监督。

15.【正确答案】A

【答案解析】专项审计是指根据特定需要或目的进行的审计,如世界银行贷款审计、支农扶贫专项资金审计。

四、多项选择题

1.【正确答案】A、B、C、D、E

【答案解析】审计环境主要包括经济环境、政治环境、法律环境、科技环境和社会环境等。

2.【正确答案】A、B、C、D、E

【答案解析】审计动因的主要理论是目前最流行的受托责任论以及代理理论、信息论、保险论和多因素决定论。

3.【正确答案】A、B、C、D

【答案解析】本质是一事物区别于其他事物的根本属性,审计本质是审计区别于其他事物的根本属性,对审计本质的不同认识,主要有查账论、方法过程论、经济监督论和经济控制论。

4.【正确答案】A、B、C、D

【答案解析】E是审计的促进作用。

5.【正确答案】A、B、C

【答案解析】定期审计和不定期审计的分类标准是审计是否有确定的时间。

6.【正确答案】A、B

【答案解析】C、D、E是审计其他分类的标准。

7.【正确答案】A、B、C

【答案解析】我国审计历史源远流长,其中数国家审计起源甚早。从国家审计发展过程看,大体经历了古代审计、近代审计和现代审计三个阶段。

8.【正确答案】A、B、C、D、E

【答案解析】① 体现了审计的性质——经济监督、鉴证和评价业务。② 体现了审计的主体——独立的审计人员。③ 体现了审计的方法——收集和评价证据。④ 体现了审计的依据——既定的标准。⑤ 体现了审计的对象——特定经济实体的各种会计资料和其他资料及所反映的财务收支和其他有关经营管理活动。

9.【正确答案】A、B、C

【答案解析】西方国家的审计体制有四种,立法型、司法型、行政型和独立审计体制。

10.【正确答案】A、B、C、D、E

【答案解析】莫茨和夏拉夫提出了八条基本假设,A、B、C、D、E是其中五条。

11.【正确答案】A、B、C、D、E

【答案解析】20世纪80年代中期我国的审计学者在综合研究美英学派审计假设理论的基础上,分别从审计必要性、审计对象可证实性假设、错误与弊端存在性假设、行为衡量标准假设、无反证判定假设等方面对审计基本假设提出了独到的见解。

12.【正确答案】A、B、D

【答案解析】明元朝取消了比部,户部行使审核会计报告权。明、清时,比部职权虚有其名。

13.【正确答案】A、E

【答案解析】审计判断的构成要素,既是作出审计判断的基础,也是研究审计判断的基础,包括审计人员和审计判断任务。

14.【正确答案】A、B、C

【答案解析】按照不同的审计主体所实施的审计,审计可分为国家审计、内部审计及注册会计师审计。

15.【正确答案】A、C

【答案解析】1933 年公布了《证券法》,1934 年公布了《证券交易法》,规定上市公司必须向交易所提出经过公证会计师审查鉴证的财务报表(资产负债表和损益表),这就促使了证券交易审计的诞生。从此,美国注册会计师审计的重点由资产负债表审计发展为以损益表为中心对整个财务报表进行审计,即财务报表审计。

五、判断题

1.【正确答案】×

【答案解析】"查账论"认为审计就是"查账",就是对会计资料及财务报表进行的检查。但除了查账论以外,对审计的认识还有方法过程论、经济监督论和经济控制论等。

2.【正确答案】×

【答案解析】全部审计是指对被审计单位一定时期内的全部会计资料或全部经济活动所进行的审计。详细审计是指对被审计单位所审计年度内的全部会计资料包括凭证、账簿、报表等逐一进行审查。

3.【正确答案】×

【答案解析】不定期审计是指不确定审计时间,而临时进行的审计。例如,根据司法机关的委托,对某项案件进行专案审查等。

4.【正确答案】×

【答案解析】"查账论"认为审计就是"查账",就是对会计资料及财务报表进行的检查。"方法过程论"认为审计是一种系统的方法和过程。

5.【正确答案】×

【答案解析】托马斯·李将审计假设分为审计必要性假设、审计行为假设和审计职能假设共三类十三条。

6.【正确答案】×

【答案解析】审计环境,是指与审计有关的内外部因素的综合。

7.【正确答案】✓

8.【正确答案】×

【答案解析】我国审计历史源远流长,其中数国家审计起源甚早。

9.【正确答案】✓

10.【正确答案】×

【答案解析】审计职能是审计自身所具有的内在功能。审计职能不是一成不变的,它是随着客观环境的变化而发展变化的。

六、简答题

1.【正确答案】审计是独立的审计人员通过收集和评价证据,对特定经济实体的各种会计资料和其他资料及所反映的财务收支和其他有关经营管理活动进行审查并对其与既定标准符合程度提出结论,从而提高信息可信性的经济监督、鉴证和评价业务。该定义的特定点主要有:① 体现了审计的性质——经济监督、鉴证和评价业务。② 体现了审计的主体——独立的审计人员。③ 体现了审计的方法——收集和评价证据。④ 体现了审计的依据——既定的标准。⑤ 体现了审计的对象——特定经济实体的各种会计资料和其他资料及所反映的财务收支和其他有关经营管理活动。

2.【正确答案】我国审计界对审计假设的理解主要有:① 审计必要性假设。② 审计对象可证实性假设。③ 错误与弊端存在性假设。④ 行为衡量标准假设。⑤ 无反证判定假设。⑥ 其他方面假设。

3.【正确答案】审计的职能有:经济监督职能;经济鉴证职能;经济评价职能。

4.【正确答案】审计判断是审计人员根据其专业知识和经验,通过识别和比较,对审计事项和自身的行为所作的估计、断定或选择审计判断。审计人员和审计判断任务是审计判断系统的构成要素。审计判断主要存在两种模式:一种是审计判断的决策过程模式;另一种是审计判断的信息加工模式。

第二章 审计目标和对象

第一部分 习 题

一、思考题

1. 你如何理解审计目标? 审计总目标与具体目标存在什么关系?
2. 被审计单位管理层对财务报表的认定分为哪几类? 其具体内容是什么?
3. 财务报表审计和特殊目的审计业务的区别是什么?
4. 你如何理解审计对象? 审计对象应该包括哪些内容?

二、名词解释

1. 审计目标   2. 审计总目标
3. 审计具体目标   4. 管理层认定
5. 特殊目的审计   6. 审计对象

三、单项选择题

1. 财务报表审计的目标是注册会计师通过执行审计工作对( )发表的审计意见。
   A. 会计资料及其他有关资料的真实性、合法性
   B. 经济活动
   C. 财务报表的合法性、公允性
   D. 财务状况、经营成果及现金流量

2. 财务报表审计属于( )鉴证业务。
   A. 合理保证   B. 部分保证   C. 有限保证   D. 全面保证

3. 甲公司将 2009 年度的主营业务收入列入 2008 年度的财务报表,则其 2008 年度财务报表存在错误的认定是( )。
   A. 截止   B. 计价或分摊   C. 发生   D. 完整性

4. 注册会计师应当确认被审计单位的资产是否均按历史成本入账,这是为了

证实资产的( )认定。

    A. 存在或发生   B. 完整性   C. 计价与分摊   D. 表达与披露

5. 注册会计师的审计意见旨在( )。

    A. 对财务报表提供认证   B. 解决受托者的经济责任

    C. 完成审计工作责任   D. 提高财务报表的可信赖程度

6. ( )认定是指交易和事项发生的金额均已包括。

    A. 存在或发生   B. 完整性   C. 截止   D. 表达与披露

7. ( )认定是指资产负债表所列的各项资产、负债和所有者权益在资产负债表中是存在的。

    A. 存在   B. 完整性   C. 截止   D. 计价和分摊

8. 被审计单位管理层关于固定资产"完整性"的认定,与( )。

    A. 固定资产的低估和高估都有关   B. 固定资产的高估有关

    C. 固定资产的低估有关   D. 固定资产的低估和高估都无关

9. "权利和义务"认定只与( )的组成要素有关。

    A. 资产负债表   B. 利润表   C. 现金流量表   D. 全部财务报表

10. 被审计单位当年建造完工厂房已投入使用并办理了固定资产竣工决算手续,但注册会计师发现厂房的"工程成本"中有多笔职工福利开支费,则违反固定资产报表项目的( )认定。

    A. 存在   B. 完整性

    C. 计价和分摊   D. 分类和可理解性

11. 如果主营业务收入明细账记录了一笔没有发生销售交易,则违反了交易和事项的( )认定。

    A. 完整性   B. 准确性   C. 计价   D. 发生

12. 被审计单位管理层对各类交易和事项的认定不包括( )。

    A. 发生   B. 截止

    C. 分类   D. 准确性和计价

13. ( )认定是指财务信息已被恰当地列报和描述,且披露内容表述清楚。

    A. 存在   B. 分类和可理解性

    C. 完整性   D. 计价和分摊

14. 下列各项中,被审计单位( )违反了权利与义务认定。

    A. 未将作为抵押固定资产披露   B. 将未发生的销售登记入账

    C. 未计提固定资产减值准备   D. 将原材料入账确定错误

15. 如果将其他业务收入记录为主营业务收入,则导致交易分类的错误,就违反了( )认定。

A. 存在 B. 分类 C. 完整性 D. 计价和分摊

四、多项选择题

1. 注册会计师通过执行审计工作对财务报表发表审计意见,注册会计师发表审计意见的内容是( )。

A. 财务报表是否符合适用的会计准则和相关会计制度的规定

B. 财务报表是否符合《企业会计准则》和国家其他有关法规的规定

C. 财务报表是否在所有方面公允地反映被审计单位的财务状况、经营成果和现金流量

D. 财务报表是否在所有重大方面公允地反映被审计单位的财务状况、经营成果和现金流量

E. 财务报表是否在所有重大方面真实地反映被审计单位的财务状况、经营成果和现金流量

2. 管理层对各类交易和事项运用的认定通常分为( )。

A. 发生 B. 完整性 C. 准确性 D. 截止

E. 分类

3. 特殊目的审计业务一般包括( )。

A. 按照《企业会计准则》和相关会计制度以外的其他基础(简称特殊基础)编制的财务报表

B. 财务报表的组成部分 C. 合同的遵守情况

D. 简要财务报表 E. 中期财务报表

4. 与期末账户余额相关的审计目标有( )。

A. 存在 B. 权利和义务 C. 完整性 D. 计价和分摊

E. 准确性

5. 我国国家审计的总目标是对财政收支和财务收支的( )进行审查和评价。

A. 真实 B. 经济 C. 合法 D. 效率

E. 效益

6. 我国部门、单位内部审计的总体目标是通过检查会计账目及其相关资产,监督财政收支和财务收支的( )。

A. 真实 B. 经济 C. 合法 D. 效率

E. 效益

7. 鉴证业务按保证程度分为( )。

A. 合理保证 B. 积极保证 C. 有限保证 D. 消极保证

E. 全面保证

8. 管理层认定包括(　　)。

A. 与各类交易和事项相关的认定　　B. 与期末账户余额相关的认定

C. 与列报相关的认定　　D. 与资产负债表相关的认定

E. 与损益表相关的认定

9. 注册会计师可能应委托人要求对被审计单位按照特殊基础编制的财务报表发表审计意见。特殊基础通常包括(　　)。

A. 计税基础　　B. 收付实现制基础

C. 监管机构的报告要求　　D. 生产基础

E. 销售基础

10. "存在"认定是指各项(　　)在资产负债表日是存在的。

A. 资产　　B. 负债　　C. 所有者权益　　D. 收入

E. 利润

11. "发生"认定是记录的交易和事项已发生且与被审计单位有关,即(　　)在会计期间内是否确实发生。

A. 资产　　B. 负债　　C. 所有者权益　　D. 收入

E. 费用

12. "权利和义务"是针对(　　)来说的。

A. 资产　　B. 负债

C. 所有者权益　　D. 收入

E. 费用

13. 下列对审计对象理解中,正确的是(　　)。

A. 外延上的审计实体,即被审计单位

B. 内涵的审计内容

C. 审计内容在范围上的限定

D. 被审计单位的各种会计资料和其他资料

E. 被审计单位的财务收支以及其有关经营管理活动

14. 对财务报表的组成部分进行审计,这里指的"财务报表的组成部分"包括(　　)。

A. 财务报表特定项目　　B. 特定账户

C. 特定账户的特定内容　　D. 资产负债表

E. 利润表

15. 注册会计师对财务报表审计是对财务报表(　　)方面发表审计意见。

A. 是否存在重大错报

B. 是否按照适用的会计准则和相关会计制度的规定编制

    C. 是否反映了管理层的判断和决策

    D. 是否在所有重大方面公允反映被审计单位的财务状况、经营成果和现金流量

五、判断题

1. 注册会计师的审计意见旨在提高财务报表可信赖程度即是对被审计单位未来生存能力或管理经营效率、效果提供担保。   （   ）

2. 不论是财务报表审计，还是特殊目的审计业务，审计的总目标都是出具独立、客观、公正的审计意见，确立或解除被审计单位管理层的经济责任及加强被审计单位的管理控制。   （   ）

3. 特殊目的审计业务与财务报表审计业务的差异仅在于审计意见所表述的对象不同。   （   ）

4. 如果不存在某顾客的应收账款，在应收账款试算平衡表中却列入了对该顾客的应收账款，则违反了完整性目标。   （   ）

5. 准确性是指相关账户、数字、计算、加总及勾稽关系的正确性。   （   ）

6. 由截止认定推导出的审计目标是确认接近于资产负债表日的交易记录于恰当的期间。   （   ）

7. 在财务报表审计中，被审计单位管理层在治理层的监督下对编制财务报表承担责任，并通过签署财务报表确认其责任。   （   ）

8. 在财务报表审计中，注册会计师的责任是按照中国注册会计师审计准则的规定对财务报表发表审计意见，并通过签署审计报告确认其责任。   （   ）

9. 如果没有发生销售交易，但在销售日记账中记录了一笔销售，则违反了交易和事项的“存在”认定。   （   ）

10. 公允性是指被审计单位的财务报表在所有方面公允地反映了被审计单位的财务状况、经营成果及现金流量。   （   ）

六、简答题

1. 简述财务报表审计目标。

2. 各类交易和事项、期末账户余额、列报的审计目标有什么不同？

3. 什么是特殊目的审计业务？主要有哪些类型？

4. 你如何理解审计对象？

七、案例分析题

1. 表 1 共列示了投资、应收账款和固定资产项目的若干具体审计目标及可能

实施的主要审计程序。请针对每一审计目标,在相应的审计项目内选出能够实现该审计目标的一项最佳审计程序,将其相应的编号列在题后表格内,每一项审计程序最多只能被选择一次。

表 1   审计财务及主要审计程序

审计项目	审计目标	审 计 程 序
投资	(1) 投资的存在性 (2) 投资的计价准确 (3) 在资产负债表日,投资项目的分类反映恰当	A. 检查长期投资与短期投资在分类上相互划转已进行正确的会计处理 B. 抽查投资交易记录原始凭证,证实有关凭证是否已预先编号 C. 确定投资价格的任何波动已进行恰当的会计处理 D. 函证资产负债表日被托管的所有有价证券 E. 确定负责转让有价证券的职员没有接触现金、银行存款记录 F. 将投资项目各明细账期初余额与上年度审计工作底稿核对
应收账款	(4) 在资产负债表日,应收账款记录完整 (5) 资产负债表日应收账款余额正确 (6) 财务报表中,应收账款分类反映恰当 (7) 在资产负债表日,被审计单位对所有应收账款具有法定收款权	A. 分析应收账款同销售的比率关系,并同前期比较 B. 实施销售截止测试,确定销售业务和相应的存货及销货成本记录在恰当的会计期间 C. 按计提坏账准备的范围、标准测算已提坏账准备是否充分,并提请调整大额差异 D. 抽查被审计单位职员及有关部门的暂借款项的记录,确定已记入正确的账户 E. 检查货运文件是否连续编号,作废的文件是否盖章注销 F. 复核所有货款协议,确定应收账款是否已作抵押 G. 检查销售退回和折让是否附有按顺序编号并经主管人员核准的贷项通知单
固定资产	(8) 被审计单位对所审会计期间内所增固定资产享有所有权 (9) 在资产负债表日所有在册固定资产均存在 (10) 在资产负债表日,所有固定资产的净值均已正确计量	A. 将固定资产明细账期初余额与上年度审计工作底稿核对 B. 复核折旧费用的计提,并确定固定资产有效使用年限及折旧方法同以前年度一致 C. 确定固定资产记录部门与保管使用部门的职责分离 D. 审查固定资产契约和保险单据 E. 实施截止测试,证实固定资产维修费用已计入恰当的会计期间 F. 确定所有机器设备均已保险 G. 实地检查所有主要的机器设备

2. XYZ 会计师事务所接受 ABC 公司的委托,审计该公司 20××年度财务报表。会计师事务所委派 A 注册会计师担任项目负责人,并将签署审计报告。A 注册会计师确定存货项目为重点审计领域,同时根据管理层的认定确定存货项目的具体审计目标如表 2,并选择以下审计程序以保证审计目标的实现:

(1) 检查现行销售价目表。

(2) 审阅财务报表。

(3) 在监盘存货时,选择一定样本,确定其是否包括在盘点表内。

(4) 选择一定样本量的存货会计记录,检查支持记录的购货合同和发票。

(5) 在监盘存货时,选择盘点表内一定样本量的存货记录,确定存货是否在库。

(6) 测试直接材料、直接人工费用、制造费用的合理性。

表 2   具体审计目标和审计程序

管理层的认定	具 体 审 计 目 标	审计程序
	公司对存货均拥有所有权	
	记录的存货数量包括了公司所有的在库存货	
	已按成本与可变现净值孰低法调整期末存货的价值	
	存货成本计算准确	
	存货的计价基础已在财务报表恰当披露	

要求:请代 A 注册会计师,确定与各具体审计目标最相关的管理层的认定(根据交易和事项、账户余额和列报分类)和最恰当的审计程序(根据提供的审计程序选择)。

3. 假定下列具体审计目标已被审计人员选定,审计人员应当确定的与各具体审计目标最相关的管理层认定和最恰当的审计程序分别是什么? 将管理层认定和审计程序分别填入表 3 中。

表 3   管理层认定和审计程序

序号	管理层认定	具体审计目标	审计程序
(1)		销售收入的分类正确	
(2)		销售收入的入账时间正确	
(3)		销售收入确实已经发生	
(4)		销售收入没有隐瞒	

第二部分　参考答案及解析

三、单项选择题

1. 【正确答案】C

【答案解析】见《中国注册会计师审计准则第 1101 号——财务报表审计的目标和一般原则》的规定。

2. 【正确答案】A

【答案解析】《中国注册会计师执业准则》(2006 年)将鉴证业务按保证程度分为合理保证和有限保证。合理保证的保证水平高于有限保证的保证水平。财务报表审计属于合理保证鉴证业务。

3. 【正确答案】A

【答案解析】截止认定是指交易和事项已记录于正确的会计期间。比如,管理层认定当期费用在当期确认记录,而不是在下期记录。

4. 【正确答案】C

【答案解析】计价和分摊认定是指资产、负债和所有者权益以恰当的金额包括在财务报表中,与之相关的计价或分摊调整已恰当记录。

5. 【正确答案】D

【答案解析】见《中国注册会计师审计准则第 1101 号——财务报表审计的目标和一般原则》的规定。

6. 【正确答案】B

【答案解析】完整性目标则针对漏记交易(低估)。

7. 【正确答案】A

【答案解析】存在认定是指资产负债表所列的各项资产、负债和所有者权益在资产负债表是存在的。

8. 【正确答案】C

【答案解析】"完整性"的认定与固定资产的低估有关;"存在"认定与固定资产的高估有关。

9. 【正确答案】A

【答案解析】权利和义务是指记录的资产由被审计单位拥有或控制,记录的负债是被审计单位应当履行的偿还义务。

10. 【正确答案】C

【答案解析】固定资产在确定入账价值时,多计了不应该计入的"职工福利费支出",表明资产的总值估价不正确,违反"计价和分摊"认定。

11.【正确答案】D

【答案解析】发生认定是指记录的交易和事项已发生且与被审计单位有关,利润表所列的各项收入和费用在会计期间内是否确实发生。

12.【正确答案】D

【答案解析】管理层对各类交易和事项运用的认定通常分为:发生、完整性、准确性、截止、分类。

13.【正确答案】B

【答案解析】分类和可理解性认定是指财务信息已被恰当地列报和描述,且披露内容表述清楚。比如,管理层认定资产负债表所列示的长期负债将在1个经营周期后或1年后到期,任何和长期负债相关的特殊情况都已被清晰披露。

14.【正确答案】A

【答案解析】权利和义务是指记录的资产由被审计单位拥有或控制,记录的负债是被审计单位应当履行的偿还义务。

15.【正确答案】B

【答案解析】分类是指交易和事项已记录于恰当的账户。

四、多项选择题

1.【正确答案】A、D

【答案解析】见《中国注册会计师审计准则第1101号——财务报表审计的目标和一般原则》的规定。

2.【正确答案】A、B、C、D、E

【答案解析】管理层对各类交易和事项运用的认定通常分为:发生、完整性、准确性、截止、分类。

3.【正确答案】A、B、C、D

【答案解析】审计的特殊目的是指审计人员对被审计单位除对外提供的会计报表以外的会计报表或其他会计信息进行审计,并发表审计意见。特殊目的审计业务一般包括:按照企业会计准则和相关会计制度以外的其他基础(简称特殊基础)编制的财务报表;财务报表的组成部分;合同的遵守情况;简要财务报表。

4.【正确答案】A、B、C、D

【答案解析】管理层对期末账户余额运用的认定通常分为下列类别:存在;权利和义务;完整性;计价和分摊。

5.【正确答案】A、C、E

【答案解析】根据《审计法》第二条第三款的规定,我国国家审计的总目标是对财政收支和财务收支的真实、合法和效益进行审查和评价。

6.【正确答案】A、C、E

【答案解析】根据《审计署关于内部审计工作的规定》，我国部门、单位内部审计的总体目标是：通过检查会计账目及其相关资产，监督财政收支和财务收支的真实、合法、效益。

7.【正确答案】A、C

【答案解析】《中国注册会计师执业准则》(2006 年)将鉴证业务按保证程度分为合理保证和有限保证。

8.【正确答案】A、B、C

【答案解析】认定是指管理层对财务报表各组成要素的确认、计量、列报作出的明确或隐含的表达。管理层认定包括与各类交易和事项相关的认定、与期末账户余额相关的认定、与列报相关的认定。

9.【正确答案】A、B、C

【答案解析】注册会计师可能应委托人要求对被审计单位按照特殊基础编制的财务报表发表审计意见。特殊基础通常包括计税基础、收付实现制基础和监管机构的报告要求。

10.【正确答案】A、B、C

【答案解析】存在认定是指资产负债表所列的各项资产、负债和所有者权益在资产负债表日是存在的。比如，管理层认定某公司在资产负债日、资产负债表所列的存货确实存在并可供使用，所列的负债存在且待偿还。

11.【正确答案】D、E

【答案解析】发生：记录的交易和事项已发生且与被审计单位有关。它是指利润表所列的各项收入和费用在会计期间内是否确实发生。

12.【正确答案】A、B

【答案解析】权利和义务认定是指记录的资产由被审计单位拥有或控制，记录的负债是被审计单位应当履行的偿还义务。

13.【正确答案】A、B、C、D、E

【答案解析】A、B、C是审计对象的抽象表述，D、E是审计具体对象的两方面内容的表述，均属于审计对象的内涵的表述。

14.【正确答案】A、B、C

【答案解析】财务报表的组成部分，包括财务报表项目、特定账户或特定账户的特定内容。

15.【正确答案】B、D

【答案解析】见《中国注册会计师审计准则第 1101 号——财务报表审计的

目标和一般原则》的规定。

五、判断题

1. 【正确答案】×

【答案解析】注册会计师的审计意见旨在提高财务报表的可信赖程度,而不是担保。

2. 【正确答案】√

3. 【正确答案】√

4. 【正确答案】×

【答案解析】违反了存在性目标。

5. 【正确答案】×

【答案解析】准确性是指与交易和事项有关的金额及其他数据已恰当记录。比如,管理层认定销售发票被正确传递,总数加计正确并且准确地记录进会计系统。

6. 【正确答案】√

7. 【正确答案】√

8. 【正确答案】√

9. 【正确答案】×

【答案解析】违反了交易和事项的"发生"认定。

10. 【正确答案】×

【答案解析】公允性是指被审计单位的财务报表在所有重大方面公允地反映了被审计单位的财务状况、经营成果及现金流量。

六、简答题

1. 【正确答案】财务报表审计的目标是注册会计师通过执行审计工作,对财务报表的下列方面发表审计意见:① 财务报表是否按照适用的会计准则和相关会计制度的规定编制。② 财务报表是否在所有重大方面公允地反映被审计单位的财务状况、经营成果和现金流量。

2. 【正确答案】与各类交易和事项相关的审计目标有:真实性、完整性、准确性、截止、分类;与期末账户余额相关的审计目标有:真实性、所有权、完整性、计价、准确性;与列报相关的审计目标有:真实性、所有权、完整性、分类、计价、准确性、披露。

3. 【正确答案】所谓审计的特殊目的,是指审计人员对被审计单位除对外提供的会计报表以外的会计报表或其他会计信息进行审计,并发表审计意见。特殊目的审计业务一般包括:① 按照企业会计准则和相关会计制度以外的其他基础(简称特殊基础)编制的财务报表。② 财务报表的组成部分,包括财务报表特定项目、特定账户或特定账户的特定内容。③ 合同的遵守情况。④ 简要财务报表。

4.【正确答案】审计对象或审计客体,即参与审计活动关系并享有审计权利和承担审计义务的主体所作用的对象,它是对被审计单位和审计的范围所作的理论概括。根据其定义可知,审计对象包含两层含义:其一是外延上的审计实体,即被审计单位;其二是内涵的审计内容或审计内容在范围上的限定。审计对象可以概括为被审计单位的会计资料、其他资料及其所反映的被审计单位的财务收支和有关经营管理活动。具体来说,应包括以下两个方面的内容:① 被审计单位的各种会计资料和其他资料。② 被审计单位的财务收支及其有关经营管理活动。

七、案例分析题

1.【正确答案】

审计目标	(1)	(2)	(3)	(4)	(5)	(6)	(7)	(8)	(9)	(10)
审计程序	D	C	A	E	C	D	F	D	G	B

2.【正确答案】

管 理 层 认 定	具 体 审 计 目 标	审计程序
账户余额的权利和义务	公司对存货均拥有所有权	(4)
账户余额的完整性	记录的存货数量包括了公司所有的在库存货	(5)
账户余额的计价和分摊	已按成本与可变现净值孰低法调整期末存货的价值	(1)
账户余额的计价和分摊	存货成本计算准确	(6)
列报的准确性和计价	存货的计价基础已在财务报表恰当披露	(2)

3.【正确答案】

序号	管理层认定	具体审计目标	审 计 程 序
(1)	分类	销售收入的分类正确	检查证明销售交易分类正确的原始凭证
(2)	截止	销售收入的入账时间正确	将销售交易登记入账的日期与发运凭证的日期比较核对
(3)	发生	销售收入确实已经发生	追查主营业务收入明细账中的分录至销售单、销售发票副联及发运凭证
(4)	完整性	销售收入没有隐瞒	将发运凭证与相关的销售发票和主营业务收入明细账及应收账款明细账中的分录进行核对

第三章　审计独立性

第一部分　习　题

一、思考题

1. 什么是审计的独立性？审计独立性的衡量尺度是什么？
2. 注册会计师应该从哪些方面对独立性予以特别关注？
3. 试分析不同政府审计模式的特点。
4. 谈谈你对我国政府审计管理体制的理解。

二、名词解释

1. 独立性 　　　　　　　　　2. 精神独立
3. 形式独立 　　　　　　　　4. 政府审计模式
5. 政府审计机关领导体制 　　6. 审计关系

三、单项选择题

1. 我国政府审计模式属于(　　　)。

A. 立法模式　　　B. 司法模式　　　C. 独立模式　　　D. 行政模式

2. 在立法模式下,最高国家审计机关隶属于(　　　)。

A. 立法部门　　　B. 政府部门　　　C. 财政部门　　　D. 独立的机构

3. 法国的审计模式属于(　　　)。

A. 立法模式　　　B. 司法模式　　　C. 独立模式　　　D. 行政模式

4. 我国注册会计师审计(　　　)。

A. 只独立于审计委托人

B. 只独立于被审计单位

C. 既独立于审计委托人又独立于被审计单位

D. 既不独立于审计委托人又不独立于被审计单位

5. 下列提法中,表述正确的是(　　　)。

A. 政府审计是独立性最强的一种审计

B. 财务报表的合法性是报表使用者最为关心的

C. 注册会计师审计意见旨在提高财务报表的可信赖程度

D. 注册会计师具备了精神上的独立,形式上可以不独立

6. 审计的主体是(   )。

A. 审计关系人　　B. 审计师　　　　C. 被审计人　　　D. 审计委托人

7. 审计由三方面关系人构成,他们依次是(   )。

A. 委托人、受托人和被审计单位

B. 注册会计师(受托人)、委托人和被审计单位

C. 注册会计师(受托人)、被审计单位和委托人

D. 被审计单位、注册会计师和委托人

8. (   )是审计的本质属性和重要特征,也是审计的精髓。

A. 权威性　　　　B. 独立性　　　　C. 客观性　　　　D. 合法性

9. 注册会计师在第三者面前呈现出一种独立于委托单位的身份,在他人看来,注册会计师是独立的,这种独立称之为(   )。

A. 经济独立　　　B. 思想独立　　　C. 精神上的独立　D. 形式上的独立

10. 出现(   )情况时,鉴证业务的独立性将会受到"自我评价威胁"。

A. 鉴证人员现在是或最近曾经是鉴证客户的董事或经理

B. 鉴证人员的直系亲属或近缘亲属是鉴证客户的员工

C. 与鉴证客户存在密切的经营关系

D. 从鉴证客户处接受礼品或招待

11. 审计监督区别于其他经济监督的根本特征是(   )。

A. 及时性　　　　B. 广泛性　　　　C. 独立性　　　　D. 科学性

12. 在下列内部审计机构设置的不同体制中,独立性最弱的是(   )。

A. 监事会或审计委员会领导体制　　　B. 总经理领导体制

C. 财务副总经理领导体制　　　　　　D. 董事会领导体制

13. 依照职业道德规范,审计人员受雇于被审计单位,则从(   )方面影响其鉴证业务的独立性。

A. 经济利益　　　B. 自我评价　　　C. 关联关系　　　D. 外界压力

14. 在以下情形中,最有可能削弱注册会计师应有独立性的是(   )。

A. 未按要求接受后续教育

B. 按照资产总额的1%或利润总额的5%收取审计费用

C. 后任注册会计师未能与前任取得联系

D. 向帮助取得审计业务的有关人员支付回扣

15. 在为客户提供鉴证业务服务时,下列属于自我评价威胁而影响会计师事务所或注册会计师独立性的情况有( )。

   A. 事务所拟按审定后的资产总额的 1‰收取服务费用

   B. 注册会计师曾为客户设计内部控制

   C. 在上次审计时注册会计师曾与被审计单位在一项会计业务的重要性判断上发生重大分歧,因为对财务报表的影响重大,被审计单位曾暗示将重新考虑聘请注册会计师事宜

   D. 在承接业务之前,被审计单位声称资金运作不畅,要求降低审计收费,并称其各地分公司和办事处较多,建议注册会计师对其存放于外地的存货不必过多费心

四、多项选择题

1. 注册会计师的独立性体现在( )。

   A. 单向独立　　　　B. 双向独立　　　　C. 精神上的独立　　D. 形式上的独立

   E. 实质上的独立

2. 注册会计师应该特别关注可能损害独立性的因素,包括( )。

   A. 经济利益　　　　B. 自我评价　　　　C. 关联关系　　　　D. 外界压力

   E. 审计收费

3. 根据国家审计机关的职能和隶属关系,世界各国的政府审计模式主要划分为( )。

   A. 立法模式　　　　B. 司法模式　　　　C. 独立模式　　　　D. 行政模式

   E. 财政模式

4. 我国政府审计机构的级别有( )。

   A. 审计署

   B. 各省、自治区、直辖市审计(厅)局

   C. 直辖市、自治州、盟、行政公署(省人民政府派出机关)审计局

   D. 县、旗、县(市)级审计局

   E. 乡镇审计机构

5. 审计关系人是指( )。

   A. 审计师　　　　　　　　　　　　B. 审计委托人

   C. 被审计单位　　　　　　　　　　D. 审计准则制定者

   E. 审计利害关系人

6. 著名审计会计学家莫茨和夏拉夫等人认为审计的独立应是( )。

   A. 财务利益方面的独立　　　　　　B. 精神状态方面的独立

C. 评价依据方面的独立   D. 组织地位方面的独立

E. 自由调查方面的独立

7. 在《利马宣言——审计规则指南》中专门提出的独立性问题,是指(   )。

A. 最高审计机关的独立性

B. 最高审计机关成员和官员的独立性

C. 最高审计机关行为的独立性

D. 最高审计机关报告的独立性

E. 最高审计机关财务上的独立性

8. 注册会计师在执行审计业务时,下列情况中,为保持独立性而应回避的事项有(   )。

A. 注册会计师的母亲退休前担任被审计单位工会的文艺干事

B. 持有被审计单位发行的公司债券

C. 为被审计单位设计内部会计控制制度

D. 其配偶在委托单位担任董事

9. 下列关于审计三方关系人的说法中,正确的有(   )。

A. 第一关系人是审计师

B. 第二关系人是被审计人

C. 第三关系人是审计授权人或委托人

D. 注册会计师审计中,审计师独立于被审计人和审计授权人或委托人

E. 被审计人和审计授权人或委托人之间存在受托经济责任关系

10. 关于内部审计的下列论断中,正确的是(   )。

A. 其目标为对组织内部的经营活动及内部控制的适当性、合法性和有效性进行审计

B. 其独立性较差,时间安排比较灵活

C. 内部审计是被审计单位内部控制系统的重要组成部分

D. 内部审计人员应当遵循独立审计准则

11. 会计师事务所和注册会计师应当考虑经济利益对独立性的损害。可能损害独立性的经济利益因素包括(   )。

A. 收费主要来源于某一鉴证客户   B. 对鉴证业务采取或有收费的方式

C. 对鉴证客户存在密切的经营关系   D. 可能与鉴证客户发生雇佣关系

12. "自我评价"是可能影响鉴证业务独立性的重要因素。在以下所列的各种情形中,属于"自我评价"因素的是(   )。

A. 接受鉴证客户或其董事、经理、其他关键管理人员或能够对鉴证业务产生直接重大影响的员工的贵重礼品或超出社会礼仪的款待

    B. 会计师事务所的高级管理人员或签字注册会计师与鉴证客户长期交往

    C. 为鉴证客户提供直接影响鉴证业务对象的其他服务

    D. 为鉴证客户编制属于鉴证业务对象的数据或其他记录

  13. 会计师事务所和注册会计师应当考虑"关联关系"对独立性的损害。以下情形中,属于关联关系因素的是(   )。

    A. 鉴证小组成员曾是鉴证客户的董事、经理、其他关键管理人员或能够对鉴证业务产生直接重大影响的员工

    B. 与鉴证小组成员关系密切的家庭成员是鉴证客户的董事、经理、其他关键管理人员或能够对鉴证业务产生直接重大影响的员工

    C. 鉴证客户的董事、经理、其他关键管理人员或能够对鉴证业务产生直接重大影响的员工是事务所的前高级管理人员

    D. 为鉴证客户提供直接影响鉴证业务对象的其他服务或为鉴证客户编制属于鉴证业务对象的数据或其他记录

  14. 在承办具体鉴证业务时,会计师事务所应当维护其独立性。维护独立性的措施主要包括(   )。

    A. 安排小组以外的注册会计师进行复核

    B. 制定能使所有员工向更高级别管理人员反映独立性问题的政策和程序

    C. 向鉴证客户的审计委员会或监事会告知服务性质和收费范围

    D. 将独立性受到损害的鉴证小组成员调离鉴证小组

  15. 会计师事务所应当从整体上维护其独立性,对此应采取的措施主要包括(   )。

    A. 制定有关独立性的政策和程序,包括识别损害独立性的因素、评价损害的严重程度以及采取相应的维护措施

    B. 建立必要的监督及惩戒机制以促使有关政策和程序得到遵循

    C. 及时向所有高级管理人员和员工传达有关政策和程序及其变化

    D. 制定能使员工向更高级别人员反映独立性问题的政策和程序

五、判断题

  1. 我国地方审计机关实行双重领导体制,同时受本级人民政府行政首长和上一级审计机关领导。   (   )

  2. 审计机关在国务院总理领导下依照法律规定独立行使审计监督权,不受其他行政机关、社会团体和个人的干涉。   (   )

  3. 独立性是审计的本质特征和灵魂所在。   (   )

  4. 注册会计师审计受到鉴证客户降低收费的压力而不得不缩小工作范围,这

不会影响到审计的独立性。 （　　）

5. 在我国,无论政府审计、内部审计还是注册会计师审计,都是双向独立的。
（　　）

6. 注册会计师若与被审计单位的某位员工具有亲属关系,就不得执行该客户
的审计业务。 （　　）

7. 在确定审计收费金额并写入业务约定书之后,即使发生了与预期情况不同
的事项,收费金额也不得变动,否则就属于或有收费方式,将损害事务所的独立性。
（　　）

8. 政府审计是独立性最强的一种审计。 （　　）

9. 从审计模式上看,我国的政府审计属于行政模式。 （　　）

10. 我国政府审计机构共分为四级,即：审计署,各省、自治区、直辖市审计
(厅)局,省辖市、自治州、盟、行政公署(省人民政府派出机关)审计局,县、旗、县
(市)级审计局。 （　　）

11. 我国审计长由国家主席提名,全国人民代表大会或其常务委员会决定人
选,国务院总理任命。 （　　）

12. 行政模式的政府审计独立性最强。 （　　）

六、简答题

1. 何谓独立性? 你如何理解独立性? 分别从内部审计、政府审计、注册会计
师审计视角探讨审计独立性的对象。

2. 如何衡量审计独立性?

3. 可能损害独立性的因素有哪些?

4. 谈谈你对政府审计体制的理解。

七、案例分析题

1. 指出下列事项中注册会计师为保持独立性是否应该回避? 为什么? 注册
会计师所在的会计师事务所还能否承担此业务? 应该注意些什么? 假定以下事项
互不相关。

(1) 注册会计师郑某的女儿是 ABC 公司的总经理,ABC 公司 20××年曾为
XYZ 公司货款 1 000 万元担保,XYZ 公司聘请郑某审计其 20××年度财务报表。

(2) 注册会计师郑某的妻子拥有 XYZ 公司超过 5% 的股权,XYZ 公司聘请他
审计其 20××年度的财务报表。

(3) 注册会计师郑某曾担任过 XYZ 公司的财务总监,离任 1 年后 XYZ 公司
聘请他审计其 20××年度的财务报表。

(4) 注册会计师郑某已经担任 XYZ 公司年度财务报表审计业务的项目经理 5 年了，20××年 XYZ 公司仍聘请郑某审计其财务报表。

(5) XYZ 公司聘请注册会计师郑某审计其 20××年度的财务报表，郑某拥有其子公司发行的公司债券。

2. 20×8 年 10 月初，中天恒会计师事务所正在考虑与下列单位签署审计业务约定书。请根据具体情况判断一下是否损害独立性；在有损于独立性的情况下，如有降低影响独立性的措施，请予指出。

(1) 中天恒会计师事务所 20×7 年初以每年 50 万元的租价租赁了一幢办公大楼的一层，并已预付了 3 年的租金 150 万元。为降低费用，事务所决定从 20×8 年起，按市场价格将闲置的房屋转租给 F 保险公司。由于租金上并无优惠，中天恒事务所决定继续接受 F 公司 20×8 年度财务报表审计业务。

(2) Y 银行是中天恒会计师事务所多年的审计客户。20×8 年，为更好地解决双方职工工作就餐问题，中天恒事务所与其相邻的 Y 银行共同出资招聘厨师，组建职工食堂。因为事务所并未从 Y 银行收费，决定继续接受其 2008 年度财务报表审计业务。

(3) 为防范执业风险，中天恒会计师事务所 20×8 年初从 Q 保险公司购买了职业保险，中天恒会计师决定少收该公司 20×8 年审计费用 30 万元，Q 保险公司则免收该事务所的保费。

(4) 20×8 年中期，中天恒会计师事务所首次接受了 Z 银行 20×8 年度财务报表审计业务。为提高 Z 公司财务人员及中天恒会计师事务所组建的审计小组人员的工作能力，会计师事务所与 Z 银行互派业务骨干到对方单位实习，熟悉对方业务。

(5) 中天恒会计师事务所与 Q 银行经常举办职工联谊活动，通过这些活动，双方已有三对员工喜结良缘。

3. 中天恒信会计师事务所业务五部长期以来主要开展对银行、保险公司等金融机构的年报审计业务。20×6 年 12 月初，事务所的负责人正在考虑下列客户的具体情况，以保持审计业务的独立性。下面是中天恒信会计师事务所及注册会计师与这些客户之间的往来的相关情况：

(1) 中天恒信会计师事务所已连续 8 年承办 R 保险公司的年报审计业务。20×6 年初，R 公司 20×6 年度财务报表审计业务继续由中天恒信事务所执行。为保证审计的独立性，中天恒信会计师事务所决定自 20×7 年起停止执行 R 公司年度报表审计业务，改为参与 R 公司的业务策划。

(2) K 注册会计师 20×6 年 6 月接受事务所指派，参加 C 银行 20×6 年度财务报表的审计项目。K 注册会计师的大学同班同学 Z 在该银行担任财务经理。K

与 Z 在大学期间关系一般。

（3）为解决员工住房问题，中天恒信会计师事务所与 W 银行经批准共同投资兴建了职工住宅楼，双方共同聘请物业公司进行日常管理。

（4）J 注册会计师 20×6 年年初从 D 银行贷款 20 万元购买了一辆轿车。按贷款协议约定，J 每月需要向 D 银行偿还贷款 5 000 元。由于 J 在 20×5 年年底购买了房屋，无力按时向 D 银行支付借款本息。截至 20×6 年 12 月，已累计 3 个月没有偿还贷款。

（5）注册会计师 N 近 3 年来一直是 M 银行年度财务报表审计业务的项目组成员。得知 N 于 20×6 年 5 月 1 日举办婚礼后，M 银行行长将该行的高级轿车送给 N 作为婚礼礼品。

要求：请根据具体情况，判断中天恒信会计师事务所接受相关的审计业务是否损害独立性；对于认为影响独立性的情形，如存在消除影响的措施，请予指出。

第二部分　参考答案及解析

三、单项选择题

1.【正确答案】D

【答案解析】在行政模式下，国家审计机关隶属于政府或政府某一部门，根据政府所赋予的职责权限实施审计。

2.【正确答案】A

【答案解析】在立法模式下，最高国家审计机关隶属于立法部门，与政府保持独立，负责向立法部门报告工作。

3.【正确答案】B

【答案解析】在司法模式下，国家审计机关以审计法院的形式存在，拥有司法权，审计机关享有司法地位。该模式起源于法国。

4.【正确答案】C

【答案解析】我国注册会计师审计是双向独立的，既独立于审计委托人又独立于被审计单位。

5.【正确答案】C

【答案解析】C 正确；而 A、B、D 均不对，注册会计师审计是独立性最强的一种审计；财务报表的合法性、公允性都是报表使用者所关心的；注册会计师既要具备精神上的独立，又要具备形式上的独立。

6.【正确答案】B

【答案解析】审计关系人包括审计师、被审计人和审计委托人,审计师是审计的主体。

7.【正确答案】C

【答案解析】注册会计师(受托人)是第一关系人;被审计单位是第二关系人;委托人是第三关系人。

8.【正确答案】B

【答案解析】独立性是审计的本质属性和重要特征,也是审计的精髓。

9.【正确答案】D

【答案解析】审计独立性包括精神上和形式上的独立,注册会计师在第三者面前呈现出一种独立于委托单位的身份,在他人看来,注册会计师是独立的,这种独立称之为形式上的独立。

10.【正确答案】A

【答案解析】B如果该亲属不是对鉴证业务产生直接重大影响的员工,那么就不影响独立性;C属于经济利益威胁;D属于关联关系威胁。

11.【正确答案】C

【答案解析】C独立性是审计概念体系中最重要的概念之一,它是审计职业存在和发展的必要条件,是审计的本质特征和灵魂所在。

12.【正确答案】C

【答案解析】C内部审计机构领导级别越低,独立性越弱。

13.【正确答案】A

【答案解析】可能损害独立性的经济利益因素主要包括:① 与鉴证客户存在专业服务收费以外的直接经济利益或重大的间接经济利益。② 收费主要来源于某一鉴证客户。③ 过分担心失去某项业务。④ 与鉴证客户存在密切的经营关系。⑤ 对鉴证业务采取或有收费的方式。⑥ 可能与鉴证客户发生雇佣关系。

14.【正确答案】D

【答案解析】A、C会影响到注册会计师的专业胜任能力,B符合审计准则的规定,只有D会因为经济利益威胁影响到注册会计师的独立性。

15.【正确答案】B

【答案解析】属于自我评价威胁。

四、多项选择题

1.【正确答案】B、C、D、E

【答案解析】从对象上来说,注册会计师审计要求注册会计师保持双向独立。从内容上来看,注册会计师审计独立性包括精神上的独立(或实质上的独立)

和形式上的独立。

2.【正确答案】A、B、C、D

【答案解析】注册会计师应该特别关注可能损害独立性的因素,包括经济利益、自我评价、关联关系和外界压力等。

3.【正确答案】A、B、C、D

【答案解析】根据国家审计机关的职能和隶属关系,世界各国的政府审计模式主要划分为:立法模式、司法模式、独立模式和行政模式。

4.【正确答案】A、B、C、D

【答案解析】我国《宪法》第一百零九条规定。

5.【正确答案】A、B、C

【答案解析】审计的关系人包括审计师、受托人、委托人三方。

6.【正确答案】A、B、D、E

【答案解析】莫茨和夏拉夫还提出,审计独立性应该从四个方面进行考察:① 财务利益。② 精神态度。③ 组织地位。④ 调查自由。

7.【正确答案】A、B、E

【答案解析】1977 年最高审计机关国际组织在《利马宣言——审计规则指南》中将审计的独立性分为审计组织机构设置的独立、审计人员的独立和审计组织财务上的独立。

8.【正确答案】B、C、D

【答案解析】B 经济利益威胁;C 自我评价威胁;D 关联关系威胁。

9.【正确答案】A、B、C、D、E

【答案解析】审计的关系人包括第一、第二、第三关系人,分别是审计师、受托人、委托人三方,注册会计师审计应保持双向独立;被审计人和审计授权人或委托人之间存在受托经济责任关系。

10.【正确答案】A、B、C

【答案解析】内部审计人员应当遵循内部审计准则。

11.【正确答案】A、B、C、D

【答案解析】可能损害独立性的经济利益因素主要包括:① 与鉴证客户存在专业服务收费以外的直接经济利益或重大的间接经济利益。② 收费主要来源于某一鉴证客户。③ 过分担心失去某项业务。④ 与鉴证客户存在密切的经营关系。⑤ 对鉴证业务采取或有收费的方式。⑥ 可能与鉴证客户发生雇佣关系。

12.【正确答案】C、D

【答案解析】A、B 是可能提高独立性的关联关系因素。

13.【正确答案】A、B、C、D

【答案解析】可能损害独立性的关联关系因素主要包括：① 与鉴证小组成员关系密切的家庭成员是鉴证客户的董事、经理、其他关键管理人员或能够对鉴证业务产生直接重大影响的员工。② 鉴证客户的董事、经理、其他关键管理人员或能够对鉴证业务产生直接重大影响的员工是会计师事务所的最高级管理人员。③ 会计师事务所的高级管理人员或签字注册会计师与鉴证客户长期交往。④ 接受鉴证客户或其董事、经理、其他关键管理人员或能够对鉴证业务产生直接重大影响的员工的贵重礼品或超出社会礼仪的款待。

14.【正确答案】A、C、D

【答案解析】B 属于会计师事务所应当从整体上维护其独立性的措施。

15.【正确答案】A、B、C、D

【答案解析】会计师事务所应当从整体上维护其独立性,其措施主要包括：① 会计师事务所的高级管理人员重视独立性,并要求鉴证小组成员保持独立性。② 制定有关独立性的政策和程序,包括识别损害独立性的因素、评价损害的严重程度以及采取相应的维护措施。③ 建立必要的监督及惩戒机制以促使有关政策和程序得到遵循。④ 及时向所有高级管理人员和员工传达有关政策和程序及其变化。⑤ 制定能使员工向更高级别人员反映独立性问题的政策和程序。

五、判断题

1.【正确答案】✓

2.【正确答案】✓

3.【正确答案】✓

4.【正确答案】✗

【答案解析】注册会计师会受到外界压力的威胁而影响其独立性。

5.【正确答案】✗

【答案解析】政府审计和内部审计是单向独立。

6.【正确答案】✗

【答案解析】如果该成员不对鉴证业务产生直接重大影响,那么注册会计师可以执行该客户的审计业务。

7.【正确答案】✗

【答案解析】或有收费是指审计收费高低根据审计结论来确定。

8.【正确答案】✗

【答案解析】注册会计师审计双向独立,因此是独立性最强的一种审计。

9.【正确答案】✓

10.【正确答案】✓

11.【正确答案】×

【答案解析】审计长是国务院组成人员,审计长由国务院总理提名,全国人民代表大会或其常务委员会决定人选,国家主席任命。

12.【正确答案】×

【答案解析】独立模式的政府审计独立性最强。

六、简答题

1.【正确答案】汤姆·李认为:"独立性是审计师个人正直的一种表达。"曾任美国注册会计师协会主席的凯尔和审计准则委员会主席齐格勒认为,"独立性的定义为正直和客观的行为能力"。美国的《职业道德规范》中采纳了这一定义,并将客观性解释为"审计人员对行为守则、对所有被检查事项保持公正态度的能力"。

内部审计组织是指为了满足经营管理的需要,或者说是经营者对下属部门的经营管理进行经济监督的需要,而在部门和单位内部设置的组织机构。内部审计的独立性是最低的,它只是单向独立。

政府审计机关是代表国家这一所有者对受托经管国家财产的经营者进行审计,是满足所有者对经营者进行经济监督的需要。政府审计的独立性总体上看也不是很强,它也是单向独立,但比内部审计的独立性要强多了。

注册会计师审计组织在组织人事关系上、经济利益上和工作上都独立于被审单位和委托人,是双向独立,因此注册会计师审计的独立性是最强的。

2.【正确答案】如何衡量审计独立性应该从审计机构设置和审计工作过程两个方面考虑,包括审计组织独立和审计人员独立。作为审计人员工作的机构,如果审计组织不能独立于被审计单位之外,审计人员就无独立性。审计组织独立于被审计单位之外,而审计人员则可能与被审计单位有着各种正式和非正式的联系,这种联系也可能会妨碍审计组织的独立性。审计人员个人的独立性影响着审计组织的独立性。同时,审计组织和审计人员是两个彼此密切相关的审计主体层次。具体的审计是由审计人员进行的。审计组织的独立必须通过对审计人员独立性的影响,间接地对审计过程与审计结果产生作用。审计的独立性是通过审计人员的独立性来实现的。

3.【正确答案】注册会计师应该特别关注可能损害独立性的因素,包括经济利益、自我评价、关联关系和外界压力等。

其中,可能损害独立性的经济利益因素主要包括:① 与鉴证客户存在专业服务收费以外的直接经济利益或重大的间接经济利益。② 收费主要来源于某一鉴证客户。③ 过分担心失去某项业务。④ 与鉴证客户存在密切的经营关系。⑤ 对鉴证业务采取或有收费的方式。⑥ 可能与鉴证客户发生雇佣关系。

可能损害独立性的自我评价因素主要包括：① 鉴证小组成员曾是鉴证客户的董事、经理、其他关键管理人员或能够对鉴证业务产生直接重大影响的员工。② 为鉴证客户提供直接影响鉴证业务对象的其他服务。③ 为鉴证客户编制属于鉴证业务对象的数据或其他记录。

可能损害独立性的关联关系因素主要包括：① 与鉴证小组成员关系密切的家庭成员是鉴证客户的董事、经理、其他关键管理人员或能够对鉴证业务产生直接重大影响的员工。② 鉴证客户的董事、经理、其他关键管理人员或能够对鉴证业务产生直接重大影响的员工是会计师事务所的前高级管理人员。③ 会计师事务所的高级管理人员或签字注册会计师与鉴证客户长期交往。④ 接受鉴证客户或其董事、经理、其他关键管理人员或能够对鉴证业务产生直接重大影响的员工的贵重礼品或超出社会礼仪的款待。

可能损害独立性的外界压力因素主要包括：① 在重大会计、审计等问题上与鉴证客户存在意见分歧而受到解聘威胁。② 受到有关单位或个人不恰当的干预。③ 受到鉴证客户降低收费的压力而不恰当地缩小工作范围。

4.【正确答案】政府审计体制包括的内容极为广泛，其中，审计模式和审计机关领导体制是最重要的两个组成部分。所谓审计模式，主要是指国家审计机关的职能和隶属关系等方面的体系和制度，审计模式更是政府审计体制的基石，它会影响一国审计机关领导体制的选择，是政府审计独立性高低的重要体现；审计机关领导体制则主要反映上下级审计机关的领导关系。

七、案例分析题

1.【正确答案】

（1）注册会计师郑某与 XYZ 公司存在直接经济利益关系，影响独立性，应当回避。但郑某所在的会计师事务所还可以承担此业务，会计师事务所可以委派其他具有胜任能力的注册会计师审计公司年度财务报表，并注意消除对此业务影响。

（2）注册会计师郑某与 XYZ 公司存在直接经济利益关系，影响独立性，应当回避。但郑某所在的会计师事务所还可以承担此业务，会计师事务所可以委派其他具有胜任能力的注册会计师审计 XYZ 公司 20×× 年度财务报表，并注意消除郑某对此业务的影响。

（3）注册会计师郑某曾担任过 XYZ 公司的财务总监，影响其独立性，会计师事务所的高级管理人员或员工不得担任鉴证客户的董事（包括独立董事）、经理或其他关键管理职务。因此注册会计师担任过 XYZ 公司的财务总监，影响其独立性。但郑某所在会计师事务所还可以承担此业务，会计师事务所可以委派其他具有胜任能力注册会计师审计 XYZ 公司年度财务报表，并注意消除郑某对此业务的影响。

（4）注册会计师郑某已经担任 XYZ 公司年度财务报表审计业务的项目经理 5 年了，与客户之间的长期联系，可能会影响独立性，郑某最好是回避。郑某所在会计师事务所应该实施定期轮换制度，审计 XYZ 公司20××年度的财务报表。

（5）注册会计师郑某与 XYZ 公司存在重大的间接利益关系，影响独立性，应当回避。但郑某所在会计师事务所还可以承担此业务，会计师事务所可以委派其他具有胜任能力的注册会计师审计 XYZ 公司 20××年度财务报表，并注意消除郑某对此业务的影响。

2.【正确答案】

（1）F 公司一旦中止租约，会计师事务所将会损失租金收入。说明会计师事务所在 F 公司存在审计以外的其他直接经济利益，损害独立性。建议中天恒会计师事务所中止对 F 公司的房屋租赁业务或不接受 F 公司的审计业务。

（2）双方存在密切的关系，尽管这种关系不是经营关系，但这种关系对双方员工切身利益的影响不亚于经营关系，损害独立性。建议中止职工食堂合作关系或不接受该银行的审计业务。

（3）会计师事务所在客户存在审计以外的其他经济利益，损害独立性。建议会计师事务所按规定交纳保险费、按规定收取审计费用。

（4）单纯的业务实习不导致自我评价，不损害独立性。

（5）是否影响独立性取决于三对员工在各自单位的任职情况。如果事务所一方是主要管理人员，其配偶是银行的主要管理人员或对审计对象有重大、直接影响的员工，则会计师不能接受该银行的审计业务；如果事务所一方是一般人员，只要这些一般人员不参加该项审计业务，即可排除联姻对独立性的影响。

3.【正确答案】

（1）执行 20×6 年度财务报表审计业务前，双方签署的协议表明会计师事务所将于 2007 年起受雇于 R 公司。这种可能的受雇关系影响审计的独立性。建议中天恒信事务所解除与 R 公司签订的协议。

（2）普通的同学关系不影响独立性。

（3）双方之间存在着共同利益，影响独立性。中天恒信事务所不应接受 W 银行的审计业务。

（4）影响独立性。双方之间存在着审计以外的其他纠纷。建议将 J 调离审计小组。

（5）影响独立性。银行给予的照顾明显超出了通常的社会礼仪范围。建议将 N 调离 M 银行审计小组。

第四章　审计方法

第一部分　习　题

一、思考题

1. 什么是审计方法？为什么要研究审计方法？
2. 选用审计方法应遵循哪些原则？
3. 审计模式发展经历了哪几个阶段？各有什么优缺点？
4. 什么是审计工作方法体系？你认为审计方法体系应包括哪些内容？
5. 审计查证方法包括哪些内容？
6. 顺查法和逆查法有哪些适用范围？各有什么优缺点？
7. 详查法与全部审计，抽查法与局部审计各有什么区别？
8. 舞弊审计的技术方法有哪几种？它与一般常规审计方法有什么区别？

二、名词解释

1. 审计方法
2. 审计模式
3. 账项基础审计
4. 制度基础审计
5. 风险导向审计
6. 审计工作方法体系
7. 审计工作组织方法
8. 审计查证方法
9. 现代风险导向审计技术方法
10. 风险评估方法
11. 战略风险分析法
12. 经营风险分析法
13. 业绩评价法
14. 剩余风险检查法
15. 分析程序
16. 控制测试
17. 重新执行
18. 穿行测试
19. 实质性程序
20. 审阅法
21. 核对法
22. 查询法
23. 比较法
24. 分析法
25. 顺查法
26. 逆查法

27. 抽查法　　　　　　　　　　28. 盘存法

29. 调节法　　　　　　　　　　30. 观察法

31. 鉴定法　　　　　　　　　　32. 舞弊审计技术方法

33. 现代管理技术方法　　　　　34. 审计分析方法

35. 审计评价方法　　　　　　　36. 审计研究方法

三、单项选择题

1. 对凭证、账簿和报表等书面资料之间的有关数据进行相互对照检查,这种审计方法属于(　　)。

A. 审阅法　　　　B. 核对法　　　　C. 分析法　　　　D. 比较法

2. 审计人员通常使用面询法取得(　　)。

A. 实物证据　　　B. 书面证据　　　C. 口头证据　　　D. 环境证据

3. 对实物资产的监盘可以取得证明力较强的实物证据,从而(　　)。

A. 证明资产的价值和完整性

B. 证明资产购置的合理性

C. 证明实物资产是否确实存在

D. 证明被审计单位是否对实物资产拥有所有权

4. 选用的审计方法是否恰当(　　)。

A. 直接影响审计工作效率,但不影响审计工作的效果

B. 直接影响审计工作效果,但不影响审计工作的效率

C. 只会影响注册会计师出具的审计意见类型

D. 直接影响审计工作的效果和效率

5. 由于控制测试和交易业务实质性测试经常利用同一凭证或账项样本来完成,因此在实际工作中,它们常常结合在一起执行,这种测试方法称为(　　)的测试。

A. 综合目的　　　B. 双重目的　　　C. 特殊目的　　　D. 组合目的

6. 被审计单位经营管理良好,内部控制健全有效,就可以选用(　　)的方法。

A. 分析程序　　　B. 交易测试　　　C. 详细余额测试　　D. A 和 B

7. 审计人员为了实现审计目标,一直随着(　　)的变化调整着审计模式。

A. 审计目的　　　B. 审计方式　　　C. 审计环境　　　D. 审计任务

8. 审计过程中,审计步骤是否应该执行,是否必要,往往取决于(　　)。

A. 审计人员的判断　　　　　　　B. 审计准则

C. 内部控制评价　　　　　　　　D. 审计风险

9. 在实际工作中,往往把审阅法与( )结合起来加以应用。

    A. 观察法   B. 鉴定法   C. 核对法   D. 盘点法

10. 被审计单位财务报表中错报的严重程度,是审计中所说的( )。

    A. 审计风险   B. 审计错误   C. 重要性水平   D. 固有风险

11. 审计人员在实施实质性程序时,对管理当局关于( )的认定进行再认定时常用顺查法,主要是关注验证各账户和交易有无低估错误。

    A. 存在和发生   B. 完整性   C. 准确性   D. 计价和分摊

12. 审计人员在实施实质性程序时,对管理当局关于( )的认定进行再认定时常用逆查法,主要是关注验证各账户和交易有无高估错误。

    A. 存在和发生   B. 完整性   C. 准确性   D. 计价和分摊

13. 审计过程中采用恰当的审计流程是十分重要的,如果审计人员忽略了必要的审计步骤,将直接影响到( )。

    A. 审计效率   B. 审计效果

    C. 审计效果和效率   D. 审计经济性

14. 舞弊审计是指以审计人员始终保持( )态度为前提,通过信号侦查,实施舞弊分析,以揭露舞弊具体细节、损失金额、影响范围等为目标的审计。

    A. 执业谨慎   B. 专业怀疑   C. 高度职业怀疑   D. 合理保证

15. 风险分析法要把风险降到最低限度,就必须对风险价值进行( )。

    A. 定性分析   B. 定量分析

    C. 定性和定量分析   D. 概率分析和非概率分析

四、多项选择题

1. ( )是审计学科的两大组成部分,两者互为前提、互为条件,共同构成了审计学科。

    A. 审计方法   B. 审计理论   C. 审计模式   D. 审计准则

2. 审计人员在选用审计方法时,应遵循( )的原则。

    A. 要适应审计目的   B. 有利于缩短审计时间

    C. 适合审计人员能力   D. 适合审计方式或审计工作地点

    E. 要与审计收费水平相适应

3. 审计工作方法体系包括( )。

    A. 审计工作组织方法   B. 审计查证方法

    C. 审计分析方法   D. 审计评价方法

4. 审计查证方法可分为( )。

    A. 现代风险导向审计方法   B. 传统审计方法

C. 舞弊审计方法　　　　　　　　　　D. 审计抽样方法

5. 审计人员可采用（　　）和穿行测试等方法实施控制测试。

A. 询问　　　　　B. 观察　　　　　C. 检查　　　　　D. 重新执行

6. 审阅法在财务审计中运用最广泛，主要审阅（　　）。

A. 工作底稿　　　B. 会计凭证　　　C. 工作账簿　　　D. 会计报表

7. 审阅法依靠审计人员的知识经验和技术，一般可以从资料的（　　）方面进行审查。

A. 外观形式　　　B. 经济内容　　　C. 真实性　　　　D. 合法性

8. 审计顺查法的优点是（　　）。

A. 系统全面　　　　　　　　　　　　B. 便于抓主要问题

C. 可以避免遗漏　　　　　　　　　　D. 可以节省人力和时间

9. 证实客观事物的方法包括（　　）。

A. 盘存法　　　　B. 调节法　　　　C. 观察法　　　　D. 鉴定法

10. 盘点方式可以分为突击盘点和通知盘点，下列物品中，不适用于突击盘点方式的有（　　）。

A. 现金　　　　　B. 产成品　　　　C. 有价证券　　　D. 固定资产

11. 一般来说，观察法结合（　　）使用，会取得更好的效果。

A. 盘点法　　　　B. 调节法　　　　C. 鉴定法　　　　D. 询问法

12. 鉴定法是指邀请专门人员、运用专门技术，对（　　）进行辨认和确定的方法。

A. 书面资料　　　B. 实物　　　　　C. 经济活动　　　D. 内控执行情况

13. 环境因素影响法是指审计人员在实施审计作业时要考虑经济与社会发展的大环境以及审计客体自身环境的影响，对可能导致舞弊事件发生的（　　）因素进行分析判断的一种审计方法。

A. 动机或压力　　B. 机会　　　　　C. 借口　　　　　D. 环境

14. 奇异分析法应特别关注有关财务资料中奇异的（　　）。

A. 数字、时间、地点　　　　　　　　B. 交易

C. 例外的地方　　　　　　　　　　　D. 不合常理的地方

15. 审计分析一般可分为（　　）。

A. 单项分析　　　B. 局部分析　　　C. 全面分析　　　D. 综合分析

五、判断题

1. 不同的审计方式，所需审计证据不同，可以取证的途径不同，就要采取不同的审计方法。　　　　　　　　　　　　　　　　　　　　　　　　　（　　）

2. 以审查账表上的会计事项为主线的审计,称为详细审计。　　　　　　（　　）

3. 经营风险导向审计目前已处于成熟阶段,它对现代审计的发展起到了极大的推动作用。　　　　　　　　　　　　　　　　　　　　　　　　　　（　　）

4. 风险导向审计能够满足审计人员降低成本的需要和缩小客户的期望差。　　　　　　　　　　　　　　　　　　　　　　　　　　　　　　　　（　　）

5. 风险导向审计不对内部控制系统进行评价,而是评价企业的生产经营等外部环境。　　　　　　　　　　　　　　　　　　　　　　　　　　　　　（　　）

6. 对被审计单位进行财务审计采用报送审计方式时,可采用观察法进行审计。　　　　　　　　　　　　　　　　　　　　　　　　　　　　　　　（　　）

7. 顺查法一般只用于审查业务不多,凭证较少的企业和对某些专项内容的审查。　　　　　　　　　　　　　　　　　　　　　　　　　　　　　　　（　　）

8. 风险导向审计模式下开始强调审计战略,使用全面的风险分析方法并积极采用分析程序,减少了一些实质性程序方法,是现代审计方法的最新发展,迎合了高度风险环境的需要。　　　　　　　　　　　　　　　　　　　　　　　（　　）

9. 审计人员亲自到现场盘点实物,证实书面资料与有关财产物资是否相符的方法是监督盘存。　　　　　　　　　　　　　　　　　　　　　　　　　（　　）

10. 在审查某个项目时,通过调整有关数据,从而求得需要证实的数据的方法是鉴定法。　　　　　　　　　　　　　　　　　　　　　　　　　　　（　　）

六、简答题

1. 风险导向审计的基本程序包括哪些步骤?

2. 什么是分析程序?

3. 12 月 31 日账面结存现金 7 500 元,通过审计核对没有发现错误。2010 年 1 月 1 日到 20 日期间收入现金 12 600 元,1 月 1 日到 20 日期间支出现金 9 750 元,1 月 1 日期初余额及收发数均经核对、审阅和核算无误,2010 年 1 月 20 日下班监督盘存现金存额为 12 000 元。

要求:确定 2009 年年末现金账面结存额的真实性,并加以说明。

七、案例分析题

1. 假设某工业企业有应收销货款 1 200 户(户名、金额从略),该 1 200 户中有本市国有企业、本地乡镇企业、本市集体企业、外地国有企业、外地乡镇企业、外地集体企业;若以欠款时间划分,则 70% 的户数在 3 个月内,20% 的户数在 3 个月至 1 年以上,另有 10% 的户数欠款在 1 年以上,至今未还。若以销售内容划分,则产成品销售约占 80%,受托加工、材料销售约占 20%;各户金额亦大小不等。请问:

如何运用审计方法进行审计?

2. 在对某企业银行存款进行审计时,发现以下情况:

6 月 30 日银行存款日记账账面余额是 133 750 元,开户银行送来的对账单中银行存款余额是 127 000 元,经查对发现以下几笔未达账项:

(1) 6 月 29 日委托银行收款 125 000 元,银行已入账该企业账户,收款通知单尚未送达企业。

(2) 6 月 30 日该企业开出现金支票一张,计 400 元,企业已减少存款,银行尚未入账。

(3) 6 月 30 日银行已代付企业电费 250 元,银行已经入账,企业尚未收到付款通知。

(4) 6 月 30 日企业收到外单位转账支票一张,计 16 000 元,企业收款入账,银行尚未记账。

要求:根据上述未达账项,编制银行存款余额调节表,并假定银行对账单所列企业银行存款余额正确无误。试问:在编制调节表时发现错误金额是多少?属于什么性质错误? 6 月 30 日企业银行存款日记账账面的正确余额是多少?

3. 审计人员在审查某厂在产品时,了解到如下情况:

(1) 该厂生产甲产品,开始加工时一次投料,每投入 1 克 A 材料,可制成0.95千克甲产品,且在产品重量随加工程度变化而递减。

(2) 6 月 15 日经实地盘点,在产品盘存数为 480 千克(加工程度为80%)。

(3) 6 月 1 日至 15 日甲产品完工入库 1 900 千克。

(4) 6 月 1 日至 15 日领用 A 材料 2 200 千克。

要求:推算且验证 5 月 31 日在产品账面盘存数 400 千克(加工程度为40%)的正确性,并由此说明其可能对财务报表项目的影响。

第二部分 参考答案及解析

三、单项选择题

1.【正确答案】B

【答案解析】核对法是审核会计信息一致性、正确性的方法,即将两种或两种以上的资料相互对照或交叉对照,以检验其内容是否一致,计算是否正确的方法。

2.【正确答案】C

【答案解析】选项 A 可使用盘存法和观察法,选项 B 可使用审阅法、核对法、函证等,选项 D 可使用观察法。

3.【正确答案】C

【答案解析】对实物资产进行监盘,可以取得证明实物资产是否确实存在非常有说服力的证据。

4.【正确答案】D

【答案解析】审计方法选错属于非抽样风险,对审计效果和效率都有影响。而抽样风险只能在两者中获取一种风险。

5.【正确答案】B

【答案解析】见教材第 58 页相关内容。

6.【正确答案】D

【答案解析】见教材第 58 页相关内容。

7.【正确答案】C

【答案解析】见教材第 59 页相关内容。

8.【正确答案】A

【答案解析】审计是以证据为驱动,以职业判断为基础。

9.【正确答案】C

【答案解析】实践证明:把审阅法与核对法结合起来加以应用,能大大提高审计的效果。

10.【正确答案】C

【答案解析】重要性水平是衡量被审计单位财务报表中错报或漏报的严重程度,是否会影响报表使用者决策及判断。

11.【正确答案】B

【答案解析】见教材第 68 页相关内容。

12.【正确答案】A

【答案解析】见教材第 69 页相关内容。

13.【正确答案】B

【答案解析】审计人员必须严格遵循审计准则有关规定,按照事先制定审计计划中设计的审计程序和步骤来获取充分适当的证据,否则会直接影响审计效果和质量。

14.【正确答案】C

【答案解析】见教材第 71 页相关内容。

15.【正确答案】C

【答案解析】见教材第 75 页相关内容。

四、多项选择题

1. 【正确答案】A、B

   【答案解析】见教材第 56 页相关内容。

2. 【正确答案】A、B、C、D

   【答案解析】见教材第 57 页相关内容。

3. 【正确答案】A、B、C、D

   【答案解析】见教材第 61 页相关内容。

4. 【正确答案】A、B、C、D

   【答案解析】见教材第 62 页相关内容。

5. 【正确答案】A、B、C、D

   【答案解析】见教材第 65 页相关内容。

6. 【正确答案】B、C、D

   【答案解析】见教材第 65 页相关内容。

7. 【正确答案】A、B

   【答案解析】见教材第 65 页相关内容。

8. 【正确答案】A、C

   【答案解析】见教材第 68 页相关内容。

9. 【正确答案】A、B、C、D

   【答案解析】见教材第 69 页相关内容。

10. 【正确答案】B、D

    【答案解析】见教材第 70 页相关内容。

11. 【正确答案】A、D

    【答案解析】见教材第 71 页相关内容。

12. 【正确答案】A、B、C

    【答案解析】见教材第 71 页相关内容。

13. 【正确答案】A、B、C

    【答案解析】见教材第 71 页相关内容。

14. 【正确答案】A、B、C、D

    【答案解析】见教材第 73 页相关内容。

15. 【正确答案】A、B、C

    【答案解析】见教材第 75 页相关内容。

五、判断题

1. 【正确答案】√

2.【正确答案】×

【答案解析】应称为账项基础审计。

3.【正确答案】×

【答案解析】经营风险导向审计作为一种重要的审计理论和方法,是随着21世纪国内外一系列审计失败事件爆发而产生,IAASB要求这些国际风险准则自2004年12月15日起才执行。

4.【正确答案】√

5.【正确答案】×

【答案解析】风险导向审计(国外称作经营风险审计或经营风险导向审计)从评价行业和经营风险入手,目的是确定最可能导致财务报表产生重大错报的领域,是一种广元化的风险观念。首先从经营风险中判断财务报表可能存在的重大错报,然后设计并执行针对性的控制测试和实质性程序,最后合理保证发现重大的错报漏报。

6.【正确答案】×

【答案解析】采用报送审计方式时,不能采用观察法、盘点法来进行审计。

7.【正确答案】√

8.【正确答案】√

9.【正确答案】×

【答案解析】应改为直接盘点。这种方法一般适宜于对现金、有价证券以及数量较少且又贵重物资的清点。

10.【正确答案】×

【答案解析】应改为调节法。调节法是将有关双方不符的账目逐笔审查,查清来龙去脉的方法。当现成的数据和需要证实的数据在表面上不一致,为了证实数据的真实性时采用,一般要编制调节表。

六、简答题

1.【正确答案】

(1)战略风险分析。战略风险分析是风险导向审计的核心环节,其基本思路在于:战略失败很可能引发经营失败问题,进而导致企业整体业绩下滑。

(2)经营环节问题分析。审计人员借助于客户经营能力分析,可以从更宽广的视野剖析客户潜在风险,进而寻找可能对客户经营业绩产生不利影响的各种因素。

(3)经营业绩评价。审计人员可以在对客户战略风险和经营环节问题分析的基础上,对客户经营业绩形成合理预期,进而为评估总体审计风险提供依据。

　　(4) 财务报表重大错报的剩余风险评估。审计人员可以结合以上环节,分析哪些剩余风险会转化为重大错报风险,合理评估财务报表中的重大错报风险水平。

　　(5) 可接受的检查风险水平的估计。

　　(6) 实质性审计测试时间、性质和范围的确定。

　　2.【正确答案】分析程序曾称分析性复核。现代风险导向审计以分析程序为中心,分析程序成为最重要的审计程序。分析程序是指审计人员通过研究不同财务数据之间以及财务数据与非财务数据之间的内在关系,对财务信息作出评价。分析程序还包括调查识别出的、与其他相关信息不一致或与预期数据严重偏离的波动和关系。审计人员实施分析程序可以使用不同方法,包括从简单的比较到使用高级统计技术的复杂分析。在实务中,可使用的方法主要有趋势分析法、比率分析法、合理性测试法和回归分析法。为了适应审计功能扩大的要求,分析程序开始走向多样化,不仅对财务数据进行分析,而且对非财务数据进行分析;分析工具充分借鉴了现代管理方法,将现代管理方法运用到融合分析程序中去。

　　3.【正确答案】根据调节法原理,现金结存数调节计算如下:

结存日现金数＝盘点日金额＋结存日至盘点日支出数－结存日至盘点日收入数＝
12 000＋9 750－12 600＝9 150(元)

经过上述调节表计算,2009 年 12 月 31 日现金实有数应为 9 150 元,与账面记录的现金数为 7 500 元,两者不一致,账面缩小 1 650 元。对此,审计人员要求现金出纳说明低估原因,并进行审查核实,如有故意隐瞒现金等违法行为,应进一步查明责任人,并追究责任。

七、案例分析题

　　1.【正确答案】客户企业发生的 1 200 户应收账款,是因销售产成品、材料、委托加工等业务,应向购货单位或接受劳务单位收取的款项。为了达到审计预期目的和提高审计效率,可以运用审计的常用方法,确定本案审查 4 个重点和 1 个不可忽视。

　　(1) 从审计对象来分析,应以外地乡镇企业、外地集体企业为重点。相对于本市企业和国有企业而言,外地乡镇企业情况比较复杂,往往催款难度较大,催讨时间会长,收账成本也会较高。

　　(2) 从欠款时间分析,应以 1 年以上(占 10%欠款),依次是 3 个月至 1 年(占 20%)为重点。拖欠时间一长,可能发生错弊和舞弊,或是产生经济纠葛和坏账损失。收账风险与欠款时间成正比例。

　　(3) 从欠款金额分析,应以欠款金额大的为重点。不论何种原因被对方占用货币资金,对企业产生经营和流动资金周转的影响是较大的。

(4) 从列作应收账款的经济事项的内容分析,应以不合法、不真实、不合理关联交易和事项为重点,还要分析客户与被审计单位业务上是否相互联系,有无非法的私下交易。

(5) 从欠款的销售内容分析,受托加工、材料销售(占20%)不可忽视。相比较而言,受托加工、材料销售单位往往是临时的、非固定紧密型的。对于合作的新客户,业务合作财务信誉难以说清。

根据上述不同情况,应分别采用不同的审计技术和方法。

(1) 对列作重点和不可忽视的户头,主要采用审阅法。即认真仔细审查应收账款明细账、经济合同及其他有关业务资料,与具体业务结合起来,应查明应收账款的发生原因、数额是否正确、真实、合理合法。特别要审查是否属于与本企业正常的业务往来,这种业务的发生是否正常,是否存在违反国家法令法规的情况;审查是否存在错误和舞弊。

(2) 对审查中发现的疑点、异处,主要采用核对法和分析法。核对法主要核对证证、证账、账账、账表、表表之间是否勾稽相符,有无不相符。分析法主要采用账户分析法、账龄分析法、分析性复核等,来作进一步审查。

(3) 对账龄1年以上的应收账款,主要采用查询法,如函询法。如未得到答复或审计人员认为有必要,可进一步采取派员外调,亲自查清事实真相,或采取替代程序来取得审计证据。

2.【正确答案】

银行存款余额调节表

被审计单位:×× 　　　　　　　20××年6月30日 　　　　　　　单位:元

项　　　目	金　　额	项　　　目	金　　额
企业银行存款账面	133 750	银行对账单存款余额	127 000
加:银行已收　企业未收	12 500	加:企业已收　银行未收	16 000
……	…	…	…
减:银行已付　企业未付	250	减:企业已付　银行未付	400
调整后存款余额	146 000	调整后存款余额	142 600

从调节表中可以看出:错误金额为3 400元,属于企业漏记银行存款减少,虚增货币资金、虚增总资产和净资产的错误。6月30日企业银行存款账面的正确余额为130 350元(133 750—3 400)。

3.【正确答案】

1~15日完工产品耗用材料 = 1 900 ÷ 0.95 = 2 000(千克)

6月15日盘存在产品耗用材料 $= 480 \div 0.96 = 500$（千克）

5月31日盘存在产品耗用材料 $= 500 + 2\,000 - 2\,200 = 300$（千克）

5月31日盘存在产品数量 $= 300 \times 0.98 = 294$（千克）

经审查，5月31日在产品盘存数应为294千克（加工程度为40%），而不是原账面400千克，如果5月份生产出来的产成品已经被销售并计入产品销售成本的话，那么该企业5月份就存在多计在产品成本，少计产成品成本，虚减产品销售成本，虚增销售利润的问题。

第五章 审计抽样和审计程序

第一部分 习 题

一、思考题

1. 审计抽样法与抽查有何不同?
2. 统计抽样与非统计抽样有何共同点和不同点?
3. 为什么说"信赖过度风险与误受风险"对注册会计师来说是最危险的风险?
4. 属性抽样与变量抽样有何区别?
5. 什么是概率比例规模抽样法? 试述其优缺点和工作步骤。
6. 什么是审计程序? 审计的全过程一般包括哪几个阶段?

二、名词解释

1. 审计抽样法
2. 任意抽样法
3. 判断抽样法
4. 统计抽样法
5. 选取特定项目
6. 非统计抽样法
7. 属性抽样
8. 变量抽样
9. 抽样风险
10. 信赖过度风险
11. 误受风险
12. 非抽样风险
13. 固定样本抽样
14. 随机数表抽样法
15. 系统抽样法
16. 停—走抽样
17. 发现抽样
18. 平均值估计
19. 差异估计
20. 比率估计
21. 概率比例规模抽样法
22. 审计程序
23. 审计业务约定书
24. 审计计划
25. 总体审计策略
26. 具体审计计划
27. 期后事项
28. 审计差异
29. 管理建议书
30. 后续审计

31. 复审

三、单项选择题

1. 在审计过程中,如果审计人员执行了不必要的审计步骤,那么将会影响到审计的( )。

A. 审计效率　　　　　　　　B. 审计效果

C. 审计效果和效率　　　　　D. 审计经济性

2. 下列因素中,构成统计抽样与非统计抽样方法的区别因素是( )。

A. 审计过程中运用职业判断　　B. 要求审计人员具有一定的工作经验

C. 将抽样风险加以量化控制　　D. 存在抽样风险

3. 制度基础审计是建立在对内部控制制度的评审基础上,如果被审计单位内部控制制度较差,或者不能有效执行,审计人员就应扩大审计范围和抽样数量,直至采用( )。

A. 控制测试　　　B. 实质性程序　　　C. 详细审计　　　　D. 抽样审计

4. 下列说法中,错误的是( )。

A. 审计计划应由审计项目负责人编制

B. 审计计划的简繁取决于被审计工作的经营规模

C. 控制测试和实质性测试都是审计必不可少的程序

D. 重要性贯穿于整个审计过程中

5. ( )是从一定出发点上的数据着手,将已发生的正常业务进行增减调整,以求得需要证实的数据的方法。

A. 鉴定法　　　　B. 调节法　　　　C. 盘存法　　　　D. 证实法

6. ( )的缺点是使用比较麻烦,不能发现余额为0项目的问题。

A. 随机数表法　　　　　　　B. 系统抽样法

C. 整群抽样　　　　　　　　D. 金额单位抽样法

7. 审计业务约定书具有( )的性质。

A. 契约　　　　　B. 计划书　　　　C. 预约　　　　　D. 策划

8. 从8 000张现金支出凭证中,抽取400张进行审计,采用系统抽样法,则抽样间隔为( )。

A. 10　　　　　　B. 20　　　　　　C. 30　　　　　　D. 40

9. 记错账户是属于( )。

A. 原理性差错　　B. 技术性差错　　C. 舞弊　　　　　D. 掩饰

10. 审计人员对被审计单位内部控制制度中存在的问题以书面形式提出的改进建议,称为( )。

A. 审计报告书　　　　　　　　　　B. 管理建议书

C. 被审计单位管理当局声明书　　　D. 审计处理建议书

11. 在审计实施阶段,(　　)这一审计程序或概念是必须应用的。

A. 了解内部控制　　　　　　　　　B. 重要性水平测定

C. 实质性程序　　　　　　　　　　D. 分析程序

12. 下列各项风险中,对审计工作的效率和效果都产生影响的是(　　)。

A. 信赖过度风险　　　　　　　　　B. 信赖不足风险

C. 误受风险　　　　　　　　　　　D. 非抽样风险

13. 在进行控制测试时,注册会计师如认为抽样结果无法达到预期信赖程度,则应当(　　)。

A. 增加样本量或执行替代审计程序　　B. 增加样本量或执行追加审计程序

C. 增加样本量或扩大测试范围　　　　D. 增加样本量或修改实质性测试程序

14. 变量抽样是注册会计师运用实质性测试方面的统计抽样方法,以下选项中,(　　)属于变量抽样。

A. 固定样本量抽样　　　　　　　　B. 停—走抽样

C. 比率估计抽样　　　　　　　　　D. 发现抽样

15. 注册会计师运用分层抽样方法的主要目的是为了(　　)。

A. 减少样本的非抽样风险

B. 决定审计对象总体特征的发生率

C. 审计可能有较大错误的项目,并减少样本量

D. 无偏见地选取样本项目

四、多项选择题

1. 注册会计师在定义抽样单元时,下列表述中,恰当的有(　　)。

A. 在控制测试中,抽样单元通常指控制活动流程

B. 抽样单元可能是一个账户余额、一笔交易或交易中的一项记录

C. 为每个货币单位

D. 在细节测试中,抽样单元是指认定层次的错报金额

2. 统计抽样指同时具备下列特征的抽样的方法是(　　)。

A. 随机选取样本　　　　　　　　　B. 运用概率论法则评估样本结果

C. 审查样本特征　　　　　　　　　D. 根据样本特征推断总体特征

3. 变量抽样包括(　　)。

A. 平均值估计　　　　　　　　　　B. 差错发生率估计

C. 差异估计　　　　　　　　　　　D. 比率估计

4. 在下列审计工作中,(　　)的工作应在报告阶段进行。

A. 复核审计工作底稿　　　　　　　B. 测试内部控制制度

C. 收集整理审计证据　　　　　　　D. 提出管理建议书

5. 在审计工作中应用的随机抽样法,主要有(　　)。

A. 随机数表法　　B. 系统抽样法　　C. 分层抽样法　　D. 整群抽样法

E. 间隔抽样法

6. 审计的准备阶段是整个审计过程的起点,其工作主要包括(　　)。

A. 了解被审计单位的基本情况

B. 签订审计约定书或下达审计通知书

C. 初步评价被审计单位的内部控制制度

D. 分析审计风险和重要性水平

7. 审计结束阶段是实质性的项目审计工作的结束,其主要工作有(　　)。

A. 整理、评价审计证据　　　　　　B. 复核审计工作底稿

C. 编写审计报告　　　　　　　　　D. 提出管理建议书

8. 复审和后续审计是指在审计工作结束的若干时间内,对被审计单位进行再次复查,他们主要适用于(　　)。

A. 内部审计　　　B. 社会审计　　　C. 政府审计　　　D. 部门审计

9. 复审的原因,可能是(　　)。

A. 被审计单位对审计结论提出异议

B. 审计机关对审计小组的工作进行检查,以保证质量

C. 法律诉讼引发

D. 审计业务约定书约定

10. 在有关审计抽样的下列表述中,注册会计师不能认同的有(　　)。

A. 审计抽样适用于会计报表审计的所有审计程序

B. 统计抽样的产生并不意味着非统计抽样的消亡

C. 统计抽样可以减少审计过程中的专业判断

D. 对可信赖程度要求越高,需要选取的样本量就越大

11. 注册会计师在运用抽样技术进行审计时,影响审计工作效果的抽样风险类型有(　　)。

A. 信赖过度风险　　B. 误受风险　　　C. 误拒风险　　　D. 信赖不足风险

12. 关于随机选样的下列要求中,正确的是(　　)。

A. 根据抽样单位的编号确定选号范围

B. 选号起点不可随机确定

C. 根据抽样单位的编号确定选号位数

D. 选号方向可以任意确定

13. 审计 Y 公司 B 材料发出业务的计价准确性情况时,李敏需要从 Y 公司全部 7 500 笔 B 材料发出业务中抽取 20 笔业务构成样本实施抽样审计。由于这些业务记载在总计 150 页、每页 50 行的账簿中,李敏决定采用随机数表法选取样本。为此确定从下列随机数表的第 1 行第 3 列的数字开始选取,并将所选随机数的前 3 位与页码对应、后两位与行数对应,选号路线为每行从左至右,依次从第 1 行、第 2 行,……按照这些要求,李敏选取的前 2 个号码是(   )。

1	32044	69037	29655	92114	81034	40582	01584	77184	85762	46505
2	23821	96070	82592	81642	08971	07411	09037	81530	56195	98425
3	82383	94987	66441	28677	95961	78346	37916	09416	42438	48432
4	68310	21792	71635	86089	38157	95620	96718	79554	50209	17705
5	94856	76940	22165	01414	01413	37231	05509	37489	56459	52983

A. 09416   B. 07411   C. 37916   D. 09037

14. 如果李敏确定的可容忍信赖过度风险为 5%,可容忍的偏差率为 8%,确定的预期总体偏差率为 2%。如果在选取的样本中发现两例偏差(相应的风险系数为 6.3),以下说法中,正确的是(   )。

信赖过度风险为 5% 时控制测试中统计抽样样本量表

预计总体偏差率	可 容 忍 偏 差 率								
	4%	5%	6%	7%	8%	9%	10%	15%	20%
1.50	192(3)	124(2)	103(2)	66(1)	58(1)	51(1)	46(1)	30(1)	22(1)
1.75	227(4)	153(3)	103(2)	88(2)	77(2)	51(1)	46(1)	30(1)	22(1)
2.00	*	181(4)	127(3)	88(2)	77(2)	68(2)	46(1)	30(1)	22(1)
2.25	*	208(5)	127(3)	88(2)	77(2)	68(2)	61(2)	30(1)	22(1)

A. 根据上述统计抽样样本量表,选取的抽样方案为 77(2)

B. 可以接受总体

C. 总体不能被接受

D. 估计的总体偏差率上限为 7.7,可以接受总体

15. 为节省样本量,李敏决定采用停—走抽样方法,具体抽样方案如下表。在使用该抽样方案之前,李敏假定了若干可能出现的情况,并针对每种情况作出了下列相应的结论。在这些结论中,你不能认同的是(   )。

组	抽样单元数量	累计抽样单元数量	如果累计偏差为下列数量,则		
			接受重大错报风险计划评估水平	继续抽样(转入下一步)	提高重大错报风险计划评估水平
1	50	50	0	1~3	4
2	51	101	1	2~3	4
3	51	152	2	3	4
4	51	203	3	不适用	4

A. 如果在检查第 101 个抽样单元时,发现了第 1 例偏差,则应接受其先前对重大错报风险的估计水平

B. 如果抽取到第 50 样本为止没有发现偏差,但在基于谨慎性而追加抽取的下一个样本时发现了偏差,则应当继续抽取 50 个样本

C. 如果在检查第 150 个抽样单元时,发现了第 3 例偏差,则应继续抽取 53 个抽样单元,并根据这些抽样单元中发现的偏差数作出进一步决定

D. 如果在抽取到 50 个样本时累计发现的偏差数为 2,为了接受重大错报风险计划估计水平,在追加抽取 102 个样本中不能再出现偏差

五、判断题

1. 在 95% 的可靠程度下,精确度为 1% 的含义是：总体特征的真实性发生率在样本发生率 1% 的范围内的概率为 95%。　　　　　　　　　（　　）

2. 统计抽样具有许多优点,并解决了判断抽样法难以解决的问题,因此统计抽样法的产生意味着判断抽样法的消亡。　　　　　　　　（　　）

3. 注册会计师采用任何一种抽样方法都不能量化抽样风险和非抽样风险。
　　　　　　　　　　　　　　　　　　　　　　　　　　　　（　　）

4. 审计程序一般包括进驻、实施和结束三个阶段。　　　　　　（　　）

5. 在审计抽样中,可靠程度的高低与风险度大小成正向。　　　（　　）

6. 在统计抽样和非统计抽样中,都会存在某种程度的抽样风险和非抽样风险。　　　　　　　　　　　　　　　　　　　　　　　　　　　（　　）

7. 审计抽样对控制测试和实质性测试中的所有程序都适用,但注册会计师应按照《中国注册会计师执业准则》的要求,做好各项与审计抽样相关的工作。　　（　　）

8. 审计抽样与抽样是同义语。　　　　　　　　　　　　　　　（　　）

9. 在控制测试和细节测试中,审计抽样风险只与审计风险中的控制风险和检查风险相关。　　　　　　　　　　　　　　　　　　　　　　　（　　）

10. 注册会计师认为抽样结果有 95% 的可信赖程度,即可说明确定的可容忍误差为 5%。　　　　　　　　　　　　　　　　　　　　　　　　（　　）

11. 由于统计抽样有着充分的数据依据和健全的内部控制前提,因此采用非统计抽样所收集的审计证据不如采用统计抽样所收集的审计证据更为充分、适当。

（　　）

六、简答题

1. 如何降低非抽样风险?

2. 导致非抽样风险的原因有哪些?

3. 可容忍误差、可接受的抽样风险、预期总体误差、预计总体偏差率与选取的样本量之间的关系是怎样的?

七、案例分析题

1. A 公司银行存款支出凭证编号为 1001～3800,审计人员打算从中随即抽出 100 张进行审查。

（1）若利用随即数表,从每 1 行开始,从左至右选择,以各个数的前 4 位数为准,审计人员选择的最初 5 个样本的号码分别是哪些（随机数表的开始部分如下表所示）?

(1)	71401	17964	50940	95753	34905	36318
(2)	38464	16750	61371	01523	14489	02086
(3)	59442	74955	98378	47870	01352	89906
(4)	11818	40951	32222	75433	46214	26536
(5)	05938	57402	35168	44850	46319	14199
(6)	93593	23664	16530	47491	58464	81090

（2）若采用系统抽样法,并确定 1 个随机起点为 1007,审计人员选择的最初 5 个样本的号码分别是哪些?

（3）若采用（2）所选择的最初 5 个样本的号码为 5 个随机起点,继续采用系统抽样法,请问审计人员选择的随后 5 个样本的号码分别是哪些?

2. X 注册会计师在对 Y 公司主营业务收入进行测试的同时,一并对应收账款进行了测试。假定 Y 公司 2009 年 12 月 31 日应收账款明细账显示其有 2 000 户顾客,账面余额为 10 000 万元。X 注册会计师拟通过抽样函证应收账款的账面余额,计划抽样误差为 ±5 万元,可信赖程度为 95%（95% 的可信赖程度下的可信赖程度系数为 1.96），估计的总体标准离差为 0.015 万元。样本账户账面余额为 500 万元，审定后的余额为 450 万元。

要求：针对资料，确定应收账款函证的样本量，并根据样本结果采用差额估计抽样法推断应收账款的总体余额（要求列出计算过程，样本平均差额保留小数点后 4 位，推断的总体差额及总体余额保留小数点后 1 位）。

3. A 和 B 注册会计师正在审计 W 公司 2009 年度的财务报表。在审计应收账款项目时，A 和 B 注册会计师采用 PPS 抽样法从 W 公司账面总额为 1 760 万元的应收账款总体中抽取了容量为 80 的一组样本实施实质性程序。审计后发现了下表所示的 8 处错报。

债务人	应收账款账面金额	审定的应收账款金额	发现的错报金额
A	560	500	60
B	3 050	2 260	790
C	8 760	8 180	580
D	45 000	45 360	(360)
E	80 066	80 251	(185)
F	7 709	9 044	(1 335)
G	1 000	2 569	(1 569)
H	30 000	37 920	(7 920)

要求：假定注册会计师确定的误受风险为 10%，可容忍错报为应收账款账面总额的 5%，利用下表，请代 A 和 B 注册会计师实施具体的操作，以决定是否可以接受该应收账款总体。

**控制测试中统计抽样结果评价——
信赖过度风险 10%时的偏差率上限**

样本规模	实际发现的偏差数										
	0	1	2	3	4	5	6	7	8	9	10
60	3.8	6.4	8.7	10.8	12.9	15.0	16.9	18.9	*	*	*
70	3.3	5.5	7.5	9.3	11.1	12.9	14.6	16.3	17.9	19.6	*
80	2.9	4.8	6.6	8.2	9.5	11.3	12.8	14.3	15.8	17.2	18.6
90	2.6	4.3	5.9	7.3	8.7	10.1	11.5	12.8	14.1	15.4	16.6
100	2.3	3.9	5.3	6.6	7.9	9.1	10.3	11.5	12.7	13.9	15.0

第二部分　参考答案及解析

三、单项选择题

1.【正确答案】C

【答案解析】如果在审计过程中,审计人员执行了不必要的审计步骤属于非抽样风险,对审计效果、效率都有影响。

2.【正确答案】C

【答案解析】统计抽样同时具备下列特征:一是随机选取样本;二是运用概率论评估样本结果,包括能够计量抽样风险。

3.【正确答案】C

【答案解析】如果被审计单位内部控制制度较差,或者不能有效执行,审计人员就应扩大审计范围和抽样数量,直至采用细节测试(详细审计)。选项 B 包括细节测试和实质性分析程序,故不能选。

4.【正确答案】C

【答案解析】控制测试是选择性的。

5.【正确答案】B

【答案解析】调节法是从一定出发点上的数据着手,将已发生的正常业务进行增减调整,以求得需要证实的数据的方法。

6.【正确答案】D

【答案解析】金额单位抽样法不能发现余额为零项目的问题,余额小的项目由于被抽中的机会小,如有问题,也不易被审查发现。

7.【正确答案】A

【答案解析】审计业务约定书具有合同的性质,一经约定各方签字,即成为法律上生效的契约。

8.【正确答案】B

【答案解析】抽样间隔 $= 8\,000 \div 400 = 20$,故选 B 项。

9.【正确答案】B

【答案解析】技术性差错包括计算差错、记错账户、书写差错、记错分录方向、重记或漏记等。

10.【正确答案】B

【答案解析】管理建议书是指审计人员在审计结束阶段,就可能导致财务报表产生重大错报或漏报的内部控制重大缺陷,以书面形式提出的改进建议。

11.【正确答案】C

【答案解析】选项 A、B 使用在风险评估阶段,选项 D 在审计实施阶段是选择性的,故不能选。

12.【正确答案】D

【答案解析】选项 A、C 是效果风险,选项 B 是效率风险。

13.【正确答案】D

【答案解析】选项 A、B 应用于细节测试中,故不能选。

14.【正确答案】C

【答案解析】选项 A、B、D 属于属性抽样。

15.【正确答案】D

【答案解析】分层抽样法的优点是抽样的效率和质量都较高,并能无偏见地选取样本项目。

四、多项选择题

1.【正确答案】B、C

【答案解析】在选项 A 中,抽样单元是能够提供控制运行证据的一份文件资料,一个记录或其中一行控制活动流程;在选项 D 中,抽样单元不是查出的错报金额,而是需要测试的每一笔交易或每一笔余额;选项 B 和选项 C 是明确关于抽样单元的定义。

2.【正确答案】A、B

【答案解析】见教材第 84 页的相关内容。

3.【正确答案】A、C、D

【答案解析】变量抽样包括平均值估计、差异估计和比率估计等多种形式。

4.【正确答案】A、D

【答案解析】收集证据和测试内部控制制度属于审计实施阶段的工作。

5.【正确答案】A、B、C、D

【答案解析】见教材第 88 页的相关内容。

6.【正确答案】A、B、C、D

【答案解析】见教材第 113 页的相关内容。

7.【正确答案】A、B、C、D

【答案解析】见教材第 113 页的相关内容。

8.【正确答案】C、D

【答案解析】见教材第 120 页的相关内容。

9. 【正确答案】A、B、C

　　【答案解析】见教材第 121 页的相关内容。

10. 【正确答案】A、C

　　【答案解析】注册会计师能认同的有选项 B 和选项 D。

11. 【正确答案】A、B

　　【答案解析】选项 C,D 影响审计工作效率。

12. 【正确答案】A、C、D

　　【答案解析】随机选样选号起点必须随机确定。

13. 【正确答案】B、D

　　【答案解析】前 3 位应在 1~150 之间,后 2 位应在 1~50 之间。按此原则选取,前 2 个号码应当是选项 B、D。

14. 【正确答案】A、C

　　【答案解析】发现两例偏差时,无论是按公式计算,还是查表,得到的总体偏差率上限估计值均为 8.2%($6.3 \div 77 \times 100\%$),超过了可容忍的偏差率 8%,注册会计师不能接受被测试的内部控制总体。

15. 【正确答案】A、B、C、D

　　【答案解析】情况 A 意味着前 100 个抽样单元中没有发现偏差,李敏应在抽取第 50 个单元时作出 A 中的决定;B:所谓"基于谨慎性而追加抽取的下一个样本"不符合停—走抽样方案的错作要求:在抽取完第 50 个样本时就应停止抽样,接受重大错报风险计划评估水平;C:如果发现了第四例偏差,不必等到检查完随后的 53 个单元就应停止抽样,提高重大错报风险计划评估水平;D:即使再出现 1 例偏差,如果再次追加的 51 个样本中没有偏差出现,仍然可以接受重大错报风险计划评估水平。

五、判断题

1. 【正确答案】√

2. 【正确答案】×

　　【答案解析】统计抽样法与判断抽样法两者相结合使用。

3. 【正确答案】×

　　【答案解析】注册会计师在统计抽样中可以量化抽样风险;非抽样风险与抽样没有关系,无法量化。

4. 【正确答案】×

　　【答案解析】审计程序一般包括准备、实施和结束三个阶段。

5. 【正确答案】×

【答案解析】可靠程度的高低与风险度大小成反向。

6.【正确答案】✓

7.【正确答案】✕

【答案解析】内部控制制度薄弱、未留下轨迹的控制测试、资料不全或查舞弊案以及采用询问、观察程序时,均不适用于审计抽样。

8.【正确答案】✕

【答案解析】审计抽样是抽样方法在审计中的应用。

9.【正确答案】✓

10.【正确答案】✕

【答案解析】5%是风险程度,确定预计差错率、可容忍误差和风险程度,才能确定固定样本规模。可信赖程度是指样本性质能够代表总体性质的可靠性程度,注册会计师选择一个95%的可信赖程度,他就有5%的风险去接受抽样结果表示的内部控制是有效的结论,而实际上内部控制是无效的。

11.【正确答案】✕

【答案解析】审计人员应当依据具体情况并运用职业判断,确定使用统计抽样或非统计抽样,以最有效果和效率地获取证据。应将"更为充分、适当"改为"更加适当"。

六、简答题

1.【正确答案】通过采取适当的质量控制政策和程序,对审计工作进行适当的指导、监督和复核,以及对注册会计师实务的适当改进,可以将非抽样风险降至可以接受的水平。

2.【正确答案】

(1)选择的总体不适合测试目标。例如,确认应收账款的漏记却把应收账款明细账作为总体。

(2)未能适当地定义控制偏差或错报,导致注册会计师未能发现样本中存在的偏差或错报。例如,现金支付的业务流程不清楚导致未识别出内部控制的缺陷,或对重要性水平的估计偏高。

(3)选择了不适于实现特定目标的审计程序。例如,注册会计师通过观察固定资产来证实其所有权。

(4)未能适当地评价审计发现的情况。例如,注册会计师错误解读审计证据可能导致没有发现误差。注册会计师对所发现误差的重要性的判断有误,从而忽略了性质十分重要的误差,也可能得出不恰当的结论。

3.【正确答案】

(1) 可容忍误差越大,需要的样本量就越少。

(2) 注册会计师愿意接受的抽样风险越低,样本量越大。

(3) 预计总体误差越大,需要的样本量就越多。

(4) 预计总体偏差率越大,需要的样本量就越多。

七、案例分析题

1.【正确答案】

(1) 1448,1675,1796,3490,3631(按小到大排列)。

(2) 抽样间隔数 $= 2\,800 \div 100 = 28$。以 1007 为 1 个随机起点,最初 5 个样本号码为 1007、1035、1063、1091、1119。

(3) 以 1007、1035、1063、1091、1119 这 5 个随机起点的随后 5 个样本号码分别为 1035、1063、1091、1119、1147。

2.【正确答案】

(1) 计算样本量 $n' = (1.96 \times 0.015 \times 2\,000 \div 5)^2 \approx 138$;$n = 138 \div (1 + 138 \div 2\,000) \approx 129$

(2) 样本平均差额 $= (450 - 500) \div 129 \approx -0.387\,6$(万元)

(3) 推断的总体差额 $= -0.387\,6 \times 2\,000 = -775.2$(万元)

(4) 推断的总体实际余额 $= -775.2 + 10\,000 = 9\,224.8$(万元)

3.【正确答案】

(1) 在总计 8 个错报中,高估的错报数为 3,低估的错报数为 5,查表,得样本错报分别为 0,1,…,5 时总体中可能存在的高估和低估的最大百分比依次为 2.9、4.8、6.6、8.2、9.8、11.3。整理如下。

错报数	表中的偏差率上限	由各项错报引起的偏差率上限的增加额(层)
0	0.029	0.029
1	0.048	0.019
2	0.066	0.018
3	0.082	0.016
4	0.098	0.016
5	0.113	0.015

(2) 对于发现错报的每一个样本,以发现的错报除以该样本的账面金额,得到该样本的单位错报。

债权人	应收账款账面金额	审定的应收账款金额	发现的错报金额	单位平均错报
A	560	500	60	0.107
B	3 050	2 260	790	0.259
C	8 760	8 180	580	0.066
D	45 000	45 360	(360)	(0.008)
E	80 066	80 251	(185)	(0.002)
F	7 709	9 044	(1 335)	(0.173)
G	1 000	2 569	(1 569)	(1.569)
H	30 000	37 920	(7 920)	(0.264)

（3）按下表格式计算初始高估错报上限和总体高估的点估计。

初始高估错报上限计算表

错报数	偏差率上限部分	账面价值	单位高估错报	错报界限部分
(1)	(2)	(3)	(4)	(2)×(3)×(4)
0	0.029	17 600 000	1.0	510 400
1	0.019	17 600 000	0.259	86 609.6
2	0.018	17 600 000	0.107	33 897.6
3	0.016	17 600 000	0.066	18 585.6
	偏差率上限=0.082			初始高估错报上限=649 492.8

总体高估点估计：$UCL=(0.259+0.107+0.088)÷80×17\,600\,000=99\,880$（元）

（4）按下表格式计算初始错报下限和总体低估的点估计。

初始低估错报下限计算表

错报数	偏差率上限部分	账面价值	单位低估错报	错报界限部分
(1)	(2)	(3)	(4)	(2)×(3)×(4)
0	0.029	17 600 000	1.0	51 040
1	0.019	17 600 000	1.569	524 673.6
2	0.018	17 600 000	0.264	83 635.2
3	0.016	17 600 000	0.173	48 716.8
4	0.016	17 600 000	0.008	2 252.8
5	0.015	17 600 000	0.002	528.0
	偏差率上限=0.113			初始低估错报上限=1 170 206.4

总体低估点估计：$LCL=(1.569+0.264+0.173+0.008+0.002)÷80×17\,600\,000=443\,520$（元）

（5）对总体错报上限与下限进行调整：

调整后的总体高估错报上限 $U = 649\,492.8 - 443\,520 = 205\,972.8$（元）

调整后的总体低估错报下限 $L = 1\,170\,206.4 - 99\,880 = 1\,070\,326.4$（元）

（6）由于 L 大于可容忍错报 $1\,760 \times 5\% = 88$ 万元，注册会计师不能接受应收账款总体。注册会计师应提请 W 公司调整错报，扩大审计程序并考虑其对审计报告的影响。

第六章　审计规范体系

第一部分　习　　题

一、思考题

1. 什么叫审计准则？简述审计准则产生的作用。
2. 政府审计准则、内部审计准则和注册会计师审计准则各有何特征？
3. 如何理解中国注册会计师执业准则体系？此体系由哪几个层次构成？
4. 简述注册会计师在特定情况下对独立性原则的应用。
5. 简述注册会计师鉴证业务基本准则的基本内容。
6. 简述会计师事务所业务质量控制准则的内容。
7. 简述《中国注册会计师职业道德规范指导意见》的具体要求。

二、名词解释

1. 审计规范体系
2. 审计法
3. 注册会计师法
4. 审计准则
5. 美国公认审计准则(GAAS)
6. 国际审计准则(ISA)
7. 鉴证业务
8. 鉴证业务基本准则
9. 会计师事务所业务质量控制准则
10. 政府审计准则
11. 内部审计准则
12. 职业道德准则
13. 职业后续教育准则

三、单项选择题

1. 注册会计师执行的下列业务中,属于保证程度最高的是(　　　)。

A. 验资
B. 财务报表审阅
C. 内部控制审核
D. 对财务信息执行的商定程序

2. 注册会计师接受委托对 ABC 股份有限公司 2009 年的财务报表进行审计,下列选项中,属于"鉴证对象"的是(　　　)。

A. ABC公司2009年财务报表

B. ABC公司2009年12月31日的财务状况和该年度的经营成果及现金流量

C. ABC公司2009年度的财务状况、经营成果和现金流量

D. ABC公司2009年利润表

3. 指导、监督与复核的总体要求是（　　）。

A. 使项目组了解工作目标

B. 会计师事务所应当要求项目负责人负责组织对业务执行实施指导、监督与复核

C. 要求项目负责人在业务进行中适时实施必要的监督，以检查各成员是否能够顺利完成业务工作

D. 考虑项目组各成员的素质和专业胜任能力，以及是否有足够的时间执行工作

4. 监督的具体要求不包括（　　）。

A. 使项目组了解工作目标

B. 考虑项目组各成员的素质和专业胜任能力，以及是否有足够的时间执行工作

C. 解决在执行业务过程中发现的重大问题，考虑其重要程度并适当修改原计划的方案

D. 识别在执行业务过程中需要咨询的事项，或需要由经验较丰富的项目组成员考虑的事项

5. 项目质量控制复核的时间是（　　）。

A. 在出具报告前完成项目质量控制复核

B. 与管理层沟通后完成质量控制复核

C. 与治理层沟通后完成质量控制复核

D. 与审计委员会沟通后完成质量控制复核

6. 中国注册会计师鉴证业务基本准则是鉴证业务准则的基本框架，是注册会计师执行鉴证业务的规范，但在以下所列的各准则中，（　　）不受该基本准则的制约。

A. 中国注册会计师审计质量控制准则

B. 中国注册会计师审计准则

C. 中国注册会计师其他鉴证业务准则

D. 中国注册会计师审阅准则

7. 在W会计师事务所承接的下列各种业务中，最可能属于直接报告的鉴证业务的是（　　）。

  A. 上市公司甲公司 2008 年度财务报表审计业务

  B. 未上市的乙公司 2008 年 12 月 31 日内部控制有效性的审核

  C. 丙绿洲拉面馆 2008 年度财务报表的审阅业务

  D. 拟上市公司丁公司 2009 年度盈利预测审核业务

  8. X 银行是 M 公司的最大债权人。按照双方签订的借款协议，M 公司每年年末向 X 银行提交关于其偿债能力的专题报告和相关财务资料。2009 年 1 月，Q 会计师事务所接受 X 银行委托，对 M 公司 2008 年 12 月 31 日的偿债能力是否符合双方所签订的借款协议进行审计，并向 X 银行出具专题审计报告。该业务作为鉴证业务的下列说法中，你不认可的是（　　）。

  A. 鉴证对象为 M 公司 2008 年年末的偿债能力专题报告以及财务报表的资产和负债项目

  B. 三方关系分别是 Q 会计师事务所、M 公司管理层、X 银行

  C. 鉴证标准包括 M、X 两方签署的借款协议和 Q、X 两方签订的业务约定

  D. 该业务为基于责任方认定鉴证业务，资产负债表的资产和负债项目是鉴证对象信息

  9. K 公司按其与股东 L、J 公司商定的分利协议编制了本公司 2007 年度利润表，并委托 Q 会计师事务所对该利润表进行审计，作为 K 公司和 L、J 公司进行利润分配的依据。Q 会计师事务所正考虑与承接这一业务相关的下列事项或情况，其中，Q 会计师事务所应当首先考虑的是（　　）。

  A. 包括是否能保持独立性、是否有足够的专业胜任能力等职业道德规范要求

  B. 按 K、L、J 公司商定的基础编制利润表是否适当，预期使用者能否获得该基础

  C. 包括鉴证对象特征、使用的标准、预期使用者的要求在内的业务环境

  D. 如果将该业务变更为非鉴证业务，将对尚未签订的业务约定产生何种影响

  10. EFG 公司 2008 年后半年陷入经营困境，当年年底无力偿还 30 家债权人的到期债务。2009 年年初，经上述债权人协商决定，由最大的债权人 H 银行派本行专家对 EFG 公司偿还债务的能力进行审查，出具专题报告，并在请 U 会计师事务所对该专题报告进行审计后由 H 银行分发给 EFG 公司的全体债权人。在以下有关这一业务的各种说法中，正确的是（　　）。

  A. EFG 公司为责任方

  B. 预期使用者为 2008 年年底债务到期的 30 家债权人

  C. H 银行派遣的专家为责任方

  D. H 银行对出具的专题报告负责

11. B 会计师事务所正在考虑承接甲、乙、丙、丁 4 家公司的相关鉴证业务,并特别考虑鉴证对象信息与相应的鉴证对象之间的适当性。在以下列示的各组鉴证对象及其信息中,你认为鉴证对象信息适当的是(　　)。

A. 甲公司的鉴证对象:2008 年度经营成果;鉴证对象信息:2008 年 12 月 31 日的资产负债表

B. 乙公司的鉴证对象:2008 年年末内部控制有效性;鉴证对象信息:乙公司管理层出具的 2008 年年末内部控制有效性的认定报告

C. 丙公司的鉴证对象:2008 年年末设备的生产能力;鉴证对象信息:2008 年年末的生产设备

D. 丁公司的鉴证对象:2008 年度运营情况;鉴证对象信息:2008 年年末净利润与未分配利润

12. 标准的适当性和适用性都是影响鉴证业务质量的重要方面,但当鉴证业务的标准是(　　)时,注册会计师只需评价标准的适用性,无需对标准的适当性进行评价。

A. 财政部颁布的《企业会计准则》

B. 客户与银行签订的《借款协议》

C. 客户自行制定的《费用报销制度》

D. 董事会表决通过的《利润分配决议》

13. 会计师事务所质量控制准则适用于会计师事务所执行的各类鉴证业务和服务业务。按照这一准则,在会计师事务所的各类人员中,对质量控制制度承担最终责任的人员是(　　)。

A. 主任会计师 　　　　　　　　B. 项目负责人

C. 外勤审计人员 　　　　　　　　D. 质量督导人员

14. 在以下与业务执行中的指导、监督、复核、咨询相关的说法中,正确的是(　　)。

A. "指导"包括解决在执行业务过程中发现的重大问题

B. "监督"的目的在于核实每位职业人员是否了解工作的目的

C. "复核"的内容包括确定业务工作是否按照法律法规、职业道德和业务准则的规定执行

D. "咨询"是指项目经理及时解答项目组成员提出的各种技术问题

15. 在以下与项目质量控制复核相关的说法中,不正确的是(　　)。

A. 项目质量控制复核的性质包括复核人员与项目负责人讨论并选取适当的工作底稿进行复核

B. 小型事务所可以聘请外部人员或利用其他事务所对应当实施项目质量控

制复核的业务进行项目质量控制复核

C. 项目质量控制复核应当在外勤工作结束但尚未出具业务报告的这段时间内进行,以免影响项目组工作的正常进行

D. 如果项目负责人不接受项目质量控制复核人员的建议且重大事项未得到满意解决,项目负责人不得出具报告

16. 按照业务质量控制准则中有关项目质量控制复核的总体要求,在对上市公司、商业银行、非银行金融机构、国有大型企业财务报表审计业务实施项目质量控制复核时,下列内容中,属于必须实施项目质量控制复核的是( )。

A. 所复核的审计工作底稿是否反映了针对重大判断执行的工作

B. 项目组作出的重大判断以及在准备审计报告时得出的结论

C. 在审计中识别的已更正和未更正的错误的重要性及处理情况

D. 项目组就特定审计业务对会计师事务所独立性作出的评价

四、多项选择题

1. 鉴证业务要素包括( )。

A. 鉴证对象　　　B. 鉴证对象信息　　C. 证据　　　　　D. 鉴证报告

2. 鉴证业务的目标可分为( )。

A. 合理保证　　　　B. 绝对保证　　　　C. 消极保证　　　D. 有限保证

3. 会计师事务所承接鉴证业务包括的条件有( )。

A. 鉴证对象适当

B. 注册会计师能够获取充分、适当的证据以支持其结论

C. 注册会计师的结论以书面报告形式表述,且表述形式与所提供的保证程度相适应

D. 使用的标准适当且预期使用者能够获取该标准

4. 会计师事务所对已承接的鉴证业务变为非鉴证业务应当考虑的原因有( )。

A. 业务环境变化影响到预期使用者的需求

B. 预期使用者对该项业务的性质存在误解

C. 业务范围存在限制

D. 独立性和专业胜任能力的限制

5. 职业怀疑态度有助于降低注册会计师在执业过程中可能遇到的风险有( )。

A. 忽略了可疑的情况

B. 在决定证据收集程序的性质、时间和范围时使用了不恰当的假设

C. 对证据进行了不恰当的评价

D. 业务范围的限制

6. 以下有关职业怀疑态度要求陈述中,恰当的有( )。

A. 如果管理层的某项声明与其他审计证据相矛盾,注册会计师应当调查这种情况

B. 如果从不同来源获取的审计证据或获取的不同性质的审计证据不一致时注册会计师应当追加必要的审计程序

C. 注册会计师不应将审计中发现的舞弊视为孤立发生的事项

D. 如果在审计过程中识别出异常情况,注册会计师应当作出进一步调查

7. 会计师事务所制定质量控制制度的目的是为了合理保证( )。

A. 会计师事务所及其人员遵守法律法规、职业道德规范以及审计准则、审阅准则、其他鉴证业务准则和相关服务准则的规定

B. 会计师事务所和项目负责人根据具体情况出具恰当的报告

C. 保持独立性和提高专业胜任能力

D. 评价注册会计师自身的执行能力

8. 会计师事务所的质量控制制度包括针对以下方面制度的政策和程序的有( )。

A. 对业务质量承担的领导责任　　　B. 职业道德规范

C. 客户关系和具体业务的接受与保持　D. 业务执行

9. 在复核项目组成员已执行的工作时,复核人员应当考虑( )。

A. 工作是否已按照法律法规、职业道德规范和业务准则的规定执行

B. 重大事项是否已提请进一步考虑

C. 是否需要修改已执行工作的性质、时间和范围

D. 已执行的工作是否支持形成的结论,并得以适当记录

10. 会计师事务所制定的项目质量控制复核政策和程序应当包括的要求有( )。

A. 对符合适当标准的所有业务实施项目质量控制复核

B. 规定适当的标准,据此评价上市公司财务报表审计以外的历史财务信息审计和审阅、其他鉴证业务及相关服务业务,以确定是否应当实施项目质量控制复核

C. 对所有上市公司财务报表审计实施项目质量控制复核

D. 在某项业务或某类业务中已识别的异常情况或风险

11. 会计师事务所应当制定下列政策和程序,以防范同一高级人员由于长期执行某一客户的鉴证业务可能对独立性造成的威胁有( )。

A. 对所有的上市公司财务报表审计,按照法律法规的规定定期轮换项目负责人

B. 高级管理人员提供该项鉴证业务的服务年限

C. 鉴证业务的性质,包括涉及公众利益的范围

D. 建立适当的标准,以便确定是否需要采取防护措施,将由于关系密切造成的威胁降至可接受的水平

12. 会计师事务所可以通过下列途径提高人员素质和专业胜任能力的有(　　)。

A. 由经验更丰富的员工提供辅导　　B. 工作经验

C. 职业教育　　　　　　　　　　　D. 职业发展,包括培训

13. 以下关于中国注册会计师审计准则的各种说法中,不正确的是(　　)。

A. 审计准则规范注册会计师执行历史性财务信息的审计业务

B. 审计准则要求对历史性财务信息是否存在重大错报提供合理保证

C. 审计准则以消极的方式表述所形成的审计结论和意见

D. 审计准则对历史性财务信息是否不存在重大错报提供有限保证

E. 审计准则以积极的方式表述结论

14. 在基于责任方认定的鉴证业务中,注册会计师的鉴证结论可以采用的表述形式有(　　)。

A. 明确提及责任方认定

B. 直接提及鉴证对象但不提及标准

C. 直接提及鉴证对象及其标准

D. 明确提及责任方认定、鉴证对象及其标准

15. 在鉴证业务中,基于责任方认定的业务和直接报告业务两种鉴证业务的主要区别表现在(　　)几个方面。

A. 预期使用者获取鉴证对象信息的方式不同

B. 注册会计师提出鉴证结论的对象不同

C. 管理层对鉴证对象所承担的责任不同

D. 所出具的鉴证报告的内容和格式不同

五、判断题

1. 鉴证对象是按照标准对鉴证对象信息进行评价的计量的结果。　　(　　)

2. 如果注册会计师在审计过程中识别出的情况使其认为文件记录可能是伪造的或文件记录中的某些条款已发生变动,则应当作出进一步调查,包括直接向第三方询证,或考虑利用专家的工作以评价文件记录的真伪。　　(　　)

3. 在整个审计过程中,职业怀疑态度十分必要。例如,它有助于降低注册会计师疏忽异常情况的风险,有助于降低注册会计师在确定审计程序的性质、时间、范围及评价和由此得出的结论时采用错误假设的风险,有助于注册会计师避免根据有限的测试范围过度推断总体实际情况。　　　　　　　　　　（　　）

4. 有限保证的鉴证业务的目标是注册会计师将鉴证业务风险降至该业务环境下可接受的水平,以此作为以消极方式提出结论的基础。合理保证的鉴证业务的目标是注册会计师将鉴证业务风险降至该业务环境下可接受的低水平,以此作为以积极方式提出结论的基础。　　　　　　　　　　　　（　　）

5. 会计师事务所应当要求项目负责人负责组织对业务执行实施指导、监督与复核。　　　　　　　　　　　　　　　　　　　　　　　　　　　（　　）

6. 会计师事务所应当制定政策和程序,以合理保证会计师事务所及其人员,包括聘用的专家和其他需要满足独立性要求的人员,保持职业道德规范要求的独立性。　　　　　　　　　　　　　　　　　　　　　　　　　　　（　　）

7. 业务执行是指会计师事务所委派项目组按照法律法规、职业道德规范和业务准则的规定具体执行所承接的某项业务,使会计师事务所和项目负责人能够根据具体情况出具恰当的报告。　　　　　　　　　　　　　　　　　（　　）

8. 在业务执行中,时常可能会出现项目组内部、项目组与被咨询者之间以及项目负责人与项目质量控制复核人员之间的意见分歧,只有意见分歧问题得到解决,项目负责人才能出具报告。　　　　　　　　　　　　　　　　（　　）

9. 如果决定接受或保持客户关系和具体业务,会计师事务所应与客户就相关问题达成一致理解,并形成书面业务约定书,将对业务的性质、范围和局限性所产生的误解的风险降至最低。　　　　　　　　　　　　　　　　　（　　）

10. 在我国注册会计师鉴证业务准则中,审计准则与审阅准则主要用于规范历史性财务信息的鉴证,只有个别准则规范了非历史性财务信息的鉴证。　　　　　　　　　　　　　　　　　　　　　　　　　　　　　　（　　）

六、简答题

1. 简述注册会计师提供的合理保证鉴证业务的证据收集程序。

2. 注册会计师对鉴证业务为什么不能绝对保证?

3. 什么是职业怀疑态度? 职业怀疑态度有助于降低注册会计师哪些风险?

4. 会计师事务所的质量控制制度包括哪些内容?

5. 为了合理保证能够获知违反独立性要求的情况,会计师事务所应当制定怎样的政策和程序和采取怎样的行动来维护独立性?

6. 会计师事务所承接鉴证业务的条件有哪些?

七、案例分析题

1. ABC 会计师事务所定期组织执业人员系统学习中国注册会计师执业准则。下面执业人员在学习中提出的几个涉及执业准则框架结构的问题,请代为解答:

(1)中国注册会计师执业准则体系包含哪些组成部分? 简述各组成部分规范的主要业务范围以及它们之间的关系。

(2)鉴证业务准则在中国注册会计师执业准则体系中处于何种地位? 由哪个准则统领? 如按向鉴证业务提供的保证程度和鉴证对象的不同,鉴证业务准则可以分为哪些主要的类别? 其中哪个类别属于鉴证业务准则乃至整个执业准则的核心部分?

(3)在审计准则体系中,哪一类审计准则是整个审计准则体系的核心准则? 这类审计准则具体包括哪些内容?

(4)按要求填列下表。

执业准则体系的组成部分		规范的业务对象	提出结论的方式和提供的保证程度
鉴证业务准则			

2. M 公司系 ABC 会计师事务所的常年审计客户。2008 年 11 月,ABC 会计师事务所与 M 公司续签了审计业务约定书,审计 M 公司 2008 年度财务报表。假定存在以下情形:

(1)M 公司由于财务困难,应付 ABC 会计师事务所 2007 年度审计费用 100 万元一直没有支付。经双方协商,ABC 会计师事务所同意 M 公司延期至 2009 年年底支付。在此期间,M 公司按银行同期贷款利率支付资金占用费。

(2)M 公司由于财务人员短缺,2008 年向 ABC 会计师事务所借用 1 名注册会计师,由该注册会计师将经会计主管审核的记账凭证录入计算机信息系统。ABC 会计师事务所未将该注册会计师包括在 M 公司 2008 年度财务报表审计项目组。

(3)甲注册会计师已连续 5 年担任 M 公司年度财务报表审计的签字注册会计师。根据有关规定,在审计 M 公司 2008 年度财务报表时,ABC 会计师事务所决定不再由甲注册会计师担任签字注册会计师。但在成立 M 公司 2008 年度财务报表审计项目组时,ABC 会计师事务所要求其继续担任外勤审计负责人。

（4）由于 M 公司降低 2008 年度财务报表审计费用近 1/3，导致 ABC 会计师事务所审计收入不能弥补审计成本，ABC 会计师事务所决定不再对 M 公司下属的 2 个重要的销售分公司进行审计，并以审计范围受限为由出具了保留意见的审计报告。

（5）M 公司要求 ABC 会计师事务所在出具审计报告的同时，提供内部控制审核报告。为此，双方另行签订了业务约定书。

（6）ABC 会计师事务所针对审计过程中发现的问题，向 M 公司提出了会计政策选用和会计处理调整的建议，并协助其解决相关账户调整问题。

要求：请根据中国注册会计师职业道德规范有关独立性的规定，分别判断上述六种情形是否对 ABC 会计师事务所的独立性造成损害，并简要说明理由。

第二部分　参考答案及解析

三、单项选择题

1.【正确答案】A

【答案解析】选项 A 是合理保证，选项 B 和选项 C 是有效保证，选项 D 是相关服务，无需作出任何保证。

2.【正确答案】B

【答案解析】ABC 公司 2009 年财务报表是"鉴证对象信息"，财务报表反映的财务状况、经营成果和现金流量是"鉴证对象"。

3.【正确答案】B

【答案解析】选项 A、C、D 都是具体要求。

4.【正确答案】A

【答案解析】选项 A 是"指导"的具体要求。

5.【正确答案】A

【答案解析】"业务质量控制"准则第五十一条。

6.【正确答案】A

【答案解析】审计质量控制属于会计师事务所质量管理的规范，不属于鉴证业务的范畴。

7.【正确答案】B

【答案解析】预期使用者能否直接获取鉴证对象信息是区分基于责任方认定业务与直接报告业务的重要标准。在选项 A、D 两种情形下，责任方甲、丁均已对鉴证对象进行了计量和认定，并直接对外公布作为鉴证对象信息的财务报表和盈利预测;选项 B:尽管乙公司管理层可能已对本公司内部控制的有效性进行了认定,但不是一种对外公布的信息,预期使用者无法直接获取该认定;选项 C:丙公司财务报表的使用者为所在地财政、税务部门,这些部门均持有经审阅的财务报表。

8.【正确答案】A

【答案解析】鉴证对象为 M 公司 2007 年年末的偿债能力。偿债能力专题报告以及财务报表中与偿债能力有关的资产负债项目属于鉴证对象信息。

9.【正确答案】C

【答案解析】所列四项内容中,选项 A、B、C 均应在承接业务前加以考虑,但最先应当进行的是初步了解业务环境。选项 D 是承接业务之后考虑的情况。

10.【正确答案】D

【答案解析】H 银行为责任方,对出具的专题报告负责;既然经审计后的专题报告预定要分发给 EFG 公司的全体债权人,则预期使用者应为 EFG 公司的全体债权人(不止题中的 30 家债权人)。

11.【正确答案】B

【答案解析】选项 A 鉴证对象信息应为当年度的利润表;选项 C 鉴证对象信息应为有关生产能力的检测报告。直接从生产设备实物鉴证设备的生产能力远远超越了注册会计师的专业范围。选项 D 利润不一定能反映运营状况。

12.【正确答案】A

【答案解析】对于公开发布的标准,注册会计师无需评价其适当性,只需评价其用于具体鉴证对象的适用性。

13.【正确答案】A

【答案解析】会计师事务所业务质量控制准则的规定。

14.【正确答案】C

【答案解析】选项 A、B 中的指导与监督应当互换;选项 D 大大缩小了被咨询者的范围。

15.【正确答案】C

【答案解析】项目质量控制复核应当在业务过程中的适当阶段实施,以使重大事项能够在出具报告前得到满意解决。

16.【正确答案】B

【答案解析】选项 B 是"总体要求"中明确要求必须实施项目质量控制复核的内容。

四、多项选择题

1.【正确答案】A、C、D

【答案解析】鉴证业务有五要素,即鉴证业务的三方关系、鉴证对象、标准、证据和鉴证报告。

2.【正确答案】A、D

【答案解析】鉴证业务的保证程度分为合理保证和有限保证,合理保证的保证水平要高于有限保证的保证水平。

3.【正确答案】A、B、C、D

【答案解析】教材有最新的明确的文字表述。

4.【正确答案】A、B、C

【答案解析】选项 D 属于注册会计师方面的限制。

5.【正确答案】A、B、C

【答案解析】选项 D 中业务范围的限制不可能通过职业怀疑态度避免。

6.【正确答案】A、B、C、D

【答案解析】职业怀疑态度代表的是注册会计师执业时的一种精神状态,选项 A、B、C、D 是职业怀疑态度在审计过程中的具体要求。

7.【正确答案】A、B

【答案解析】"业务质量控制"准则第三条的明确规定。

8.【正确答案】A、B、C、D

【答案解析】"业务质量控制"准则第六条的规定。

9.【正确答案】A、B、C、D

【答案解析】"业务质量控制"准则第四十二条的规定。

10.【正确答案】A、B、C

【答案解析】选项 D 是确定除上市公司以外的其他业务时需考虑的事项。

11.【正确答案】A、D

【答案解析】选项 B 和选项 C 是会计师事务所建立适当的标准时应当考虑的事项。

12.【正确答案】A、B、C、D

【答案解析】"业务质量控制"准则第三十二条的规定。

13.【正确答案】B、C、D

【答案解析】选项 B、D:审计准则对历史性财务信息是否不存在重大错报提供合理保证;选项 C:审计准则以积极的方式表述结论。

14.【正确答案】A、C

【答案解析】按照鉴证业务基本准则的规定,在基于责任方认定的鉴证业务中,注册会计师的鉴证结论只可以采用选项 A、C 两种表述形式之一。

15.【正确答案】A、B、D

【答案解析】选项 A、B、D 都属于鉴证业务基本准则的规定。选项 C 中管理层应改为责任方：无论是基于责任方认定的业务，还是直接报告业务，管理层都要对鉴证对象负责。当责任方不是管理层时，一般仅对鉴证对象信息负责，而不对鉴证对象承担责任。

五、判断题

1.【正确答案】×

【答案解析】鉴证对象信息是按照标准对鉴证对象进行评价和计量的结果，比如年报审计中年报就是鉴证对象信息。

2.【正确答案】√

【答案解析】注册会计师对审计过程中识别出异常情况时应当作出进一步调查。

3.【正确答案】√

【答案解析】职业怀疑态度在数个审计过程中的作用重大，能使注册会计师降低风险。

4.【正确答案】√

【答案解析】本题讨论的是合理保证和有限保证的定义。

5.【正确答案】√

【答案解析】指导、监督与复核的总体要求。

6.【正确答案】√

【答案解析】"业务质量控制"准则第十四条的规定。

7.【正确答案】√

【答案解析】业务执行的定义。

8.【正确答案】√

【答案解析】"业务质量控制"准则第四十九条的规定。

9.【正确答案】√

【答案解析】会计师事务所在决定接受或保持客户关系和具体业务时的总体要求。

10.【正确答案】×

【答案解析】审计准则与审阅准则中没有涉及非历史性财务信息鉴证的内容。

六、简答题

1.【正确答案】注册会计师应当考虑下列五个环节来收集证据：① 了解鉴证对象及其他的业务环境事项，在适用的情况下包括了解内部控制。② 在了解鉴证对象及其他的业务环境事项的基础上,评估鉴证对象信息可能存在的重大错报风险。③ 应对评估的风险,包括制定总体应对措施以及确定进一步程序的性质、时间和范围。④ 针对已识别的风险实施进一步程序,包括实施实质性程序,以及在必要时测试控制运行的有效性。⑤ 评价证据的充分性和适当性。

2.【正确答案】注册会计师对鉴证业务只能合理保证或者有限保证,不能绝对保证。其原因简言之是将鉴证业务风险降至零几乎不可能,也不符合成本效益原则。具体来说是由于:① 选择性测试方法的运用。② 内部控制的固有局限性。③ 大多数证据是说服性而非结论性的。④ 在获取和评价证据以及由此得出结论时涉及大量判断。⑤ 在某些情况下鉴证对象具有特殊性。

3.【正确答案】

(1) 职业怀疑态度是指注册会计师以质疑的思维方式评价所获取证据的有效性,并对相互矛盾的证据,以及引起对文件记录或责任方提供的信息的可靠性产生怀疑的证据保持警觉。

(2) 职业怀疑态度有助于降低以下风险:① 忽略了可疑的情况。② 在决定证据收集程序的性质、时间和范围时使用了不恰当的假设。③ 对证据进行了不恰当的评价。

4.【正确答案】会计师事务所的质量控制制度应当包括七项要素:① 对业务质量承担的领导责任。② 职业道德规范。③ 客户关系和具体业务的接受与保持。④ 人力资源。⑤ 业务执行。⑥ 业务工作底稿。⑦ 监控。

5.【正确答案】

(1) 所有应当保持独立性的人员,将注意到的违反独立性要求的情况立即告知会计师事务所。

(2) 会计师事务所将已识别的违反这些政策和程序的情况,立即传达给需要与会计师事务所共同处理这些情况的项目负责人,以及需要采取适当行动的会计师事务所内部其他相关人员和受独立性要求约束的人员。

(3) 项目负责人、会计师事务所内部的其他相关人员,以及需要保持独立性的其他人员,在必要时,立即向会计师事务所告知他们为解决有关问题采取的行动,以便会计师事务所能够决定是否应当采取进一步的行动。

6.【正确答案】

(1) 在接受委托前,注册会计师应当初步了解业务环境。

(2) 在初步了解业务环境后,注册会计师应当考虑承接该业务是否符合独立性和专业胜任能力等相关职业道德规范的要求。

(3) 在初步了解业务环境后,只有认为符合独立性和专业胜任能力等相关职业道德规范的要求,并且拟承接的业务具备下列所有特征时,注册会计师才能将其作为鉴证业务予以承接：① 鉴证对象适当。② 使用的标准适当且预期使用者能够获取该标准。③ 注册会计师能够获取充分、适当的证据以支持其结论。④ 注册会计师的结论以书面报告形式表述，且表述形式与所提供的保证程度相适应。⑤ 该业务具有合理的目的。

七、案例分析题

1.【正确答案】

（1）中国注册会计师执业准则体系包括鉴证业务准则、相关服务准则和会计师事务所质量控制准则这三个组成部分。其中，鉴证业务准则与相关服务准则分别规范注册会计师的各种鉴证业务与服务业务，均属于专业准则；质量控制准则是为了确保注册会计师执行鉴证业务与相关服务业务时确实遵守专业准则，由会计师事务所制定的配套管理标准。

（2）鉴证业务准则是中国注册会计师执业准则体系的核心，它由鉴证业务基本准则统领。按照鉴证业务提供的保证程度和鉴证对象的不同，鉴证业务准则可分为审计准则、审阅准则和其他鉴证业务准则。其中，审计准则是整个执业准则体系的核心。

（3）在审计准则体系中，与审计风险相关的准则属于核心准则。这些准则具体包括：《中国注册会计师审计准则第 1101 号——财务报表审计的一般目标和原则》《中国注册会计师审计准则第 1211 号——了解被审计单位及其环境并评估重大错报风险》《中国注册会计师审计准则第 1231 号——针对评估的重大错报风险实施的程序》《中国注册会计师审计准则第 1301 号——审计证据》。

（4）按要求填列下表。

执业准则体系的组成部分		规范的业务对象	提出结论的方式和提供的保证程度
鉴证业务准则	审计准则	注册会计师执行的历史财务信息的审计业务	以积极方式提出结论并对所审计的信息提供合理保证
	审阅准则	注册会计师执行的历史财务信息的审阅业务	以消极方式提出结论并对所审阅的信息是否存在重大错报提供有限保证
	其他鉴证业务准则	注册会计师执行的历史财务信息审计或审阅以外的其他鉴证业务	根据鉴证业务的性质和业务约定的要求，提供有限保证或合理保证
相关服务准则		注册会计师执行的代编财务信息、执行商定程序，提供管理咨询等服务	在提供相关服务时，不提供任何程度的保证
质量控制准则		会计师事务所在执行各类业务时应遵守的质量控制政策和程序	不适用

2.【正确答案】

（1）损害独立性。ABC 会计师事务所将 2007 年审计费用收入 100 万元延期至 2009 年年底可以达到继续承接 M 公司 2009 年年报审计委托，同时，对 M 公司以前年度尚未支付的审计费用收取资金占用费，与 M 公司存在除审计收费以外的直接经济利益关系。

（2）不损害独立性。该注册会计师从事的记账凭证输入工作不属于编制鉴证业务对象的数据和其他记录，不会产生自我评价对独立性的威胁。

（3）损害独立性。甲注册会计师尽管不再担任签字注册会计师，但还担任 M 公司 2008 年度财务报表外勤审计负责人，并没有消除关联关系对独立性的威胁。

（4）损害独立性。由于 ABC 会计师事务所受到 M 公司降低收费的压力而不恰当地缩小工作范围，形成外界压力对独立性的威胁。

（5）损害独立性。内部控制审核与审计报表业务是不相容的工作，会对独立性造成威胁。

（6）不损害独立性。为 M 公司提出会计政策选用和会计处理调整的建议，并协助其解决相关账户调整问题，属于审计过程中的正常工作。

第七章　审计人员的法律责任

第一部分　习　　题

一、思考题

1. 简述审计责任对审计职业的重要性。审计责任的内容包括哪些?

2. 什么是会计责任? 什么是审计责任?

3. 为什么说注册会计师的审计责任不能代替、减轻或免除被审计单位管理层和治理层的责任?

4. 经营风险、经营失败、审计失败与审计风险这四者之间的关系如何?

5. 简述国外民间审计人员的法律责任。

6. 中国民间审计人员的法律责任主要包括哪些?

7. 民间审计人员应如何避免法律诉讼?

二、名词解释

1. 审计责任　　　　　　　　2. 工作责任

3. 法律责任　　　　　　　　4. 会计责任

5. 治理层责任　　　　　　　6. 管理层责任

7. "深口袋"理论　　　　　　8. "风险社会化"理论

9. 诉讼爆炸　　　　　　　　10. 保险危机

11. 错误、舞弊和违反法规行为　12. 经营失败

13. 审计失败　　　　　　　　14. 违约

15. 普通过失　　　　　　　　16. 重大过失

17. 推定欺诈　　　　　　　　18. 实际欺诈

19. 共同过失　　　　　　　　20. 比较过失

21. 民事责任　　　　　　　　22. 行政责任

23. 刑事责任　　　　　　　　24. 习惯法

25. 成文法

三、单项选择题

1. 注册会计师法律责任正在逐步扩展,以下有关注册会计师职业受到影响甚至受到阻碍或冲击的原因的表述中,不恰当的是( )。

A. 消费者利益的保护主义兴起

B. 诉讼爆炸

C. 有关保险的新概念得到运用

D. 所有商业领域注册会计师的参与与日俱增

2. 关于经营失败与审计失败的下列表述中,不恰当的是( )。

A. 经营失败是指企业由于经济或经营条件的变化,如经济衰退、不当的管理决策或出现意料之外的行业竞争等,无法满足投资者的预期

B. 审计失败是指注册会计师由于没有遵守审计准则的要求而发表了错误的审计意见

C. 审计风险是指财务报表中存在重大错报,而注册会计师发表不恰当审计意见的可能性

D. 经营失败必然会导致审计失败

3. 以下关于注册会计师过失的说法中,不正确的是( )。

A. 过失是指在一定条件下,缺少应具有的合理的谨慎

B. 普通过失是指注册会计师没有完全遵循专业准则的要求

C. 重大过失是指注册会计师根本没有遵循专业准则或没有按专业准则的基本要求执行审计

D. 注册会计师一旦出现过失就要赔偿损失

4. 注册会计师减少过失和防止欺诈的基本要求不包括( )。

A. 强化执业监督   B. 保持执业谨慎

C. 签订业务约定书   D. 增强执业独立性

5. 以下关于注册会计师避免法律诉讼的具体措施中不能认同的是( )。

A. 会计师事务所在承担审计业务时,应当按照业务约定书准则的要求与委托人签订约定书,但在验资业务时可以不要求签约

B. 如果一家会计师事务所质量管理不严,很有可能因某一个人或一个部门的原因导致整个会计师事务所遭受灭顶之灾

C. 不能苛求注册会计师对于财务报表中的所有错报事项都要承担法律责任,注册会计师是否应承担法律责任,关键在于注册会计师是否有过失或欺诈行为

D. 我国《注册会计师法》规定了会计师事务所应当按规定建立职业风险基金,办理职业保险

6. 如果被审计单位的财务报表中存在重大错报,则在下列情况下很可能在诉讼中被判为重大过失的有(   )。

A. 注册会计师运用常规审计程序通常能够发现该错报但未发现

B. 审计人员确实遵守了审计准则,但提出错误的审计意见

C. 注册会计师明知道存在重大错报却出具无保留意见的审计报告

D. 注册会计师基本上遵循了审计准则的相关要求

7. 注册会计师在对 ABC 股份有限公司 2009 年度财务报表进行审计时,按照函证具体准则对有关应收账款进行了函证,并实施了其他必要的审计程序,但最终仍有应收账款业务中的错报未能查出。你认为注册会计师的行为属于(   )。

A. 没有过失   B. 普通过失   C. 重大过失   D. 欺诈

8. 陈华、周琳对中天科技股份有限公司 2009 年度财务报表实施了审计,出具了保留意见的审计报告。事后中天科技公司以陈华、周琳实施的审计程序不符合独立审计准则、审计工作有缺陷为由,对 2 位注册会计师进行起诉。在以下起诉理由中,法院可以认可的是(   )。

A. 中天科技公司已对其存在的重大不确定事项在财务报表附注中进行了充分披露,但陈华、周琳并未在其所出具的审计报告的意见段后增加强调事项段

B. 中天科技公司对其存在的影响持续经营假设的事项已按照陈华、周琳的要求进行了充分的披露,但陈华、周琳却在审计报告的意见段后增加了强调事项段

C. 对存货实施抽查程序时,陈华、周琳仅仅从存货盘点记录中选取项目追查至存货实物,而没有从存货实物中选取项目追查至存货盘点记录

D. 观察固定资产时,仅仅从固定资产明细分类账中选取部分项目追查至固定资产实物,而没有从固定资产实物中选取项目追查至固定资产明细分类账

9. 根据最高人民法院 2007 年 6 月 15 日施行的《规定》,即使会计师事务所能够证明存在的下列情形中,仍不能免于民事责任的有(   )。

A. 已遵守执业准则、规则确定的工作程序并保持必要的执业谨慎,但仍未能发现被审计单位的资料错误

B. 因开户银行提供了虚假或不实的对账单等证明文件,尽管会计师事务所保持了必要的执业谨慎,仍未能发现证明文件的虚假或不实

C. 已对被审计单位的舞弊迹象提出警告并与比舞弊嫌疑人员层级更高的管理层或治理层人员专门沟通,但被审计单位仍未能加以纠正

D. 已经遵照验资程序进行审核并出具报告,但被审验单位在登记之后抽逃资金

10. A 公司是一家上市公司,其年度财务报表一直由 B 会计师事务所实施审计。2009 年,公司因债务纠纷及发生巨额亏损,导致股民遭到巨大亏损,股民 C 认为注册会计师在 2008 年审计报告中未对其可持续经营进行说明而向法院提起诉讼,要求赔偿其巨额损失。以下判断中,正确的是(　　　)。

A. 注册会计师可作为利害关系人提起诉讼

B. 股民 C 可单独对 B 会计师事务所提出控告

C. 注册会计师不需要承担民事赔偿

D. 应先由 A 公司赔偿股民 C 的损失

11. 下列能作为会计师事务所免责的事由是(　　　)。

A. 在报告中注明:本报告仅供工商登记使用

B. 在报告中注明:本报告仅供工商年检使用

C. 在报告中注明:本报告仅供贵公司内部使用

D. 在报告中注明:对舞弊迹象提出警告

12. 如果会计师事务所与被审计单位承担连带责任,则(　　　)。

A. 应由被审计单位先赔偿,不足部分由会计师事务所赔偿

B. 应由会计师事务所先赔偿,不足部分由被审计单位赔偿

C. 应由被审计单位先赔偿,不足部分以不实审计金额为限由会计师事务所赔偿

D. 由会计师事务所和被审计单位按比例同时赔偿

13. 利害关系人明知会计师事务所出具的报告为不实报告而仍然使用的,会计师事务所可以(　　　)。

A. 免除赔偿责任　　　　　　　　　B. 减轻赔偿责任

C. 赔偿责任不变　　　　　　　　　D. 加重赔偿责任

14. 由于 Q 会计师事务所下属的各个分所均可以 Q 事务所的名义独立承揽业务,导致某分所为 P 公司出具虚假审计报告而 Q 事务所尚不知晓,给 Q 事务所带来严重影响。为避免类似情况的再次发生,Q 会计师事务所应采取的针对性措施是(　　　)。

A. 严格遵循职业道德、专业标准的要求

B. 建立健全会计师事务所的质量控制制度

C. 与委托人签订审计业务约定书

D. 提取风险基金或购买责任保险

15. 注册会计师减少过失和防止欺诈的基本要求中不包括(　　　)。

A. 签订业务约定书　　　　　　　　B. 增强职业独立性

C. 强化职业监督　　　　　　　　　D. 保持执业谨慎

四、多项选择题

1. 注册会计师法律责任是由于(　　)方面相关联的结果。

A. 违反合约条款　　B. 民事侵权　　　C. 应有执业谨慎　D. 犯罪

2. 注册会计师法律责任的表现形式有(　　)。

A. 诉讼爆炸　　　　B. 共同过失　　　C. 涉嫌欺诈　　　D. 保险危机

3. 注册会计师因为以下原因中,可能导致承担法律责任的有(　　)。

A. 重大过失　　　　B. 欺诈　　　　　C. 行政责任　　　D. 违约

4. 以下法律因素中,要求注册会计师承担相应的法律责任的有(　　)。

A. 成文法律　　　　B. 习惯法　　　　C. 过失　　　　　D. 合约

5. 会计师事务所有可能承担的行政责任有(　　)。

A. 暂停执业　　　　　　　　　　　　B. 没收违法所得并罚款

C. 撤销　　　　　　　　　　　　　　D. 警告

6. 一般而言,如果注册会计师在执业过程中存在以下情况,则有可能导致承担刑事责任的情况是(　　)。

A. 在证券交易活动中就资产评估报告弄虚作假的

B. 给委托人、其他利害关系人造成损失的

C. 因过失造成提供有重大遗漏的审计报告的

D. 在代理记账过程中故意提供虚假证明文件的

7. 在下列情形中,应认定会计师事务所与被审计单位承担连带责任的是(　　)。

A. 与被审计单位恶意串通

B. 明知被审计单位对重要事项的财务会计处理与国家有关规定相抵触,而不予指明

C. 明知被审计单位示意作不实报告,而不予拒绝

D. 未根据执业准则、规则执行必要的审计程序

8. 根据最高人民法院的《司法解释》,如果出现以下情形中,人民法院应当认定会计师事务所存在过失的是(　　)。

A. 负责审计的注册会计师以低于行业一般成员应具备的专业水准执业

B. 未根据执业准则和规定执行必要的审计程序

C. 未能寻求专家意见对特定审计对象直接形成审计结论

D. 未能合理利用执业准则和规则所要求的重要性原则

9. 对存货实施监盘属于审计准则的基本要求。注册会计师周琳在审计某公司财务报表时,没有对存货项目实施监盘程序,并出具了无保留意见审计报告。如果注册会计师协会在例行业务抽查中注意到了这一情况,但并没有认定周琳违反

审计准则,你认为原因是(　　)。

A. 周琳不知道准则中有关监盘的要求而没有实施监盘

B. 未实施监盘可能是受到被审计单位的限制,周琳并无过失

C. 被审计单位的存货余额占资产总额的比例很低

D. 周琳可能使用了用于替代监盘的其他满意的替代程序

10. 中天华信会计师事务所的注册会计师周琳和陈华在对蓝海科技股份有限公司 2009 年的年度财务报表进行审计时,发生的下列事项中,通常认为注册会计师负有过失责任的包括(　　)。

A. 由于事先预计的审计时间与实际时间发生重大偏差,致使注册会计师没有按照约定的时间向蓝海科技公司董事会提交审计报告

B. 在审计过程中,由于是对蓝海科技公司进行连续审计,周琳和陈华没有对期初余额进行详细审计,只是周琳询问了管理层有关人员在 2008 年 12 月 31 日至上次审计报告公布日之间是否存在重大的会计政策变更、日后事项等情况,蓝海科技公司董事会的相关人员的答复是没有重大会计政策变更和日后事项等情况,于是周琳和陈华根据其会计记录对其期初余额进行了确认;然而事实上,该公司基于调节利润考虑,对其固定资产报废制度进行了重大变更,从而使得 2008 年的净利润为正数。由于 2008 年财务报表是由中天华信会计师事务所的另外 2 名注册会计师实施的审计,这一事项未得到周琳和陈华的重视

C. 在对蓝海科技公司 2009 年度财务报表进行审计时,通过简单了解内部控制,发现蓝海科技公司的各项内部控制政策和程序都比较健全有效,于是将其重大错报风险评估为低水平,并实施了相对简略的实质性程序,抽取的样本量也大为减少,致使蓝海科技公司一项虚构的销售业务没有被查出来

D. 由于蓝海科技公司预计将于 2010 年 5 月份发行可转换债券,因此董事会请求周琳和陈华审计不要太严格,基于中天华信会计师事务所和蓝海科技公司之间长期友好的合作关系,两人没有太过分为难蓝海科技公司,出具了标准的无保留意见审计报告。于是蓝海科技公司按照正常程序发行了可转换债券,但发行可转换债券后不过 1 年却发生了蓝海科技公司大量负债,无法持续经营的情况,事实是蓝海科技公司在 2009 年向其关联企业取得了大量借款,但未予入账。这一情况周琳和陈华都从审计过程中获取了相关信息,但由于立刻得到了董事会的特别提请而没有实施进一步的审计程序

11. 会计师事务所出具不实报告给利害关系人造成损失应承担侵权赔偿责任,事务所如果要证明自己没有过错则应向人民法院提交的证明是(　　)。

A. 与该案件相关的执业准则、规则　　B. 审计工作底稿

C. 诚信公约　　　　　　　　　D. 收费标准明细指引

12. 下列事项认为会计师事务所在审计业务活动中因过失出具不实报告,并给利害关系人造成损失的,人民法院应当根据其过失大小确定其赔偿责任的有( )。

A. 未依据执业准则、规则执行必要的审计程序

B. 在发现可能存在错误和舞弊的迹象时,未能追加必要的审计程序予以证实或者排除

C. 明知对总体结论有重大影响的特定审计对象缺少判断能力,未能寻求专家意见而直接形成审计结论

D. 明知被审计单位的财务会计处理会导致利害关系人产生重大误解,而不予指明

13. 事务所违反法律法规,依照中国注册会计师协会依法拟定并经国务院财政部门批准后施行的执业准则和规则以及诚信公允的原则,下列情形中,应认定为不实报告的有( )。

A. 出具具有虚假记载、误导性陈述或者重大遗漏的审计报告

B. 出具具有虚假记载、误导性陈述或者重大遗漏的内部控制审核报告

C. 出具具有虚假记载、误导性陈述或者重大遗漏的管理建议书

D. 出具具有虚假记载、误导性陈述或者重大遗漏的验资报告

14. 会计师事务所能够证明以下情形之一时,可以不承担责任的有( )。

A. 已经遵守执业准则、规则确定的工作程序并保持必要的执业谨慎,但仍未能发现被审计单位的会计资料错误

B. 审计业务所必须依赖的金融机构等单位提供虚假或不实的证明文件,注册会计师未能发现虚假或不实

C. 已对被审计单位的舞弊迹象提出警告并在审计报告中予以指明

D. 为登记时未出资或者未足额出资的出资人出具不实报告,但出资人在登记时已补足出资

15. 下列关于注册会计师审计的说法中,正确的有( )。

A. 财务报表审计中用到的标准通常是审计准则

B. 财务报表审计出具的审计报告也可以供管理层进行内部决策

C. 从某种意义上说,经营审计更像是管理咨询

D. 合规性审计的结果通常报送给被审计单位管理层或者外部特定使用者

·

五、判断题

1. 法律责任的出现,经常是因为注册会计师在执业时没有保持应有的执业谨

慎,并因此导致了对其他人权利的损害。　　　　　　　　　　　　　　（　　）

2. 应有的执业谨慎指的是注册会计师应当具备足够的专业知识和业务能力,按照执业准则的要求执业。　　　　　　　　　　　　　　　　　　　（　　）

3. 注册会计师在执业谨慎方面出现问题就构成了过失。　　　　　（　　）

4. 在绝大多数情况下,当注册会计师未能发现重大错报并出具了错误的审计意见时,就可能产生注册会计师是否恪守应有的执业谨慎的法律问题。（　　）

5. 由于审计中的固有限制影响注册会计师发现重大错报的能力,注册会计师不能对财务报表整体不存在重大错报情况予以绝对保证。特别是,如果被审计单位管理层精心策划和掩盖舞弊行为,注册会计师尽管完全按照审计准则执业,有时还是不能发现某项重大舞弊行为。　　　　　　　　　　　　　　（　　）

6. 对民间审计人员违约责任的认定是以合同为依据的,对欺诈责任的认定需要有故意行为的证据。而考虑过失责任时主要以合理的执业谨慎和审计准则为标准来判断。　　　　　　　　　　　　　　　　　　　　　　　　　（　　）

7. 一般来说,因违约和过失可能使民间审计人员承担行政责任和民事责任,因欺诈可能使民间审计人员承担民事责任和刑事责任。　　　　　　　（　　）

8. 加强社会公众与审计人员的沟通、理解,可以避免和控制审计人员遭受诉讼的审计风险,缩小"期望偏差"的差距,完善相关的法律规范,加强民事制裁。
　　　　　　　　　　　　　　　　　　　　　　　　　　　　　　（　　）

9. 依照我国《注册会计师法》的规定,会计师事务所有欺诈行为的,由省级以上人民政府的财政部门给予警告、没收违法所得、并可处违法所得 1～5 倍的罚款;注册会计师有欺诈行为的,由省级以上人民政府的财政部门给予警告,情节严重的,暂停执业资格,吊销注册会计师证书。　　　　　　　　　　　　（　　）

10. 依照我国《公司法》的规定,会计师事务所在验资等工作中提供虚假材料的,由公司登记机关没收违法所得,并处违法所得 1～5 倍的罚款;因过失提供重大遗漏报告的,由公司登记机关处所得收入 1～5 倍的罚款,并可由主管部门责令停业、吊销直接责任人员的资格证书,吊销营业执照。　　　　　　　（　　）

11. 依照我国《刑法》的规定,承担资产评估、验资、会计、审计、法律服务等职责的中介组织的人员故意提供虚假证明文件,情况严重的,处 5 年以下有期徒刑或拘役,并处罚金。　　　　　　　　　　　　　　　　　　　　　（　　）

12. 在很多审计失败案件中,审计人员之所以未能发现比较明显的舞弊和虚假,一个根本原因就是他们未能深入生产经营实务现场,未能真实地了解客户的经营过程,而是仅仅凭借事后审核原始资料和翻阅财务报表就轻易作出错误的审计结论。　　　　　　　　　　　　　　　　　　　　　　　　　　（　　）

13. 重要审计项目以及那些容易发生重大错误、舞弊和违法行为的委托项目,更要分派具备相应知识和技能的人员或利用专家的工作,并进行相应的督导。
（　　）

14. 签订业务约定书一方面能有利于保护审计人员缩小其承担责任范围;另一方面也有利于审计人员明确自己的责任所在,提高依法审计的质量和水平,尽可能地减少审计风险,还能在发生法律诉讼时将一切口舌争辩减少到最低限度。
（　　）

15. 投保充分的责任保险也是会计师事务所一项极为重要的预防措施,这项措施能防止或减少诉讼失败时会计师事务所发生的经济损失。
（　　）

六、简答题

1. 注册会计师涉及法律诉讼呈上升趋势的原因有哪些?
2. 注册会计师的违约、过失和欺诈会使其承担什么法律责任?
3. 中天华信会计师事务所因利害关系人指控,注册会计师正在积极准备抗辩。请列举可能的抗辩事由来证明自己,从而不承担民事赔偿责任。

七、案例分析题

1. 请运用"重要性"和"内部控制"这两个概念,列表阐析如何区分普通过失和重大过失。

2. 注册会计师在对被审计单位的存货审计时提出监盘,但被审计单位年终前已经做过盘点,并向注册会计师提供了盘点的全部记录。注册会计师审查了盘点记录后,便认可了存货的真实性。然而,后来存货被证实存在大量虚构情况,请对注册会计师进行责任认定,并说明理由。

3. 注册会计师李民在对 ABC 公司 2010 年度财务报表审计时,通过与该公司治理层、管理层和前任注册会计师的沟通,察觉到可能存在导致该公司年度财务报表失实的重大错误与舞弊。请回答:
(1) 李民对查明 ABC 公司财务报表可能存在的重大错误与舞弊的责任。
(2) 李民对 ABC 公司存在的重大错误与舞弊的报告责任。

第二部分　参考答案及解析

三、单项选择题

1.【正确答案】B
【答案解析】诉讼爆炸是注册会计师法律责任的表现形式。

2.【正确答案】D

【答案解析】经营失败不一定会导致审计失败。

3.【正确答案】D

【答案解析】当过失给他人造成损失时注册会计师才负过失责任。

4.【正确答案】C

【答案解析】签订业务约定书是注册会计师避免法律诉讼的具体措施。

5.【正确答案】A

【答案解析】会计师事务所不论承办何种业务都应当与客户签约。

6.【正确答案】A

【答案解析】选项 B、D 通常会被认定为普通过失,选项 C 通常会被认定为欺诈或推定欺诈。

7.【正确答案】A

【答案解析】注册会计师"按照函证具体准则对有关应收账款进行了函证,并实施了其他必要的审计程序",表明注册会计师已经保持了应有的谨慎,无过失行为。

8.【正确答案】C

【答案解析】在中天科技公司对重大不确定事项进行披露后,注册会计师是否要在审计报告的意见段后增加强调事项段是可以选择的;但即使是对影响持续经营假设的事项进行了披露,注册会计师仍应在意见段后增加强调事项段;由于存货的存在性和完整性均具有较高的固有风险,注册会计师应进行两个不同方向的追查;观察固定资产的方向是注册会计师可以灵活选择的。

9.【正确答案】C

【答案解析】如果会计师事务所已对被审计单位的舞弊迹象提出警告并在审计报告中予以指明,不承担民事责任。与高层人员的沟通不能代替在审计报告中的披露。

10.【正确答案】C

【答案解析】选项 A:股民的损失不是由不实报告导致的,注册会计师不应列为利害关系人;选项 B:利害关系人未对被审计单位提起诉讼而直接对会计师事务所提起诉讼的,人民法院应当告知其对会计师事务所和被审计单位一并提起诉讼;选项 C:会计师事务所的过失与损害事实之间无因果关系,所以不承担民事赔偿责任;选项 D:A 公司未出现舞弊等需要赔偿事项,损失应由投资人自行承担。

11.【正确答案】D

【答案解析】事务所在报告中注明"本报告仅供工商登记使用"等类似内容

的,不能作为免责的事由。

12.【正确答案】C

【答案解析】根据最高人民法院 2007 年 6 月 15 日施行《规定》,如果会计师事务所与被审计单位承担连带责任,赔偿顺序为被审计单位为先,会计师事务所为后,会计师事务所的赔偿金额以不实审计金额为限。

13.【正确答案】B

【答案解析】根据《司法解释》,利害关系人明知会计师事务所出具的报告为不实报告而仍然使用的,人民法院应当酌情减轻会计师事务所的赔偿责任。

14.【正确答案】B

【答案解析】选项 A 是对注册会计师个人的要求;Q 事务所对其分所的控制与被审计单位无关(选项 C);选项 D 有助于不测情况的处理,而不能防止不测情况的发生。

15.【正确答案】A

【答案解析】选项 A 是避免法律诉讼的具体措施。

四、多项选择题

1.【正确答案】A、B、D

【答案解析】法律责任是与违反合约条款、民事侵权或者犯罪联系在一起的。

2.【正确答案】A、D

【答案解析】共同过失和涉嫌欺诈属于对注册会计师责任的认定。

3.【正确答案】A、B、D

【答案解析】行政责任不是导致注册会计师承担法律责任的原因,是注册会计师法律责任的种类。

4.【正确答案】A、B、D

【答案解析】过失是对注册会计师法律责任的认定的原因。

5.【正确答案】A、B、C、D

【答案解析】根据我国《注册会计师法》第三十九条的规定。

6.【正确答案】A、D

【答案解析】注册会计师承担刑事责任的前提是欺诈行为的存在,选项 A、D 属于欺诈行为。

7.【正确答案】A、B、C

【答案解析】选项 D 属于应当认定会计师事务所存在过失的情形,而不属于会计师事务所应与被审计单位承担连带责任的情形。

8.【正确答案】A、B、D

【答案解析】选项 C 中缺少了前提。最高人民法院 2007 年 6 月 15 日施行《规定》的原文是：明知对总体结论有重大影响的特定审计对象缺少决断力，未能寻求专家意见而直接形成审计结论。

9.【正确答案】C、D

【答案解析】注意，本题的前提是，审计意见是正确的。如果选项 A 正确，意味着审计范围有重大遗漏，与前提矛盾；如果选项 B 正确，就不应出具无保留意见，亦与前提矛盾；选项 D 也是可能的，因为现行审计准则认为监盘程序可能存在满意的替代程序。

10.【正确答案】B、C

【答案解析】选项 A，这属于违约；选项 B，这种情况通常被认为负有重大过失；选项 C，通常都认为负有普通过失；选项 D，通常认为是推定欺诈。

11.【正确答案】A、B

【答案解析】选项 C 和选项 D 的证据对注册会计师的免责没有直接法律效力，会计师事务所应当提交审计工作底稿和相关的执业准则、规则文件。

12.【正确答案】A、B、C

【答案解析】选项 D 属注册会计师出具不实报告并给利害关系人造成损失的，应当认定会计师事务所与被审计单位承担连带赔偿责任。

13.【正确答案】A、B、D

【答案解析】管理建议书不是审计业务报告，是会计咨询业务报告。

14.【正确答案】A、C、D

【答案解析】根据最高人民法院 2007 年 6 月 15 日施行《规定》，审计业务所必须依赖的金融机构等单位提供虚假或不实的证明文件，注册会计师在保持必要的执业谨慎的情况下仍未能发现虚假或不实，可以不承担责任，故选项 B 不对。其余皆符合《司法解释》的规定。

15.【正确答案】B、C、D

【答案解析】选项 A 财务报表审计的标准通常是企业会计准则，而不是审计准则。选项 B、C、D 是教材上的原话。

五、判断题

1.【正确答案】✓

【答案解析】注册会计师法律责任的基本观点。

2.【正确答案】✓

【答案解析】应有执业谨慎的基本概念。

3.【正确答案】√

【答案解析】过失的基本内涵。

4.【正确答案】√

【答案解析】应有执业谨慎在判定法律责任问题上的基本观点。

5.【正确答案】√

【答案解析】注册会计师对财务报表不能绝对保证的理由。

6.【正确答案】√

【答案解析】参见教材第 175 页。

7.【正确答案】√

【答案解析】参见教材第 176 页。

8.【正确答案】√

【答案解析】参见教材第 178 页。

9.【正确答案】√

【答案解析】参见教材第 177 页。

10.【正确答案】√

【答案解析】参见教材第 178 页。

11.【正确答案】√

【答案解析】参见教材第 178 页。

12.【正确答案】√

【答案解析】参见教材第 179 页。

13.【正确答案】√

【答案解析】参见教材第 179 页。

14.【正确答案】√

【答案解析】参见教材第 179 页。

15.【正确答案】√

【答案解析】参见教材第 180 页。

六、简答题

1.【正确答案】从目前看,注册会计师涉及法律诉讼的数量和金额都呈上升趋势,除了法律因素外,还有以下原因:① 财务报表使用者对注册会计师的责任日趋了解。② 政府监管部门保护投资者的意识日益加强,监管措施日益完善,处罚力度日益增大。③ 由于审计环境发生很大变化,企业规模扩大,业务全球化,以及企业经营的错综复杂性,使会计业务更加复杂,审计风险变大。④ "深口袋"理论的盛行。社会日益赞同受害的一方向有能力提供赔偿的一方提起诉讼,而不论错在哪一方。⑤ 注册会计师败诉的案例日益增多。民事法庭在审理起诉会计师事务所的案件中,会计师事务所败诉的案例日益增多,这便促使律师以或有收费为基础提供法律服务,无论是否有道理,都将会计师事务所作为起诉的对象。⑥ 许多会计师事务所宁愿在庭外和解法律问题,以避免高昂的法律费用和公开的负面影响,而不愿通过司法程序来解决这些问题。⑦ 法庭在理解专业性事项方面存在困难。

2.【正确答案】

(1) 因违约、过失会使注册会计师和会计师事务所承担行政责任,根据情形轻重,注册会计师可能被判负警告、暂行执业或吊销注册会计师证书。会计师事务所可能被判负警告、没收违法所得、罚款、暂停执业、撤销等。

(2) 因违约、过失或欺诈会计师事务所可能承担民事责任。

(3) 因欺诈注册会计师可能承担刑事责任,当然同时会承担行政责任并处罚金。

3.【正确答案】会计师事务所能够证明存在以下情形之一的,不承担民事赔偿责任:① 已经遵守执业准则、规则确定的工作程序并保持必要的执业谨慎,但仍未能发现被审计的会计资料错误。② 审计业务所必须依赖的金融机构等单位提供虚假或者不实的证明文件,会计师事务所在保持必要的执业谨慎下仍未能发现其虚假或者不实。③ 已对被审计单位的舞弊迹象提出警告并在审计报告中予以指明。④ 已经遵照验资程序进行审核并出具报告,但被验资单位在注册登记后抽逃资金。⑤ 为登记时未出资或者未足额出资的出资人出具不实报告,但出资人在登记后已补足出资。

七、案例分析题

1.【正确答案】

判 断 标 准	普 通 过 失	重 大 过 失
专业准则遵守情况	没有完全遵守	完全没有遵守
合理谨慎保持情况	没有保持应有的执业谨慎	连最起码的执业谨慎都不保持
内部控制情况	内部控制良好未发现报表重大错报	内部控制失效未发现报表重大错报
重大错报构成情况(重要性)	重大错报由许多小错误累积而成	重大错报由重大错误引起

2.【正确答案】注册会计师将被视为重大过失。因为监盘属于公认的审计程

序,如果注册会计师没有执行必要的程序,就属于根本没有遵守专业准则,或没有按专业准则的基本要求来进行审计,所以可能被认定为重大过失。

3.【正确答案】

(1)李民对查明 ABC 公司可能存在的重大错误与舞弊的责任为:① 评估 ABC 公司可能发生的错误与舞弊导致财务报表严重失实的风险。② 在规划审计工作时,提供能查明财务报表中可能存在重大错误与舞弊的合理保证。③ 在编制和实施审计计划时,应以应有的职业怀疑态度取得查明导致财务报表严重失实的重大错误与舞弊的合理保证。

(2)李民对 ABC 公司存在的重大错误与舞弊的报告责任为:① 李民应以适当方式向 ABC 公司管理当局告知审计过程中发现的重大错误及所有舞弊,并详细记录于工作底稿。② 对于涉嫌管理当局重大错误或舞弊的人员,李民应当向 ABC 公司治理层报告。③ 当怀疑 ABC 公司治理层涉及舞弊时,李明应当考虑采取适当的措施。必要时,应当征求律师意见或解除业务约定。

第八章　风险评估

第一部分　习　　题

一、思考题

1. 风险评估的总体要求有哪些?

2. 为了解被审计单位及其环境,注册会计师应当实施哪些风险评估程序?

3. 注册会计师了解被审计单位及其环境内容有哪些?

4. 在识别和评估重大错报风险时,注册会计师应当实施哪些审计程序?

5. 什么叫内部控制重大缺陷? 哪些情况表明被审计单位存在内部控制重大缺陷?

二、名词解释

1. 风险评估　　　　　　　　2. 风险评估程序

3. 分析程序　　　　　　　　4. 经营风险

5. 内部控制　　　　　　　　6. 控制环境

7. 风险评估过程　　　　　　8. 信息系统与沟通

9. 控制活动　　　　　　　　10. 对控制的监督

11. 重大错报风险　　　　　　12. 特别风险

13. 与治理层和管理层沟通

三、单项选择题

1. 了解被审计单位及其环境一般在(　　)段时间内进行。

A. 承接客户和续约时　　　　B. 进行审计计划时

C. 进行期中审计时　　　　　D. 贯穿于整个审计过程的始终

2. 在确定与那些适当人员沟通特定事项时,注册会计师应当利用在了解被审计单位及其环境时获取的有关(　　)的信息。

A. 财务报告过程　　　　　　B. 治理结构和治理过程

C. 业务约定条款　　　　　　　　　D. 经营活动和业务流程

3. 下列各项中,与公司财务报表层次重大错报风险评估最相关的是( )。

A. 公司应收账款周转率呈明显下降趋势

B. 公司持有大量高价值且易被盗窃的资产

C. 公司的生产成本计算过程相当复杂

D. 公司控制环境薄弱

4. 在进行风险评估时,注册会计师通常采用的审计程序是( )。

A. 将财务报表与其所依据的会计记录相核对

B. 实施分析程序以识别异常的交易或事项,以及对财务报表和审计产生影响的金额、比率和趋势

C. 对应收账款进行函证

D. 以人工方式或使用计算机辅助审计技术,对记录或文件中的数据计算准确性进行核对

5. 内部控制无论如何设计和执行只能对财务报告的可行性提供合理保证,其原因是( )。

A. 建立和维护内部控制是公司管理层的职责

B. 内部控制的成本不应超过预期带来的收益

C. 在决策时人为判断可能出现错误

D. 对资产和记录采取适当的安全保护措施是公司管理层应当履行的经管责任

6. 在了解控制环境时,注册会计师通常考虑的因素是( )。

A. 内部控制的人工成分

B. 内部控制的自动化成分

C. 公司董事会对内部控制重要性的态度和认识

D. 会计信息系统

7. 职责分离要求将不相容的职责分配给不同员工。下列职责分离的做法中,正确的是( )。

A. 交易授权、交易执行、交易付款分离

B. 交易授权、交易记录、交易保管分离

C. 资产保管、交易执行、交易报告分离

D. 交易授权、交易付款、交易记录分离

8. 持续监督活动应当贯穿于日常经营活动与常规管理工作。下列活动中,属于持续监督活动的是( )。

A. 审计委员会定期了解财务数据

B. 相应级别的员工复核采购业务流程中控制的执行情况

C. 注册会计对年度财务报表进行审计

D. 内部审计人员对控制实施风险评估

9. 在下列各项中,不属于内部控制要素的是(　　)。

A. 控制风险　　　　　　　　　　B. 控制活动

C. 对控制的监督　　　　　　　　D. 控制环境

10. 在确定控制活动是否能够防止或发现并纠正重大错误时,下列审计程序中,可能无法实现这一目的的是(　　)。

A. 询问员工执行控制活动的情况　　B. 使用高度汇总的数据实施分析程序

C. 观察员工执行的控制活动　　　　D. 检查文件和记录

11. 了解被审计单位及其环境是注册会计师评估被审计单位的重大错报风险的基础性工作。以下与此相关的各种说法中,你不认可的事是(　　)。

A. 注册会计师应当从六个方面了解被审计单位及其环境,以评估重大的错报风险

B. 不论了解哪方面,注册会计师均应询问被审计单位管理层及其他内部相关人员

C. 审计准则要求注册会计师在了解被审计单位及其环境时必备实施分析程序

D. 不论了解被审计单位及其环境的哪个方面,注册会计师均应实施分析程序

12. 注册会计师对行业状况、法律环境与监管环境以及其他外部因素了解的范围和程度会因被审计单位所处行业、规模以及其他因素的不同而不同。对从事计算机硬件制造的被审计单位,注册会计师可能更关心(　　)。

A. 宏观经济走势以及货币、财政等方面的宏观经济政策

B. 环保法规

C. 资本充足率

D. 市场和竞争以及技术进步的情况

13. 被审计单位的关联方及其交易始终是注册会计师执行财务报表审计业务时特别关注的重要问题。为提高审计的效率,注册会计师最好在了解被审计单位的(　　)这一重要性质时一并了解关联方及其交易的情况。

A. 所有权结构　　B. 治理结构　　C. 组织结构　　D. 劳动用工情况

14. 注册会计师在执行财务报表审计业务时,应当重视被审计单位对衍生金融工具的运用。为此,最好在其了解被审计单位的性质时,结合(　　)方面加以了解。

A. 经营活动　　B. 投资活动　　C. 筹资活动　　D. 生产活动

15. 为了解被审计单位及其环境,注册会计师需要了解被审计单位的业绩衡量与评价情况。为此,注册会计师将被审计单位的业绩与同行业其他企业的业绩进行了比较。比较结果显示,被审计单位的利润增长率及净利润均明显高于其他企业。在此情况下,注册会计师决定进一步与被审计单位内部的其他财务信息进行比较,以期发现重大错报风险的迹象。假定单独存在下列一种情况,则最能表明被审计单位存在与经营业绩相关的重大错报风险的是(   )。

A. 销售人员的业绩奖金比上年下降　　B. 营业收入较上年有小幅上升
C. 营业成本较上年有大幅度下降　　　D. 仓储部门的职工人数增加了 30%

四、多项选择题

1. 注册会计师应当根据具体情况判断某一事项是否属于重大事项,重大事项包括(   )。

A. 引起特别风险的事项

B. 导致注册会计师难以实施必要审计程序的情形

C. 导致出具非标准审计报告的事项

D. 实施审计程序的结果,该结果表明财务信息可能存在重大错报,或需要修正以前对重大错报风险的评估和针对这些风险拟采取的应对措施

2. 内部控制的要素包括(   )。

A. 控制环境、控制活动　　　　　　　B. 风险评估过程
C. 信息系统与沟通　　　　　　　　　D. 对控制的监督

3. 注册会计师负责对 A 公司 20×9 年度财务报表进行审计。在了解 A 公司控制环境时,注册会计师应当关注的内容有(   )。

A. A 公司治理层相对于管理层的独立性

B. A 公司管理层的理念和经营风格

C. A 公司员工整体的道德价值观

D. A 公司对控制的监督

4. 在了解被审计单位内部控制时,注册会计师通常采用的程序有(   )。

A. 查阅内部控制手册

B. 追踪交易在财务报告信息系统中的处理过程

C. 重新执行某项控制

D. 现场观察某项控制的运行

5. 在测试内部控制的运行有效性时,注册会计师应当获取的审计证据有(   )。

A. 控制是否存在

B. 控制在所审计期间不同时点是如何运行的

C. 控制是否得到一贯执行

D. 控制由谁执行

6. 在确定控制测试的范围时,注册会计师正确的做法有(　　)。

A. 在风险评估时对控制运行有效性的拟信赖程度较高,通常应当考虑扩大实施控制测试的范围

B. 如果控制的预期偏差率较高,通常应当考虑扩大实施控制测试的范围

C. 对于一项持续有效运行的自动化控制,通常应当考虑扩大实施控制测试的范围

D. 如果拟信赖控制运行有效性的时间长度较长,通常应当考虑扩大实施控制测试的范围

7. 风险导向审计是当今主流的审计方法。如果将风险导向审计概括为三句话,你认为是(　　)。

A. 评估财务报表的重大错报风险

B. 设计和实施进一步审计程序以应对评估的错报风险

C. 根据应对结果形成恰当的审计结论

D. 根据审计结果出具恰当的审计报告

8. "观察和检查"是注册会计师了解被审计单位及其环境而必须执行的程序,它不仅可以印证注册会计师对管理层和其他相关人员的询问结果,并可提供有关被审计单位及其环境的信息。注册会计师应当实施的观察和检查程序包括(　　)。

A. 将预期的结果与被审计单位记录的金额、依据金额计算的比率、趋势比较

B. 检查文件、记录和内部控制手册,阅读由管理层和治理层编制的报告

C. 追踪交易在财务报告信息系统中的处理过程,实施穿行测试

D. 实地察看被审计单位的生产经营场所和设备

9. 在评估重大错报风险时,注册会计师应当(　　)。

A. 识别所了解的情况与以前期间相比发生的重大变化

B. 侧重了解上一会计期间的被审计单位及其环境

C. 侧重了解所审会计期间的被审计单位及其环境

D. 识别所了解的情况与以前期间相比是否一致

10. 注册会计师了解被审计单位的性质,包括对被审计单位经营活动的了解。为此应当了解的内容有(　　)。

A. 劳动用工情况以及与生产产品或提供劳务相关的市场信息

B. 营业的性质,生产设施、仓库的地理位置及办公地点

C. 从事电子商务的情况、技术研究与产品开发活动及其支出

D. 联合经营与业务外包、地区与行业分布、固定资产的租赁

11. 以下有关经营风险的说法中,正确的是( )。

A. 任何经营风险均与财务报表相关,注册会计师均应识别与评估

B. 注册会计师没有职责识别或评估与财务报表没有影响的经营风险

C. 一般而言,多数经营风险都会产生财务后果,从而影响财务报表

D. 注册会计师了解经营风险有助于识别财务报表的重大错报风险

12. 在编制审计计划时,应当了解被审计单位的内部控制。了解重要内部控制时,通常实施以下风险评估。其中,不需要与其他程序结合即可足以评价内部控制设计是否合理以及是否得以执行的是( )。

A. 询问被审计单位的有关人员

B. 检查被审计单位的文件和报告

C. 选择若干具有代表性的交易和事项进行穿行测试

D. 观察被审计单位的特定内部控制的运用

13. 内部控制存在固有局限性,无论如何设计和执行,只能对财务报告的可靠性提供合理的保证。内部控制存在的固有局限性包括( )。

A. 在决策时出现的人为判断和执行出现的人为失误

B. 管理人员之间的串通

C. 管理层凌驾于内部控制之上

D. 大量重复发生的业务导致控制的枯燥和单调性

14. 注册会计师在测试控制运行有效性之前进行的对控制的评价,一般难以得出( )的结论。

A. 控制设计合理

B. 控制设计不合理或缺乏必要的控制

C. 控制设计虽然不合理,但执行有效

D. 控制设计合理且执行无效

15. 被审计单位的信息处理控制包括信息技术的一般控制和应用控制。其中,信息系统是指与多个应用系统有关的政策和程序,通常包括( )控制。

A. 数据中心和网络运行 B. 系统软件的购置、修改和维护

C. 检查数据计算的准确性 D. 应用系统的购置、开发及维护

五、判断题

1. 注册会计师对内部控制的了解可以替代对控制有效性的测试。 ( )

2. 注册会计师无需了解被审计单位的所有内部控制,而只需了解与审计相关

的内部控制。 （　　）

3. 重大错报风险评估结果一旦确定,不应当再予以更新。 （　　）

4. 对于一项自动化的应用控制,注册会计师可以利用该项控制得以执行的审计证据和信息技术一般控制运行有效的审计证据,作为支持该项控制在相关期间运行有效性的重要审计证据。 （　　）

5. 了解被审计单位及其环境是一个连续和动态地收集、更新与分析信息的过程,贯穿于整个审计过程的始终。注册会计师应当运用职业判断确定需要了解被审计单位及其环境的程度。 （　　）

6. 评价对被审计单位及其环境了解的程度是否恰当,关键是看注册会计师对被审计单位及其环境的了解是否实施了风险评估程序。 （　　）

7. 经营风险可能对各类交易、账产余额以及列报认定层次或财务报表层次产生间接影响。 （　　）

8. 注册会计师应当运用职业判断,考虑一项控制单独或连同其他控制是否与评估重大错报风险以及针对评估的风险设计和实施进一步审计程序有关。（　　）

9. 对内部控制了解的深度是指在了解被审计单位及其环境时对内部控制了解的程度。包括评价控制的设计,并确定其是否得到执行。 （　　）

10. 评价控制的设计是指考虑一项控制单独或连同其他控制是否能够有效防止或发现并纠正重大错报。控制得到执行是指某项控制存在且正在被审计单位使用。设计不当的控制可能表明内部控制存在重大缺陷,注册会计师在确定是否考虑控制得到执行时,应当首先考虑控制的设计。如果控制设计不当,不需要再考虑控制是否得到执行。 （　　）

11. 在了解控制活动时,注册会计师应当重点考虑一项控制活动单独或连同其他控制活动,是否能够以及如何防止或发现并纠正各类交易、账户余额、列报存在的重大错报。 （　　）

12. 注册会计师应当了解与被审计单位监督活动相关的信息来源,以及管理层认为信息具有可靠性的依据。如果拟利用被审计单位监督活动使用的信息(包括内部审计报告),注册会计师应当考虑该信息是否具有可靠的基础,是否足以实现审计目标。 （　　）

13. 如果认为仅通过实质性程序获取的审计证据无法将认定层次的重大错报风险降至可接受的低水平,注册会计师应当评价被审计单位针对这些风险设计的控制,并确定其执行情况。 （　　）

14. 被审计单位对日常交易采用高度自动化处理的情况下,审计证据可能仅以电子形式存在,其充分性和适当性通常取决于自动化信息系统相关控制的有效性,注册会计师应当考虑仅通过实施实质性程序不能获取充分、适当事铃证据的可

能性。　　　　　　　　　　　　　　　　　　　　　　　　　　　（　　）

15. 在实施实质性程序后,如果通过实施进一步审计程序获取的审计证据与初始评估获取的审计证据相矛盾,注册会计师应当修正风险评估结果,并相应修改原计划实施的进一步审计程序。　　　　　　　　　　　　　　　（　　）

16. 如果识别出被审计单位未加控制或控制不当的重大错报风险,或认为被审计单位的风险评估过程存在重大缺陷,注册会计师应当就此类内部控制缺陷与治理层沟通。　　　　　　　　　　　　　　　　　　　　　（　　）

17. 注册会计师应当及时将注意到的内部控制设计或执行方面的重大缺陷,告知适当层次的管理层或治理层。　　　　　　　　　　　　（　　）

六、简答题

1. 简要阐述注册会计师如何在被审计单位整体层面了解内部控制。

2. 在了解被审计单位及其环境时,注册会计师决定了解被审计单位的行业状况,以识别与行业有关的重大错报风险;同时,还决定了解被审计单位是否存在与下列内容有关的目标和战略,以考虑相应的经营风险。

请简要回答:

(1) 注册会计师主要应从哪些方面了解被审计单位的行业状况?

(2) 针对被审计单位目标与战略所涉及的下列每项内容,指出其可能导致被审计单位需要面临的相应的经营风险,填列在下表相应的空格中。

目标与战略涉及的内容	可能导致被审计单位面临的经营风险的种类
(1) 行业发展	
(2) 开发新产品或提供新服务	
(3) 业务扩张	
(4) 新颁布的会计法规	
(5) 监管要求	
(6) 本期及未来的融资条件	
(7) 信息技术的运用	

(3) 在上表列示的各项内容中,指出最直接影响财务报表的一项。

3. A 和 B 注册会计师在了解被审计单位 Z 公司的内部控制时,发现该公司相关的内部控制同时含有自动控制和人工控制两种控制方式。由于 A 和 B 注册会计师基于以往执业经验认为控制效果受所采用的控制方式的影响,决定在评价控制效果前先对 Z 公司针对业务特点和控制目的所采用的控制方式的适当性进行评价。

下表是 A 和 B 注册会计师罗列的 Z 公司相关业务的特点及控制目的。

(1) 请指出,哪些情形更适用于实施自动控制? 哪些情形更适用于进行人工控制? 你认为适用于自动控制的,请在相应的业务的特点或控制的目的后的空格中填列"自动";你认为更适用于进行人工控制的,请在相应空格中填列"人工"。

业务的特点或控制的目的	适用的控制方式
存在大额、异常或偶发的交易	
在处理大量交易或数据时,一贯运用确定的规则进行复杂的运算	
提高信息的及时性、可获得性及准确性	
监督控制的有效性	
有助于对信息的深入分析	
存在难以定义、防范或预见的错误	
加强对政策和程序执行情况的监督	
降低控制被规避的风险	
为应对情况的变化,经常需要对控制进行调整	
通过实施安全控制,提高不相容职务分离的有效性	

(2) 请指出,注册会计师应当从哪些方面了解人工控制所产生的特定风险?

(3) 通常情况下,注册会计师应当实施哪些程序,以获取有关控制设计和执行的审计证据?

4. A 和 B 注册会计师在了解 W 公司的内部控制时,需要从不同的角度考虑与内部控制相关的风险。以下是 A 和 B 注册会计师根据 W 公司具体情况罗列的与内部控制风险相关的事项或情形。请分别针对下表所列的每种事项或情形,简要解释其对控制风险的影响。

事 项 或 情 形	对影响控制风险的简要解释
监管及经营环境变化	
招聘新员工	
使用新的信息系统	
业务快速发展	
引进新技术	

（续表）

事 项 或 情 形	对影响控制风险的简要解释
生产新产品	
进行企业重组	
发展海外经营	
颁布新的会计准则	

七、案例分析题

1. A 和 B 注册会计师在编制 C 公司 2010 年度财务报表的审计计划前，按审计准则的要求对被审计单位 C 公司及其环境进行了全面了解和记录。相关的工作底稿显示，C 公司 2010 年度存在以下具体情况：

（1）2010 年 6 月 30 日，C 公司于 2008 年 6 月 30 日从 P 银行借入、金额为 6 000 万元期限为 2 年的长期借款到期。虽然 C 公司最高管理人员多次与 P 银行信贷部协商，希望延长还款期半年，但 P 银行在委托 K 会计师事务所对 C 公司进行专项审计后，于 2010 年 7 月份收回了款项。

（2）为扩展业务，C 公司出资 1 000 万元于 2010 年 6 月 30 日成功兼并了西部某省的两家公司，此举增加了 C 公司在西部市场的立足点，降低了在西部市场的竞争程度。

（3）2010 年 10 月，为开拓国际市场，C 公司董事会决定中东地区设立分公司。由于该地区除伊拉克以外的各国商家云集，均难以获得市场准入，公司董事会决定投入 500 万美元在伊拉克设立分公司。到 2010 年年底，该分公司已正式开始营业，虽然该地区时常发生绑架等刑事案件，但分公司的经营基本未受影响。

（4）直到 2010 年 11 月底，C 公司一直采用手工记账。为提高财务工作效率和质量，C 公司投资 500 万元于 2010 年 12 月份实现了会计电算化。考虑到这一变化对财务人员的影响，财务部门分期分批对全体财务人员进行了培训，同时还聘请了外部专家进行经常性业务指导。至 2010 年年底，相关的培训工作和计算机信息系统调试工作均已进行完毕。

（5）2010 年 11 月起，C 公司将原存放于 Q 银行的 2 000 万元款项全部转入 3 名高级管理人员及财务经理的信用卡，与所有客户的往来以及公司职员薪酬的发放均通过信用卡结算。

要求：

（1）逐一针对上述各种情况，指出是否会导致 C 公司产生重大错报风险，简要说明理由。

(2) 上述情况中,哪一种情况很可能会导致 C 公司的财务报表产生重大错报? 对此,A 和 B 注册会计师应当如何应对?

(3) 上述情况中,哪一种情况很可能意味着 C 公司存在特别风险? A 和 B 注册会计师应当如何应对?

(4) 上述情况中,哪两种情况最可能导致 C 公司的经营风险增加?

2. 甲公司财务科有 A、B、C 3 个会计人员,他们要完成的会计工作主要包括: ① 记录总账。② 记录应付款明细账。③ 记录应收款明细账。④ 开具支票,以便主管人员签章,并记载现金日记账。⑤ 开具退货拒付通知书。⑥ 调节银行对账单。⑦ 处理并送存所收入的现金。

现已知 3 个会计人员均具有相当的业务处理能力,除了调节银行对账单、签发拒付通知书工作量较小外,其他几项会计工作量基本相等。请问:如何将上述几项工作分配给 A、B、C 3 个会计人员,使会计工作起到较好的内部牵制作用,形成合理分工?

3. ABC 会计师事务所注册会计师 A 和 B 接受事务所的委派对 XYZ 公司 2008 年度会计报表进行审计。在预备调查阶段,通过调查问卷等形式了解到 XYZ 公司销售与收款循环的内控会计制度,描述如下:

(1) 销售部门收到顾客的订单后,由经理甲对品种、规格、数量、价格、付款条件、结算方式等详细审核后签章,交仓库办理发货手续。

(2) 仓库在发运商品出库时,均必须由管理员乙根据经批准的订单,填制一式四联的销售单。在各联上签章后,第一联作为发运单,由工作人员配货并随货交顾客;第二联送会计部;第三联送应收账款专管员丙;第四联则由乙按编号顺序连同订单一并归档保存,作为盘存的依据。

(3) 会计部收到销货单后,根据单中所列资料,开具统一的销售发票,将顾客联寄送顾客,将销售联交应收账款专管员丙,作为记账和收款的凭证。

(4) 应收账款专管员丙收到发票后,将发票和销货单核对,如无错误,据以登记应收账款明细账,并将发票和销货单按顾客顺序归档保存。

要求:

(1) 指出 XYZ 公司在销售与收款循环内部会计控制中存在的缺陷。

(2) 针对上述存在的缺陷,提出改进、完善的措施。

第二部分　参考答案及解析

三、单项选择题

1.【正确答案】D

【答案解析】了解被审计单位及其环境要贯穿于整个审计过程,而不仅仅是作为某一个阶段。

2.【正确答案】B

【答案解析】注册会计师就特定事项应当与治理层和管理层及时沟通。

3.【正确答案】D

【答案解析】内控的好坏是影响财务报表层次重大错报风险评估的直接因素,A、B、C 选项都是相对具体的,有一定关系,但不是主要的。

4.【正确答案】B

【答案解析】分析程序即可用作风险评估程序和实质性程序,也可用于对财务报表的总体复核。注册会计师实施分析程序有助于识别异常的交易或事项,以及对财务报表和审计产生影响的金额、比率和趋势。

5.【正确答案】C

【答案解析】内部控制存在固有局限性,无论如何设计和执行,只能对财务报告的可靠性提供合理的保证。内部控制存在的固有局限性包括:① 在决策时人为判断可能出现错误和由于人为失误而导致内部控制失效。② 可能由于 2 个或更多的人员进行串通或管理层凌驾于内部控制之上而被规避。

6.【正确答案】C

【答案解析】控制环境包括治理职能和管理职能,以及治理层和管理层对内部控制及其重要性的态度、认识和措施。

7.【正确答案】B

【答案解析】注册会计师应当了解职责分离主要包括了解被审计单位如何将交易授权、交易记录以及资产保管等职责分配给不同员工,以防范同一员工在履行多项职责时可能发生的舞弊或错误。所以选项 B 正确。

8.【答案解析】B

【答案解析】被审计单位通过持续的监督活动、专门的评价活动或两者相结合,实现对控制的监督,持续的监督活动通常贯穿于被审计单位日常经营活动与常规管理工作中。例如,管理层在履行其日常管理活动时,取得内部控制持续发挥功能的信息。所以选项 B 的表述属于持续监督活动。

9.【答案解析】A

【答案解析】内部控制包括下列要素:控制环境;风险评估程序;信息系统与沟通;控制活动;对控制的监督。所以选项 A 不属于内部控制的要素。

10.【答案解析】B

【答案解析】在确定控制活动是否能够防止或发现并纠正重大错报时,分析程序无法实现这一目标。所以选项 B 错误。

11.【正确答案】D

【答案解析】了解被审计单位及其环境包括了解被审计单位的内部控制。但在了解内部控制时注册会计师通常不使用分析程序。选项 A 是注册会计师对金融机构行业状况的关心重点,选项 B 对应于化工等产生污染的行业,选项 C 对应于商业银行。

12.【正确答案】D

【答案解析】选项 A 属于了解被审计单位的其他外部因素;选项 B 对应于化工等产生污染的行业;选项 C 对应于商业银行等金融机构。

13.【正确答案】A

【答案解析】了解被审计单位所有权结构的主要内容包括所有者与其他人员或主体之间的关系,关联方关系是否得到识别,以及关联方交易是否得到恰当核算。

14.【正确答案】C

【答案解析】按准则规定,注册会计师了解被审计单位筹资活动的内容包括了"衍生金融工具的运用"。

15.【正确答案】A

【答案解析】单独来看,选项 B、C、D 均与业绩变化趋势相符,至少没有矛盾的迹象,但选项 A 情况与业绩的上升相矛盾,表明存在重大错报风险。

四、多项选择题

1.【正确答案】A、B、C、D

【答案解析】把握准则规定重大事项的内容。

2.【正确答案】A、B、C、D

【答案解析】参见教材第 192 页。选项 A 要考虑治理层的参与程度,治理层对控制环境的影响要素。

3.【正确答案】A、B、C

【答案解析】包括有治理层相对于管理层的独立性;选项 B 管理层负责企业的运作以及经营策略和程序的制定、执行与监督,管理层的理念包括管理层对内部控制的理念;选项 C 在确定控制环境的要素是否得到执行时,通过询问管理层和员工,注册会计师可能了解管理层如何就业务规程和道德价值观念与员工进行沟通;选项 D 内部控制的要素包括对控制的监督,但是其并不属于是了解内部控制环境时需要关注的内容。

4.【正确答案】A、B、D

【答案解析】注册会计师应实施下列风险评估程序,以了解被审计单位及其环境:询问、分析程序、观察和检查。

5.【正确答案】B、C、D

【答案解析】控制测试进行的目的是测试控制运行的有效性,主要包括四个方面的含义,除题目 B、C、D 选项外,还包括控制以何种方式运行。选项 A 属于了解内部控制的目的,不是控制测试的目的。

6.【正确答案】A、B、D

【答案解析】对自动化控制而言,由于其具有内在一贯性,如果一旦确定被审计单位正在执行,则注册会计师通常无需扩大控制测试的范围。

7.【正确答案】A、B、D

【答案解析】三句话是:风险评估,风险应对,审计报告。

8.【正确答案】B、C、D

【答案解析】选项 A 为分析程序。

9.【正确答案】A、C

【答案解析】了解的重点应当是被审计单位本期的情况及其环境,同时侧重了解与以前期间相比发生重大变化。对注册会计师来说,识别被审计单位及其环境在不同期间的重大变化对于识别和评估重大错报风险尤为重要。选项 D 识别所了解的情况与以前期间相比是否一致。

10.【正确答案】A、B、C

【答案解析】按照准则的规定,选项 D 中"固定资产的租赁"属于被审计单位性质中的投资活动,而不属于经营活动。

11.【正确答案】B、C、D

【答案解析】虽然多数经营风险都会产生财务后果,从而影响财务报表(选项 C 正确),但并非任何经营风险均与财务报表相关(选项 A 错)。如果被审计单位针对经营风险设定并执行了专门的防范措施,则经营风险不一定导致财务报表产生重大错报。例如,应收账款可收回性降低时,被审计单位提高了计提坏账准备的比例,则财务报表上反映的应收账款仍然是公允的。选项 B 是由财务报表审计的业务范围决定的,选项 D 是选项 C 的推论。

12.【正确答案】B、C、D

【答案解析】询问程序本身不足以评价内部控制设计是否合理以及是否得以执行,通常需要与其他程序相结合。

13.【正确答案】A、B、C

【答案解析】控制大量重复发生的业务属于内部控制的强项。如果是不常发生的业务,内部控制倒是更容易失效。

14.【正确答案】C、D

【答案解析】不经测试,不能得出执行情况的结论。

15.【正确答案】A、B、D

【答案解析】一般而言,信息系统的一般控制包括四个方面,除了选项A、B、D三项之外,还包括"接触或访问权限控制"。选项C中的控制属于信息系统的应用控制。

五、判断题

1.【正确答案】×

【答案解析】除非存在某些可以使控制得到一贯运行的自动化控制,注册会计师对控制的了解不能够代替对控制运行有效性的测试。

2.【正确答案】√

【答案解析】因为了解被审计单位的内部控制,目的是为了确认下一步的审计程序,而不是针对内部控制发表意见。

3.【正确答案】×

【答案解析】注册会计师对认定层次重大错报风险的评估应以获取的审计证据为基础,并可能随着不断获取审计证据而作出相应的变化。

4.【正确答案】√

【答案解析】对于一项自动化的应用控制,由于信息技术处理过程的内在一贯性,注册会计师可以利用该项控制得以执行的审计证据和信息技术一般控制(特别是对系统变动的控制)运行有效性的审计证据,作为支持该项控制在相关期间运行有效性的重要审计证据。

5.【正确答案】√

【答案解析】审计准则第1211号第五条,教材也有明确的文字表述。

6.【正确答案】×

【答案解析】关键看注册会计师对被审计单位及其环境的了解是否足以识别和评估财务报表重大错报风险。

7.【正确答案】×

【答案解析】经营风险可能对各类交易、账户余额以及列报认定层次或财务报表层次产生直接影响。

8.【正确答案】√

【答案解析】审计准则第1211号第五十条,教材也有明确的文字表述。

9.【正确答案】√

【答案解析】审计准则第1211号第五十四条,教材也有明确的文字表述。

10.【正确答案】√

【答案解析】审计准则第 1211 号第五十四条,教材也有明确的文字表述。

11.【正确答案】✓

【答案解析】审计准则第 1211 号第八十九条,教材也有明确的文字表述。

12.【正确答案】✓

【答案解析】审计准则第 1211 号第九十四条,教材也有明确的文字表述。

13.【正确答案】✓

【答案解析】审计准则第 1211 号第一百一十一条,教材也有明确的文字表述。

14.【正确答案】✓

【答案解析】审计准则第 1211 号第一百一十二条,教材也有明确的文字表述。

15.【正确答案】✓

【答案解析】审计准则第 1211 号第一百一十三条,教材也有明确的文字表述。

16.【正确答案】✓

【答案解析】审计准则第 1211 号第一百一十五条。

17.【正确答案】✓

【答案解析】审计准则第 1211 号第一百一十四条。

六、简答题

1.【正确答案】在实际工作中,注册会计师应根据被审计单位具体情况和职业判断,了解和评价被审计单位整体层面的内部控制,具体从内部控制五要素的内容着手了解和评价:① 控制环境。在了解和评价控制环境时,注册会计师需要考虑与控制环境有关的各个要素及其相互关系。控制环境的任一构成要素存在重大缺陷,都会影响其他要素的有效性。② 被审计单位的风险评估过程。包括识别与财务报告相关的经营风险,以及针对这些风险所采取的措施。③ 与财务报告相关的信息系统与沟通。考虑的主要因素可能包括与财务报告相关的信息系统和沟通两个方面。④ 控制活动。注册会计师主要是针对被审计单位的一般控制活动,特别是信息技术的一般控制进行了解和评估。⑤ 对控制的监督。⑥ 在整体层面对内部控制了解和评估进行总结。

2.【正确答案】

(1)注册会计师应当从下列方面了解被审计单位的行业状况:所处行业的市场供求与竞争;生产经营的季节性和周期性;产品生产技术的变化;能源供应与成本;行业的关键指标和统计数据。

（2）

目标与战略涉及的内容	可能导致被审计单位面临的经营风险的种类
（1）行业发展	不具备足以应对行业变化的人力资源和业务专长等风险
（2）开发新产品或提供新服务	产品责任增加等风险
（3）业务扩张	对市场需求的估计不准确等风险
（4）新颁布的会计法规	执行法规不当或不完整,或会计处理成本增加等风险
（5）监管要求	法律责任增加等风险
（6）本期及未来的融资条件	由于无法满足融资条件而失去融资机会等风险
（7）信息技术的运用	信息系统与业务流程难以融合等风险

（3）最有可能影响财务报表内容的因素是颁布新的会计法规。

3.【正确答案】

（1）

业务的特点或控制的目的	适用的控制方式
存在大额、异常或偶发的交易	人　工
在处理大量交易或数据时,一贯运用确定的规则进行复杂的运算	自　动
提高信息的及时性、可获得性及准确性	自　动
监督控制的有效性	人　工
有助于对信息的深入分析	自　动
存在难以定义、防范或预见的错误	人　工
加强对政策和程序执行情况的监督	自　动
降低控制被规避的风险	自　动
为应对情况的变化,经常需要对控制进行调整	人　工
通过实施安全控制,提高不相容职务分离的有效性	自　动

（2）注册会计师应当从以下三个方面了解人工控制产生的特定风险：人工控制可能更容易被规避、忽视或凌驾；人工控制可能不具有一贯性；人工控制可能更容易产生简单错误或失误。

（3）通常情况下应当实施的程序：询问被审计单位的人员；观察特定控制的运用；检查文件和报告；追踪交易在财务报告信息系统中的处理过程（穿行测试）。

4.【正确答案】

事项或情形	对影响控制风险的简要解释
监管及经营环境变化	监管和经营环境的变化会导致竞争压力的变化以及重大的相关风险
招聘新员工	新员工可能对内部控制有不同的认识和关注点
使用新的信息系统	信息系统的重大变化会改变与内部控制相关的风险
业务快速发展	快速业务扩张可能使内部控制难以应对,从而增加失效的可能性
引进新技术	新技术运用于生产过程和信息系统可能改变与内部控制相关的风险
生产新产品	生产新的产品和发生新的交易可能带来新的与内部控制相关的风险
进行企业重组	重组可能带来裁员以及管理职责的重新划分,影响控制风险
发展海外经营	海外扩张或收购会带来新的特别的风险,进而可能影响内部控制
颁布新的会计准则	采用新的会计准则可能会增大财务报告发生重大错报的风险

七、案例分析题

1.【正确答案】其一,第(1)种情况表明,C公司的融资能力受到限制,很可能导致流动资金不足,增加重大的错报风险。

第(2)种情况表明,C公司发生了重大的购并行为,很可能占用大量资金,增加重大错报风险。

第(3)种表明,C公司在经济不稳定的国家开展业务,很可能难以收回成本,从而增加重大错报风险。

第(4)种情况表明,C公司的信息技术环境发生变化,很可能导致相当一段时期内的信息技术难以与经营活动融合,从而增加重大的错报风险。

第(5)种情况属于重大的异常情况,很可能意味着C公司与Q银行之间有纠纷,增加重大的错报风险。

其二,情况(4)最有可能导致C公司财务报表产生重大错报。对此,A和B注册会计师应当要求会计师事务所聘请电算化方面的专家参与审计工作。

其三,情况(5)属于重大的异常情况,最有可能意味着C公司存在特别风险。该情况意味着C公司的资金运作脱离了银行的监管,为舞弊行为提供了客观条件。对此,A和B注册会计师应当向Q银行询问,并要求C公司提供全部信用卡结算的清单,以便作进一步调查。

其四,情况(2)和情况(3)最可能导致C公司的经营风险上升。前者是在经济不发达的地区开展业务,后者是在经济不稳定的地区开展业务,很可能导致难以收回成本的情况发生,影响公司的经营成果。

2.【正确答案】首先应确定不相容的职务,并将其分离:① 记录总账与记录明细账。② 记录总账与记录日记账。③ 开具支票与调节银行对账单。④ 记录应付应收明细账与开具退货拒付通知书。

根据以上不相容职务分工相分离原则,并考虑七项工作的工作量大小,可作如下分工:

会计人员 A:	(1) 记录总账;
(总账)	(5) 开具退货拒付通知单;
	(6) 调节银行对账单。
会计人员 B:	(2) 记录应付款明细账;
(明细账)	(3) 记录应收款明细账。
会计人员 C:	(4) 开具支票,以便主管人员签章,并记录现金日记账;
(出纳)	(7) 处理并送存所收入的现金。

3.【正确答案】

(1) 缺陷:① 不应由销售经理审核。② 销售单不应由仓库部门编制,也不能代替装运凭证。③ 货物的发货与装运的职责不应由同一部门承担。④ 会计部门开具销售发票时,没有核定装运凭证、销售单和商品价目表。⑤ 负责销售账和收款两项不相容职务不应由 1 人办理。⑥ 没有对销售收款循环进行独立稽核。

(2) 改进措施如下:① 销售部门必须根据批准的订单编制一式多联连续编号的销售通知单,分别用于批准赊销、审核、发货与装运货物、记录发货数量及向顾客开具账单。② 货物的发货与装运,由仓库和运输部门分别办理。③ 运输部门必须根据已批准的销售单一式多联连续编号提货单,装运货物;仓库部门核对经批准的销售单与提货单后发货。④ 会计部门必须在核对装运凭证(提货单)、销售单和商品价目表无误的情况下,才能开具发票。⑤ 将收款业务和负责销售账的业务分开。⑥ 设置独立稽核人员,专门审核销售发票的单价、加总、入账日期等。

第九章 风险应对

第一部分 习 题

一、思考题

1. 注册会计师针对评估的财务报表层次重大错报风险,应确定哪些总体应对措施?

2. 注册会计师通常会在实务中怎样增强审计程序的不可预见性?

3. 在设计进一步审计程序时,注册会计师应当考虑哪些因素?

4. 什么叫控制测试?如何进行控制测试?

5. 管理建议书的特征和内容有哪些?

6. 什么叫实质性程序?针对特别风险采用的实质性程序有哪些?

二、名词解释

1. 风险应对   2. 总体应对措施

3. 职业怀疑态度   4. 进一步审计程序

5. 控制测试   6. 实质性程序

7. 细节测试   8. 实质性分析程序

9. 管理建议书

三、单项选择题

1. 下列关于特别风险的说法中,不正确的是(   )。

A. 针对特别风险,注册会计师实施进一步审计程序仅应采取实质性方案

B. 舞弊导致的重大错报风险属于特别风险

C. 特别风险通常与重大的非常规交易和判断事项相关

D. 对于舞弊导致的特别风险,注册会计师应当专门针对该风险实施实质性程序

2. 如果控制环境存在缺陷,注册会计师在对拟实施审计程序的性质、时间和

范围作出总体修改时,应当考虑在( )实施更多的审计程序。

    A. 期初   B. 期中   C. 期末   D. 期中或期末

    3. 针对评估的财务报表层次的重大错报风险,注册会计师应当恰当选择拟实施的进一步审计程序的总体应对方案。在( )情况下,注册会计师最应当选择综合性方案作为总体应对方案。

    A. 被审计单位采用高度自动化系统处理和记录重要交易

    B. 注册会计师认为实施控制测试不符合成本效益的原则

    C. 注册会计师被审计单位不存在与特定认定相关的内部控制

    D. 被审计单位广泛存在管理层凌驾于主要的内部控制的情况

    4. 注册会计师应当针对评估的财务报表层次重大错报风险确定总体应对措施,这类措施不包括( )。

    A. 向项目组强调在收集和评价审计证据过程中保持职业怀疑态度的必要性

    B. 分派更有经验或具有特殊技能的审计人员,或利用专家的工作

    C. 审计项目组负责人向其他成员提供更多的督导并加强项目质量复核

    D. 在选择进一步审计程序时,应加强与被审计单位管理层的沟通

    5. 进一步审计程序是指注册会计师针对评估的各类交易、账户余额、列报认定层次重大错报风险而实施的审计程序。以下关于进一步审计程序的说法中,不正确的是( )。

    A. 风险的后果越严重,就越需要注册会计师的关注和重视,越需要精心设计有针对性的进一步审计程序

    B. 重大错报发生的可能性越大,同样越需要注册会计师精心设计进一步审计程序

    C. 不同性质的控制(尤其是人工控制还是自动化控制)对注册会计师设计进一步的审计程序具有重要影响

    D. 不同的交易、账户余额和列报产生的认定层次的重大错报风险的差异越大,适用的审计程序的性质的差别越大

    6. 考虑如何在期末审计中利用期中审计获取的证据时,注册会计师的下列观点中,你不能认同的是( )。

    A. 期中实施实质性程序获取的审计证据不能直接作为期末财务报表认定的审计证据

    B. 在内部控制有效性较高的情况下,期中实施实质性程序获取的审计证据才可以直接作为期末财务报表认定的审计证据

    C. 注册会计师需要消耗审计资源使期中审计证据能够合理延伸至期末

    D. 期中及期末审计资源的总和是否能够显著小于完全在期末实施实质性程

序所需消耗的审计资源

7. 注册会计师可以使用计算机辅助审计技术对电子化的交易和账户文档进行更广泛的测试,但不包括的情况有(　　)。

A. 从主要电子文档中选取交易样本　　B. 按照某一特征对交易进行分类

C. 对总体进行详细的测试　　　　　　D. 对小规模样本进行测试

8. 询问程序一般不足以测试控制运行的有效性,注册会计师应将询问与其他审计程序结合使用,以获取有关控制运行有效性的审计证据。相对而言,将询问程序与(　　)程序相结合所获取的审计证据在证实控制运行有效性方面的保证程序最低。

A. 观察　　　　　B. 检查　　　　　C. 重新执行　　　　D. 穿行测试

9. 如果注册会计师拟信赖针对特别风险的控制,那么(　　)。

A. 不得利用上期审计进行控制测试的证据,可以利用期中测试的证据

B. 所有关于该控制运行有效性的审计证据必须来自当年的控制测试

C. 主要利用本期控制测试获得证据,辅之以期中和上期获得的少量证据

D. 所有关于该控制运行有效性的审计证据必须来自当年年末的控制测试

10. 注册会计师通常应当考虑下列因素,以确定一项控制的测试范围。一般来说,控制测试的范围与(　　)因素呈反向变动关系。

A. 控制的执行频率　　　　　　　　　B. 对控制的信赖程度

C. 控制的预期偏差　　　　　　　　　D. 所需证据的可靠性

11. 细节测试和实质性分析程序的目的和技术手段存在一定差异,因此各自有不同的适用领域。一般而言,实质性分析程序更适合于针对(　　)进行测试。

A. 交易量大的账户　　　　　　　　　B. 账户余额的认定

C. 交易量小但金额较大的计价认定　　D. 存在或发生

12. 为应对 P 公司应收账款项目可能存在的重大错报风险,H 注册会计师正在针对应收账款的计价认定确定进一步审计程序。在以下列示的进一步审计程序中,你认为最有效的是(　　)。

A. 检查应收账款账龄和期后收款情况

B. 对赊销审批、发货、开票等环节进行控制测试

C. 以积极的方式向债务人函证应收账款

D. 计算坏账准备占应收账款的比例,并与上年比较

13. 在确定审计程序的范围时,注册会计师应当考虑的因素有(　　)。

A. 计划获取的保证程度越高,对测试结果可靠性要求越高,注册会计师实施的进一步审计程序的范围越广

B. 评估的重大错报风险越高,注册会计师实施的进一步审计程序的范围也

越广。

C. 确定的重要性水平越低,注册会计师实施进一步审计程序的范围越广

D. 确定的重要性水平越高,注册会计师实施进一步审计程序的范围越广

14. 下列关于实质性程序的结果时对控制测试结果的影响表述中,不正确的是(　　)。

A. 如果通过实施实质性程序未发现某项认定存在错报,这本身并不能说明与该认定有关的控制是有效运行的

B. 如果通过实施实质性程序发现某项认定存在错报,注册会计师可以得出控制运行有效的结论

C. 如果实施实质性程序发现被审计单位没有识别的重大错报,通常表明内部控制存在重大缺陷,注册会计师应当就这些缺陷与管理层和治理层进行沟通

D. 如果通过实施实质性程序发现某项认定存在错报,注册会计师应当在评价相关控制的运行有效性时予以考虑

15. 实质性程序的下列表述中,不恰当的是(　　)。

A. 细节测试是对各类交易、账户余额、列报的具体细节进行测试,目的在于直接识别财务报表认定是否存在错报

B. 实质性分析程序从技术特征上讲仍然是分析程序,主要是通过研究数据间关系评价信息,将该技术方法用作实质性程序,即用于识别各类交易、账户余额、列报及相关认定是否存在错报

C. 细节测试适用于对各类交易、账户余额、列报认定的测试,尤其是对存在或发生、计价认定的测试;对在一段时期内存在可预期关系的大量交易,注册会计师可以考虑实施实质性分析程序

D. 注册会计师需要根据不同的认定层次的重大错报风险设计有针对性的细节测试。针对完整性认定设计细节测试时,注册会计师应当选择包含在财务报表金额中的项目,并获取相关审计证据

四、多项选择题

1. 如果控制环境存在缺陷,注册会计师应当对实施审计程序的性质、时间和范围作出总体修改时应考虑的内容有(　　)。

A. 在期末而非期中实施更多的审计程序

B. 主要依赖实质性程序获取审计证据

C. 修改审计程序的性质,获取更具说服力的审计证据

D. 扩大审计程序的范围

2. 针对财务报表层次重大错报风险的总体应对措施有( )。

A. 提供更多的督导

B. 向项目组强调在收集和评价审计证据过程中保持执业谨慎态度

C. 选择实质性方案实施进一步审计程序

D. 只在期末实施实质性程序

3. 在设计进一步审计程序时,注册会计师需要考虑的因素有( )。

A. 风险的重要性、重大错报发生的可能性

B. 注册会计师是否拟获取审计证据,以确定内部控制在防止或发现并纠正重大错报方面的有效性

C. 涉及的各类交易、账户余额和列报的特征

D. 被审计单位采用的特定控制的性质

4. 下列与控制测试有关的表述中,正确的有( )。

A. 如果控制设计不合理,则不必实施控制测试

B. 如果在评估认定层次重大错报风险时预期控制的运行是有效的,则应当实施控制测试

C. 如果认为仅实施实质性程序不足以提供认定层次充分、适当的证据,则应当实施控制测试

D. 对特别风险,即使拟信赖的相关控制没有发生变化,也应当在本次审计中实施控制测试

5. 在确定控制测试的范围时,注册会计师通常考虑的因素有( )。

A. 总体变异性

B. 在分析评估时拟信赖控制运行有效性的程度

C. 控制的预期偏差

D. 控制的执行频率

6. 假设注册会计师对被审计单位 2009 年财务报表进行审计的过程中,已经对 2009 年 1~10 月某项控制的运行有效性进行了测试。为了得出该项控制在 2009 年度是否均运行有效的结论,注册会计师可以实施的审计程序有( )。

A. 对该项控制在 2009 年 11~12 月的运行有效性进行补充测试

B. 获取该项控制在 2009 年 11~12 月变化情况的审计证据

C. 测试被审计公司对控制的监督

D. 向公司管理层询问 2009 年 11~12 月该项控制的运行情况

7. A 公司某项应用控制由计算机自动执行,且在 2009 年度未发生变化。注册会计师测试该项控制在 2009 年度运行有效性时,正确的做法有( )。

A. 同时考虑信息技术一般控制运行有效性

B. 利用该项控制得以执行的审计证据和信息技术一般控制运行有效性的审计证据,作为支持该项控制在 2009 年度运行有效性的重要审计证据

C. 确定的测试范围与该项控制由手工执行时的测试范围相同

D. 一旦确定正在执行该项控制,则无需扩大控制测试的范围

8. 实质性程序是指注册会计师针对评估的重大错报风险实施的直接用于发现认定层次重大错报的审计程序。注册会计师实施的实质性程序应当包括的内容有(   )。

A. 将财务报表与其所依据的会计记录相核对

B. 实质性分析程序

C. 对各类交易、账户余额、列报的细节测试

D. 检查财务报表编制过程中作出的重大会计分录和其他会计调整

9. H 公司 2009 年度财务报表审计小组的项目负责人在了解 H 公司状况后,针对评估的财务报表层次的重大错报风险,可以选择的总体应对措施包括(   )。

A. 向项目组强调在收集和评价审计证据过程中保持职业怀疑态度的必要性

B. 分派更有经验或技能的审计人员,提供更多的督导或利用专家的工作

C. 对拟实施审计程序的性质、时间和范围作出总体修改

D. 在选择进一步审计程序时,注意某些程序不能被管理层预见或事先了解

10. 注册会计师在执行财务报表审计业务时,应当执行恰当的审计程序。以下所列程序中,(   )是每次审计时均必须实施的。

A. 将财务报表与其所依据的会计记录相核对

B. 检查报表编制过程中作出的重大会计分录

C. 专门针对重大错报风险实施的实质性程序

D. 针对内部控制执行的有效性实施控制测试

11. 在应对评估的认定层次的重大错报风险时,合理确定审计程序的性质是最重要的。审计程序的性质是指审计程序的目的和类型。其中,审计程序的类型包括(   )。

A. 用以确定内部控制运行有效性的控制测试

B. 检查、观察、询问、函证、分析程序

C. 用以发现认定层次重大错报的实质性程序

D. 重新计算、重新执行

12. 审计程序的范围是指实施某项审计程序的数量或次数。在确定审计程序的范围时,注册会计师应当考虑的因素有(   )。

A. 设计的审计程序的时间   B. 确定的审计重要性水平

C. 评估的重大错报风险   D. 计划获取的保证程度

13. 控制测试主要是为了评价内部控制执行的有效性。在进行控制测试时，注册会计师单独使用（ ）程序获取的证据不足以证实内部控制的有效性。

A. 询问　　　　　B. 检查　　　　　C. 重新执行　　　　　D. 观察

14. 注册会计师用于了解内部控制的程序与用于进行控制测试的程序大都是相同的。以下程序中，既可用于了解内部控制、又可用于控制测试的程序是（ ）。

A. 穿行测试　　　B. 检查　　　　　C. 重新执行　　　　　D. 询问、观察

15. 如果注册会计师因在期中已识别出被审计单位的某项认定存在中存在故意出错和操纵记录的可能性，确认该项认定存在舞弊导致的重大错报风险，则下列有关实质性程序的（ ）说法或做法是不可取的。

A. 针对剩余期间实施进一步实质性程序，以便将期中的结论延伸到期末

B. 考虑主要在期末或接近期末实施实质性程序

C. 将实质性程序与控制测试结合运用，以便将期中的结论延伸到期末

D. 将期中结论延伸至期末而实施的审计程序通常是无效的

五、判断题

1. 如果被审计单位的控制在剩余期间发生了变化，注册会计师可以决定信赖期中获取的审计证据。 （ ）

2. 无论评估的重大错报风险结果如何，注册会计师都应当针对所有重大的各类交易、账户余额、列报实施实质性程序。 （ ）

3. 注册会计师设计和实施的控制测试和实质性程序的性质、时间、范围，应当与评估的认定层次重大错报风险具有明确的对应关系。 （ ）

4. 注册会计师应当针对评估的财务报表层次重大错报风险确定总体应对措施，并针对评估的认定层次重大错报风险设计和实施进一步审计程序，以将审计风险降至可接受的低水平。 （ ）

5. 在财务报表重大错报风险的评估过程中，注册会计师应当确定识别的重大错报风险是与特定的某类交易、账产余额、列报的认定相关，还是与财务报表整体广泛相关，进而影响多项认定。 （ ）

6. 注册会计师对控制环境的了解影响其对财务报表层次重大错报风险的评估。有效的控制环境可以使注册会计师增强对内部控制和被审计单位内部产生的证据的信赖程度。 （ ）

7. 进一步审计程序相对风险评估程序而言，是指注册会计师针对评估的各类交易、账户余额、列报认定层次重大错报风险实施的审计程序，包括控制测试和实质性程序。 （ ）

8. 注册会计师应当根据对认定层次重大错报风险的评估结果,恰当选用实质性方案或综合性方案。 （　　）

9. 注册会计师可以在期中或期末实施控制测试或实质性程序,当重大错报风险较高时,注册会计师应当考虑在期末或接近期末实施实质性程序,或采用不通知的方式,或在管理层不能预见的时间实施审计程序。 （　　）

10. 评价控制设计和确定控制是否得到执行而实施的某些风险评估程序并非专为控制测试而设计,但可能提供有关控制运行有效性的审计证据,注册会计师可以考虑在评价控制设计和获取其得到执行的审计证据的同时调试控制运行有效性,以提高审计效率;同时注册会计师应当考虑这些审计证据是否足以实现控制测试的目的。 （　　）

六、简答题

1. 注册会计师在实务中增强审计程序的不可预见性的方法有哪些？

2. A 注册会计师负责对甲公司 2008 年度财务报表进行审计。在识别、评估和应对特别风险时,A 注册会计师遇到下列事项,请代为作出简要正确的专业判断。

(1) 在确定特别风险时,A 注册会计师的下列做法中正确的有（　　）。

A. 直接假定甲公司收入确认存在特别风险

B. 将甲公司管理层舞弊导致的重大错报风险确定为特别风险

C. 直接假定甲公司存货存在特别风险

D. 将甲公司管理层凌驾于控制之上的风险确定为特别风险

(2) 在了解和测试与特别风险相关的内部控制时,A 注册会计师的下列做法中,正确的有（　　）。

A. 评价相关控制的设计情况,并确定其是否已经得到执行

B. 如果拟信赖相关控制,每年测试控制的有效性

C. 如果拟信赖相关控制,且相关控制自上次测试后未发生变化,每 2 年测试一次控制的有效性

D. 如果相关控制不能恰当应对特别风险,应当就该事项与丙公司治理层沟通

(3) 在针对特别风险计划和实施进一步审计程序时,A 注册会计师可能采取的做法有（　　）。

A. 实施控制测试和实质性程序　　　　B. 实施细节测试和实质性分析程序

C. 仅实施控制测试　　　　　　　　　D. 仅实施实质性分析程序

3. B 注册会计师负责对乙公司 2008 年度财务报表进行审计。在确定进一步审计程序的性质、时间和范围时,B 注册会计师遇到下列事项,请代为作出简要正

确的专业判断。

(1) 在确定进一步审计程序的性质时,B 注册会计师应当考虑的主要因素有( )。

A. 不同的审计程序应对特定认定错报风险的效力

B. 认定层次重大错报风险的评估结果

C. 认定层次重大错报风险的产生的原因

D. 各类交易、账户余额、列报的特征

(2) 在确定进一步审计程序的时间,B 注册会计师应当考虑的主要因素有( )。

A. 评估的认定层次重大错报风险   B. 审计意见的类型

C. 错报风险的性质   D. 审计证据适用的期间或节点

(3) 在确定进一步审计程序的范围时,B 注册会计师应当考虑的主要因素有( )。

A. 审计程序与特定风险的相关性   B. 评估的认定层次重大错报风险

C. 计划获取的保证程度   D. 可容忍的错报或偏差率

七、案例分析题

1. U 公司为我国 A 地一家生产和销售瓷器的股份制企业。该公司 2007 年年末未经审计的财务报表显示的资产总额为 35 543 万元,销售收入为 12 560 万元,利润总额为 2 300 万元。

自 2002 年以来,U 公司的年度财务报表一直由 ABC 会计师事务所审计。2007 年 3 月,在执行完 U 公司 2006 年度财务报表审计业务并提交了无保留意见审计报告后,ABC 会计师事务所与 U 公司签订了其 2007 年度财务报表的审计业务约定书,并指派执行 2006 年度财务报表的 A 和 B 注册会计师继续负责该项审计业务。基于 U 公司 2007 年度的经营计划,该公司在本年度将进行全方位的改革。新的管理层上任时,向公司治理层及股东代表大会作出了力争 5 年上市、将本年度销售收入比上年增加 20%,否则将扣发全体高层管理人员全年奖金的承诺。

ABC 会计师事务所的业务负责人要求 A 和 B 注册会计师对 U 公司及其环境进行全面、深入的了解,并根据了解的情况于 2007 年年末制定 U 公司 2007 年度财务报表的审计计划。

A 和 B 注册会计师于 2007 年 11 月 1 日至 7 日对 U 公司的内部控制制度进行了了解和测试,并在相关审计工作底稿中记录了了解和测试的事项,摘录如下:

(1) 收到经管理部门审核的顾客赊购订单后,由销售部填制一式四联的销售单,并交信用管理部门审查客户信用。审批后,销售单的一联由信用管理部门留底,其余三联返还给销售部门。销售部门将其中一联留底,其余两联交仓库。仓库在根据经审核销售单组织产品出库后,将其中一联作为出库单留存并登记存货明细账,另一联交发运部门传递给开具销售发票的部门并最终交会计部门登记入账。其中,出纳人员乙负责登记产成品总账和明细账。

(2) 会计人员丙负责开具连续编号的销售发票。在开具销售发票之前,先核对装运凭证和相应的经批准的销售单,并根据已授权批准的商品价目表填写销售发票的单价,根据装运凭证上的数量填写销售发票的数量。填写完成的销售发票经独立复核无误后将正联交顾客,第二联留底,第三联返还给发运部门附在留底的发运凭证后,第四联在附上销售单后传递给财务部门作为入账的依据。

(3) U 公司规定,所采购的货物运抵公司后,验收部门根据订购单验收货物,并编制一式四联连续编号的验收单,验收单上有数量、品名、规格等内容,但没有单价。仓储部门职员在验收单第四联上签字后保留第一联作为入库凭证并登记材料明细账。验收单第二联返还采购部门作为实物移交凭证,应付凭单部门根据收到的第三联验收单和订购单编制付款单,并据以登记应付账款明细账第四联由验收部门留存。

付款单连续编号,经批准后附上相应的订购单、验收单,据以登记应付账款明细账和总账。次月月初编制上月应付凭单汇总表并附上当月编制的付款凭证交财务部,财务主管审核并由独立人员复核无误后交出纳员办理付款手续。

(4) 财务部在批准付款凭证后开具支票支付采购款项。总经理授权财务经理签署支票,财务经理将空白支票及财务专用章授权给会计人员丁负责,但保留了支票印章。丁根据已复核无误的付款凭证,在确定支票授权人名称与凭单内容一致后签署支票,财务人员戊在核对当日签发的支票总额与当日支付的付款凭证总额一致后在凭单上加盖"已支付"印章,并将丁开具的支票交出纳员在办理付款业务后及时登记银行存款日记账。

(5) 生产计划部负责签发预先编号的生产通知单。生产部门根据生产通知单填写一式三联的领料单。仓库发料后,第二联留存作为出库凭据并据以登记材料明细账,第一联连同材料交还领料的生产部门,第三联送财务部门进行材料收发核算和成本核算。

(6) 2007 年年初,股票价格直线攀升。U 公司于 3 月份设置了投资部门,主要从事交易性金融资产、可供出售金融资产等投资业务。投资部门设专职投资交易员 10 名。投资交易发生后,由投资交易员在投资登记簿中加以登记,并在交易当日将相关原始凭证交给财务部门的投资记账员。投资记账员根据投资交易员交来的原始凭证编制记账凭证并据以登记相应的账簿。

(7) 每月月末,每位投资交易员与相对应的投资记账员依据各自当月登记的投资交易登记簿与投资明细账就投资类别进行核对,并由双方根据核对结果共同编制投资核对表。对于发现差异的核对表,交由投资经理与财务经理共同进行调查。

(8) U公司设立内部审计部,并直接对董事长负责,每年对子公司和各业务部进行审计,并出具内部审计报告。

(9) U公司设立现金出纳员和银行出纳员。银行出纳员负责到银行办理业务,并登记银行存款日记账。每月初,银行出纳员根据取得的上月的银行对账单,编制银行存款余额调节表,并将调节结果向财务经理汇报。

(10) U公司各部门员工根据公司的批准手续报销各种费用。报销前需到财务部填写费用报销单,由财务部门专门负责费用报销审核的财务主管审核,现金出纳员见到加盖该主管的审核印章后办理支付业务。

要求:

(1) 根据资料,假定未描述的其他内部控制不存在缺陷,请指出U公司内部控制在设计与运行方面的缺陷。

(2) 针对要求(1)中对U公司内部控制的评价,分别指出所述的缺陷影响财务报表的哪些项目或科目(最多两个),以及直接影响何种认定。

将你对上述问题的答案直接填在下表中。

情况	是否存在缺陷以及存在缺陷的理由	
[1]	缺陷:	
	建议:	
[2]	缺陷:	
	建议:	
[3]	缺陷:	
	建议:	
[4]	缺陷:	
	建议:	
[5]	缺陷:	
	建议:	
[6]	缺陷:	
	建议:	
[7]	缺陷:	
	建议:	

（续表）

情况	是否存在缺陷以及存在缺陷的理由	
[8]	缺陷：	
	建议：	
[9]	缺陷：	
	建议：	
[10]	缺陷：	
	建议：	

2. ABC 会计师事务所的 A 和 B 注册会计师负责审计甲公司 2008 年度财务报表。2008 年 11 月，A 和 B 注册会计师对甲公司的内部控制进行了初步了解和测试。

通过对甲公司内部控制的了解，A 和 B 注册会计师注意到下列情况：

（1）甲公司主要生产和销售电视机。

（2）甲公司生产的电视机全部发往各地办事处和境外销售分公司销售。办事处除自行销售外，还将一部分电视机寄销在各商场。各月初，办事处将上月的收、发、存的数量汇总后报甲公司财务部门和销售部门，财务部门作相应财务处理；甲公司生产的电视机约有 30% 出口，出口的电视机先发往境外销售分公司，再分销到世界各地。境外销售分公司历年未经审计，2007 年度也计划不安排审计。

（3）鉴于各年年末均处于电视机销售旺季，为保证各办事处和境外销售分公司货源，甲公司本部仓库在各年年末不保留产成品。

通过对甲公司内部控制的测试，A 和 B 注册会计师注意到，除下列情况表明存货相关内部控制可能存在缺陷外，其他内部控制均健全、有效。

（a）甲公司以前年度未对存货实施盘点，但有完整的存货会计记录和仓库记录。

（b）甲公司发出电视机时未全部按顺序记录。

（c）甲公司生产电视机所需的零星 C 材料由 XYZ 公司代管，但甲公司未对 C 材料的变动进行会计记录。

（d）甲公司每年 12 月 25 日后发出的存货在仓库的明细账上记录，但未在财务部门的会计账上反映。

（e）甲公司发出材料存在不按既定计价方法核算的现象。

（f）甲公司财务部门的会计记录和仓库明细账均反映了代 XYZ 公司保管的 E 材料。

要求：A 和 B 注册会计师通过内部控制测试所注意到的各种情况是否实际构

成存货内部控制的缺陷？简要说明理由。

3. 某公司是一家生产和销售高端清洁用品的外商独资公司，其产品主要用于星级酒店宾馆和大型饭店。公司提供的财务报表显示：2008 年度销售收入为 112 655 260 元，比上 1 年增长 21%（董事会制定的当年预算目标为增长 20%）。2008 年 12 月 31 日应收账款余额为 39 560 810 元，组成情况如下：共 226 个客户，其中 9 个客户的余额在 100 万元以上，占应收账款总额的 38%，其余客户的余额均小于 30 万元。此外，余额为 10 万元以上且账龄超过 1 年的应收账款客户有 15 家。

2008 年 12 月 31 日坏账准备余额为 1 879 830 元。公司采用账龄分析法和个别认定法相结合的方法计提坏账准备，其中账龄分析法为：账龄 6 个月以上 1 年以下：10%；1 年以上 2 年以下：50%；2 年以上：100%。

	2008 年	2007 年
应收账款	39 560 810	27 765 338
坏账准备	（1 879 830）	（1 707 400）
销售收入	112 655 260	93 103 520
应收账款周转天数	108 天	92 天

该公司 2008 年度的税前利润为 8 475 623 元，总体重要性水平为 423 781 元（税前利润的 5%）。

要求：考虑到销售业务的重要性及其固有风险，注册会计师认为销售收入和应收账款层次的"发生或存在"和"准确性"认定存在重大错报风险。请问：注册会计师如何对销售业务流程实施进一步审计程序？

第二部分　参考答案及解析

三、单项选择题

1.【正确答案】A

【答案解析】为应对特别风险，需要获取具有高度相关性和可靠性的审计证据，仅实施实质性程序不足以获取有关特别风险的充分、适当的审计证据，注册会计师应使用包括细节测试、实质性分析程序在内的各种方案。

2.【正确答案】C

【答案解析】控制环境的缺陷通常会削弱期中获得的审计证据的可信赖程度，为此注册会计师对拟实施的审计程序的时间、性质和范围作出总体修改时，应当考虑在期末而非期中实施更多的审计程序。

3.【正确答案】A

【答案解析】总体应对方案不包括综合性方案和实质性方案两种。在情况 A 下,注册会计师仅实施实质性程序无法应对重大错报风险,不可能选择实质性方案;在其余三种情况下,特别是在情况 D 下,注册会计师应选择实质性方案。

4.【正确答案】D

【答案解析】注册会计师在选择进一步审计程序时,应当注意使某些程序不被管理层预见或事先了解,这时的沟通应更加谨慎而不是加强。

5.【正确答案】D

【答案解析】不同认定的风险差异越大,审计程序实施范围的差异越大,所实施的审计程序的性质不一定有大的差异。例如,如果存货的错报风险很高而现金的错报风险很低,注册会计师应当在存货项目中收集更多的证据,而在现金项目收集的证据可能比正常情况下少,但对这两个项目实施的审计程序都是监盘,性质上并无差异。

6.【正确答案】B

【答案解析】在实质性程序中,对于利用以前审计中通过实质性程序获取的审计证据,新的审计准则采取了更加慎重的态度和更加严格的限制。

7.【正确答案】D

【答案解析】"杀鸡焉用宰牛刀"。对小规模样本进行测试并非计算机辅助审计技术的优势所在。

8.【正确答案】A

【答案解析】将询问与检查或重新执行结合使用,通常能够比仅实施询问和观察能获取更高的保证,因为观察程序提供的证据仅限于观察发生的时点,本身不足以测试被审计期间运行的有效性。

9.【正确答案】B

【答案解析】审计准则规定:鉴于特别风险的特殊性,对于旨在减轻特别风险的控制,不论该控制在本期是否发生变化,注册会计师都不应依赖以前审计获取的证据。

10.【正确答案】C

【答案解析】控制预期偏差越大,对控制的信赖程度越低,测试的范围越小。

11.【正确答案】A

【答案解析】细节测试适用于对各类交易、账户余额、列报认定的测试,尤其是对存在或发生、计价认定的测试;对在一段时期内存在可预期关系的大量交易,注册会计师可以考虑实施实质性分析程序。

12.【正确答案】A

【答案解析】控制测试一般对存在及完整性认定有效；函证主要针对存在认定；分析程序所获得的证据大都属于间接性的，不能直接证实计价认定。

13.【正确答案】D

【答案解析】注册会计师确定的重要性水平越高，实施的进一步审计程序的范围越小，因为重要性水平与审计风险呈反向关系，重要性水平越高，说明审计风险越小，审计程序越少。

14.【正确答案】B

【答案解析】在选项 B 中，如果通过实施实质性程序发现某项认定存在错报，注册会计师应当评价控制运行有效性的影响，考虑是否降低相关控制的信赖程度或者调整实质性程序的性质以及扩大实质性程序的范围等。

15.【正确答案】D

【答案解析】注册会计师选择包含在财务报表金额中的项目是针对存在或发生认定进行的测试，而不是针对完整性认定进行的测试。

四、多项选择题

1.【正确答案】A、B、C、D

【答案解析】参见教材第 219 页。

2.【正确答案】A、B

【答案解析】参见教材第 206 页。

3.【正确答案】A、B、C、D

【答案解析】参见教材第 208 页。

4.【正确答案】A、B、C、D

【答案解析】参见教材第 211 页。

5.【正确答案】B、C、D

【答案解析】参见教材第 211 页。

6.【正确答案】A、B

【答案解析】参见教材第 209 页。

7.【正确答案】A、B、D

【答案解析】选项 C 计算机测试范围与该项控制和手工执行时的测试范围是不同的。

8.【正确答案】A、B、C、D

【答案解析】选项 A、D 不常提及，但确实是准则规定的与财务报表编制完成阶段相关的实质性程序。

9.【正确答案】A、B、C、D

【答案解析】4个选项囊括了准则罗列的"针对财务报表层次重大错报风险的总体应对措施",建议记忆。

10.【正确答案】A、B

【答案解析】选项C注册会计师应专门针对特别风险(而非重大错报风险)实施实质性程序;选项D控制测试不是每次审计必需的。

11.【正确答案】B、D

【答案解析】控制测试与实质性程序是两种不同目的的审计程序,为达到各自的目的,注册会计师可能都要实施检查程序、询问程序等。换句话说,控制测试与实质性程序在所使用程序的类型上可能是相同的。

12.【正确答案】B、C、D

【答案解析】选项A是对审计程序范围的表述,不是影响审计程序范围的因素。选项B与审计程序的范围呈反向变动关系,选项C、D均与审计程序范围呈同向变动关系,这些因素都是注册会计师在确定审计程序范围时应当考虑的。

13.【正确答案】A、D

【答案解析】询问得来的是口头证据,可靠性很低;观察得到的证据不能证明观察人员不在场时的情况。

14.【正确答案】A、B、D

【答案解析】重新执行仅属于控制测试程序。

15.【正确答案】A、C

【答案解析】当存在舞弊导致的重大错报风险时,期中已测试的资料在剩余期间很可能被篡改,导致其中得出的结论无效。此时,注册会计师主要应在期末实施实质性程序。

五、判断题

1.【正确答案】×

【答案解析】在此情况下,注册会计师需要了解并测试控制变化对期中审计证据的影响,并不一定信赖期中审计证据。

2.【正确答案】√

3.【正确答案】√

4.【正确答案】√

【答案解析】审计准则第1231号第三条,教材也有明确的文字表述。

5.【正确答案】√

【答案解析】审计准则第1231号第九十六条,教材也有明确的文字表述。

6.【正确答案】√

【答案解析】审计准则第 1231 号第六条,教材也有明确的文字表述。

7. 【正确答案】√

【答案解析】审计准则第 1231 号第八条,教材也有明确的文字表述。

8. 【正确答案】√

【答案解析】审计准则第 1231 号第十一条,教材也有明确的文字表述。

9. 【正确答案】√

【答案解析】审计准则第 1231 号第十八条,教材也有明确的文字表述。

10. 【正确答案】√

【答案解析】审计准则第 1231 号第三十条,教材也有明确的文字表述。

六、简答题

1. 【正确答案】注册会计师增加审计程序不可预见性的方法有:① 对某些以前未测试的低于设定的重要性水平或风险较小的账户余额和认定实施实质性程序。② 调整实施审计程序的时间,使其超出被审计单位的预期。③ 采取不同的审计抽样方法,使当年抽取的测试样本与以前有所不同。④ 选取不同的地点实施审计程序,或预先不告知被审计单位所选定的测试地点。

2. 【正确答案】

(1) A、B、D。

特别风险通常与非常规的交易和判断事项有关,对于收入而言,注册会计师会认为其存在舞弊的风险非常大,所以选项 A、B、D 会认为其存在特别风险。

(2) A、B、D。

对特别风险,注册会计师应当评价相关控制的设计情况,并确定其是否已经得到执行,选项 A 正确;如果注册会计师拟信赖针对特别风险的控制,那么所有关于该控制运行有效性的审计证据必须来自当年的控制测试。相应地,注册会计师应当在每次审计中都测试这类控制,选项 B 正确;如果管理层未能实施控制以恰当应对特别风险,注册会计师应当认为内部控制存在重大缺陷,并考虑其对风险评估的影响。在此情况下,注册会计师应当考虑按照审计准则的规定,就此类事项与治理层沟通,选项 D 正确。

(3) A、B。

如果针对特别风险仅实施实质性程序,注册会计师应当使用细节测试,或将细节测试和实质性分析程序结合使用,以获取充分、适当的审计证据。作此规定的考虑是,为应对特别风险需要获取具有高度相关性和可靠性的审计证据,仅实施实质性分析程序不足以获取充分、适当的审计证据。

3. 【正确答案】

(1) A、B、C、D。

在确定进一步审计程序的性质时,注册会计师首先需要考虑的是认定层次重大错报风险的评估结果。除了从总体上把握认定层次重大错报风险的评估结果对选择进一步审计程序的影响外,在确定拟实施的审计程序时,注册会计师接下来应当考虑评估的认定层次重大错报风险产生的原因,包括考虑各类交易、账户余额、列报的具体特征以及内部控制。另外,因为不同的审计程序应对特定认定错报风险的效力不同,在确定进一步审计程序的性质时也应当考虑。

(2) A、C、D。

注册会计师在确定何时实施审计程序时应当考虑的几项重要因素:① 控制环境。② 何时能得到相关信息。③ 错报风险的性质。④ 审计证据适用的期间或时点。

(3) A、B、C、D。

在确定审计程序的范围时,注册会计师应当考虑下列因素:① 确定的重要性水平。② 评估的重大错报风险。③ 计划获取的保证程度。需要说明的是,随着重大错报风险的增加,注册会计师应当考虑扩大审计程序的范围。但是,只有当审计程序本身与特定风险相关时,扩大审计程序的范围才是有效的。

七、案例分析题

1.【正确答案】

情况	是否存在缺陷以及存在缺陷的理由
(1)	缺陷:① 出纳人员同时登记产成品总账与明细账,不相容职务未进行分离,无法保证存货、营业成本项目的存在、发生、完整性、计价、准确性认定
	建议:由不同的财务人员登记产成品明细账与总账
(2)	缺陷:② 开具发票后未在传递给财务部门的销售发票后附上发运凭证,不能防止未经发货就登记入账的错误,很可能违背营业收入、应收账款的发生、存在认定
	建议:开具销售发票后,将销售单、发运凭证一同附在销售发票后传递给财务部门
(3)	缺陷:③ 付款单的编制依据中没有包括供应商发票,无法保证应付账款及存货余额的计价认定
	建议:根据订购单、验收单及供应商发票开具付款单
(3)	缺陷:④ 应付凭单部门次月月初才将上月开具的付款凭单及其汇总表交财务部门,未能及时付款并将应付账款记录在适当的期间,无法保证(采购业务的截止认定及)应付账款和存货项目的完整性认定
	建议:应付凭单部门每日将付款凭单交财务部门

（续表）

情况	是否存在缺陷以及存在缺陷的理由
（4）	不存在缺陷
（5）	缺陷：⑤ 仓库只向财务部门传递一联领料单，无法保证与直接材料相关的实物流转成本核算分开进行，难以保证存货与营业成本项目的计价和准确性认定
	建议：仓库向财务部门传递两联领料单，分别用作实物流转记录和成本核算的依据
（6）	缺陷：⑥ 投资记账员根据投资交易员交来的原始凭证编制记账凭证，在未经审核的情况下登记相应的投资明细账，无法确保交易性金融资产及可供出售金融资产项目的计价认定和投资交易的分类认定
	建议：投资记账员编制记账凭证后，交财务主管审核，并根据经审核的记账凭证登记入账
（7）	缺陷：⑦ 交易员与记账员每月末进行核对，不利于及时发现差错；核对结果交由投资经理与财务经理共同调查，不相容职务未能分离；核对内容未包括资金统计。这些缺陷可能影响交易性金融资产与可供出售金融资产(以及货币资金)项目的计价认定
	建议：交易员与记账员应于每周末进行核对；核对内容除了投资类别外，还应包括资金统计；无论核对有无差异，均应将核对表分别交给投资经理及财务经理复核签字
（8）	不存在缺陷
（9）	缺陷：⑧ 银行出纳编制银行存款余额调节表，不相容职务未分离，无法保证货币资金(银行存款)项目的完整性和计价认定(银行存款日记账系由出纳员自己登记的，在发生贪污的情况下，不会出现违背存在性的错误)
	建议：由出纳员以外的其他财务人员取得对账单并编制银行存款余额调节表
（10）	缺陷：⑨ 由财务部门审核费用报销单，难以发现费用的真实性和超限额报销的问题；财务主管在批准支付后，未经独立复核便交由出纳员办理支付。这些缺陷可能影响管理费用与销售费用的发生和准确性认定
	建议：费用报销单应由各部门分管财务的主管签字，然后到财务部办理。财务经理只负责是否准予支付，批准后须经独立人员复核方能办理支付

2.【正确答案】A 和 B 注册会计师通过内部控制测试所注意到的各种情况均实际构成了存货内部控制的缺陷(见下表)。

情况	是否构成缺陷	简 明 理 由
（1）	以前年度未对存货盘点，构成缺陷	保证存货账实相符是内部控制的重要目标，定期盘点是实现该目标的关键措施

（续表）

情况	是否构成缺陷	简 明 理 由
（2）	不按顺序记录发出产成品，构成缺陷	可能导致销售业务记录不真实或不完整，进而导致销售业务提前或推后入账
（3）	不记录代管材料的变动情况，构成缺陷	不记录 C 材料的收发业务，既不能保证 C 材料的安全、完整，又不能保证存货成本的正确性
（4）	财会部门不记录材料发出，构成缺陷	发出材料只由仓储部门记录而财会部门不记录，导致记录无法核对，不能保证账实相符
（5）	不按既定的计价方法核算，构成缺陷	导致财务处理方法不一致的现象，不能保证存货成本和期末存货价值的正确性
（6）	将受托保管材料入账，构成缺陷	将不属于甲公司的存货记入甲公司明细账，导致存货记录及期末余额不真实

3.【正确答案】注册会计师针对销售收入、应收账款余额和坏账准备实施的风险评估和进一步审计程序如下：

（1）被审计单位在 2008 年度以放宽授信额度来增加销售收入，导致货款回收速度放缓，应收账款余额大幅上升，但坏账准备余额基本与去年持平，可认为应收账款的计价认定存在特别风险，即年末坏账准备计提可能不足。

（2）注册会计师根据职业判断及对公司的了解，应从以下方面采取进一步审计程序：

（a）控制测试。注册会计师从销售流程选取一些关键的控制进行测试，如销售主管每月审核按客户分列的销售收入和应收账款汇总表，对其中的重大差异和异常情况进行跟进分析，编制分析报告并呈报销售经理和总经理，由总经理和销售经理审阅后讨论解决措施，针对该项月度控制，注册会计师抽取几个月进行测试，并分别与总经理和销售经理对所抽取月份的分析报告进行讨论，证实他们确实审阅了该报告并对重大差异和异常情况进行了调查和跟进；对每一笔销售收入，销售部专职秘书将客户订单、客户已签收的送货单以及发票上的客户名称，货物品种、数量、价格进行核对，并在发票记账联上盖"核对确认无误"章，交给财务部作为确认销售收入的凭证，对于数据不符的交易进行调查并调整，针对该人工控制，注册会计师抽取每月 5 个共 60 个样本进行测试，核对客户订单、客户已签收的送货单以及发票，以检查有关信息是否一致，发票记账联上是否有"核对确认无误"章，以及入账金额是否准确；订单分为"待批准"、"已批准"和"已执行"三种状态，订单已经批准就会自动生成相应的送货单，已发货的订单在系统中被设置为"已执行"状态，每月末系统会自动配比当月的"已执行"订单、送货单和当月入账的销售收入

（均有订单号索引），对未确认收入的订单生成"已执行订单未入账报告"，财务人员对该报告进行跟踪调查，补记漏记的销售收入。针对该项自动化应用控制，注册会计师应查阅上年测试记录，并了解到该控制在本年度有无变化，并结合信息技术一般控制的运行有效性测试，决定是否进行自动化控制测试。

（b）评估针对特别风险的控制。注册会计师了解企业针对应收账款账龄增长及由此带来的坏账增加的风险，发现公司管理层采取了与账龄逾期1年以上的客户签订还款协议的方式，要求客户对归还旧账的时间和金额作出书面承诺，如果客户未按照协议执行，则暂停供货。注册会计师应对该项控制进行评估，以决定其设计是否恰当，并得到有效执行。

（3）实质性程序。根据前述两个程序的结果，注册会计师对销售收入及应收账款实施实质性程序，包括对销售收入及应收账款实施实质性分析程序；对应收账款和坏账准备实施细节测试（如应收账款函证；回函的处理；未回函的替代审计；没有函证的，结合控制测试和实质性分析程序，判断其重大错报风险；验证账龄分析报告的准确性；向总经理和销售经理询问他们对应收账款可收回性的评估；重新计算坏账准备的计提；对账龄较长且未计提坏账准备的应收账款余额，查看还款协议和实际付款记录，并在必要时建议作审计调整并向管理层报告有关事项；销售截止测试等）。

第十章 审计证据

第一部分 习 题

一、思考题

1. 什么是审计证据？审计证据的主要类型有哪些?
2. 获取审计证据有哪些方法?
3. 审计证据的充分性与适当性之间的关系是什么?
4. 如何鉴定审计证据?
5. 口头证据的可信度如何？如何有效利用口头证据来判断审计事项?

二、名词解释

1. 审计证据
2. 实物证据
3. 书面证据
4. 口头证据
5. 环境证据
6. 直接证据
7. 间接证据
8. 基本证据
9. 审计证据的充分性
10. 审计证据的适当性
11. 风险评估程序
12. 控制测试
13. 实质性程序
14. 审计证据评价

三、单项选择题

1. 审计证据的可靠性受其来源和性质的影响。以下关于可靠性的说法中,不正确的是(　　)。
   A. 以纸质形式存在的证据比以电子形式存在的证据更为可靠
   B. 从原件获取的证据比从复印件及传真件获取的证据更为可靠
   C. 电子文件形式的审计证据比口头方式审计证据更为可靠
   D. 询问外部人员的证据比被审计单位网页上下载的文件更可靠
2. 按审计证据的可靠性由高到低的顺序,在注册会计师所获取的下列审计证据中,你认可的排列顺序是( )。

A. 银行存款函证回函、购货发票、销货发票副本、应收账款明细账

B. 购货发票、应收账款明细账、银行存款函证回函、销货发票副本

C. 销货发票副本、购货发票、银行存款函证回函、应收账款明细账

D. 应收账款明细账、银行存款函证回函、销货发票副本、购货发票

3. 在不考虑审计成本、样本规模一定的前提下,下列选样方法中,取得的证据最具有相关性的有( )。

A. 只在总体中金额较大的项目中选取

B. 仅在总体中金额很小的项目中选取

C. 包含大量的大金额项目和少量的小金额项目

D. 包含大量的小金额项目和少量的大金额项目

4. 乙会计师事务所的审计小组在审查 K 公司 2009 年度财务报表时,对应收账款实施了充分的函证程序,获取了大量的函证回函作为审计证据,并由此得出了 K 公司应收账款总体上不存在重大差错的审计结论。但在外勤审计工作结束前,乙会计师事务所接到一个自称 K 公司债务单位 L 公司财务人员的电话,电话声称:L 公司函证回函上的签字是在 L 公司主管人员的授意下伪造的。经查,K 公司应收 L 公司的货款占 K 公司全部应收账款的 50%,相应的金额超过了审计小组确定的 K 公司财务报表层次的重要性水平。根据以上情况,你认为乙会计师事务所首先应当( )。

A. 以检查 K 公司向 L 公司的发货凭证为替代程序

B. 基于谨慎性考虑,请相关鉴定机构鉴定函件真伪

C. 考虑函件寄发与接收的各个环节上是否存在漏洞

D. 按审计范围受限对 K 公司财务报表发表保留意见

5. 乙注册会计师为了查明导致 B 公司财务报表严重失实的错误与舞弊,主要应当实施( )。

A. 分析程序　　　　　　　　B. 控制测试程序

C. 实质性程序　　　　　　　　D. 穿行测试程序

6. 下列各项中,注册会计师应对( )实施监盘程序,而对其余各项实施检查。

A. 收到的支票　　　　　　　　B. 未签发的支票

C. 作废的支票　　　　　　　　D. 购货发票

7. 在审计过程中,注册会计师往往要使用恰当的审计程序,以最低的审计时间成本,完成特定的审计工作。一般情况下,下列各项审计程序中,审计时间成本最低的工作是( )。

A. 对存货实施监盘

B. 对货币资金项目实施控制测试

C. 计算当年应计提的固定资产折旧

D. 函证银行存款的余额

8. 实质性程序一般是在实施阶段使用的,但在下列实质性程序中,( )主要是在审计的计划阶段和报告阶段实施的,并不一定在实施阶段运用。

A. 分析程序　　　B. 检查　　　　C. 计算　　　　D. 监盘

9. 为证实 P 公司所记录的资产是否均由 P 公司拥有或控制,记录的负债是否均为 P 公司应当履行的偿还义务,注册会计师采用( )程序往往才可能获取充分、适当的审计证据。

A. 检查文件或记录　　　　　　B. 检查有形资产

C. 重新执行　　　　　　　　　D. 询问

10. 以下所列各项中,( )不是注册会计师实施分析程序的主要目的。

A. 用作风险评估程序,以了解被审计单位及其环境

B. 用作控制测试程序,以证实控制运行的有效性

C. 用作实质性程序,将检查风险降至可接受的水平

D. 在审计结束或临近结束时,对财务报表进行总体复核

11. 注册会计师评估的重大错报风险与所需审计证据的数量( )。

A. 呈同向变动关系　　　　　　B. 呈反向变动关系

C. 呈比例变动关系　　　　　　D. 不存在关系

12. 注册会计师执行财务报表审计业务获取的下列审计证据中,可靠性最强的是( )。

A. 购物发票　　　　　　　　　B. 销货发票

C. 采购订货单副本　　　　　　D. 应收账款函证回函

13. 作为内部证据的会计记录在( )情况下可靠性较强。

A. 在外部流转　　　　　　　　B. 经注册会计师验证

C. 有健全有效的内部控制制度　D. 被审计单位管理当局声明

14. 以下关于审计证据可靠性的表述中,不正确的是( )。

A. 从外部独立来源获取的审计证据比从其他来源获取的审计证据更可靠

B. 内部控制有效时内部生成的审计证据比内部控制薄弱时内部生成的审计证据更可靠

C. 注册会计师推理得出的审计证据比直接获取的审计证据可靠

D. 审计证据直接获取的审计证据比间接获取或推论得出的更可靠

15. 充分性和适当性是审计证据的两个重要特征。下列关于审计证据的充分

性和适当性的表述中,不正确的有( )。

    A. 充分性和适当性两者缺一不可,只有充分且适当的审计证据才是有证明力的

    B. 审计证据质量越高,需要的审计证据数量可能越少

    C. 如果审计证据的质量存在缺陷,仅靠获取更多的审计证据可能无法弥补其质量上的缺陷

    D. 如果审计证据的质量存在缺陷,注册会计师必须收集更多数量的审计证据,否则无法形成审计意见

四、多项选择题

1. 注册会计师通常认为从外部独立来源获取的证据比从其他来源获取的证据更可靠。除此之外,还常常按照( )原则考虑证据的可靠性。

    A. 直接获取的证据比间接获取或推论得出的证据更可靠

    B. 内部控制有效时内部生成的证据比内部控制薄弱时内部生成的证据更可靠

    C. 原件获取证据比从传真或复印件获取的证据更可靠

    D. 以文件记录形式存在的证据比口头形式的证据更可靠

2. 注册会计师应当充分运用各类交易、账户余额、列报与披露认定,作为( )的基础。

    A. 评估重大错报风险   B. 实施进一步审计程序

    C. 形成正确的审计结论   D. 确定审计意见类型

3. 在财务报表审计业务中,注册会计师实施审计程序,获取充分、适当的审计证据,为的是实现( )的目的。

    A. 对各类交易、账户余额、列报与披露的细节进行测试及实施实质性分析

    B. 了解被审计单位及其环境,以评估财务报表及认定层次的重大错报风险

    C. 测试内部控制在防止或发现并纠正报表层次重大错报方面运行的有效性

    D. 发现认定层次的重大错报

4. 在以下有关内部控制与审计证据充分性和适当性的说法中,正确的是( )。

    A. 内部控制健全、有效性影响审计证据的充分性。确切地说,内部控制的健全、有效程度与审计证据的数量呈反向变动关系

    B. 通常,注册会计师应当从控制测试与实质性程序两方面考虑审计证据的相关性,内部控制健全、有效性影响审计证据的相关性

    C. 内部控制健全、有效性影响审计证据的可靠性,一般而言,来自健全、有效

的内部控制的审计证据具有更高的可靠性

D. 内部控制健全、有效性影响审计证据的充分性和适当性

5. 外部证据是由被审计单位以外的组织机构或人士所编制和提供的审计证据。以下审计证据中,属于外部证据的是( )。

A. 注册会计师持有的应收账款函证回函

B. 注册会计师持有银行存款函证回函

C. 被审计单位持有的购货发票

D. 被审计单位理层对外开具的销售发票

6. 下列关于审计证据的充分性和适当性之间关系的表述中,正确的是( )。

A. 充分性和适当性两者缺一不可,只有充分且适当的审计证据才是有证明力的

B. 审计证据质量越高,需要的审计证据数据可能越少

C. 如果审计证据的质量存在缺陷,仅靠获取更多的审计证据可能无法弥补其质量上的缺陷

D. 如果审计证据的质量存在缺陷,注册会计师必须收集更多数量的审计证据,否则无法形成审计意见

7. 注册会计师运用比较分析法实施分析程序时,通常是将财务报表某一项目的本期实际金额与既定标准相比较。这里所说的既定标准可以是( )。

A. 本期计划数或预算数   B. 估计的期望值

C. 注册会计师的计算结果   D. 同业标准

8. ( )越高,注册会计师应当越谨慎使用实质性分析程序。

A. 评估的重大错报风险水平   B. 计划获取的保证水平

C. 数据的可靠性   D. 预期值的准确性

9. 在确定审计证据的相关性时,注册会计师应当考虑( )。

A. 特定的审计程序可能只为某些认定提供相关的审计证据,而与其他认定无关

B. 针对同一项认定可以从不同来源获取审计证据或获取不同性质的审计证据

C. 只与特定认定相关的审计证据并不能替代与其他认定相关的审计证据

D. 一种审计程序往往只能取得某一认定的审计证据

10. 注册会计师审计过程中通过对( )人员进行书面或口头询问等查询方法来获取审计证据。

A. 被审计单位内部知情人士   B. 被审计单位外部知情人士

C. 被审计单位律师　　　　　　　D. 被审计单位财会人员

11. 以下对审计证据的描述中,正确的有(　　　)。

A. 财务报表依据的会计记录一般包括对初始分录的记录和支持性记录

B. 会计记录中含有的信息本身并不足以提供充分的审计证据作为对财务报表发表审计意见的基础,注册会计师还应当获取用作审计证据的其他信息

C. 可用作审计证据的其他信息包括注册会计师从被审计单位内部或外部获取的会计记录以外的信息

D. 财务报表依据的会计记录中包含的信息和其他信息共同构成了审计证据,两者缺一不可

12. 注册会计师判断审计证据是否充分,应当考虑的主要因素有(　　　)。

A. 审计风险

B. 具体审计项目的重要性

C. 注册会计师及其业务助理人员的审计经验

D. 审计过程中是否发现错误或舞弊

13. 注册会计师在获取审计证据的总体要求中规定注册会计师应当保持职业怀疑态度,这里职业怀疑态度是指(　　　)。

A. 对文件记录可靠性的考虑

B. 使用被审计单位管理层和治理层提供的信息时的考虑

C. 证据相互矛盾时的考虑

D. 获取审计证据时以质疑的思维方式评价其有效性

14. 注册会计师应通过实施下列审计程序,获取充分、适当的审计证据,得出合理的审计结论,作为形成审计意见的基础是(　　　)。

A. 风险评估程序

B. 了解内部控制

C. 控制测试(必要时或决定测试时)

D. 实质性程序

15. 注册会计师在(　　　)情况下实施控制测试是必要的。

A. 风险评估程序不能识别出重大错报风险时的

B. 在评估认定层次重大错报风险时,预期控制的运行是有效的

C. 仅实施实质性程序不足以提供有关认定层次的充分、适当的审计证据的

D. 评估的重大错报风险较高的

五、判断题

1. 检查 M 公司应收账款时,注册会计师张华向 M 公司债务人 N 公司发函询

证,回函确认的金额与 M 公司凭证、账面反映的金额之间出现了重大差异。张华认为某项审计证据可能不可靠,追加了审计程序。　　　　　　　　　（　　）

2. 如注册会计师根据对被审计单位及其环境的了解,得知本期在生产成本中占较大比重的原材料成本大幅上升,但通过分析程序发现本期与上期的毛利率变化不大。注册会计师可能据此认为销售成本存在重大错报风险。　　　　（　　）

3. 如果注意到可能导致对鉴证对象信息重大修改的某个事项,即使执行的是有限保证鉴证业务,注册会计师也应执行其他足够的程序追踪该事项,以支持其报告。　　　　　　　　　　　　　　　　　　　　　　　　　（　　）

4. 实质性程序包括两类,注册会计师可以运用这两类实质性程序分别证明管理层对财务报表各项认定的公允性和报表数据之间关系的合理性。　　（　　）

5. 注册会计师可以利用检查文件资料的程序来进行控制测试和实质性程序,但在不同种类的测试中,检查的对象是不同的。　　　　　　　　　（　　）

6. 分析程序具有很强的预期性,它不仅可以帮助注册会计师发现财务报表中的已发生的异常变化,或者预期发生而未发生的变化,还可以帮助注册会计师发现财务状况或盈利能力发生变化的信息和征兆,识别那些表明被审计单位持续经营能力问题的事项。　　　　　　　　　　　　　　　　　　　　　（　　）

7. 分析程序中运用趋势分析法进行分析的数额可以是被审计单位若干期财务报表中同一项目的金额。　　　　　　　　　　　　　　　　　　（　　）

8. 分析程序中比率分析法是指注册会计师将被审计单位财务报表中的某一数额与上期财务报表中的同一项目数额进行对比,并求出其比值进行分析。　　（　　）

9. 在总体复核阶段实施的分析程序往往集中在财务报表层次,主要强调并解释财务报表项目自上个会计期间以来发生的重大变化。　　　　　　　（　　）

10. 审计证据的适当性是对审计证据质量的衡量,即审计证据在支持各类交易、账户余额、列报的相关认定,或发现其中存在错报方面具有相关性和可靠性。　　　　　　　　　　　　　　　　　　　　　　　　　　　　　　（　　）

六、简答题

1. 注册会计师在审查蓝色海洋公司 2009 年度财务报表时,按照审计准则的要求,收集了大量的审计证据,其中包括管理建议书副本、应收账款函证回函、购货发票复印件和审计调整分录汇总表。这四份审计证据记载的内容分别是:

（1）管理建议书副本。蓝色海洋公司的银行存款、银行借款、投资等业务的规章制度存在严重影响财务报表的缺陷。

（2）应收账款函证回函。蓝色海洋公司应收账款明细账所记载的内容与该客户记录的金额、日期、商品名称等均一致。

（3）购货发票复印件。由于漏记了两种材料采购，蓝色海洋公司的应付账款期末余额低于期末尚未偿还的实际余额，低估的金额接近本账户的可容忍误差。

（4）审计调整分录汇总表。如被审计单位拒绝调整，财务报表错报总额将远远超过其重要性。

要求：根据上述信息，逐一确定相应的审计证据类型（包括来源和表现形式），四种证据的可靠性排序以及每种证据最适宜证实的两个管理层认定（如果有）。将你的结论填列在下表中。

底稿序号	审计证据的类型	证据可靠性排序	适宜证实的管理层认定
（1）			
（2）			
（3）			
（4）			

2. 简述实质性分析程序运用的步骤。

七、案例分析题

1. 注册会计师甲是 Q 公司 2009 年度财务报表审计负责人，在审计过程中，需对负责负债项目审计的助理人员提出的相关问题予以解答，并对其编制的审计工作底稿进行复核，请代为作出正确的专业判断。

在对短期借款实施相关审计程序后，需对所取得的审计证据进行评价。以下是有关审计助理人员对短期借款审计证据可靠性的判断，请代注册会计师甲解答。

（1）从第三方获取的有关短期借款的证据比直接从 Q 公司获得的相关证据更可靠。

（2）短期借款的控制风险为低水平时产生的会计数据比控制风险为高水平时产生的会计数据更为可靠。

（3）短期借款的控制风险为高水平时产生的会计数据比控制风险为低水平时产生的会计数据更为可靠。

（4）Q 公司提供的短期借款合同尽管有借贷双方的签章，但如果没有其他证据佐证，也不可靠。

2. L 注册会计师在对 F 公司 2009 年度财务报表进行审计时，收集到以下六组审计证据：

（1）收料单与购货发票。

（2）销货发票副本与产品出库单。

（3）领料单与材料成本计算表。

（4）工资计算单与工资发放单。

（5）存货盘点表与存货监盘记录。

（6）银行询证函回函与银行对账单。

要求：请分别说明每组审计证据中哪项审计证据较为可靠，并简要说明理由。

第二部分　参考答案及解析

三、单项选择题

1.【正确答案】D

【答案解析】以文件记录形式（无论是纸质、电子或其他介质）存在的审计证据比口头形式的审计证据可靠。

2.【正确答案】A

【答案解析】银行存款函证回函为直接交给注册会计师的外部证据，证明力最强，购货发票为由审计单位持有的外部证据，销货发票副本属于在外部流转的内部证据，而应收账款明细账为未在外部流转的内部证据。

3.【正确答案】C

【答案解析】方法 A 可以验证大金额项目，但无法获知是否存在"小金额错报漏报的累计超过重要性"的情况。方法 B 更无法证实是否在所有重大问题的处理上都公允。C 在四种方法中是最合理的。D 是与 C 相反的方法，它仅比 B 合理些，而比其余的方法都差。如果将这四种方法按照合理性来排序，应当是 C、A、D、B。

4.【正确答案】C

【答案解析】发货凭证属于内部证据。对于重大事项，以内部凭证作为审计证据难以满足"适当性"要求；虽然必要时可以请相关机构鉴定笔迹的真伪性，但一般情况下审计业务不涉及证据真伪性的鉴别；审计人员首先应做的是检查自身工作程序是否符合审计准则的要求，C 就是这样的程序。在审计人员"有计可施"的情况下不应按审计范围受限处理。

5.【正确答案】C

【答案解析】舞弊与具体的交易或事项相关，A 不适当。控制测试 B 及其穿行测试 D 均是用于对内部控制制度的测试程序，与交易、余额均无关，均不能选。

6.【正确答案】A

【答案解析】收到的支票是有价值的，应实施监盘，故选 A；而支票在签发前属于凭证,其本身并无价值,应实施检查;作废的支票亦无价值,应实施检查;同样,对购货发票应实施检查而不是监盘。

7.【正确答案】B

【答案解析】控制测试成本最低,因为它只需进行简单的询问,并审查凭证上的签字手续和其他控制手续的标志。一般来说,几分钟就可完成对大量事项的控制测试。

8.【正确答案】A

【答案解析】实质性程序的第二层含义是对会计信息和非会计信息应用的分析程序,而这一程序在实施阶段的用途是任意选择的。

9.【正确答案】A

【答案解析】程序 B 不一定能够为权利和义务或计价认定提供可靠的审计证据;程序 C 主要是针对内部控制实施的;程序 D 在任何情况下均不能获取充分、适当的审计证据。

10.【正确答案】B

【答案解析】分析程序属于实质性程序。在控制测试中一般不使用分析程序。

11.【正确答案】A

【答案解析】注册会计师评估的重大错报风险越大,所需实施的审计程序越多,收集的审计证据越多,因此选项 A 正确。

12.【正确答案】D

【答案解析】应收账款函证回函是由被审计单位以外的机构或人士编制、持有,并直接寄往会计师事务所的审计证据,故相对而言,其可靠性最强。

13.【正确答案】C

【答案解析】一般而言,内部证据不如外部证据可靠,但如果内部证据在外部流转并获得外部承认时,以及在内部流转的内部证据在健全、有效的内部控制制度时,内部证据也有较强的可靠性。

14.【正确答案】C

【答案解析】在选项 C 中,直接获取的审计证据比推论得出的审计证据可靠。

15.【正确答案】D

【答案解析】审计证据的数量无法弥补审计证据质量的缺陷。

四、多项选择题

1.【正确答案】A、B、C、D

【答案解析】鉴证业务基本准则的规定。

2. 【正确答案】A、B

【答案解析】形成审计结论、确定审计意见的基础应当是审计证据。

3. 【正确答案】B、D

【答案解析】选项 A 的说法不符合审计准则的规定；选项 C 中"报表"层次应改为"认定"层次，且该目的不是必需的。

4. 【正确答案】A、B、C、D

【答案解析】命题本身就是解释性和总结性的。

5. 【正确答案】A、B、C

【答案解析】判断证据的内、外属性，依据的是形成于被审计单位的内、外，而不是保存、持有状态的内、外。

6. 【正确答案】A、B、C

【答案解析】见教材第 238～239 页有关规定。

7. 【正确答案】A、B、C、D

【答案解析】只要与该项目本期金额相关，或有一定的逻辑关系，都可以用来进行比较分析。

8. 【正确答案】A、B

【答案解析】数据的可靠性越高，分析程序将更有效；预期值的准确性越高，注册会计师通过分析程序获取的保证水平将越高。

9. 【正确答案】A、B、C

【答案解析】见教材第 237 页规定。而在选项 D 中，其实一种审计程序往往可以取得几个认定的证据，比如函证银行存款，不仅可以证实银行存款的存在认定，还可以证明银行借款的完整性认定。

10. 【正确答案】A、B、C、D

【答案解析】见教材第 241 页有关规定。

11. 【正确答案】A、B、C、D

【答案解析】审计准则第 1301 号第三条，教材第 229 页也有明确表述。

12. 【正确答案】A、B、C、D

【答案解析】教材第 235～236 页有明确表述。

13. 【正确答案】A、B、C、D

【答案解析】教材第 234 页有明确的表述。

14. 【正确答案】A、C、D

【答案解析】审计准则第 1301 号第二十条，教材第 239 页也有明确表述。

15. 【正确答案】B、C

【答案解析】审计准则第 1301 号第二十二条，教材第 239 页也有明确表述。

五、判断题

1.【正确答案】√

【答案解析】如果从不同来源获取的审计证据或获取的不同性质审计证据不一致,可能表明某项审计证据不可靠,注册会计师应当追加必要的审计程序。

2.【正确答案】√

【答案解析】当实际情况与合理的预期不一致时,常常意味着重大错报风险的存在。

3.【正确答案】√

【答案解析】无论是合理保证的鉴证业务还是有限保证的鉴证业务,如果注册会计师注意到某事项可能导致其对鉴证对象信息是否需要重大修改产生疑虑,注册会计师应当执行其他足够的程序追踪该事项以支持其报告。

4.【正确答案】√

【答案解析】实质性程序包括两部分:其一是对交易和余额进行详细测试;其二是对会计信息和非会计信息进行分析程序。实质性程序主要用来证实管理层对财务报表各项认定的公允性,其中的第二部分则可以证实财务报表中各数据之间有关关系的合理性。

5.【正确答案】√

【答案解析】检查文件资料的对象有二:一是会计记录;二是其他书面文件。会计记录的内容主要是交易与余额,此种检查属于实质性程序;书面文件的内容是广泛的,包含被审计单位的规章管理制度、经济合同与协议等,检查这样的内容属于控制测试。

6.【正确答案】√

【答案解析】表述正确。

7.【正确答案】√

【答案解析】趋势分析法中的各项数字应具有可比性。

8.【正确答案】×

【答案解析】题中描述的是趋势分析法。比率分析法中,所对比的两个项目同属于同一财务报表中。

9.【正确答案】√

【答案解析】既然是总体复核,复核的对象应当是汇总性很强的数据。财务报表项目往往是对被审计单位整个会计年度相关情况的汇总。

10.【正确答案】√

【答案解析】审计准则第 1301 号第八条,教材第 236 页也有明确表述。

六、简答题

1.【正确答案】

底稿序号	审计证据的类型	证据可靠性排序	适宜证实的管理层认定
(1)	自行编制的外部证据	第四	无
(2)	直接获取的外部证据	第一	存在,计价和分摊
(3)	客户持有的外部证据	第二	完整性,计价和分摊
(4)	自行编制的外部证据	第三	计价和分摊

2.【正确答案】实质性分析程序的运用包括以下几个步骤:① 识别需要运用分析程序的账户余额或交易。② 确定期望值。③ 确定可接受的差异额。④ 识别需要进一步调查的差异。⑤ 调查异常数据关系。⑥ 评估分析程序的结果。

七、案例分析题

1.【正确答案】该审计助理人员对短期借款审计证据可靠性的判断的(1)、(2)、(4)项正确。

【答案解析】本题的要点为结合短期借款审计程序,考虑获取审计证据可靠性。(3)应为:控制风险为低水平时产生的会计数据比控制风险为高水平时产生的会计数据更为可靠。所以该审计助理人员的这项判断错误。

2.【正确答案】

(1) 购货发票较为可靠。购货发票是注册会计师从被审计单位以外的单位获取的审计证据较被审计单位提供的收料单更可靠。

(2) 销货发票副本较为可靠。销货发票副本属于被审计单位在外部流转的证据,这会比仅在被审计单位内部流转的产品出库单更可靠。

(3) 领料单较为可靠。材料成本计算表所依据的原始凭证是收料单,因此,收料单较材料成本计算表更可靠。

(4) 工资发放单较为可靠。工资发放单上有受领人的签字,所以,工资发放单较工资计算表更可靠。

(5) 存货监盘记录较为可靠。存货盘点表是被审计单位对存货盘点的记录是注册会计师实施存货的监盘程序的记录。所以,存货监盘记录较存货盘点表更可靠。

(6) 银行询证函回函较为可靠。注册会计师直接获取的银行存款函证的回函较被审计单位提供的银行对账单更可靠。

第十一章　审计工作底稿

第一部分　习　题

一、思考题

1. 审计工作底稿的定义是什么？审计工作底稿的作用为何？
2. 编制审计工作底稿的目的是什么？
3. 审计工作底稿的主要分类为何？
4. 如何对审计工作底稿进行归档管理？
5. 审计工作底稿如何复核？什么是审计工作底稿的分级复核制度？

二、名词解释

1. 审计工作底稿　　　　　　　　2. 综合类审计工作底稿

3. 业务类工作底稿　　　　　　　4. 备查类工作底稿

5. 审计档案　　　　　　　　　　6. 审计工作底稿分级复核制度

三、单项选择题

1. 以下关于分析程序的说法中，不正确的是（　　　）。

A. 在风险评估过程中使用的分析程序所进行比较的性质、预期值的精确程度，以及所进行的分析和调查的范围都不足以提供很高的保证水平

B. 实质性分析程序必须与细节测试程序结合运用

C. 实质性分析程序所提供的证据的证明力相对较弱

D. 当重大错报风险较低且数据之间具有稳定的预期关系，注册会计师单独使用实质性分析程序也能获取充分、适当的证据

2. 乙会计师事务所承接了 B 公司 2009 年度财务报表的审计业务。该所质量部门负责人要求审计小组成员在编制 B 公司审计业务的工作底稿时，要遵循编制审计工作底稿的基本要求，对每张工作底稿均应做到格式规范、内容完整、范围适当，以便使（　　　）的注册会计师通过工作底稿清楚了解实施的审计程序、获取的审

计证据和形成的审计结论。

    A. 未学过审计准则和相关要求

    B. 不了解 B 公司所处的具体经营环境

    C. 未曾接触过 B 公司审计工作

    D. 不了解 B 公司所属行业的会计问题

    3. 注册会计师对被审计单位的关联方进行调查所形成的工作底稿应属于（   ）。

    A. 当期档案   B. 业务类工作底稿

    C. 永久性档案   D. 管理层声明书

    4. 按照审计工作底稿相关准则的规定，对于审计档案，会计师事务所应自（   ）起至少保存 10 年。

    A. 审计报告签署日   B. 审计报告定稿日

    C. 财务报表公布日   D. 后续审计中止日

    5. 丁会计师事务所于 2008 年 3 月 6 日向 F 公司董事会提交了关于 F 公司 2007 年度财务报表的保留意见审计报告。审计报告于 2008 年 3 月 4 日签发并加盖丁会计师事务所的公章，审计报告上签署的日期为 2008 年 3 月 2 日，相关的审计工作底稿于 2008 年 3 月 10 日归整完毕，则丁会计师事务所应将该项审计业务的审计档案（   ）。

    A. 全部保存至 2018 年 3 月 2 日   B. 至少保存至 2018 年 3 月 4 日

    C. 至少保存至 2018 年 3 月 6 日   D. 至少保存至 2018 年 3 月 10 日

    6. 如果在归档期间对审计工作底稿作出的变动属于事务性的，注册会计师可以作出变动中不正确的是（   ）。

    A. 删除或废弃部分审计工作底稿

    B. 对审计工作底稿进行分类、整理和交叉索引

    C. 对审计档案归整工作的完成核对表签字认可

    D. 记录在审计报告日前获取的、与审计项目组相关成员进行讨论并取得一致意见的审计证据

    7. 审计工作底稿的归档期限是（   ）。

    A. 审计报告日后 30 天   B. 审计报告日后 60 天

    C. 审计业务约定书后 60 天   D. 审计业务中止后 90 天

    8. 以下关于审计档案不恰当表述的是（   ）。

    A. 对每项具体审计业务，注册会计师应当将审计工作底稿归整为审计档案

    B. 永久性档案是指那些记录内容相对稳定，具有长期使用价值，并对以后审计工作具有重要影响和直接作用的审计档案

C. 当期档案是指那些记录内容经常变化，主要供当期审计使用的审计档案

D. 永久性档案需要永久保存，当期档案至少保存 10 年

9. 会计师事务所接受委托对被审计单位进行审计所形成的审计工作底稿，其所有权应归属于（　　）。

A. 会计师事务所

B. 被审计单位

C. 进行审计的注册会计师

D. 委托单位

10. 丙会计师事务所与 D 公司于 2008 年 1 月 20 日签订 2007 年度会计报表审计业务约定书，作为审计档案，应当（　　）。

A. 至少保存至 2009 年

B. 至少保存至 2013 年

C. 至少保存至 2018 年

D. 长期保存

11. 甲会计师事务所于 2008 年 2 月 15 日对 A 公司 2007 年度财务报表出具了审计报告，该审计报告副本作为审计档案应当（　　）。

A. 至少保存至 2009 年 2 月 15 日

B. 至少保存至 2013 年 2 月 15 日

C. 至少保存至 2018 年 2 月 15 日

D. 长期保存

12. 注册会计师王浩及审计项目组其他成员于 2008 年 3 月 6 日完成了 D 公司 2007 年度财务报表的审计业务，3 月 7 日将审计过程中形成的工作底稿归整为最终审计档案。在归整时对工作底稿进行了如下变动，其中需要说明理由并说明对审计意见影响的是（　　）。

A. 将 3 月 5 日获取并在项目组内部达成一致意见的审计证据添加到工作底稿中

B. 在全部工作底稿上添加索引号及页次

C. 将 3 月 8 日获取并在项目组内部达成一致意见的审计证据补充到审计档案中

D. 废弃已被取代的原材料监盘工作底稿

13. 下列有关审计工作底稿归档期限的表述中，正确的是（　　）。

A. 如果完成审计业务，归档期限为审计报告日后 60 天内

B. 如果完成审计业务，归档期限为外勤审计工作结束日后 60 天内

C. 如果未能完成审计业务，归档期限为外勤审计工作中止日后 30 天内

D. 如果未能完成审计业务，归档期限为审计业务中止日后 30 天内

14. B 注册会计师对乙公司 2007 年度财务报表出具审计报告的日期为 2008 年 2 月 15 日，乙公司对外报出财务报表的日期为 2008 年 2 月 20 日。在完成审计档案的归整工作后，可以变动审计工作底稿的是（　　）。

A. 2008 年 5 月 5 日，乙公司发生火灾，烧毁一生产车间，导致生产全部停工

B. 2008 年 5 月 10 日，法院对乙公司涉讼的专利侵权案作出终审判决，乙公司

赔偿原告 2 000 万元。2007 年 12 月 31 日,该案件尚在审理过程中,由于无法合理估计赔偿金额,乙公司在 2007 年度对财务报表中对这一事项作了充分披露,未确认预计负债

C. 2008 年 5 月 15 日,B 注册会计师知悉乙公司 2007 年 12 月 31 日存在的可能导致修改审计报告的舞弊行为

D. 2008 年 5 月 20 日,乙公司收回一笔 2006 年已经注销的应收账款,金额为 1 000 万元

15. 在审查 X 公司 2007 年度 K 材料采购业务时,注册会计师通过检查 K 材料订货单发现 X 公司 2007 年度共采购同一型号的 K 材料 500 批,其中 95% 以上均由 Y 公司供货,经办此项采购业务的人员均为李民。根据上述情况,在编制相应的审计工作底稿时,注册会计师应以订购单上记载的(　　)作为采购业务的识别特征。

A. 订货日期　　　　B. 供货单位　　　　C. 材料型号　　　　D. 经办人员

四、多项选择题

1. 审计工作底稿是指注册会计师对(　　)作出的记录。

A. 制定的审计计划　　　　　　B. 实施的审计程序

C. 获取的审计证据　　　　　　D. 确定的审计意见

2. A 会计师事务所承接了 X 公司 2009 年度财务报表的审计业务。对于在执业过程中形成的审计工作底稿,A 会计师事务所应按会计师事务所业务质量控制的要求实施适当的控制程序,以满足(　　)的要求。

A. 对审计工作底稿安全保管和保密

B. 保证审计工作底稿的完整性

C. 便于对审计工作底稿的使用和检索

D. 按照规定的期限保管审计工作底稿

3. 注册会计师张杉在审计 C 公司 2009 年度财务报表时,应当根据具体情况判断某一事项是否属于重大事项,并进而考虑在审计工作底稿中以重大事项概要的形式加以记录。如果实施一项审计程序的结果表明(　　),则张杉应将该结果归入重大事项。

A. 以前对重大风险的评估正确　　　B. 审计报告的意见类型需要修正

C. 无需修正应对重大风险的措施　　　D. 财务报表可能存在重大错报

4. 审计档案有当期档案与永久性档案之分。以下有关当期档案的说法中,不正确的是(　　)。

A. 当期档案是指仅供本期和下期使用的审计档案

B. 记录企业规章制度的审计档案属于当期档案

C. 在控制测试中形成的审计档案属于当期档案

D. 记录在实质性程序的审计档案不属于当期档案

5. 丙会计师事务所承接了 G 公司 2007 年度财务报表的审计业务。在实施外勤审计工作时,由于始终无法与 G 公司在国外的控股子公司取得联系,该子公司的资产、收入、利润等均占 G 公司资产总额、收入总额及利润总额的 10%～20%,注册会计师于 2008 年 2 月 25 日出具保留意见审计报告。相关的审计档案已于 2008 年 2 月 28 日归整完毕。2008 年 5 月 2 日,丙会计师事务所收到了上述子公司的复函及其所在国会计师事务所的审计报告。注册会计师据此实施了追加的审计程序,所获得的审计证据支持 G 公司编制 2008 年度财务报表时所引用的相关数据。对此,注册会计师应对审计工作底稿作出变动的有(　　)。

A. 将所收复函及国外的审计报告补充到审计工作底稿中

B. 记录所实施的追加审计程序及其获取的证据和形成的结论

C. 以新的工作底稿代替原有的记录审计范围受限的工作底稿

D. 记载对审计工作底稿作出变动及其复核的时间和人员

6. T 会计师事务所于 2008 年 3 月 10 日完成了 Y 公司的 2007 年度财务报表审计业务,当日出具了审计报告。3 月 25 日,应 Y 公司及其债权人的要求,根据年报审计中所了解的情况出具了关于 Y 公司偿债能力的特殊审计报告。对于这两个业务的相关工作底稿,会计师事务所(　　)。

A. 对于财务报表审计的工作底稿,应当于 5 月 9 日前归档

B. 对于两个项目的工作底稿,均应于 5 月 9 日之前归档

C. 对于偿债能力的工作底稿,应当于 5 月 24 日之前归档

D. 对于两个项目的工作底稿,均应于 5 月 24 日之前归档

7. 注册会计师按照审计计划实施了对应收账款的审计程序后,需要形成相应的审计工作底稿。确定审计工作底稿的格式、内容、范围时,应当考虑的因素有(　　)。

A. 如果已识别出应收账款项目存在重大错报风险,则工作底稿对相关内容的记录应更加详细

B. 如果根据已实施的凭证检查程序和获取的相关审计证据能够得出结论,应记录得出的结论

C. 如果根据已实施的函证程序和获取的函证回函不能得出结论,应记录不能得出结论的原因

D. 在执行审计工作和评价审计结果时需要作出的判断越多,审计工作底稿的范围应当更为广泛

8. 在确定审计工作底稿的格式、内容和范围时,注册会计师应当考虑的因素有( )。

A. 实施审计程序的性质　　　　　B. 已识别的重大错报风险

C. 未识别的重大错报风险　　　　D. 使用的审计方法和工具

9. 注册会计师在完成最终审计档案的归整工作后,发现现有审计工作底稿需要修改,修改后注册会计师应当记录( )。

A. 修改审计工作底稿的人员及时间

B. 修改审计工作底稿的具体理由

C. 修改审计工作底稿对审计结论产生的影响

D. 复核审计工作底稿的人员及时间

10. 会计师事务所对审计工作底稿应实施适当的审计程序有( )。

A. 安全保管审计工作底稿并对审计工作底稿保密

B. 保证审计工作底稿的完整性

C. 便于对审计工作底稿的使用和检索

D. 按照规定的期限保存审计工作底稿

11. 审计工作底稿通常包括( )。

A. 审计策略和具体审计计划

B. 分析表、问题备忘录、重大事项概要

C. 询证函回函、管理层声明书、核对表

D. 有关重大事项的往来信件

12. 审计工作底稿,按其内容的稳定性和使用期限划分为( )。

A. 当期档案　　B. 永久性档案　　C. 计算表格　　D. 笔录文稿

13. 审计工作底稿,主要有( )基本的编写方法。

A. 叙述法　　　B. 调查法　　　C. 证据法　　　D. 归纳法

14. 编制的审计工作底稿应当使未曾接触该项审计工作的有经验的专业人士清楚了解审计程序、审计证据和重大审计结论。下列条件中,有经验的专业人士应当具备的有( )。

A. 了解相关法律法规和审计准则的规定

B. 在会计师事务所长期从事审计工作

C. 了解与被审计单位所处行业相关的会计和审计问题

D. 了解注册会计师的审计过程

15. 在下列审计工作底稿中,属于永久性档案的有( )。

A. 控制测试工作底稿　　　　　　B. 实质性程序工作底稿

C. 审计业务约定书原件　　　　　D. 验资报告

五、判断题

1. 审计工作底稿与审计证据之间存在着密切的联系。注册会计师所获取的每一个审计证据都要通过审计工作底稿加以记载;反之,每一张工作底稿都为证明被审计单位的财务报表是否存在重大错报提供了审计证据。　　　　　(　　)

2. Z 会计师事务所于 2008 年 3 月 20 日提交了对 T 公司 2007 年度财务报表的审计报告,4 月 20 日将相关的工作底稿归档。6 月 20 日,Z 会计师事务所基于某种原因按规定替换了原已归档的相关工作底稿,则被替换的工作底稿应从 6 月 20 日起至少保管 10 年。　　　　　(　　)

3. 在执行 U 公司 2009 年度财务报表审计业务过程中,注册会计师 I 根据具体情况向 U 公司的全部 20 个债务人发出询证函,并全部收到回函;这些回函作为审计工作底稿的索引号依次为 L-3-1,L-3-2,L-3-3,…,L-3-20。L 注册会计师负责对这些审计工作底稿进行复核。在完成复核工作后,L 并未在每张工作底稿上签名,而只在应收账款函证核对表上签名。　　　　　(　　)

4. 审计 E 公司 2007 年度财务报表时,由于注册会计师刘新对 E 公司的一项未决诉讼心存疑虑,最终出具了带有强调事项段的无保留意见审计报告。2008 年 6 月,审理相关诉讼的法院终审判决原告败诉,E 公司无需向其作出任何经济赔偿,刘新对该未决诉讼的疑虑也随之消失。据此,刘新根据法院判决书形成了关于此项诉讼的新的工作底稿以取代原工作底稿。　　　　　(　　)

5. 会计师事务所在接受注册会计师协会和监管机构依法进行质量检查时,在取得客户授权后可以将执行该客户业务的工作底稿交给注协和监管机构。(　　)

6. K 会计师事务所在向 G 公司管理层提交了关于 G 公司 2009 年度财务报表的审计报告后,G 公司提出复印审计小组成员形成的与固定资产相关的审计工作底稿,K 会计师事务所不得拒绝。　　　　　(　　)

7. 注册会计师在审计报告日后 60 天内应该将审计工作底稿归档,必要时应追加实施新的审计程序。　　　　　(　　)

8. 注册会计师在审计时如果识别出某些信息与针对某重大事项得出的结论不一致,应形成相应的审计记录。　　　　　(　　)

9. 审计工作底稿的归档期限为审计报告日后 60 天内。如果注册会计师未能完成审计业务。审计工作底稿的归档期限没有限制。　　　　　(　　)

10. X 会计师事务所已连续多年执行 Y 公司的年度财务报表审计业务。2008 年 3 月,在执行 Y 公司 2007 年度财务报表审计业务过程中,需要利用本所 2000 年审计 X 公司 1999 年度财务报表时所形成审计工作底稿以支持对 Y 公司一项长期股权投资业务的审计结论。根据审计准则中有关审计档案保管期限的规定,X 会计师事务所应从 2008 年起重新计算其所保管的关于 Y 公司 1999 年度财务报表的

审计档案。 （　　）

六、简答题

1. 简述审计工作底稿的基本要素。
2. 审计工作底稿的保管年限是如何规定的？
3. 简述审计报告日后对审计工作底稿的变动规定。

七、案例分析题

1. A 会计师事务所原负责审计档案管理的 B 职员调离岗位，C 职员自 2009 年 2 月起继任。C 职员在工作中遇到一系列问题，A 会计师事务所相关负责人予以解答。根据审计准则的相关要求，请判断以下解答是否正确。

G 公司 2007 年度、2008 年度财务报表审计业务均由 M 注册会计师负责。在审计 G 公司 2008 年度会计报表时，M 注册会计师调阅了 2007 年度的有关审计工作底稿。2009 年 5 月，M 注册会计师将 2007 年度工作底稿退还时，C 职员发现某些底稿页中存有修改痕迹。C 职员将相关事项报告 A 会计师事务所相关负责人，该负责人指示 C 职员，应要求 M 注册会计师书面说明修改理由，并对 2007 年度审计工作底稿修改内容予以恢复后归档。

2. A 会计师事务所原负责审计档案管理的 B 职员调离岗位，C 职员自 2009 年 2 月起继任。C 职员在工作中遇到一系列问题，A 会计师事务所相关负责人予以解答。根据审计准则的相关要求，请判断以下解答是否正确。

N 注册会计师将 T 公司 2008 年度财务报表审计工作底稿于 2009 年 4 月归档，2009 年 5 月初，N 注册会计师要求用刚收到的一张 T 公司应付账款询证函回函原件，更换已归档底稿中有 N 注册会计师直接接收的应付账款回函传真件。C 职员检查了原件和传真件，未发现内容差异，但仍作了请示。A 会计师事务所相关负责人指示 C 职员，同意 N 注册会计师更换，但应在相关审计工作底稿中说明此更换事项。

3. A 会计师事务所原负责审计档案管理的 B 职员调离岗位，C 职员自 2009 年 2 月起继任。C 职员在工作中遇到一系列问题，A 会计师事务所相关负责人予以解答。根据审计准则的相关要求，请判断以下解答是否正确。

2009 年 6 月，C 职员在清理审计档案时发现，1995 年 2 月至 1997 年 2 月期间归档的审计 S 公司的一批审计档案，包括审计报告副本、已审计财务报表以及相关审计测试工作底稿等。1995 年 2 月后，A 会计师事务所除在 2000 年 5 月向 S 公司提供一项内部控制设计服务外，未向其提供任何其他服务。C 职员请示该批审计档案能否销毁。A 会计师事务所相关负责人指示，在经主任会计师批准，并按规定履行相关手续后可以全部销毁。

4. 在对 H 公司 2008 年度财务报表进行审计时，N 注册会计师负责审计应收账款。N 注册会计师对截止日为 2008 年 12 月 31 日的应收账款实施了函证程序，并于 2009 年 2 月 15 日编制了以下应收账款函证分析工作底稿。

H 公司应收账款函证分析工作底稿 资产负债表日：2008 年 12 月 31 日		索引号	B-3	
		编制人		日期
		复核人		日期
一、函证	笔数（万元）	金　额		百分比
2008 年 12 月 31 日应收账款	4 000	4 000 000 V ★		100%
其中：积极函证	108	520 000		13%
消极函证	280	40 000		10%
寄发询证函小计	388	560 000		23%
选定函证但客户不同意函证的应收账款	12			
选择函证合计	400			
二、结果				
（一）函证未发现不符				
积极函证：确认无误部分 W/P B-4	88C	360 000		9%
消极函证：未回函或回函确认无误部分 W/P B-4	240C	32 000		0.8%
函证未发现不符小计	328	392 000		9.8%
（二）函证发现不符				
积极函证：W/P B-5	4CX	20 000		0.5%
消极函证：W/P B-5	40CX	8 000		0.2%
函证发现不符小计	44	28 000		0.7%
（三）选定函证但客户不同意函证的应收账款	12			

标识说明：
V　　与应收账款明细账核对相符
★　　与应收账款总账核对相符
C　　回函相符
CX　回函不符

总体结论：回函不符金额 28 000 元低于可容忍错报，应收账款总体得到公允反映要求：假定选择函证的应收账款的样本是恰当的，应收账款的可容忍错报是30 000 元，请简要回答以下问题：

（1）N 注册会计师编制的上述工作底稿中存在哪些缺陷？

（2）针对上述工作底稿中显示的实施函证时遇到的问题和回函结果，N 注册会计师应当实施哪些审计程序？

第二部分　参考答案及解析

三、单项选择题

1.【正确答案】B

【答案解析】当使用分析程序比细节测试能更有效地将认定层次的检查风险降至可接受的水平时，注册会计师可以考虑单独运用实质性分析程序。

2.【正确答案】C

【答案解析】审计工作底稿应使未曾接触该项审计工作的有经验的注册会计师清楚了解与审计程序、证据和结论相关的问题。其中，所谓"有经验的注册会计师"应当对选项 A、B、D 中相关内容有合理的了解。

3.【正确答案】C

【答案解析】永久性档案的特征之一是记录的内容稳定。关联方往往具有相对稳定性。

4.【正确答案】A

【答案解析】在审计中，资产负债表日、外勤审计结束日、审计报告签署日、审计报告签发日等各有其特殊的含义，应注意加以区分。

5.【正确答案】A

【答案解析】保存期限应自审计报告日（3 月 2 日）开始算起。

6.【正确答案】A

【答案解析】选项 A 中，删除废弃的只能是被取代的审计工作底稿。

7.【正确答案】B

【答案解析】审计准则第 1131 号第十八条。

8.【正确答案】D

【答案解析】不论是永久性档案还是当期档案，会计师事务所要求从审计报告日起至少 10 年。

9.【正确答案】A

【答案解析】本题考核点为审计工作底稿的所有权。会计师事务所接受委托对被审计单位进行审计所形成的审计工作底稿,其所有权归属于会计师事务所。

10.【正确答案】D

【答案解析】本题考核点为审计档案保存期限的问题。财务报表审计业务约定书属于永久性档案,对于永久性档案,应当长期保存。除非会计师事务所中止了对被审计单位的后续审计服务,那么,其永久性档案的保管年限与最近1年当期档案的保管年限相同。对当期档案,会计师事务所应当自审计报告签发之日起,至少保存10年。

11.【正确答案】D

【答案解析】本题考核点为审计档案保存期限的问题。审计报告副本作为永久性审计档案,应当长期保存。

12.【正确答案】C

【答案解析】选项 A、B、D 均属于对工作底稿的事务性变动,不涉及实施新的审计程序或得出新的结论。选项 C 属于完成最终审计档案归整工作后的变动,注册会计师应按规定说明补充的理由以及所补充的工作底稿对审计意见的影响。

13.【正确答案】A

【答案解析】按审计准则规定,归档期限应当是审计报告日后的 60 天内或审计业务中止后 60 天内。

14.【正确答案】C

【答案解析】由于审计报告日为 2 月 15 日,审计工作底稿到 5 月份应当已归档。归档后需要修改和增加工作底稿的情形包括两种:一是原工作底稿记录不充分;二是发现例外情况后注册会计师需要实施新的或追加的审计程序。因情况 A 中的火灾、情况 B 中的判决、情况 D 中的收回款项均发生在期后,按期后事项准则,注册会计师没有责任实施审计程序;情况 C 中的舞弊发生在审计报告日之前,注册会计师必须实施专门的审计程序,需要修改审计工作底稿。

15.【正确答案】A

【答案解析】记录"识别特征"的目的是在特征与所测试事项之间建立简捷的对应关系。由于注册会计师所测试的对象均为同一型号的 K 材料,故仅凭"材料型号"无法确定具体的采购业务;类似地,"供货单位"及"经办人员"均属于所测试事项的共性,均不能作为识别特征。

四、多项选择题

1.【正确答案】A、B、C

【答案解析】审计工作底稿是指注册会计师对制定的审计计划、实施的审计程序、获取的相关审计证据,以及得出的审计结论作出的记录。

2. 【正确答案】A、B、C、D

【答案解析】4 个选项均为审计准则的规定。

3. 【正确答案】B、D

【答案解析】如果实施审计程序的结果表明财务信息可能存在重大错报，或需要修正以前对重大风险的评估和针对这些风险拟采取的应对措施，则应将该结果作为重大事项。

4. 【正确答案】A、B、D

【答案解析】选项 A：当期档案仅供本期使用；选项 B：企业规章制度具有稳定性，相应的工作底稿应属于永久性档案；记录实质性程序的档案属于当期档案。

5. 【正确答案】A、B、D

【答案解析】在完成最终审计档案的归整工作后，注册会计师不得在规定的保存期届满前删除或废弃审计工作底稿。

6. 【正确答案】A、C

【答案解析】应分别两个不同的业务，按 60 天期限的要求分别归档。

7. 【正确答案】A、D

【答案解析】选项 B：是否记录所得出的审计结论，取决于注册会计师是否认为有必要记录；选项 C：是否记录不能得出结论的原因，取决于注册会计师是否认为有必要记录。

8. 【正确答案】A、B、D

【答案解析】在确定审计工作底稿的格式、内容和范围时，注册会计师应当考虑下列因素：① 实施审计程序的性质。② 已识别的重大错报风险。③ 在执行审计工作和评价审计结果时需要作出判断的范围。④ 已获取的审计证据的重要程度。⑤ 已识别的例外事项的性质和范围。⑥ 当从已执行审计工作或获取审计证据的记录中不易确定结论或结论的基础时，记录结论或结论的基础的必要性。⑦ 使用的审计方法和工具。

9. 【正确答案】A、B、C、D

【答案解析】4 个选项均符合审计准则规定，见教材第 270 页。

10. 【正确答案】A、B、C、D

【答案解析】审计准则第 1131 号第六条的规定。

11. 【正确答案】A、B、C、D

【答案解析】审计准则第 1131 号第七条。

12. 【正确答案】A、B

【答案解析】选项 A、B 符合审计准则规定，见教材第 267 页。

13.【正确答案】A、C、D

　　【答案解析】审计工作底稿的编写方法主要有叙述法、证据法、归纳法。

14.【正确答案】A、C、D

　　【答案解析】见教材第 253 页规定,选项 A、C、D 均符合规定。

15.【正确答案】C、D

　　【答案解析】见教材第 267 至第 268 页审计档案组成范例,C、D 项符合规定。

五、判断题

1.【正确答案】×

　　【答案解析】命题不正确。审计计划作为工作底稿就无法证实财务报表是否存在重大错报。

2.【正确答案】√

　　【答案解析】审计工作底稿的有关资料如果在某一个审计期间被替换,被替换资料可以从被替换的年度起至少保存 10 年。

3.【正确答案】√

　　【答案解析】如果注册会计师执行审计工作形成的工作底稿具有连续的索引号,可以统一签名而不必在每张底稿上签名。

4.【正确答案】×

　　【答案解析】在完成最终审计档案的归整工作后,注册会计师不得在规定的保存期届满前删除或废弃审计工作底稿。

5.【正确答案】×

　　【答案解析】在命题的情况下,事务所无需取得客户的同意即可将工作底稿交予检查。

6.【正确答案】×

　　【答案解析】工作底稿的所有权属于 K 事务所,K 事务所有权决定是否允许客户复印工作底稿。

7.【正确答案】×

　　【答案解析】在审计报告日后将审计工作底稿归整为最终审计档案是一项事务性的工作,不涉及实施新的审计程序或得出新的结论。

8.【正确答案】√

　　【答案解析】表述正确。

9.【正确答案】×

　　【答案解析】审计工作底稿的归档期限为审计报告日后 60 天内。如果注册会计师未能完成审计业务,审计工作底稿的归档期限为审计业务中止后的 60天内。

10.【正确答案】×

【答案解析】在 2007 年度财务报表审计业务中利用 1999 年度审计业务形成的审计档案时,应按 2007 年度审计档案保管被利用的旧档案,但这并不意味着 1999 年度形成的全部审计档案的保管期限都要重新计算。

六、简答题

1.【正确答案】审计工作底稿的十大要素:① 被审计单位名称。② 审计项目名称。③ 审计项目时点或期间。④ 审计过程记录。⑤ 审计结论。⑥ 审计标识及其说明。⑦ 索引号及编号。⑧ 编制者姓名及编制日期。⑨ 复核者姓名及复核日期。⑩ 其他应说明事项。

2.【正确答案】审计档案的保管年限如下:① 当期档案自审计报告签发之日起至少保存 10 年。② 永久性档案应长期保存。③ 不再继续审计的被审计单位,永久性档案的保管年限与最近一年当期档案的保管年限相同。

3.【正确答案】在审计报告日后,如果发现例外情况要求注册会计师实施新的或追加的审计程序,或导致注册会计师得出新的结论,注册会计师应当记录:① 遇到的例外情况。② 实施新的或追加的审计程序,获取的审计证据以及得出结论。③ 对审计工作底稿作出变动及其复核的时间和人员。

例外情况主要是指审计报告日后发现与审计财务信息相关,且在审计报告日已经存在的事实,该事实如果被注册会计师在审计报告日前获知,可能影响审计报告。

七、案例分析题

1.【正确答案】×

本题知识点为审计工作底稿的调阅。注册会计师调阅了 2007 年度的有关审计工作底稿,如有必要,可以修改审计工作底稿。但应要求 M 注册会计师记录修改内容。

2.【正确答案】×

本题知识点为审计档案的管理。T 公司 2008 年度财务报表审计工作底稿于归档前,注册会计师应获得应付账款询证函回函原件,方可作出职业判断。

3.【正确答案】√

本题考核点为审计档案的保管年限。审计档案的保管年限如下:① 当期档案自审计报告签发之日起至少保存 10 年。② 永久性档案应长期保存。③ 不再继续审计的被审计单位,永久性档案的保管年限与最近 1 年当期档案的保管年限相同。A 会计师事务所 1995 年 2 月后不再继续审计 S 公司,1995 年 2 月至 1997 年 2 月期间归档的审计 S 公司的审计档案,其保管年限与最近 1 年当期档案的保管年限相同,应自审计报告签发之日起至少保存 10 年。2000 年 5 月提供的一项内部控制设计服务不属于审计业务。

4.【正确答案】

(1) 工作底稿中存在的缺陷:

(a) 没有设计"页次"栏目。

(b) 编制者没有填写姓名与日期。

(c) "消极式函证"比例 10％错误,应为 1％。

(d) "寄发询证函小计"金额相对应的百分比计算错误,应为 14％。

(e) "选定函证但客户不同意函证的应收账款"一项没有列示金额和百分比。

(f) "选择函证的合计"没有列示金额和百分比。

(g) 没有根据样本误差推断总体误差,因此而形成的应收账款得到公允反映的结论不适当。应根据样本不符金额推断总体不符金额,进而形成审计结论。

(h) 发出的 108 封积极式询证函中,共收回 92 封,没有统计和列示未回函的 16 家债务人。

(2) 应当实施的审计程序:

(a) 对选定函证但 H 公司不同意函证的 12 笔应收账款,应实施替代审计程序,检查与销售有关的文件,包括销售合同、销售订单、销售发票副本和发运凭证。如不能实施替代程序,应视为审计范围受到限制,并将受限的应收余额全部视为样本误差。

(b) 对于通过积极函证方式没有收回的 16 封询证函,应再次寄发询证函。如仍得不到复函,则实施替代审计程序,检查与销售有关的文件,包括销售合同、销售订单、销售发票副本和发运凭证。

(c) 由于消极式函证的不符金额高达 20％(8 000÷40 000×100％),应扩大积极式函证的范围,并对未回函的债务人寄发积极式询证函或实施替代审计程序。对最终数据不符的函证结果,一方面应查明并分析原因,进而决定是否建议 H 公司进行调整;另一方面应汇总样本错报金额并由样本错报金额推算总体错报金额,形成审计结论。

(d) 总体结论错误。应将推断的总体不符金额(至少 28 000÷42×400 = 266 667 元)与应收账款项目的可容忍误差(30 000 元)进行比较,并得出不符金额超过可容忍误差、应收账款存在重大错报的总体结论。

第十二章 审计计划、审计风险和重要性

第一部分 习 题

一、思考题

1. 什么是审计计划？它有何作用？
2. 审计人员在计划审计工作前，应该做好哪些初步业务活动？
3. 什么是重要性？为什么说重要性贯穿于整个审计过程？
4. 简述审计风险的概念及其组成要素。
5. 注册会计师如何进行风险评估以及采取相应的风险应对措施？
6. 说明审计重要性水平、审计风险水平和审计证据数量之间的关系。
7. 简述舞弊的含义和种类。审计准则要求注册会计师关注什么舞弊？

二、名词解释

1. 总体审计策略　　　　　　　2. 两个层次的重要性水平
3. 具体审计计划　　　　　　　4. 错报
5. 审计风险　　　　　　　　　6. 重大错报风险
7. 检查风险　　　　　　　　　8. 审计风险评估
9. 审计风险应对措施　　　　　10. 舞弊

三、单项选择题

1. 注册会计师在评价错报影响时应汇总错报不包括(　　)。

A. 对事实的错报　　　　　　　B. 推断误差
C. 涉及主观决策的错报　　　　D. 已调整错报

2. 如果尚未更正错报汇总数低于重要性水平较大，注册会计师可以发表(　　)的审计报告。

A. 保留意见　　　　　　　　　B. 无保留意见

C. 无保留意见加强调事项段　　　　D. 保留意见加强调事项段

3. 重要性取决于在具体环境下对错报金额和性质的判断。以下关于重要性的理解中,不正确的是(　　)。

A. 重要性的确定离不开具体环境

B. 重要性包括对数量和性质两个方面的考虑

C. 重要性概念是针对管理层决策的信息需求而言的

D. 对重要性的评估需要运用职业判断

4. 下列有关检查风险的观点不能认同的是(　　)。

A. 检查风险取决于审计程序逻辑设计的合理性和执行的有效性

B. 在既定的审计风险水平下,可接受的检查风险水平与认定层次重大错报风险的评估结果呈反向关系。评估的重大错报风险越低,可接受的检查风险越高

C. 注册会计师应当合理设计审计程序的性质、时间和范围,并有效执行审计程序,以控制检查风险

D. 检查风险与注册会计师所需的审计证据呈同向关系

5. 在对财务报表进行分析后,确定资产负债表的重要性水平为 200 万元,利润表的重要性水平为 100 万元,则注册会计师应确定的财务报表层次重要性水平为(　　)万元。

A. 100　　　　　B. 150　　　　　C. 200　　　　　D. 300

6. 在特定审计风险水平下,检查风险同评估的重大错报风险之间的关系是(　　)。

A. 同向变动关系　　　　　　　　B. 反向变动关系

C. 有时同向变动,有时反向变动　　D. 不明显的

7. 总体审计策略的基本内容不应包括(　　)。

A. 被审计单位的基本情况　　　　B. 审计范围

C. 报告目标　　　　　　　　　　D. 审计工作底稿索引号

8. 若审计人员经过实施有关实质性测试后,还认为与某一重要账户的认定有关的检查风险不能降低至可接受的水平,应当发表(　　)的审计报告。

A. 无保留意见　　　　　　　　　B. 保留意见

C. 否定意见　　　　　　　　　　D. 无法表示意见

9. 如果同一期间不同会计报表的重要性水平不同,注册会计师应取其(　　)作为会计报表层次的重要性水平。

A. 最高者　　　B. 最低者　　　C. 平均数　　　D. 加权平均数

10. 如果注册会计师认为利润表可接受的重要性水平为 60 000 元,而资产负

债表可接受的重要性水平为 110 000 元,则财务报表层次的重要性水平为(　　)元。

A. 110 000　　　　B. 60 000　　　　C. 80 000　　　　D. 40 000

11. 审计计划通常是由(　　)于现场审计工作开始之前起草的。

A. 会计师事务所主要负责人　　　　B. 审计项目参与人

C. 审计项目负责人　　　　D. 会计师事务所的法人代表

12. 注册会计师在对重要性水平初步判断时,不应考虑的因素是(　　)。

A. 以往的审计经验

B. 财务报表各项目的性质及相互关系

C. 可能引起履行合同义务的错报或漏报

D. 财务报表各项目的金额及其波动幅度

13. 注册会计师应当根据审计风险及其要素与审计中其他因素的关系决定审计的导向。有关这些关系的下列论断中,不正确的是(　　)。

A. 对于不重要的财务报表项目,其错报的可能性越高,相应的重要性水平就越高,以便降低成本

B. 账户余额或交易错报的可能性越高,其重大错报风险就越高

C. 账户余额或交易错报的可能性越高,其相应的重要性水平就越低,这样可以提高审计的效率

D. 重要性水平与审计风险呈反向关系,即:重要性水平越低,审计风险就越高;反之,重要性水平越高,审计风险就越低

14. 注册会计师可以根据被审计单位的性质和环境来具体确定重要性的基准。以下说法中,注册会计师不认同的是(　　)。

A. 由于销售收入和总资产具有相对稳定性,注册会计师经常将其用作确定计划重要性水平的基准

B. 而对于收益不稳定的被审计单位或非营利组织来说,选择税前利润或税后净利润作为判断重要性水平的基准可能比较合适

C. 对于以营利为目的的被审计单位而言,来自经常性业务的税前利润或税后净利润可能是一个适当的基准

D. 对于资产管理公司来说,净资产可能是一个适当的基准

15. 以下说法中,不正确的是(　　)。

A. 重要性水平与审计风险之间存在反向关系

B. 重要性水平和审计证据的数量之间存在反向变动关系

C. 可接受的审计风险与审计证据的数量之间存在反向变动关系

D. 注册会计师可以通过调高重要性水平来降低审计风险

四、多项选择题

1. 财务报表层次重要性水平确定的基准,可以是(　　)。

A. 资产总额　　　B. 净资产　　　　C. 销售收入　　　D. 负债总额

E. 净利润

2. 审计计划的内容包括(　　)。

A. 总体审计策略　　　　　　　　B. 具体审计计划

C. 总体审计计划　　　　　　　　D. 一般审计计划

E. 项目审计计划

3. 总体审计策略的内容应当包括(　　)。

A. 被审计单位的基本情况　　　　B. 审计范围

C. 报告目标　　　　　　　　　　D. 审计方向

E. 审计资源的分配

4. 根据 COSO 发布的内部控制框架,被审计单位的内部控制包括(　　)。

A. 控制环境　　　　　　　　　　B. 风险评估

C. 信息系统与沟通　　　　　　　D. 控制活动

E. 对控制的监督

5. 风险评估程序主要包括(　　)。

A. 询问被审计单位管理层　　　　B. 询问内部其他相关人员

C. 分析程序　　　　　　　　　　D. 检查

E. 观察

6. 如果审计人员所确定的尚未更正错报累计额是接近重要性水平的,审计人员应考虑(　　)相加后是否可能超过重要性水平。

A. 尚未查出的错报　　　　　　　B. 尚未更正错报累计额

C. 已查出的错报　　　　　　　　D. 已更正错报累计额

7. 审计业务负责人审核具体审计计划,具体内容应包括(　　)。

A. 审计程序能否达到审计目标

B. 重点审计领域中各审计项目的审计程序是否恰当

C. 重点审计程序的制定是否恰当

D. 时间预算是否合理

E. 审计程序是否适合各审计项目的具体情况

8. 对重要性水平作初步判断应考虑的因素有(　　)。

A. 被审单位的经营规模及业务性质

B. 有关法规对财务会计的要求

C. 财务报表各项目的性质及其相互关系

D. 内部控制和审计风险评估结果

E. 财务报表项目的金额及其波动幅度

9. 下列说法中,正确的有(　　)。

A. 重要性水平越高,审计风险越低

B. 重要性水平越低,应当获取的审计证据越多

C. 样本量越大,抽样风险越大

D. 可容忍误差越小,需选取的样本量越大

10. 初步业务活动的内容包括(　　)。

A. 针对保持客户关系和具体审计业务实施相应的质量控制程序

B. 评价遵守职业道德规范的情况　　　C. 及时签订或修改审计业务约定书

D. 制定总体审计策略　　　　　　　　　E. 制定具体审计计划

11. 重大错报风险是审计风险的组成部分。以下关于重大错报风险的说法中,正确的是(　　)。

A. 财务报表层次重大错报风险难以界定于某类交易、账户余额、列报的具体认定

B. 财务报表层次重大错报风险与财务报表整体存在广泛联系,可能影响多项认定

C. 重大错报风险与审计项目组人员的学识、技术和能力有关

D. 财务报表层次重大错报风险通常与控制环境有关,但也可能与其他因素有关

12. 在制定 W 公司 2006 年度财务报表审计的总体策略时,审计项目组应当考虑影响审计业务的下列(　　)重要因素,以确定审计项目组的工作方向。

A. 识别 W 公司及其所在行业最近发生的重大变化

B. 项目组人员的选择和工作分工

C. 管理层重视设计和实施健全的内部控制的相关证据,包括这些内部控制得以适当记录的证据

D. 预期与 W 公司管理层和治理层沟通的关键日期

13. 重要性取决于在具体环境下对错报金额和性质的判断。在以下关于重要性的说法中,正确的是(　　)。

A. 财务报表错报包括财务报表金额的错报和财务报表披露的错报

B. 重要性的确定离不开具体环境

C. 不同的注册会计师在确定同一被审计单位财务报表层次和认定层次的重要性水平时,得出的结果可能不同

D. 如果财务报表中的某项错报足以改变或影响被审计单位管理层或治理层

的相关决策,则该项错报就是重要的

14. 进一步审计程序的总体方案主要是指注册会计师针对各类交易、账户余额和列报决定采用的总体方案,包括(　　)。

A. 风险评估程序　　B. 综合性方案　　C. 实质性方案　　D. 函证

15. 在确定审计程序后,如果注册会计师决定接受更低的重要性水平,审计风险将增加。注册会计师应当选用(　　)方法将审计风险降至可接受的低水平。

A. 如有可能,通过实施追加的控制测试,降低评估的重大错报风险,并支持降低后的重大错报风险水平

B. 如有可能,通过扩大控制测试范围,降低评估的重大错报风险,并支持降低后的重大错报风险水平

C. 提高重要性水平来降低审计风险

D. 通过修改计划实施的实质性程序的性质、时间和范围,降低检查风险

五、判断题

1. 计划审计工作并非审计业务的一个孤立阶段,而是一个持续的、不断修正的过程,贯穿于整个审计业务的始终。　　　　　　　　　　　　　　(　　)

2. 交易、账户余额、列报的重要性水平是指允许某交易、账户余额、列报出现重要错报的上限规定。　　　　　　　　　　　　　　　　　　　　(　　)

3. 注册会计师在计划审计工作后,需要开展初步业务活动。　　　(　　)

4. 总体审计策略用以确定审计范围、时间和方向,并指导制定具体审计计划。
　　　　　　　　　　　　　　　　　　　　　　　　　　　　　　(　　)

5. 在既定的审计风险水平下,可接受的检查风险水平与认定层次重大错报风险的评估结果呈反向关系。评估的重大错报风险越低,可接受的检查风险越高。
　　　　　　　　　　　　　　　　　　　　　　　　　　　　　　(　　)

6. 在任何情况下,注册会计师都应当要求管理层就已识别的错报调整财务报表。如果管理层拒绝调整财务报表,并且扩大审计程序范围的结果不能使注册会计师认为尚未更正错报的汇总数不重大,注册会计师应当考虑出具非无保留意见的审计报告。　　　　　　　　　　　　　　　　　　　　　　　(　　)

7. 注册会计师在审计过程中必须按审计计划执行审计业务,并随时根据具体情况修订和补充审计计划,但在完成外勤审计工作后就不必再对审计计划作修订了。　　　　　　　　　　　　　　　　　　　　　　　　　　　　(　　)

8. 注册会计师可以同被审计单位就总体审计策略进行讨论,并协调工作,因此,审计计划可以由注册会计师同被审计单位共同编制。　　　　　(　　)

9. 在审计实施阶段,注册会计师可以将分析程序直接作为实质性测试程序,

以收集与账户余额和各类交易相关的各类特殊认定的证据。　　　　　（　　）

10. 初步业务活动的目的是确定财务报表的重大错报风险较高的领域。（　　）

六、简答题

1. 注册会计师需要从哪个方面理解重要性的概念？

2. 什么是审计风险？其具体内容有哪些？

3. 为什么说注册会计师需要关注小金额的错报？

4. 简述注册会计师尚未更正错报的汇总数对审计程序或审计意见的影响。

七、案例分析题

1. A 和 B 注册会计师对 XYZ 股份有限公司 2008 年度财务报表进行审计，其未经审计的有关财务报表项目金额如下（单位：人民币万元）。

财务报表项目名称	金　额	财务报表项目名称	金　额
资产总额	360 000	利润总额	72 000
净资产	176 000	净利润	48 240
主营业务收入	480 000		

要求：

（1）如果以资产总额、净资产、营业收入和净利润作为判断基础，并假定固定百分比的数值分别为 0.5％、1％、0.5％和 5％，请代 A 和 B 注册会计师计算确定 XYZ 公司 2008 年度财务报表层次的重要性水平。

（2）简要说明财务报表层次的重要性水平与报表项目重要性水平作用的关系。

2. A 和 B 注册会计师对 XYZ 股份有限公司 2008 年度财务报表进行审计，其未经审计的有关财务报表项目金额如下（单位：人民币万元）。

财务报表项目名称	金　额
资产总计	180 000
股东权益合计	88 000
主营业务收入	240 000
利润总额	36 000
净利润	24 120

要求：

(1) 如果以资产总额、净资产(股东权益)、主营业务收入和净利润作为判断基础,采用固定比率法,并假定资产总额、净资产、主营业务收入和净利润的固定百分比数值分别为 0.5%、1%、0.5% 和 5%,请代 A 和 B 注册会计师计算确定 XYZ 股份有限公司 2008 年度会计报表层次的重要性水平(请列示计算过程)。

(2) 简要说明重要性水平与审计风险之间的关系。

(3) 简要说明重要性水平与审计证据之间的关系。

3. 注册会计师对 B 公司 2008 年的财务报表进行审计,确定报表层次的重要性水平为 15 万元。B 公司的总资产构成如下表所示。

项　　　目	金额(万元)
货币资金	20
应收账款	300
存　货	700
固定资产	800
无形资产	180
总　计	2 000

要求：按各项资产占总资产的比例确定各报表项目的重要性水平,指出这种确定方法有无缺陷,并分析理由。

4. XYZ 会计师事务所正在准备接受 B 公司的委托审计 2008 年度的财务报表。B 以前年度是由 DEF 会计师事务所审计的,并对 2007 年的财务报表出具了带强调事项段的无保留意见。在接受委托之前,主管此项业务的 XYZ 会计师事务所合伙人 X 注册会计师经 B 公司的允许与 DEF 会计师事务所进行了沟通,了解到一些它对这个客户的审计经验。以下是 X 注册会计师了解到的一些主要信息：

(1) B 公司是一家集团公司,有多个子公司从事药品生产,同时也投资房地产、服装、酒店、软件等产业。

(2) 日益激烈的竞争和我国对药品市场的管制,使公司受到变现能力和盈利能力恶化的压力。

(3) B 公司的管理层最大限度地"挤压利润",竭尽全力地使报告的收入和每股收益最大化。在 2007 年度,经 B 公司同意,收入被 DEF 会计师事务所的注册会计师调减了 1 200 万元,占原报告收入的 30%。

(4) B 公司董事会中缺少审计委员会,致使审计人员的工作开展得比较困难。

(5) B 公司大多数交易采用计算管理系统进行核算,核算系统内部控制政策和程序是比较健全的,但对存货的控制很差;最近实现的电算化系统中的永续盘存记录并不是很准确。而且,该公司没有内部审计人员,银行账户也没有定期调整。

(6) B公司2007年财务报表附注中提到了一起由该公司药物使用者所提起的诉讼,该药物被检查发现有可能导致癌症。DEF会计师事务所在2007年度审计报告中增加了一个强调事项段,表示了对B公司持续经营能力的怀疑。

(7) B公司2005年、2006年和2007年3年的收入水平持续下降,但2008年度未经审计的收入比2007年有大幅上升。

要求:

(1) 评估B公司的财务报表层次重大错报风险水平(高、中、低),并说明理由。

(2) 指出B公司认定层次的重大错报风险集中的领域。

第二部分　参考答案及解析

三、单项选择题

1.【正确答案】D

【答案解析】已调整错报不应计入汇总错报,因为审计意见是对审计调整后的报表发表意见。

2.【正确答案】B

【答案解析】未调整错报低于重要性水平较大不影响审计报告意见,出具无保留意见。

3.【正确答案】C

【答案解析】重要性水平针对财务报表使用者而言,重要性水平是指可能导致报表使用者改变经济决策的错报。

4.【正确答案】D

【答案解析】检查风险与审计证据的数量成反比,审计风险水平一定时,评估的重大错报风险与可接受检查风险成反比,显然,可接受检查风险越低,审计人员就应获取更多的审计证据,以降低检查风险,反之亦然。

5.【正确答案】A

【答案解析】根据执业谨慎原则,以不同基础判断会计报表层次的重要性水平时,应取最小的,以降低检查风险。

6.【正确答案】B

【答案解析】审计风险水平一定,可接受的检查风险与评估的重大错报风险成反比。

7. 【正确答案】D

【答案解析】工作底稿索引号不是总体审计策略的基本内容。

8. 【正确答案】B

【答案解析】个别重大方面错报或审计范围受到局部限制的应出具保留意见。

9. 【正确答案】B

【答案解析】根据执业谨慎原则,应取最低者。

10. 【正确答案】B

【答案解析】根据执业谨慎原则,取两者较小者数 60 000。

11. 【正确答案】C

【答案解析】项目负责人负责编制审计计划。

12. 【正确答案】C

【答案解析】审计实施阶段和完成阶段才可能涉及履行合同义务的错报或漏报,初步业务重要性评估不涉及履行合同义务的错报或漏报。

13. 【正确答案】C

【答案解析】对错报可能性大的账户规定较低的重要性水平,目的是提高审计效果。

14. 【正确答案】B

【答案解析】对收益不稳定的被审计单位,应选择总资产或净资产作为判断基础,因为以不稳定的收益作为判断基础会导致重要性水平变化太大。

15. 【正确答案】D

【答案解析】重要性水平是注册会计师从财务报表使用者角度进行合理的谨慎判断,并不是注册会计师随意判断的,因此选项 D 不正确。

四、多项选择题

1. 【正确答案】A、B、C、E

【答案解析】负债总额不是重要性水平的判断基础。

2. 【正确答案】A、B

【答案解析】审计计划内容包括总体审计策略和具体审计计划。

3. 【正确答案】A、B、C、D、E

【答案解析】5 项内容都是总体审计策略的内容。

4. 【正确答案】A、B、C、D、E

【答案解析】COSO 发布的内部控制框架包括控制环境、风险评估、信息系统与沟通控制活动、对控制的监督等要素。

5. 【正确答案】A、B、C

【答案解析】检查和观察不属于风险评估程序。

6. 【正确答案】A、B

【答案解析】尚未更正错漏报包括尚未查出和尚未更正错、漏报,但不包括已查出和已更正错报。

7. 【正确答案】A、B、C、E

【答案解析】时间预算是否合理不是具体审计计划的审核内容。

8. 【正确答案】A、B、C、D、E

【答案解析】五项都是对重要性水平作初步判断应考虑的因素。

9. 【正确答案】A、B、D

【答案解析】样本量越大,抽样风险越小,所以C项错误,其他选项都对。

10. 【正确答案】A、B、C

【答案解析】制定总体审计策略和制定具体审计计划不是初步业务活动的内容,初步业务是审计计划前开展的。

11. 【正确答案】A、B、D

【答案解析】重大错报风险是被审计单位固有的,与审计人员的素质无关,是审计人员无法控制的,审计人员只能评估重大错报风险,检查风险与审计人员素质相关。

12. 【正确答案】A、B、C

【答案解析】预期与W公司管理层和治理层沟通的关键日期不影响审计方向。

13. 【正确答案】A、B、C

【答案解析】重要性针对会计报表使用者而言的,D项不对,其他选项都对。

14. 【正确答案】B、C

【答案解析】风险评估和函证不是进一步审计程序的总体方案。

15. 【正确答案】A、B、D

【答案解析】审计重要性是根据报表使用者合理判断的,不能随意提高,C项以提高重要性水平来降低审计风险会降低审计效果,反而会增加审计风险。

五、判断题

1. 【正确答案】√

2. 【正确答案】√

3. 【正确答案】×

【答案解析】开展初步业务活动在计划审计工作之前。

4.【正确答案】√

5.【正确答案】√

6.【正确答案】√

7.【正确答案】×

【答案解析】完成外勤审计工作后仍然可能对审计计划进行修订,审计计划的修改贯穿于整个审计过程。

8.【正确答案】×

【答案解析】审计计划由注册会计师独立编制,但可以就某些内容同被审单位进行沟通,以尽量保持审计程序的不可预见性。

9.【正确答案】√

10.【正确答案】×

【答案解析】初步业务活动的目的是对注册会计师的独立性专业胜任能力、管理层的诚信及双方对约定条款的理解。

六、简答题

1.【正确答案】为了更清楚地理解重要性的概念,需要注意把握以下几点:

(1)重要性概念中的错报包含漏报。财务报表错报包括财务报表金额的错报和财务报表披露的错报。

(2)重要性包括对数量和性质两个方面的考虑。所谓数量,是指错报金额大小。性质则指错报的性质。一般来说,金额大的错报比金额小的错报更重要。在某些情况下,某些金额的错报从数量上看并不重要,但从性质上考虑,则可能是重要的。

(3)重要性概念是针对财务报表使用者决策的信息需求而言的。判断一项错报重要与否,应视其对财务报表使用者依据财务报表做出经济决策的影响程度而定。如果财务报表中的某项错报足以改变或影响财务报表使用者的相关决策,则该项错报就是重要的,否则就不重要。

(4)重要性的确定离不开具体环境。由于不同的被审计单位面临不同的环境,不同的报表使用者有着不同的信息需求,因此注册会计师确定的重要性也不相同。某一金额的错报对某一个被审计单位的财务报表来说是重要的,而对另一个被审计单位的财务报表来说可能不重要。例如,错报10万元对一个小公司来说可能是重要的,而对另一个大公司来说则可能不重要。

(5)对重要性的评估需要运用职业判断。影响重要性的因素很多,注册会计师应当根据被审计单位面临的环境,并综合考虑其他因素,合理确定重要性水平。不同的注册会计师在确定同一被审计单位重要性水平时,得出的结果可能不同。

主要是因为对影响重要性的各因素的判断存在差异。因此,注册会计师需要运用职业判断来合理评估重要性。

2.【正确答案】国际审计准则对审计风险所下的定义为:"审计风险是指当财务报表存在重大错误时,审计人员对其发表不恰当意见。"我国注册会计师审计准则对审计风险的定义与国际准则基本相同,即"审计风险是指财务报表存在重大错报而注册会计师发表不恰当审计意见的可能性"。具体内容包括:① 重大错报风险。重大错报风险是指财务报表在审计前存在重大错报的可能性。在设计审计程序以确定财务报表整体是否存在重大错报时,注册会计师应当从财务报表层次和各类交易、账户余额、列报认定层次考虑重大错报风险。其中,认定层次的重大错报风险又可以进一步细分为固有风险和控制风险。固有风险指假设不存在相关的内部控制,某一认定发生重大错报的可能性。控制风险是指某项认定发生了重大错报,而该错报没有被企业的内部控制及时防止、发现和纠正的可能性。② 检查风险。检查风险是指某一认定存在错报,该错报单独或连同其他错报是重大的,但注册会计师未能发现这种错报的可能性。

审计风险、重大错报风险和检查风险之间的关系用模型表示为:审计风险＝重大错报风险×检查风险;若将重大错报风险细分为固有风险和控制风险,则该模型可转换为:审计风险＝固有风险×控制风险×检查风险。

3.【正确答案】单独地看,一笔小金额的错报无论是在性质上、还是在数量上都是不重要的。但财务报表是一个整体,如果企业每个项目均出现同样的小金额错报,原本几百元的错报,全部累计起来,就有可能成为上万元的错报;企业许多账户或交易均存在小金额的错报,所有账户或交易累计起来,就有可能变成大金额的错报,在这种情况下,必然会对会计报表产生重大影响。所以,注册会计师应当对此予以充分的关注。

4.【正确答案】注册会计师在出具审计报告之前,评估尚未更正错报单独或累积的影响是否重大。具体地说:① 如果尚未更正错报汇总数低于重要性水平,对财务报表的影响不重大,注册会计师可以发表无保留意见的审计报告。② 如果尚未更正错报汇总数超过了重要性水平,对财务报表的影响可能是重大的,注册会计师应当考虑通过扩大审计程序的范围或要求管理层调整财务报表降低审计风险。在任何情况下,注册会计师都应当要求管理层就已识别的错报调整财务报表。如果管理层拒绝调整财务报表,并且扩大审计程序范围的结果不能使注册会计师认为尚未更正错报的汇总数不重大,注册会计师应当考虑出具非无保留意见的审计报告。③ 如果已识别但尚未更正错报的汇总数接近重要性水平,注册会计师应当考虑该汇总数连同尚未发现的错报是否可能超过重要性水平,并考虑通过实施追加的审计程序,或要求管理层调整财务报表降低审计风险。

七、案例分析题

1.【正确答案】

(1) 根据资产总额、净资产、营业收入和净利润计算的重要性水平分别是：1 800(360 000×0.5%)、1 760(176 000×1%)、2 400(480 000×0.5%)、2 412 (48 240×5%)。

财务报表层次重要性水平应选金额最低的一个数，因此，是1 760。

(2) 财务报表层次的重要性水平：主要作审计意见考虑。

财务报表项目重要性水平：主要作调整与披露考虑。

2.【正确答案】

(1) 计算确定 XYZ 股份有限公司 2008 年度财务报表层次的审计重要性水平。

判断基础	金额(万元)	固定百分比数值(%)	乘积(万元)	财务报表此次的重要性水平(万元)
资产总额	180 000	0.5	900	
净资产	88 000	1	880	880
主营业务收入	240 000	0.5	1 200	
净利润	24 120	5	1 206	

(2) 重要性水平与审计风险之间的关系：重要性水平与审计风险之间呈反向关系。也就是说，重要性水平越高，审计风险越低；反之，重要性水平越低，审计风险越高。

(3) 重要性水平与审计证据之间的关系：重要性水平与审计证据之间呈反向关系。也就是说，重要性水平越低，应获取的审计证据越多；反之，重要性水平越高，应获取的审计证据越少。

3.【正确答案】初步估计的报表层次重要性水平为总资产的 0.75%(即 15÷2 000)。

报表项目层次重要性水平

项　目	金额(万元)	比例(%)	重要性水平(万元)
货币资金	20	0.75	0.15
应收账款	300	0.75	2.25
存　货	700	0.75	5.25
固定资产	800	0.75	6
无形资产	180	0.75	1.35
总　计	2 000	0.75	15

按各项资产占总资产的比例确定各报表项目的重要性水平时存在缺陷。理由：在确定各类交易、账户余额、列报认定层次的重要性水平时，注册会计师应当考虑以下主要因素：① 各类交易、账户余额、列报的性质及错报的可能性。② 各类交易、账户余额、列报的重要性水平与财务报表层次重要性水平的关系。因此，按各项资产占总资产的比例来确定各报表项目的重要性水平时存在缺陷。

4.【正确答案】

（1）B公司财务报表层次的重大错报风险应评估为高水平。其主要理由如下：

第一，从以前年度审计的结果来看，B公司被出具了带强调事项段的无保留意见，负责审计的 DEF 会计师事务所在强调事项段中表达了对其持续经营能力的关注；而且，其收入在 2007 年被调减 1 200 万元，占原报告收入的 30％，这些都是 B 公司 2008 年财务报表可能存在重大错报的信号。

第二，从 B 公司基本情况及其环境的了解来看，其 2008 年度的财务报表重大错报风险较高，表现在：多行业经营，业务复杂性和会计处理的复杂性均较高；生产药品，面临的竞争激烈且监管压力较大；缺少审计委员会，治理结构不健全；缺少内部审计部门，会计信息的可靠性将存在问题；与顾客的诉讼将使其持续经营能力面临威胁等。

（2）B公司财务报表可能存在重大错报的领域包括收入确认、存货计价、银行存款。

第十三章 销售与收款循环审计

第一部分 习 题

一、思考题

1. 销售交易的职责分离的基本要求有哪些？
2. 针对登记入账的销售交易真实性的实质性程序是什么？
3. 针对营业收入如何运用实质性分析程序是什么？
4. 销售交易的记录及时有哪几方面的要求？
5. 应收账款的函证的方式有几种？
6. 对应收账款函证不符事项的处理方式有几种？

二、名词解释

1. 销售单　　　　　　　　　　2. 贷项通知单
3. 销售截止测试　　　　　　　4. 应收账款函证
5. 应收账款与预收款项的重分类调整

三、单项选择题

1. 对通过函证无法证实的应收账款,注册会计师应当执行的最有效的审计程序是(　　)。

　　A. 重新测试相关的内部控制
　　B. 抽查有关原始凭据,如销售合同、销售订单、销售发票副本及发运凭证等
　　C. 实施实质性分析程序
　　D. 审查资产负债表日后的收款情况

2. 注册会计师对被审计单位实施销货业务截止测试,主要目的是为了检查(　　)。

　　A. 年底应收账款的真实性　　　B. 是否存在过多的销货折扣
　　C. 销货业务的入账时间是否正确　　D. 销货退回是否已经核准

3. 对大额逾期应收账款如无法获取询证函回函,则注册会计师应(　　)。

A. 审查所审期间应收账款的回收情况

B. 了解大额应收账款客户的信用情况

C. 审查与销货有关的订单、发票、发运凭证等文件

D. 提请被审计单位提高坏账准备提取比例

4. 适当的职责分离有助于防止各种有意的或无意的错误,以下的表述中,进行了适当的职责分离的是(　　)。

A. 负责应收账款记账的职员负责编制银行存款余额调节表

B. 编制销售发票通知单的人员同时开具销售发票

C. 在销售合同订立前,由专人就销售价格、信用政策、发货及收款方式等具体事项与客户进行谈判

D. 应收票据的取得、贴现和保管由某一会计专门负责

5. 在以下销售与收款授权审批关键点控制中,未做到恰当控制的是(　　)。

A. 在销售发生之前,赊销已经正确审批

B. 未经赊销批准的销货一律不准发货

C. 销售价格、销售条件、运费、折扣由销售人员根据客户情况进行谈判

D. 对于超过既定销售政策和信用政策规定范围的特殊销售业务,采用特别授权方式

6. 为了证实某月被审计单位关于主营业务收入的完整性认定,下列程序中,最有效的程序是(　　)。

A. 从发运凭证追查到销售发票副本和主营业务收入明细账

B. 从销售发票追查到发运凭证

C. 从销售发票追查到主营业务收入明细账

D. 从主营业务收入明细账追到销售发票

7. 检查开具发票日期、记账日期、发货日期(　　)是主营业务收入截止测试的关键所在。

A. 是否在同一适当会计期间　　　　B. 是否临近

C. 是否在同一天　　　　　　　　　D. 相距是否不超过 30 天

8. 为了证实被审计单位销售业务的记录是否及时,将(　　)的日期相核对,是最有效的程序。

A. 发运凭证与销售发票

B. 销售订单与主营业务收入明细账

C. 发运凭证与主营业务收入明细账

D. 顾客发运凭证货单与主营业务收入明细账

9. 检查所有销售业务是否均登记入账,最有效的程序是(　　)。

A. 从销售单追查至主营业务收入明细账

B. 从发运凭证追查至主营业务收入明细账

C. 从销售单追查至发运凭证

D. 从发运凭证追查至销售发票

10. 注册会计师通过编制或索取应收账款账龄分析表来分析应收账款账龄以便了解(　　)。

A. 坏账准备的计提充分性 　　　B. 赊销业务的审批情况

C. 应收账款的可收回性 　　　D. 应收账款的真实性

11. 被审计单位管理人员、附属公司所欠款项应与客户的欠款分开记录,是确保其应收账款(　　)认定的重要方法。

A. 存在 　　　B. 完整性

C. 分类和可理解性 　　　D. 权利和义务

12. 注册会计师核对销货发票的日期与登记入账的日期发货日期是否一致,其主要目的是为了进行(　　)测试。

A. 发生 　　　B. 完整性 　　　C. 准确性 　　　D. 截止

13. 下列各项中,不属于应收票据实质性程序的审计目标的是(　　)。

A. 确定应收票据的内部控制是否运行有效

B. 确定应收票据是否存在和完整

C. 确定应收票据年末余额是否正确

D. 确定应收票据在财务报表上的披露是否恰当

14. 注册会计师实施产品主营业务收入的截止测试,主要目的是发现(　　)。

A. 年末应收账款余额不正确 　　　B. 当年主营业务收入的入账时间

C. 超额的销货折扣 　　　D. 未核准的销货退回

15. 注册会计师审计应收账款的目的,不应包括(　　)。

A. 确定应收账款的存在性

B. 确定应收账款记录的完整性

C. 确定应收账款的回收期

D. 确定应收账款在财务报表上披露的恰当性

16. 下列各项中,预防员工贪污、挪用销货款的最有效的方法是(　　)。

A. 记录应收账款明细账的人员不得兼任出纳

B. 收取顾客支票与收取顾客现金由不同人员担任

C. 请顾客将货款直接汇入公司所指定的银行账户

D. 公司收到顾客支票后立即寄送收据给顾客

17. 注册会计师针对评估的重大错报风险较大的客户,通常选择在( )适当时间内实施函证。

A. 在 12 月 31 日   B. 在 12 月 31 日前
C. 在资产负债表日   D. 在资产负债表日后

四、多项选择题

1. 在对特定会计期间主营业务收入进行审计时,注册会计师应重点关注的与被审计单位主营业务收入确认有密切关系的日期包括( )。

A. 销售截止测试实施日期   B. 发票开具日期或者收款日期
C. 记账日期   D. 发货日期或提供劳务日期

2. 注册会计师对被审计单位已发生的销货业务是否均已登记入账进行审计时,常用的控制测试程序有( )。

A. 检查发运凭证连续编号的完整性
B. 检查赊销业务是否经过授权批准
C. 检查销售发票连续编号的完整性
D. 观察已经寄出的对账单的完整性

3. 注册会计师对销售与收款业务内部控制制度检查的主要内容包括( )。

A. 检查是否存在销售与收款业务不相容职务混岗的现象
B. 检查授权批准手续是否健全,是否存在越权审批行为
C. 检查信用政策、销售政策的执行是否符合规定
D. 检查销售退回手续是否齐全、退回货物是否及时入库

4. 注册会计师应特别关注被审计单位以下有关收款业务相关内部控制内容的有( )。

A. 单位应当按客户设置应收账款台账,及时登记每一客户应收账款余额变动情况和信用额度使用情况,对长期往来客户应当建立起完善的客户资料,并对客户资料实行动态管理,及时更新
B. 单位对于可能成为坏账的应收账款应当报告有关决策机构,由其进行审查,确定是否确认为坏账;单位发生的各项坏账,应查明原因,明确责任,并在履行规定的审批程序后作出会计处理
C. 单位应当定期与往来客户通过函证等方式核对应收账款、应收票据、预收账款等往来款项。如有不符,应查明原因,及时处理
D. 单位应当建立应收账款账龄分析制度和逾期应收账款催收制度,销售部门应当负责应收账款的催收,财会部门应当督促销售部门加紧催收。对催收无效的逾期应收账款可通过法律程序予以解决

5. 在证实登记入账的销售是否真实这一目标而进行的实质性程序时，注册会计师一般关心的错误有（　　）。

A. 未曾发货却已登记入账　　　　B. 销货业务重复入账

C. 向虚构的顾客发货并登记入账　　D. 已经发货但未曾入账

6. 注册会计师在进行实质性程序中，一般首先编制或索取所审项目的明细表，这是因为明细表是（　　）。

A. 与总账、报表数核对的基础　　B. 分析程序的基础

C. 实质性程序的起点　　　　　　D. 控制测试的依据

7. 对主营业务收入进行实质性分析程序时，运用分析程序进行比较的主要内容包括（　　）。

A. 主营业务收入　　　　　　　　B. 重要客户的销售额

C. 重要产品的毛利率　　　　　　D. 销售给重要客户的产品的毛利率

8. 以下关于截止测试的说法中，正确的有（　　）。

A. 截止测试的目标是同一业务引起的借贷双方是否在同一会计期间入账

B. 截止测试的范围是审查结账日前后若干天的业务，看是否有跨期现象

C. 截止测试是由被审计单位对财务报表的计价与分摊认定推论得来的

D. 截止测试的方法一般都是审查所审业务的凭证与记账的日期

9. 关于以下科目截止测试的说法中，正确的有（　　）。

A. 主营业务收入截止测试的关键是检查开具发票日期、记账日期和发货日期三者是否属于同一适当的会计期间

B. 存货截止测试的关键在于存货纳入盘点范围的时间与存货引起借贷双方会计科目的入账时间是否都处于同一会计期间

C. 银行存款截止测试的关键在于确定企业在各开户银行的最后一张支票的号码，并查实该号码之前的所有支票均已开出

D. 注册会计师可以对结账日前后一段时期内现金收支凭证进行审计，以确定是否存在跨期事项

10. 对于被审计单位销售退回、折让、折扣的控制测试，注册会计师应检查（　　）。

A. 销售退回和折让的会计处理是否正确

B. 所退回的商品是否具有仓库签发的退货验收报告

C. 销售退回与折让的批准与贷项通知单的签发职责是否分离

D. 现金折扣是否经过适当授权，授权人与收款人的职责是否分离

11. 注册会计师确定应收账款函证数量的大小、范围时，应考虑的主要因素有（　　）。

A. 应收账款在全部资产中的重要性　　B. 被审计单位的重大错报风险

C. 以前年度的函证结果　　　　　　　D. 函证方式的选择

12. 注册会计师对应收账款实施以下的实质性分析程序有(　　)。

A. 复核应收账款借方累计发生额与主营业务收入是否配比,如存在不匹配的情况应查明原因

B. 在明细表上标注重要客户,并编制对重要客户的应收账款增减变动表,与上期比较分析是否发生变动,必要时,收集客户资料分析其变动合理性

C. 计算应收账款周转率,应收账款周转天数等指标;并与被审计单位上年指标、同行业同期相关指标对比分析,检查是否存在重大异常

D. 转销坏账是否经过授权批准

13. 一般情况下,注册会计师应选择以下项目作为函证对象的有(　　)。

A. 大额或账龄较长的项目

B. 与债务人发生纠纷的项目

C. 交易频繁但期末余额较小甚至余额为零的项目

D. 可能产生重大错报或舞弊的非正常的项目

14. 当同时存在下列情况时,注册会计师可考虑采用消极的函证方式有(　　)。

A. 重大错报风险评估为低水平

B. 涉及大量余额较小的账户

C. 预期不存在大量的错误

D. 没有理由相信被询证者不认真对待函证

15. 注册会计师收回的应收账款询证函者有差异,应当查明原因,有可能是登记入账的时间不同而产生的不符事项,主要有(　　)。

A. 询证函发出时,债务人已经付款,而被审计单位尚未收到货款

B. 询证函发出时,被审计单位的货物已经发出并已作销售记录,但货物仍在途中,债务人尚未收到货物

C. 债务人由于某种原因将货物退回,而被审计单位尚未收到

D. 债务人对收到的货物的数量、质量及价格等方面有异议而全部或部分拒付货款

五、判断题

1. 函证应收账款的目的在于证实应收账款账户余额的真实性、正确性,防止或发现被审计单位及其有关人员在销售交易中发生的错误或舞弊行为。通过函证应收账款,可以比较有效地证明被询证者(即债务人)的存在和被审计单位记录的

可靠性。　　　　　　　　　　　　　　　　　　　　　　　　　　　　（　　　）

2. 在询证函中列明拟函证的账户余额或其他信息,要求被询证者确认所函证的款项是否正确,通常认为,对这种询证函的回复能够提供可靠的审计证据,但是,其缺点是被询证者可能对所列示信息根本不加以验证就予以回函确认。（　　　）

3. 在审计实务中,注册会计师还经常会遇到采用积极的函证方式实施函证而未能收到回函的情况。对此,注册会计师应当考虑与被询证者联系,要求对方作出回应或再次寄发询证函。如果未能得到被询证者的回应,注册会计师应当实施替代审计程序。　　　　　　　　　　　　　　　　　　　　　　　（　　　）

4. 注册会计师实施主营业务收入截止测试时应当以该年度的销售发票为起点,以检查主营业务收入是否多计。　　　　　　　　　　　　　　（　　　）

5. 注册会计师应当将应收账款询证函回函作为审计证据,纳入审计工作底稿管理,询证函回函的所有权归所在会计师事务所。　　　　　　　（　　　）

6. 除法院、检察院及其他部门依法查阅审计工作底稿、注册会计师协会对执业情况进行检查以及前后任注册会计师沟通等情况外,会计师事务所不得将应收账款询证函回函提供给被审计单位作为法律诉讼证据。　　　　（　　　）

7. 应收账款询证函的寄发和收回均应由注册会计师直接控制。　（　　　）

8. 按企业会计准则的规定,报表的编制单位应当在财务报表的附注中披露关于应收账款期初余额、期末余额的账龄分析,期末欠款余额较大的单位欠款情况,以及持有 5% 及其以上股份的固定单位欠款情况。　　　　　（　　　）

9. 若存在应收票据、应收账款的担保、抵押情况,被审计单位应在报表附注中予以适当的披露。　　　　　　　　　　　　　　　　　　　　　（　　　）

10. 应收票据的贴现,须经保管票据的有关人员的书面批准。　（　　　）

六、简答题

1. 简述营业收入实施实质性分析程序的主要内容。

2. 注册会计师在确定应收账款函证的数量与范围的主要取决因素是什么?

3. 注册会计师如何对函证过程实施控制?

七、案例分析题

1. 会计师事务所的注册会计师对 Z 公司进行审计,了解到 Z 公司的销售程序如下:

销售部门收到顾客订单,估算订单的金额,然后将订单交信用部门审阅。信用部门审阅后,如果同意给予商业信用,就在订单上盖章,然后将订单交会计部门。会计部门填制一式三联的增值税销售发票。客户的订单归档保管。销售发票的客户联用专夹保管,等候货物发出的通知。

销售发票的记账联先交仓库,通知仓库发货,然后再转至运输部门。运输部门有权根据运力情况组织运输。在收到销售发票记账联后,运输部门填制一式三联的发运单。第一联交客户,第二联随同货物一起抵达,第三联由运输部门留存。发货后,销售发票的记账联交还会计部门。如果缺货,销售发票上会加以注明。

会计部门在收到销售发票的记账联后,核对销售发票的客户联。销售发票上的价格要符合公司的定价策略。随后,客户联发给客户用作收款通知,记账联交数据中心入账。

数据中心将记账联的数据输入计算机,更新销售收入和应收账款账簿。记账完毕,记账联顺序编号后存档。

根据题意,请回答下列问题:

(1) 为了检查销售是否经过适当的授权,注册会计师应该从什么文件中抽取样本(　　)。

A. 客户订单　　　　　　　　　B. 发运单

C. 应收账款明细账　　　　　　D. 销售发票

(2) 如果注册会计师希望检查内控制度能否减少发生发货后不入账的错误,其应该从何处抽取样本(　　)。

A. 客户订单　　　　　　　　　B. 发运单

C. 应收账款明细账　　　　　　D. 销售发票

(3) 为了检查内控制度能否降低漏开发运单的可能性,其应该从(　　)文件中抽取测试样本。

A. 客户订单　　　　　　　　　B. 发运单

C. 应收账款明细账　　　　　　D. 销售发票

(4) 为了检查应收账款余额中是否由虚构的销售业务产生,其应该从(　　)抽取测试样本。

A. 客户订单　　　　　　　　　B. 发运单

C. 应收账款明细账　　　　　　D. 销售发票

2. 2009 年 12 月 31 日,ABC 会计师事务所受 XYZ 股份有限公司的委托,正对其 2009 年度的报表进行审计,以下给出的是在审计助理人员拟订的一份与应收账款有关的询证函。

要求:

(1) 指出其不当之处。

(2) 说明这份询证函是肯定式的,还是否定式的;该询证方式对于深受金融危机影响的客户是否适合,并回答此函证方式的成本高低与可靠性。

（3）如果回函确认差异，分析说明其常见的原因。

询证函

编号：08196

××（公司）：

本公司正在对 2009 年度财务报表进行审计，按照中国注册会计师审计准则的要求，应当询证本公司与贵公司的往来账项等事项。下列数据出自本公司账簿记录，如与贵公司记录相符，请在本函下端"信息证明无误"处签章证明；如有不符，请在"信息不符"处列明不符金额。回函请直接寄至 XYZ 股份有限公司。

回函地址：中山西路 2230 号

邮编：200233　电话：64390390　传真：64390396　联系人：许真

1. 本公司与贵公司的往来账项列示如下。

截止日期	贵公司欠	欠贵公司	备　注
2009 年 12 月 31 日	1 280 960.00		

2. 其他事项

本函仅为复核账目之用，并非催款结算。若款项在上述日期之后已经付清，仍请及时函复为盼。

（公司盖章）ABC 会计师事务所

2009 年 12 月 28 日

结论：1. 信息证明无误

（公司盖章）　　年　月　日

经办人：

2. 信息不符，请列明不符的详细情况

（公司盖章）

年　月　日

经办人：

3. XYZ 公司主要从事小型电子商品的生产和销售。XYZ 公司日常交易采用自动化信息系统（以下简称系统）和手工控制相结合的方式进行。系统自 2006 年以来没有发生变化。XYZ 公司产品主要销售给国内各大经销商。A 和 B 注册会计师负责审计 XYZ 公司 2009 年度财务报表。

资料一：A 和 B 注册会计师在审计工作底稿中记录了所了解的有关销售与收

款循环的控制,部分内容摘录如下:

(1) 仓库人员在系统中根据经销售部门批准的客户订单生成连续编号的发货单,并在将产品交运输商发运后,将发货单设备为"已执行"状态并提交结算部门。结算部门根据系统中的"已执行"发货单记录、订单及相关客户基础资料,在系统中生成并打印销售发票,系统在月末根据发货单和发票信息自动汇总主营业务收入,并据此过入应收账款和主营业务收入账簿。

(2) 每月末,系统自动匹配发货单、订单、发票和入账的主营业务收入,并可以生成一个专门报告反映未匹配项目的清单。系统授权可以生成和阅读该报告的人员是 W 公司销售部经理和总经理。

资料二:A 和 B 注册会计师对销售与收款循环的内部控制实施测试,并在审计工作底稿中记录了测试情况,部分内容摘录如下:

(1) A 注册会计师观察了结算部门人员根据发货单在系统中开具发票的过程,并从 2009 年主营业务收入明细账中选取销售记录实施测试,未发现异常。

(2) B 注册会计师询问了总经理和部经理有关资料一中第(2)项控制的运行情况,他们均表示由于以前月份很少发现不匹配情况,因此,从 2009 年 9 月以后就没有再实际生成和阅读上述专门报告。在 B 注册会计师的要求下,销售部经理在系统中生成了截至 2009 年 12 月 31 日的专门报告,B 注册会计师没有发现存在不匹配的事项。

要求:

(1) 针对资料一(1)至(2)项,逐项指出上述控制与何种交易或账户的何种认定相关。将答案直接填入表1。

(2) 针对资料二(1)至(2)项,假定不考虑其他条件,请逐项判断上述控制在设计上是否存在缺陷。如果存在缺陷,请分别予以指出,并简要说明理由,提出改进建议。请将答案直接填入表2。

(3) 针对资料二(1)至(2)项,假定不考虑其他条件,请逐项指出上述测试结果是否表明相关内部控制得到有效执行。如果表明相关内部控制未能得到有效执行,请简要说明理由。请将答案直接填入表3。

表 1　　　　　　　　内控事项　交易/账户　认定　对照表

内控事项	交易/账户	认　定
(1)		
(2)		

表 2	内控缺陷与改进意见表		
内控事项	没有缺陷,只写"否";有缺陷,须具体描述	缺陷理由	改进建议
(1)			
(2)			

表 3	内控是否有效运行表
内控事项	有效,只写"是";无效,须写具体理由
(1)	
(2)	

第二部分　参考答案及解析

三、单项选择题

1.【正确答案】B

【答案解析】抽查与销售有关的原始凭证,是函证应收账款替代审计程序。

2.【正确答案】C

【答案解析】主营业务收入截止测试是为了证实接近资产负债表日会计记录归属期是否正确,即应记入本期或下期的主营业务收入是否被推延至下期或提前至本期。

3.【正确答案】C

【答案解析】审查与销货业务有关的订单、发票、发运凭证等文件是应收账款函证的替代审计程序。

4.【正确答案】C

【答案解析】选项 A 中负责应收账款记账的职员不能编制银行存款余额调节表;选项 B 中编制销售发票通知单的人员不能同时开具销售发票;选项 D 中应收票据的取得、贴现必须由保管票据以外的主管人员书面批准;选项 C 符合内部控制规范要求。

5.【正确答案】C

【答案解析】选项 C 中销售价格、销售条件、运费、折扣等必须经过批准,不能由销售人员根据客户情况进行谈判。

6.【正确答案】A

【答案解析】选项 B 不能证实收入的完整性认定;选项 C 可以查出收入未入账但没有选项 A 的审计证据更有效;选项 D 能证实的是主营业务收入的发生认定。

7.【正确答案】A

【答案解析】截止测试的关键是确认发票日期、记账日期和发货日期三者是否处在同一恰当会计期间。

8.【正确答案】C

【答案解析】货运文件是实现销售的起点,销售收入明细账是销售记录的终点,直接将两者相核对,对于"记录是否及时"而言,无疑是最具效率的。

9.【正确答案】B

【答案解析】从发运凭证追查到主营业务收入明细账可以查明主营业务收入的漏记。

10.【正确答案】C

【答案解析】应收账款账龄越长,应收账款收回的可能性越小。

11.【正确答案】C

【答案解析】所述欠款应记入"其他应收款"科目,若记入"应收账款"科目,属于分类不当行为。

12.【正确答案】D

【答案解析】截止测试是为了确认收入入账时间是否正确。

13.【正确答案】A

【答案解析】A 选项属于控制测试内容,不属于实质性程序实现的目标。

14.【正确答案】B

【答案解析】主营业务收入截止测试的目的主要在于确定被审计单位在资产负债表日是否被推延至下期或提前至本期。

15.【正确答案】C

【答案解析】选项 A、B、D 均属于应收账款的审计目的。审计应收账款首先是证明其是否存在;其次是证明完整性以及确定其在财务报表上的披露。其实审查这些方面也是为了证明管理当局的认定。确定应收账款回收期,不是注册会计师的审计目标。

16.【正确答案】C

【答案解析】负责主营业务收入和应收账款明细账的职员不得经手货币资金。

17.【正确答案】D

【答案解析】函证的时间通常在资产负债表日后适当的时间内实施。

四、多项选择题

1.【正确答案】B、C、D

　【答案解析】注册会计师关注日期与销售截止测试实施日期无关。

2.【正确答案】A、C

　【答案解析】选项A、C在销售与收款循环的"销货业务的控制目标、内部控制测试一览表"中有明确规定。

3.【正确答案】A、B、C、D

　【答案解析】销售与收款业务内部会计控制规范中监督检查的要求。

4.【正确答案】A、B、C、D

　【答案解析】销售与收款业务内部会计控制规范中有关收款业务相关的内部控制要求。

5.【正确答案】A、B、C

　【答案解析】选项D证实的是"发生的销售均已登记入账"。

6.【正确答案】A、B、C

　【答案解析】明细表不是控制测试的依据。

7.【正确答案】A、B、C、D

　【答案解析】均符合分析程序的要求。

8.【正确答案】A、B、C、D

　【答案解析】均符合销售截止测试的特征与要求。

9.【正确答案】A、B、C、D

　【答案解析】均符合主营业务收入、存货、货币资金截止测试的相关要求。

10.【正确答案】B、C、D

　【答案解析】选项A的会计处理属于实质性程序。

11.【正确答案】A、B、C、D

　【答案解析】均符合函证程序相关规定。

12.【正确答案】A、B、C

　【答案解析】选项D不是应收账款的分析程序,是控制测试的内容。

13.【正确答案】A、B、C、D

　【答案解析】均符合函证对象的基本特征要求。

14.【正确答案】A、B、C、D

　【答案解析】均符合关于消极函证方式的要求。

15.【正确答案】A、B、C、D

【答案解析】均属于时间差因素所导致的不符事项的具体内容。

五、判断题

1.【正确答案】√

2.【正确答案】√

3.【正确答案】√

4.【正确答案】×

【答案解析】主营业务收入截止测试主要是核对销售发票、发货、记账三者日期的恰当性与一致性,以销售发票为起点,只能检查主营业务收入的低估。

5.【正确答案】√

6.【正确答案】√

7.【正确答案】√

8.【正确答案】×

【答案解析】这仅仅是对上市公司的要求。

9.【正确答案】√

10.【正确答案】×

【答案解析】事实恰恰相反,票据的接受、贴现、换新须经票据保管人员以外的其他主管人员的书面批准。

六、简答题

1.【正确答案】主营业务收入实质性分析程序:① 将本期与上期的主营业务收入进行比较,分析产品销售的结构和价格的变动是否正常,并分析异常变动的原因。② 比较本期各月各种主营业务收入的波动情况,正常,是否符合被审计单位季节性、周期性的经营规律大波动的原因;分析其变动趋势是否并查明异常和重大波动的现象及其原因。③ 计算本期重要产品、重要客户的毛利率,分析比较本期与上期同类毛利率变化情况,注意收入与成本内容、数量、时间上是否匹配,查清重大波动和异常情况的原因。④ 将上述分析结果与同行业企业本期相关资料进行对比分析,检查是否存在异常。⑤ 根据增值税发票申报表估算全年收入,与被审计单位实际入账的收入核对,并检查是否存在虚开发票或少开发票的情况。

2.【正确答案】函证数量的多少、范围主要取决于以下因素:① 应收账款在全部资产中的比重。若应收账款在全部资产中所占的比重较大,则函证的范围应相应大一些。② 被审计单位重大错报风险。若重大错报风险低,则可以相应减少函证量;反之,则应相应扩大函证范围。③ 以前期间的函证结果。若以前期间函证中发现过重大差异,或欠款纠纷较多,则函证范围应相应扩大一些。④ 函证方式的选择。若采用积极的函证方式,则可以相应减少函证量;若采用消极的函证方式,则要相应增加函证量。

3.【正确答案】注册会计师应当采取下列措施对函证实施过程进行控制: ① 将被询证者的名称、地址与被审计单位有关记录核对。② 将询证函中列示的账户余额或其他信息与被审计单位有关资料核对。③ 询证函经被审计单位盖章后,由注册会计师直接发出。④ 在询证函中指明直接向接受审计业务委托的会计师事务所回函。⑤ 将发出询证函的情况形成审计工作记录。⑥ 将收到的回函形成审计工作记录,并汇总统计函证结果。

七、案例分析题

1.【正确答案】

(1) 答案:A。

理由:由于信用部门采用在客户订单上盖章表示同意给予商业信用。

(2) 答案:B。

理由:因为 Z 公司内控中的一个薄弱环节就是:运输部门如果不将销售发票记账联交还会计部门,与这笔销售业务有关的销售收入和应收账款都会漏记,也不会向客户发送账单。

(3) 答案:D。

理由:因为 Z 公司的发运单是根据销售发票而开列的。

(4) 答案:C。

理由:因为检查应收账款期末余额是否真实存在的较好方法,就是以应收账款明细账为依据,向客户发函询证。

2.【正确答案】

要求(1):"询证函"名称应该是"企业询证函","本公司正在对 2009 年度财务报表进行审计"应该是"本公司聘请的 ABC 会计师事务所正在对本公司 2009 年度财务报表进行审计","回函请直接寄至 XYZ 股份有限公司"应该是"回函请直接寄至 ABC 会计师事务所","(公司盖章)ABC 会计师事务所" 应该是"XYZ 股份有限公司",日期"2009 年 12 月 28 日"应是"2009 年 12 月 31 日"。

要求(2):这份询证函是肯定式,该询证方式适合深受金融危机影响的客户,此函证的成本较高,可靠性也较高。

要求(3):回函确认差异,一般来说可能有原因: ① 存在未达账项。② 债务人由于对收到的货物在数量、质量、价格、付款等方面存在争议而拒绝全部或部分付款。③ 购货方将货物退回后,客户在询证日前未及时审查批准,冲减应收账款。

3. 【正确答案】

表 1　　　　　　　内控事项　交易/账户　认定　对照表

内控事项	交易/账户	认 定
(1)	主营业务收入、应收账款	存在、发生
(2)	主营业务收入、应收账款	完整性、发生

表 2　　　　　　　　　　内控缺陷与改进意见表

内控事项	没有缺陷,只写"没有缺陷";有缺陷,须具体描述	缺 陷 理 由	改 进 建 议
(1)	没有缺陷		
(2)	会计部门人员没有生成和阅读专门报告的权限	如果会计部门人员不拥有生成和阅读报告的权限,则无法及时识别可能存在的差异并及时进行账务处理	建议给会计部门人员授权,给予其生成和阅读专门报告的权限

表 3　　　　　　　　　　内控是否有效运行表

内控事项	有效,只写"有效";无效,须写具体理由
(1)	有效
(2)	生成和阅读报告属于是有效的检查性控制,但是 XYZ 公司的相关人员没有有效进行,控制没有得到一贯执行,使得该项内部控制形同虚设

第十四章　采购与付款循环审计

第一部分　习　题

一、思考题

1. 付款凭单的主要功能是什么？
2. 已发生的采购交易均已记录的关键内控有哪些？
3. 工程项目不相容岗位的基本内容有哪些？
4. 应付账款函证与应收账款函证的主要区别是什么？
5. 固定资产的减值准备的实质性程序有哪些？

二、名词解释

1. 订购单　　　　　　　　　2. 付款凭单
3. 应付账款函证

三、单项选择题

1. 注册会计师认为被审计单位固定资产折旧计提不足的迹象是(　　)。
   A. 经常发生大额的固定资产清理损失
   B. 累计折旧与固定资产原值比率较大
   C. 提取折旧的固定资产账面价值庞大
   D. 固定资产保险额大于其账面价值
2. 以下与付款业务相关的内部控制相违背的是(　　)。
   A. 建立了退货管理制度,对退货条件、退货手续、货物出库、退货货款回收等作出明确规定
   B. 定期与供应商核对应付账款、应付票据、预付账款等往来款项
   C. 已到期的应付款项由主管会计办理结算与支付
   D. 财会部门在办理付款业务时,对采购发票、结算凭证、验收证明等相关凭证的真实性、完整性、合法性及合规性进行了严格审核

3. 固定资产发生的下列各项后续支出的处理方法中,不正确的是( )。

A. 固定资产改良支出,应当计入固定资产账面价值,其增计后的金额不应超过该固定资产的可收回金额

B. 固定资产修理费用,应当直接计入当期费用

C. 如果不能区分是固定资产修理还是固定资产改良,或固定资产修理和固定资产改良结合在一起,则计入固定资产价值

D. 固定资产装修费用,在两次装修期间与固定资产尚可使用年限两者中较短的期间内,采用合理的方法单独计提折旧。如果在下次装修时,该项固定资产相关的"固定资产装修"明细科目仍有余额,应将该余额一次全部计入当期营业外支出

4. 注册会计师从被审计单位的验收单追查至相应的采购明细账,是为了证实采购与付款循环中的( )。

A. 存在   B. 完整性

C. 计价和分摊   D. 表达与可理解性

5. 在审查被审计单位财务报表时,资产类审计与负债类审计的最大区别是( )。

A. 前者侧重于审查所有权,后者侧重于审查义务

B. 前者侧重于应收账款,后者侧重于应付账款

C. 前者侧重于防高估和虚列,后者侧重于防低估和漏列

D. 前者与损益无关,后者与损益有关

6. 采购与付款循环中"发生"认定的关键内部控制程序是( )。

A. 已填制的验收单均已登记入账   B. 注销凭证以防重复使用

C. 采购的价格和折扣均经适当批准   D. 内部核查应付账款明细账的内容

7. 下列审计程序中,与查找未入账应付账款无关的有( )。

A. 审核期后现金支出的主要凭证

B. 审核期后未付账单的主要凭证

C. 追查年终前签发的验收单至相关的卖方发票

D. 审核应付账款账簿记录

8. 以下程序中,属于测试采购与付款循环中内部控制"发生"认定的常用控制测试程序的是( )。

A. 检查企业验收单是否有缺号   B. 检查有无未记录的购货发票存在

C. 检查付款凭单是否附有购货发票   D. 审核批准采购价格和折扣的标志

9. 注册会计师审计固定资产减少的主要目的在于( )。

A. 本期新增固定资产是否真实存在

B. 固定资产账务处理的完整性

C. 已经减少的固定资产是否已作相应的会计处理

D. 闲置的固定资产是否存在出租的情况

10. 注册会计师为审查被审计单位未入账负债而实施的下列审计程序中,最有效的是( )。

A. 审查资产负债表日后货币资金支出情况

B. 审查资产负债表日前后几天的发票

C. 审查应付账款、应付票据的函证回函

D. 审查购货发票与债权人名单

11. 注册会计师在查找已提前报废但尚未作出会计处理的固定资产时,最有可能实施的审计程序是( )。

A. 以检查固定资产实物为起点,检查固定资产的明细账和投保情况

B. 以检查固定资产明细账为起点,检查固定资产实物和投保情况

C. 以分析折旧费用为起点,检查固定资产实物

D. 以检查固定资产实物为起点,分析固定资产维修和保养情况

12. 在验证应付账款余额不存在漏报时,注册会计师获取的以下审计证据中,证明力最强的是( )。

A. 供应商开具的销售发票

B. 供应商提供的按月对账单

C. 被审计单位编制的连续编号的验收报告

D. 被审计单位编制的连续编号的订货单

13. 下列属于为保证采购业务的分类正确而实施的内部控制测试程序是( )。

A. 检查核准采购标记　　　　B. 审核批准采购价格和折扣的标记

C. 检查有关凭证上内部核查的标记　　D. 检查验收单连续编号的订货单

14. 被审计单位从银行专门借入一笔款项,于 2008 年 2 月 1 日采用出包方式开工兴建办公楼,2009 年 10 月 5 日工程如期完工,10 月 31 日工程验收合格,11 月 10 日办理工程竣工决算,11 月 20 日完成资产移交手续,12 月 1 日办公楼正式投入使用,则该被审计单位专门借款利息停止资本化的时点应为 2009 年( )。

A. 10 月 5 日　　　B. 10 月 31 日　　　C. 11 月 10 日　　　D. 12 月 1 日

15. 在建工程审计底稿中有以下审计结论,其中错误的是( )。

A. 在建工程计提的减值准备在以后期间如果价值回升则可以转回

B. 某项未完工的在建工程本年度未发生增加变动,应进一步检查其是否停建,并据以考虑是否需建议计提减值准备

C. 对在建工程明细账中列示的大修理工程余额,建议予以调整

D. 对在建工程试车期间产生的试车收入,建议冲减在建工程成本

四、多项选择题

1. 计算固定资产原值与本期产品产量的比率,并与以前年度相关指标进行比较,注册会计师可能发现(　　)。

A. 资本性支出和收益性支出区分的错误

B. 闲置的固定资产

C. 增加的固定资产尚未作会计处理

D. 减少的固定资产尚未作会计处理

2. 适当的职责分离有助于防止常见错误。以下采购与付款业务不相容岗位包括(　　)。

A. 询价与确定供应商　　　　B. 采购、验收与相关会计记录

C. 付款审批与付款执行　　　　D. 采购合同的订立与审批

3. 注册会计师应通过实施控制测试检查采购与付款业务内部控制制度是否健全,各项规定是否得到有效执行,注册会计师应监督检查以下采购与付款业务内部控制的主要内容,即(　　)。

A. 检查大宗采购与付款业务的授权批准手续是否健全,是否存在越权审批的行为

B. 检查是否存在采购与付款业务不相容岗位混岗的现象

C. 检查凭证的登记、领用、传递、保管、注销手续是否健全,使用和保管制度是否存在漏洞

D. 审查应付账款和预付账款支付的正确性、时效性和合法性

4. 注册会计师对被审计单位的采购业务进行年底截止测试的方法可采用(　　)。

A. 实地观察

B. 将验收单上的日期与采购明细账中的日期比较

C. 将购货发票上的日期与采购明细账中的日期比较

D. 了解年末存货盘亏调整和损失处理

5. 下列审计程序中,有助于证实采购交易账户记录的完整性认定的有(　　)。

A. 从有效的订购单追查至验收单　　B. 从验收单追查至采购明细账

C. 从付款凭单追查至购货发票　　　D. 从购货发票追查至采购明细账

6. 函证应付账款时,一般选择金额较大的债权人,以及那些金额不大、甚至为

零的债权人作为函证的对象,其原因是( )。

    A. 为了防止大金额的应付账款中可能存在的高估

    B. 金额为零的应付账款可能存在低估

    C. 大金额的应付账款从金额方面来说是重要的

    D. 防止低估应付账款不是应付账款审计的唯一目的

7. 注册会计师对固定资产取得和处置实施控制测试的重点包括( )。

    A. 审查固定资产的取得是否与预算相符,有无重大差异

    B. 审查固定资产的取得和处置是否经过授权批准

    C. 审查是否正确划分资本性支出和收益性支出

    D. 审查与固定资产取得和处置相关的项目如应付账款、银行存款、固定资产清理和营业外收支等的会计记录的适当性

8. 根据被审计单位实际情况,选择以下方法对应付账款执行实质性分析程序( )。

    A. 将期末应付账款余额与期初余额进行比较,分析波动原因

    B. 分析长期挂账的应付账款,要求被审计单位做出解释,判断被审计单位是否缺乏偿债能力或利用应付账款隐瞒利润;并注意其是否可能无需支付,对确实无需支付的应付款的会计处理是否正确,依据是否充分

    C. 计算应付账款与存货的比率,应付账款与流动负债的比率,并与以前年度相关比率对比分析,评价应付账款整体的合理性

    D. 分析存货和营业成本等项目的增减变动,判断应付账款增减变动的合理性

9. 为了防止企业低估负债,注册会计师结合存货监盘应实施以下检查漏记应付账款的审计程序( )。

    A. 检查被审计单位在资产负债表日是否存在有材料入库凭证但未收到采购发票的经济业务

    B. 查资产负债表日后收到的采购发票,关注采购发票的日期,确认其入账时间是否正确

    C. 检查资产负债表日后应付账款明细账贷方发生额的相应凭证,确认其入账时间是否正确

    D. 检查资产负债表日后若干天的付款事项,询问被审计单位内部或外部的知情人员,确定有无未及时入账的应付账款,检查相关记录或文件。检查时,注册会计师还可以通过询问被审计单位的会计和采购人员,查阅资本预算、工作通知单和基建合同等来进行

10. 注册会计师对固定资产的期初余额应实施必要的实质性程序,下列对固定资产期初余额的审计程序恰当的是( )。

A. 在连续审计情况下,应注意与上期审计工作底稿中的固定资产和累计折旧的期末余额审定数核对相符

B. 在变更会计师事务所时,后任注册会计师应查阅前任注册会计师有关工作底稿

C. 如果被审计单位以往未经注册会计师审计,即在首次接受审计情况下,注册会计师应对期初余额进行较全面的审计,尤其是当被审计单位的固定资产数量多、价值大、占资产总额比重高时,最理想的方法是全面审计被审计单位设立以来"固定资产"和"累计折旧"科目中的所有重要的借贷记录

D. 注册会计师将固定资产期末余额追溯调整推算出期初余额

11. 下列关于注册会计师检查固定资产所有权的表述中,恰当的有(　　　)。

A. 对外购的机器设备等固定资产,通常经审核采购发票、采购合同等予以确定

B. 对融资租入的固定资产,应验证有关融资租赁合同,证实其并非经营租赁对汽车等运输设备,应验证有关运营证件等

C. 对于房地产类固定资产,尚需查阅有关的合同、产权证明、财产税单、抵押借款的还款凭据、保险单等书面文件

D. 对受留置权限制的固定资产,通常还应审核被审计单位的有关负债项目等予以证实

12. 注册会计师审计固定资产减少的主要目的在于查明已减少的固定资产是否已作适当的会计处理,下列对固定资产减少的审计程序中,恰当的是(　　　)。

A. 结合固定资产清理科目,抽查固定资产账面转销额是否正确

B. 检查出售、盘亏、转让、报废或毁损的固定资产是否经授权批准,会计处理是否正确

C. 检查因修理、更新改造而停止使用的固定资产的会计处理是否正确

D. 检查债务重组或非货币性资产交换转出固定资产的会计处理是否正确

13. 注册会计师对本期折旧费用的计提和分配应当复核,以下复核内容恰当的有(　　　)。

A. 已全额计提减值准备的固定资产是否已停止计提折旧

B. 因更新改造而停止使用的固定资产是否已停止计提折旧,因大修理而停止使用的固定资产是否照提折旧

C. 对按规定予以资本化的固定资产装修费用是否在两次装修期间与固定资产尚可使用年限两者中较短的期间内,采用合理的方法单独计提折旧,并在下次装修时将该项固定资产装修余额一次全部计入了当期营业外支出

D. 对融资租入固定资产发生的、按规定可予以资本化的固定资产装修费用,

是否在两次装修期间、剩余租赁期与固定资产尚可使用年限三者中较短的期间内,采用合理的方法单独计提折旧

14. 注册会计师对预付账款进行的实质性分析程序中,恰当的有( )。

A. 比较期末余额与期初余额,分析其波动原因

B. 通过了解预付购货款惯例以及收到货物的平均天数,分析其账龄是否合理

C. 计算预付购货款借方发生额与主营业务成本的比率,与以前各期比较,分析异常变动的原因

D. 将预付购货款余额的增减幅度与主营业务成本的增减幅度比较,分析异常变动的原因

15. 注册会计师对商誉减值准备的实质性程序中,恰当的有( )。

A. 检查商誉减值准备计提和转销的批准程序,取得书面报告等证明文件

B. 检查被审计单位是否在期末结合与商誉相关的资产组或资产组组合对商誉进行了减值测试,计提商誉减值准备的依据是否充分,会计处理是否正确

C. 检查商誉减值准备的计算和会计处理是否正确

D. 检查商誉减少时,相应的减值准备是否一并结转,会计处理是否正确

五、判断题

1. 注册会计师对固定资产进行实地观察时,可以固定资产明细分类账为起点,重点观察本期新增加的重要固定资产。 ( )

2. 与固定资产有关的后续支出,如果使可能流入企业的经济利益超过了原先的估计,如延长了固定资产的使用寿命,或者使产品质量实质性提高,或者使产品成本实质性降低,则应当计入固定资产账面价值,其增计后的金额不应超过该固定资产的可收回金额。除此以外的后续支出,应当确认为当期费用,不再通过预提或待摊的方式核算。 ( )

3. 注册会计师在对固定资产实施实质性程序时,常常将固定资产的分类汇总表与累计折旧的分类汇总表合并编制。 ( )

4. 应付账款通常不需函证,如函证,最好采用消极式函证。 ( )

5. 实施实地检查审计程序时,注册会计师可以以固定资产明细分类账为起点,进行实地追查,以证明会计记录中所列固定资产确实存在,并了解其目前的使用状况;也可以以实地为起点,追查至固定资产明细分类账,以获取实际存在的固定资产均已入账的证据。 ( )

6. 应付账款出现的借方明细余额应该重分类列示于预付账款。 ( )

7. 对于采购与付款交易的计算机程序的更改,将涉及其重要内控。 ( )

8. 提前报废的固定资产,应该照提折旧。 ( )

9. 无形资产的出租收入应当列示为主营业务收入。　　　　　　　（　　）

10. 区分资本性支出与收益性支出,是固定资产内部控制中最重要的内容。

　　　　　　　　　　　　　　　　　　　　　　　　　　　　（　　）

六、简答题

1. 简要回答固定资产内控的主要内容。

2. 根据表列内容说明应付账款函证与应收账款函证的主要异同点。

	应收账款	应付账款
不同点		
审计主要目标		
审计程序必要性		
审计效果		
函证对象		
函证方式		
共同点		
函证量与内控严密程度关系		
是否存在替代程序		

3. 简要说明检查未入账、未函证应付账款的审计程序。

4. 如何对固定资产实施实质性分析程序?

5. 简要回答检查固定资产所有权的审计程序。

七、案例分析题

1. 注册会计师通常依据各类交易、账户余额和列报的相关认定确定审计目标,根据审计目标设计审计程序。以下给出了采购交易的审计目标,并列举了部分实质性程序。

(1) 审计目标。

A. 所记录的采购交易已发生,且与被审计单位有关

B. 所有应当记录的采购交易均已记录

C. 与采购交易有关的金额及其他数据已恰当记录

D. 采购交易已记录于恰当的账户

E. 采购交易已记录于正确的会计期间

(2) 实质性程序。

F. 将采购明细账中记录的交易同购货发票、验收单和其他证明文件比较

G. 根据购货发票反映的内容,比较会计科目表上的分类

H. 从购货发票追查至采购明细账

I. 从验收单追查至采购明细账

J. 将验收单和购货发票上日期与采购明细账中的日期进行比较

K. 检查购货发票、验收单、订货单和请购单的合理性和真实性

L. 追查存货永续盘存记录至存货的采购

要求:

请根据题中给出的审计目标,指出对应的相关认定;针对每一审计目标,选择相应的实质性程序(一项实质性程序可能对应一项或多项审计目标,每一审计目标可能选择一项或多项实质性程序)。请将财务报表相关认定及选择的实质性程序字母序号填入给定的表格中。

2. C 注册会计师负责对 Y 公司的购货与付款循环的内部控制实施测试,并在审计工作底稿中记录了测试情况,部分内容摘录如下:

资料一:应付凭单部门在 9 月末编制了已验收入库但尚未收到供应商发票的原材料清单,会计部门据此将相关原材料暂估入账,并在 10 月 1 日全额冲回。上述原材料清单显示已入库甲原材料 1 000 千克,单价为每千克 1 300 元。

经核对批准发出的采购订单和入库单,数量和单价均相符,但 C 注册会计师注意到 Y 公司另需向运输单位支付该原材料的运费 100 000 元。财务人员解释,由于原材料运费是与运输单位另行结算的,因此在原材料暂估入账时未予考虑;并且,在 10 月 8 日收到运输单位的运费发票时,Y 公司已将运费计入该原材料的采购成本。C 注册会计师在甲原材料明细账中找到了上述 100 000 元运费的记录。

资料二:原材料明细账显示,Y 公司在 11 月 27 日购入乙原材料 694 千克,金额为 70 000 元(不含增值税)。

C 注册会计师注意到该原材料采购订单所列数量为 700 千克,单价为每千克 100 元(不含增值税),但相应的入库单所列数量为 694 千克。财务人员解释,上述数量差异是运输途中损耗所致。按照 Y 公司原材料采购管理规定,乙原材料允许的入库检验差异率为±1%。

要求:

(1) 根据资料一、资料二,分别指出这些事项主要与存货和应付账款的什么认定相关。

(2) 请逐项指出上述事项是否表明相关内部控制得到有效执行。如果表明相关内部控制未能得到有效执行,请简要说明理由,并提出改进建议。

第二部分 参考答案及解析

三、单项选择题

1.【正确答案】A

【答案解析】折旧计提不足的实质是所计提的折旧额比固定资产的实际损耗小,其结果将导致在固定资产转入清理时出现固定资产清理损失,应选 A 项。选项 B 恰好相反,它是折旧计提过高的迹象。选项 C 提取折旧的固定资产账面价值庞大,并不意味着折旧计提的恰当性或不恰当性,对于大规模企业、其固定资产账面价值庞大是自然的状况。选项 D 固定资产的保险额与折旧并无直接或必然联系。

2.【正确答案】C

【答案解析】应付账款和应付票据的管理,由专人按照约定的付款日期、折扣条件等管理应付款项。已到期的应付款项须经有关授权人员审批后方可办理结算与支付。

3.【正确答案】C

【答案解析】如果不能区分是固定资产修理还是固定资产改良,或固定资产修理和固定资产改良结合在一起,则按这一原则即"与固定资产有关的后续支出,如果使可能流入企业的经济利益超过了原先的估计,如延长了固定资产的使用寿命,或者使产品质量实质性提高,或者使产品成本实质性降低,则应当计入固定资产账面价值,其增计后的金额不应超过该固定资产的可收回金额。除此以外的后续支出,应当确认为当期费用"进行判断,其发生的后续支出,分别计入固定资产价值或计入当期费用。

4.【正确答案】B

【答案解析】从原始凭证追查到明细账是实现"完整性"目标的审计程序。

5.【正确答案】C

【答案解析】因为高估资产、漏列负债均有利于被审计单位对外粉饰财务业绩。

6.【正确答案】B

【答案解析】选项 A 属于本循环中"完整性"认定的关键内部控制。选项 B 重复使用往往意味着重复入账,与"发生"认定相关,应选。选项 C 属于"计价和分摊"认定的关键内部控制。选项 D 属于准确性、计价和分摊的关键内部控制。

7.【正确答案】D

【答案解析】既然未入账,当然不可能在账户记录中找到。

8.【正确答案】C

【答案解析】若验收单有缺号,则可能漏记相应的购货,仅与购货记录的"完整性"认定相关联,不应选 A 项。若有未入账的购货发票,仍然有可能漏记购货,不应选 B 项。若付款凭单未附购货发票,则可能记录了未实现的购货,违反了"发生"认定,应选 C 项。审核采购价格及折扣,与"计价和分摊"认定有关,不选 D 项。

9.【正确答案】C

【答案解析】固定资产因报废、毁损、调出等原因导致固定资产实际已减少时,被审计单位应及时将其账面相应金额冲减,否则就夸大账面资产夸大当期损益,故选 C 项。

10.【正确答案】A

【答案解析】资产负债表日后如果以货币资金支付了应付款项,说明年前应付款项已经入账了;审查未入账的应付账款从年前负债类的账面上是不能查出的,因为年前账面根本未记录该笔负债。

11.【正确答案】B

【答案解析】已经提前报废但尚未作出会计处理的固定资产影响的是存在性的认定,所以应当从固定资产的明细账追查至实物。

12.【正确答案】B

【答案解析】供应商提供的按月对账单最容易发现账外应付账款。

13.【正确答案】C

【答案解析】选项 A 是证实存在,选项 B 是证实准确性、计价和分摊,选项 C 是证实分类,选项 D 是检查完整性。

14.【正确答案】A

【答案解析】达到预定可使用状态是停止资本化的正确时点。

15.【正确答案】A

【答案解析】长期资产减值准备一经计提,不得在以后持有期间转回。

四、多项选择题

1.【正确答案】B、C、D

【答案解析】固定资产原值代表着企业的生产能力,它与产品产量之间存在着客观的依存关系:产品产量可能小于生产能力,此时表明固定资产未被充分利用(闲置),或生产能力有"水分"(已减少固定资产未在账上处理),但一般情况下,产品产量不会高于生产能力,除非其增加的固定资产未在账上反映,此时,仅从账面上看,为数不多的固定资产难以生产出数量庞大的产品。至于要发现选项 A 那样的错误,一般是通过检查被审计单位关于固定资产与低值易耗品的区分标准来进行的。

2.【正确答案】A、B、C、D

【答案解析】《内部会计控制规范——采购与付款(试行)》中建立采购与付款业务的岗位责任制,明确相关部门和岗位的职责、权限的要求。

3.【正确答案】A、B、C、D

【答案解析】《内部会计控制规范——采购与付款(试行)》中采购与付款内部控制监督检查的主要内容。

4.【正确答案】B、C

【答案解析】截止测试的关键是入账日期,通常不能通过实地观察程序来确定的,D 项中所述内容主要涉及的是存货的估价问题。

5.【正确答案】B、D

【答案解析】选项 A 不能证明采购已入账;选项 C 也不能证明采购已入账。

6.【正确答案】B、C、D

【答案解析】防止大金额的应付账款中可能存在的高估不是应付账款审计的主要目标。

7.【正确答案】A、B、C

【答案解析】选项 D 是固定资产的实质性程序。

8.【正确答案】A、B、C、D

【答案解析】均符合应付账款实质性分析程序的要求。

9.【正确答案】A、B、C、D

【答案解析】都是针对应付账款低估的审计程序。

10.【正确答案】A、B、C

【答案解析】固定资产期初余额是资产负债表日期末余额的基础,注册会计师之所以审计期初余额就是要在期初余额的基础上收集期末余额的充分适当的审计证据,因此用期末余额推断期初余额达不到审计目的,选项 D 不正确。

11.【正确答案】A、B、C、D

【答案解析】均为固定资产所有权的恰当表述。

12.【正确答案】A、B、C、D

【答案解析】都是针对固定资产减少的有效审计程序。

13.【正确答案】A、B、C、D

【答案解析】均针对固定资产折旧费用的相关审计程序。

14.【正确答案】A、B、C、D

【答案解析】均为预付账款的实质性分析程序。

15.【正确答案】A、B、C、D

【答案解析】均为商誉的针对性审计程序。

五、判断题

1.【正确答案】√

2.【正确答案】√

3.【正确答案】√

4.【正确答案】×

【答案解析】应付账款函证通常应采用积极式函证。

5.【正确答案】√

6.【正确答案】×

【答案解析】应付账款出现的借方明细余额应该重分类列示于预付款项。

7.【正确答案】√

8.【正确答案】×

【答案解析】提前报废的固定资产其价值一并转入固定资产清理,不再计提折旧。

9.【正确答案】√

10.【正确答案】×

【答案解析】固定资产内部控制中最重要的内容是资本预算。

六、简答题

1.【正确答案】固定资产内控的主要内容包括:① 职责分工制度。对固定资产的预算、授批、取得、记录、保管、使用、维修、处置等,均应明确划分责任,由专门部门和专人负责。明确的职责分工制度,有利于防止舞弊,降低控制风险。② 资本预算制度。资本预算制度是固定资产内控环节中最重要的一环。在大型企业,通常要编制年度资本预算,以控制固定资产支出,合理运筹资金;在小企业,即便缺乏正式的预算,但对固定资产的购建也要加以计划,从而合理安排资金,提高资金运作效率。③ 授权批准制度。固定资产的授权批准制度包括:企业资本预算只有经过董事会等高层管理机构批准方可生效;所有固定资产的取得和处置均需经企业管理当局的书面认可。④ 资本性支出和收益性支出的区分制度。企业应制定区分资本性支出和收益性支出的书面标准。通常须明确资本性支出的范围和最低金额,凡不属于资本性支出的范围,金额低于下限的任何支出,均应列作费用并抵减当期收益。⑤ 账簿记录制度。除固定资产总账外,还须设置固定资产明细分类账和固定资产登记卡,按固定资产类别、使用部门和每项固定资产进行明细核算。固定资产的增减变化均应有充分的原始凭证。一套设置完善的固定资产账、卡系统,将为分析固定资产的取得和处置、复核折旧费用和修理支出的合理性提供可靠的依据。⑥ 固定资产的维护保养制度。固定资产应有严密的维护保养制度,以防止其因自然或者人为的因素而遭受损失,并应建立日常维护和定期检修制度,以延长其使用寿命。⑦ 固定资产的处置制度。固定资产的处置,包括投资转出、报废、出售等,均要有一定的申请报批程序。⑧ 固定资产的定期盘点制度。对固定资产定期实地盘点,是验证账面资产真实存在、了解资产放置地点和使用状况的必要手段,是保护企业财产安全、完整的有力措施。

2.【正确答案】

	应 收 账 款	应 付 账 款
不同点		
审计主要目标	存在性	完整性
审计程序必要性	必须	非必须
审计效果	较强	较弱
函证对象	大额 账龄较长 债务纠纷 关联方 主要客户 余额较小甚至为零 可能 重大错报或舞弊的非常项目	大额 债权人 余额较 小甚至为零 重要债权人
函证方式	积极式＋消极式	主要积极式
共同点		
函证量与内控严密程度关系	函证量与内控严密程度成正相关	
是否存在替代程序	存在替代程序	

3.【正确答案】为了防止企业低估负债,注册会计师应检查被审计单位有无故意漏记应付账款行为。例如,结合存货监盘,检查被审计单位在资产负债表日是否存在料到单未到的经济业务;检查资产负债表日后收到的购货发票,关注其日期,确认其入账时间是否正确;检查资产负债表日后应付账款明细账贷方发生额及其相应凭证,确认其入账时间是否正确。检查时还可以通过询问被审计单位的会计和采购人员,查阅资本预算、工作通知单和基建合同的方式来进行。

4.【正确答案】根据具体情况,选择以下方法对固定资产实施实质性分析程序:① 计算固定资产原值与全年产量的比率,并与以前年度比较,分析其波动原因,可能发现闲置固定资产或已减少固定资产未在账户上注销的问题。② 计算本期计提折旧额与固定资产总成本的比率,将此比率同上期比较,旨在发现本期拆旧额计算上可能存在的错误。③ 计算累计折旧与固定资产总成本的比率,将此比率同上期比较,旨在发现累计折旧核算上可能存在的错误。④ 比较本期各月之间、本期与以前各期之间的修理及维护费用,旨在发现资本性支出和收益性支出区分上可能存在的错误。⑤ 比较本期与以前各期的固定资产增加和减少。由于被审计单位的生产经营情况不断变化,各期之间固定资产增加和减少的数额可能相差很大。注册会计师应当深入分析其差异,并根据被审计单位以往和今后的生产经营趋势,判断差异产生的原因是否合理。⑥ 分析固定资产的构成及其增减变动情况,与在建工程、现金流量表、生产能力等相关信息交叉复核,检查固定资产相关金额的合理性和准确性。

5.【正确答案】对各类固定资产,注册会计师应获取、汇集不同的证据以确定其是否归被审计单位所有:对外购的机器设备等固定资产,通常经审核采购发票、购货合同等予以确定;对于房地产类固定资产,尚需查阅有关的合同、产权证明、财产税单、抵押借款的还款凭据、保险单等书面文件;对融资租入的固定资产,应验证有关融资租赁合同,证实并非经营租赁;对汽车等运输设备,应验证有关运营证件等;对受留置权限制的固定资产,通常还应结合对银行借款等的检查,了解固定资产存在抵押、担保的情况,并提请被审计单位作必要披露。

七、案例分析题

1.【正确答案】

相关认定	审 计 目 标	实质性程序
发 生	所记录的采购交易已发生,且与被审计单位有关	F、L、K
完整性	所有应当纪录的采购交易均已记录	H、I
准确性	与采购交易有关的金额及其他数据已恰当记录	F
分 类	采购交易已记录于恰当的账户	G
截 止	采购交易已记录于正确的会计期间	J

2.【正确答案】要求:

(1)资料一与存货和应付账款的完整性认定、计价和分摊认定有关;资料二与存货和应付账款的计价和分摊认定有关。

(2)资料一表明相关控制未能得到有效执行。理由:因为原材料采购运费也是原材料成本的组成部分,在原材料已经办理入库的情况下,运费成本应该反映到暂估入账的相应原材料成本中,否则会导致少计存货成本和应付账款。

改进建议:公司应在期末汇总所有已验收入库但尚未收到供应商发票的原材料的未结算运费,并将其计入暂估入账的原材料成本。

资料二表明相关内控得到有效执行。

第十五章 存货与仓储循环审计

第一部分 习 题

一、思考题

1. 简述存货与仓储循环控制中的主要内容。
2. 简述存货监盘程序中的主要内涵。
3. 简述存货计价测试的具体内容。
4. 存货截止测试的关键是什么?

二、名词解释

1. 存货监盘
2. 存货重大错报风险
3. 购货业务截止测试
4. 存货计价测试
5. 生产成本及主营业务成本倒轧表

三、单项选择题

1. 有关存货审计的下列表述中,正确的是( )。
   A. 对存货进行监盘只能证实存货"完整性"和"权利和义务"认定
   B. 对难以盘点的存货,应根据企业存货收发制度确认存货数量
   C. 存货计价审计的样本应着重选择余额较小且价格变动不大的存货项目
   D. 存货截止测试的主要方法是抽查存货盘点日前后的购货发票与验收报告(或入库单),确定每张发票均附有验收报告(或入库单)
2. 下列各项中,属于生产成本审计实质性程序的是( )。
   A. 对成本实施分析程序
   B. 审查有关凭证是否进行适当审批
   C. 审查有关记账凭证是否附有原始凭证,及原始凭证的顺序编号是否完整
   D. 询问和观察存货的盘点及接触、审批程序
3. 毛利率的波动可能意味着( )的变动。

A. 存货余额发生变动　　　　　　B. 销售额与销售成本同比例上升

C. 销售额与销售成本同比例下降　　D. 销售价格

4. 注册会计师观察被审计单位存货盘点的主要目的是为了（　　）。

A. 查明客户是否漏盘某些重要的存货项目

B. 鉴定存货的质量

C. 了解盘点指示是否得到贯彻执行

D. 获得存货期末是否实际存在以及其状况的证据

5. 被审计单位永续盘存记录应由（　　）。

A. 会计部门负责　　　　　　　　B. 存储部门负责

C. 验收部门负责　　　　　　　　D. 采购部门负责

6. 被审计单位健全有效的存货内部控制要求由独立的采购部门负责（　　）。

A. 编制请购订单　　　　　　　　B. 编制购货订单

C. 控制存货水平以免出现积压　　D. 检验购入货物的数量、质量

7. 被审计单位对存货实地盘点时，注册会计师应当（　　）。

A. 指挥盘点工作的进行　　　　　B. 作为盘点小组成员进行盘点

C. 根据观察情况进行抽查　　　　D. 收集盘点单、编制盘点表

8. 注册会计师将被审计单位某一会计年度的毛利率与上年度进行比较，可以发现该年度被审计单位盈利能力是否正常，从而找出夸大或缩减经营业绩的原因。以下不影响毛利率变动的原因是（　　）。

A. 单位销售价格发生变动　　　　B. 单位产品成本发生变动

C. 管理费用发生变动　　　　　　D. 销售产品总体结构发生变动

9. 注册会计师监盘存货前应当确定存货盘点的范围。以下有关存货盘点的范围的确定中，不正确的是（　　）。

A. 在被审计单位盘点存货前，注册会计师应当观察盘点现场，确定应纳入盘点范围的存货是否已经适当整理和排列，并附有盘点标识，防止遗漏或重复盘点。对未纳入盘点范围的存货，注册会计师应当查明未纳入的原因

B. 对于被审计单位持有的受托代存存货，应纳入盘点范围

C. 对所有权不属于被审计单位的存货，注册会计师应当取得其规格、数量等有关资料，确定是否已分别存放、标明，且未被纳入盘点范围

D. 对于被审计单位委托代销的存货，注册会计师应纳入盘点范围，并向委托代销单位获取委托代管的书面确认函

10. 注册会计师对存货监盘时除亲临现场观察被审计单位盘点外还必须进行适当抽查。以下关于注册会计师对存货抽查时表述中，不正确的是（　　）。

A. 抽查的目的既可以是为了确证被审计单位的盘点计划得到适当的执行（控

制测试),也可以是为了证实被审计单位的存货实物总额(实质性程序)

 B. 如果对价值较高的存货项目实施抽查程序,那么即使注册会计师主要采用的是控制测试,也能通过该实质性程序获得进一步的确证

 C. 抽查的范围通常包括所有盘点工作小组的盘点内容以及难以盘点或隐蔽性较强的存货

 D. 注册会计师应尽可能地让被审计单位了解自己将抽取测试的存货项目,以便双方协调提高效率

11. 注册会计师对存货抽查时发现了差异,下列处理中,不恰当的是(　　)。

 A. 查明原因,及时提请被审计单位更正

 B. 不管是什么差异,应当提请被审计单位调整营业外支出

 C. 注册会计师应当考虑错误的潜在范围和重大程度,在可能的情况下,增加抽查范围以减少错误的发生

 D. 注册会计师根据抽查的结果如果认为盘点记录中错误程度非常严重,应当要求被审计单位重新进行盘点

12. 注册会计师如果无法在预定日期实施存货监盘或接受委托时被审计单位的期末存货盘点已经完成,注册会计师的下列程序中,不恰当的是(　　)。

 A. 注册会计师应当评估存货内部控制的有效性,如果存在良好的内部控制,注册会计师可以考虑改变存货监盘日期并对预定盘点日与改变后的存货盘点日之间的交易进行测试

 B. 对存货进行适当抽查或提请被审计单位另择日期重新盘点,同时测试抽查日或重新盘点日与资产负债表日之间发生的存货交易

 C. 委托内部审计人员协助

 D. 如果被审计单位盘点日注册会计师无法前往监盘,可考虑选派其他人员实施存货监盘

13. R公司从事木材加工、贸易业务。负责对R公司存货进行监盘的A注册会计师在具体审计计划中列示了以下监盘程序,其中项目负责人不能认可的是(　　)。

 A. 因作为主要原材料的原木露天堆放而被冰雪覆盖,将原定监盘日期由2月6日推迟到冰雪完全融化的3月20日

 B. 因为R公司对入库的产成品采用连续编号的入库凭证,应确认截止日期前的最后编号及未使用编号

 C. R公司对出场的原材料采用严格的门卫登记制度登记连续编号

 D. R公司的原木入库及出库均采用火车运输方式,应详细记录盘点时进、出料场的火车班次

14. 下列各项中,被审计单位不应计入存货实际成本中的是(　　)。

A. 发出委托加工的物资的运输费用

B. 外购材料发生的运输费

C. 用于直接对外销售的委托加工应税消费品所支付的消费税

D. 用于继续生产应税消费品的委托加工应税消费品所支付的消费税

15. 某股份有限公司成立于 2009 年 1 月 1 日,期末存货采用成本与可变现净值孰低法计价,成本与可变现净值的比较采用单项比较法。该公司 2009 年 12 月 31 日 A、B、C 3 种存货的成本分别为:130 万元、221 万元、316 万元;A、B、C 3 种存货的可变现净值分别为:128 万元、215 万元、336 万元。则注册会计师认为,该公司当年 12 月 31 日财务报表中列示的存货的账面价值为(　　)万元。

A. 659　　　　　　B. 667　　　　　　C. 679　　　　　　D. 687

四、多项选择题

1. 存货周转率的波动可能意味着被审计单位存在以下情况的有(　　)。

A. 有意或无意地减少存货储备　　　　B. 存货管理或控制程序发生变动

C. 存货成本项目发生变动　　　　　　D. 存货核算方法发生变动

2. 注册会计师在编制存货监盘计划时应当实施的工作有(　　)。

A. 了解存货的内容、性质、各存货项目的重要程度及存放场所

B. 审阅以前年度的工作底稿,了解被审计单位的存货情况、存货盘点程序以及其他在以前年度存货审计中遇到的重大问题

C. 考虑实地查看存货存放场所,熟悉在库存货及其组织管理方式以及潜在问题

D. 与管理当局讨论其存货盘点计划

3. 存货监盘计划的主要内容包括(　　)。

A. 存货监盘的目标、范围及时间安排　　B. 存货监盘的要点及关注事项

C. 参加存货监盘人员的分工　　　　　　D. 抽查的范围

4. 注册会计师在编制存货监盘计划时应当与管理当局讨论其存货盘点计划,讨论的主要内容有(　　)。

A. 盘点时间安排(包括存放在外单位的存货盘点时间安排)和盘点范围和场所的确定

B. 存货的整理和排列,毁损、陈旧、过时、残次及所有权不属于被审计单位的存货的区分

C. 存货收发截止的控制及盘点期间存货移动的控制

D. 盘点结果的汇总及盘盈盘亏的分析、调查与处理

5. 注册会计师对被审计单位存货监盘时应特别关注的问题有(　　)。

  A. 注册会计师应当特别关注存货的移动情况,防止遗漏或重复盘点

  B. 注册会计师应当特别关注存货的状况,观察被审计单位是否已经恰当地区分了所有毁损、陈旧、过时及残次的存货

  C. 注册会计师应当获取盘点日前后存货收发及移动的凭证,检查库存记录与会计记录期末截止日期是否正确

  D. 在存货监盘过程中,注册会计师应当获取存货验收入库、装运出库以及内部转移截止等信息,以便将来追查至被审计单位的会计记录

  6. 如果由于被审计单位存货的性质或位置等原因导致无法实施存货监盘,注册会计师可实施( )替代审计程序获取有关期末存货数量和状况的充分、适当的审计证据。

  A. 检查资产负债表日后发生的销货交易凭证

  B. 检查进货交易凭证

  C. 检查生产记录以及其他相关资料

  D. 向顾客或供应商函证

  7. 注册会计师对诸如辐射性化学物品或气体等特殊性质的存货进行审计而无法监盘时,应当考虑的审计程序有( )。

  A. 被审计单位存在值得信赖的内部控制

  B. 审阅购货、生产和销售记录以获取必要的审计证据

  C. 向接触到相关存货项目的第三方检查人员询证

  D. 实施其他替代审计程序,比如追查该批存货的生产、使用和处置等有关报告确定此类存货的存在

  8. 注册会计师对于被审计单位委托其他单位保管或已作质押的存货未进行监盘应实施的审计程序有( )。

  A. 向保管人或债权人函证

  B. 实施监盘

  C. 利用其他注册会计师的工作

  D. 对存放于外单位存货,注册会计师通常需要向该单位获取委托代管存货的书面确认函

  9. 导致存货审计复杂的主要原因包括( )。

  A. 存货通常是资产负债表中的一个主要项目,而且通常是构成营运资本的最大项目

  B. 存货存放于不同的地点,这使得对它的实物控制和盘点都很困难

  C. 存货本身的陈旧以及存货成本的分配也使得存货的估价出现困难

  D. 允许采用的存货计价方法的多样性

10. 编制存货监盘计划时,注册会计师应当实施的审计程序有(　　)。

A. 了解存货的内容、性质、各存货项目的重要程度及存放场所

B. 了解与存货相关的内部控制评估与存货相关的重大错报风险,查阅以前年度的存货监盘工作底稿

C. 考虑实地察看存货的存放场所,特别是金额较大或性质特殊的存货

D. 考虑是否需要利用专家的工作或其他注册会计师的工作

11. 存货通常具有较高水平的重大错报风险,影响重大错报风险的因素具体包括(　　)。

A. 存货的数量和种类　　　　　　B. 成本归集的难易程度

C. 陈旧过时的速度或易损坏程度　　D. 遭受失窃的难易程度

12. 存货监盘计划应当包括的主要内容有(　　)。

A. 存货监盘的目标、范围及时间安排　B. 存货监盘的要点及关注事项

C. 参加存货监盘人员的分工　　　　D. 检查存货的范围

13. 注册会计师在对期末存货进行截止测试时,通常应当关注(　　)。

A. 所有在截止日以前入库的存货项目是否均已包括在盘点范围内,并已反映在截止日以前的会计记录中

B. 所有在截止日以前装运出库的存货项目是否均未包括在盘点范围内,且未包括在截止日的存货账面余额中

C. 所有已确认为销售但尚未装运出库的商品是否均未包括在盘点范围内,且未包括在截止日的存货账面余额中

D. 所有已记录为购货但尚未入库的存货是否均已包括在盘点范围内,并已反映在会计记录中

14. 注册会计师实施的替代审计程序主要包括(　　)。

A. 检查进货交易凭证或生产记录以及其他相关资料

B. 检查资产负债表日后发生的销货交易凭证

C. 向顾客或供应商函证

D. 对存货进行截止测试

15. 注册会计师应当实施下列一项或多项审计程序,以获取有关本期期初存货余额的充分、适当的审计证据有(　　)。

A. 查阅前任注册会计师工作底稿　　B. 复核上期存货盘点记录及文件

C. 检查上期存货交易记录　　　　　D. 运用毛利百分比法等进行分析

五、判断题

1. 尽管实施存货监盘,获取有关期末存货数量和状况的充分、适当的审计证

据是注册会计师的责任,但这并不能取代被审计单位管理层定期盘点存货,合理确定存货的数量和状况的责任。　　　　　　　　　　　　　　　　　　（　　）

2. 存货监盘针对的主要是存货的存在认定、完整性认定以及权利和义务的认定存货监盘作为存货审计的一项核心审计程序,通常可同时实现上述多项审计目标。　　　　　　　　　　　　　　　　　　　　　　　　　　　　（　　）

3. 在复核或与管理层讨论其存货盘点计划时,注册会计师应当考虑下列主要因素,以评价其能否合理地确定存货的数量和状况如果认为被审计单位的存货盘点计划存在缺陷,注册会计师应当提请被审计单位调整。　　　　（　　）

4. 如果存货盘点日不是资产负债表日,注册会计师应当实施适当的审计程序,确定盘点日与资产负债表日之间存货的变动是否已作出正确的记录。在很多情况下,存货盘点日并不是资产负债表日,而有可能是在资产负债表日之后或之前甚至是在不同日期进行。注册会计师应当根据不同情况的特点实施程度不同的审计程序,以便确定被审计单位对于盘点日与资产负债表日之间的存货变动情况是否已作出了正确的记录。　　　　　　　　　　　　　　　　　　（　　）

5. 如果被审计单位采用永续盘存制核算存货,注册会计师应当关注永续盘存制下的期末存货记录与存货盘点结果之间是否一致。如果这两者之间出现重大差异,注册会计师应当实施追加的审计程序,查明原因,并检查永续盘存记录是否已作出了适当调整。　　　　　　　　　　　　　　　　　　　　　　（　　）

6. 企业应当按照单个存货项目计提存货跌价准备;对于数量繁多、单价较低的存货,可以按存货类别计提存货跌价准备;如果某些存货具有相同或类似最终用途或目的,并与在同一地区生产和销售的产品系列相关,且难以与其他项目分开计量,可以合并计提存货跌价准备。　　　　　　　　　　　　　　（　　）

7. 注册会计师应当根据被审计单位存货的特点、盘存制度和存货内部控制的有效性等情况,在评价被审计单位存货盘点计划的基础上,编制存货监盘计划,对存货监盘作出合理安排。　　　　　　　　　　　　　　　　　　　（　　）

8. 存货监盘只能对期末结存数量和状况予以确认,为了验证财务报表上存货余额的真实性,还必须对存货的计价进行审计。　　　　　　　　　　（　　）

9. 存货监盘是一项复合审计程序。　　　　　　　　　　　　　　（　　）

10. 大多数情况下,存货监盘的性质属于实质性程序。　　　　　（　　）

六、简答题

1. 简述存货资产的特点。

2. 简述制定存货监盘计划的应实施的工作内容。

3. 简述营业成本执行实行性分析程序的主要内容。

七、案例分析题

1. B注册会计师接受委托,对常年审计客户丙公司2009年度财务报表进行审计。丙公司为玻璃制造企业,存货主要有玻璃、煤炭和烧碱,其中少量玻璃存放于外地公用仓库。另有丁公司部分水泥存放于丙公司的仓库。丙公司拟于2009年12月29日至12月31日盘点存货。以下是B注册会计师撰写的存货监盘计划的部分内容。

存货监盘计划

一、存货监盘的目标

检查丙公司2009年12月31日存货数量是否真实完整。

二、存货监盘范围

2009年12月31日库存的所有存货,包括玻璃、煤炭、烧碱和水泥。

三、监盘时间

存货的观察与检查时间均为2009年12月31日。

四、存货监盘的主要程序

(1)与管理层讨论存货监盘计划。

(2)观察丙公司盘点人员是否按照盘点计划盘点。

(3)检查相关凭证以证实盘点截止日前所有已确认为销售但尚未装运出库的存货均已纳入盘点范围。

(4)对于存放在外地公用仓库的玻璃,主要实施检查货运文件,出库记录等替代程序。

要求:

(1)指出存货监盘计划中目标、范围、时间存在的错误,并简要说明理由。

(2)判断存货监盘计划中列示的主要程序是否恰当,若不恰当,请予以修改。将答题结果填入下列表格。

存货监盘计划内容	目标、范围、时间中存在错误的理由(若没有错误写"正确",无需写理由) 主要程序不当的修改(若没有不当写"恰当",无需写理由)
一、存货监盘目标	
二、存货监盘范围	
三、存货监盘时间	
四、存货监盘程序	
1. 讨论	
2. 观察	
3. 检查	
4. 替代	

2. 新和有限公司成立于 2007 年 12 月 1 日,公司主要从事电脑外壳的生产与销售。2009 年 1 月 25 日,立信会计师事务所受托对其 2008 年度的财务报告进行外勤审计,在审计过程中,审计人员发现 12 月份的产品成本存在着较为明显的问题。根据账面资料,12 月份生产完工产品 2 000 套,月末产成品为零,月末的在产品为 100 套,在产品的投料程度 100%,加工程度为 20%。然而,审计人员在监盘过程中发现月末在产品的库存数应为 500 套,加工程度应为 80%,在产品投料程度和产成品数量正确。另外 12 月份公司将在建工程(工会俱乐部)领用的 22 500 元原材料,计入当月生产费用。下面是该公司 2008 年 12 月的原材料总账、工资分配表和产品成本计算单。

2008 年 12 月原材料总账
单位:元

2008 年 月	日	凭证号	摘　要	借　方	贷　方	余　额
12	1		期初结余			13 000.00
	4	#023	购　入	87 000.00		
	18	#28	购　入	120 000.00		
	31	汇 5	生产领用		157 500.00	
	31	汇 6	生产领用(在建工程)		22 500.00	
12	31		本月发生额与月末余额	207 000.00	180 000.00	40 000.00

2008 年 12 月份的工资分配表
单位:元

部　　门	人员类别	生产成本	制造费用
生产车间	生产工人	20 800.00	
销售部门	门市部人员	2 260.00	
其　他	在建工程人员		4 400.00
合　计		23 060.00	35 600.00

2008 年 12 月份的产品成本计算表
单位:元

成本项目	月初在产品成本	本月生产费用	生产费用合计	产成品成本	月末在产品成本
直接材料	30 000.00	180 000.00	210 000.00	200 000.00	10 000.00
直接人工	3 200.00	23 060.00	26 260.00	26 000.00	260.00

(续表)

成本项目	月初在产品成本	本月生产费用	生产费用合计	产成品成本	月末在产品成本
制造费用	4 800.00	35 600.00	40 400.00	40 000.00	400.00
合　计	38 000.00	238 660.00	276 660.00	266 000.00	10 660.00

结合运用审计技术方法,要求:

（1）根据上述资料指出被审计单位在原材料与工资核算中存在的问题。

（2）重新编制审定后的产品成本计算单。

（3）考虑增值税（该企业适用的增值税税率为 17%）的影响,不考虑对所得税费用的影响,编制审计调整分录。

第二部分　参考答案及解析

三、单项选择题

1.【正确答案】D

【答案解析】在选项 A 中,对存货监盘可以用来证实存货的"存在"、"完整性"、"权利和义务"认定。在 B 选项中,对难以盘点的存货应当检查购货交易凭证或资产负债表日后的销货交易凭证。在选项 C 中,存货计价审计的样本应选择余额较大或价格变动较频繁的项目。选项 D 为正确答案。

2.【正确答案】A

【答案解析】选项 B、C、D 都是控制测试程序,因此只能选 A 项。

3.【正确答案】D

【答案解析】由毛利率的计算公式: 毛利率＝1－销售成本÷销售收入,若销售额同销售成本同比例变动,则毛利率不变,因此不应选 B、C 两项。选项 A 应通过存货周转率来反映,亦不能选。销售价格是销售收入的决定性因素,应选 D 项。

4.【正确答案】D

【答案解析】查明被审计单位是否漏盘某些重要的存货项目目的是测试其完整性;鉴定存货的质量目的是测试其价值;了解盘点指示是否得到贯彻执行的目的是测试其盘点指示是否执行。

5.【正确答案】A

【答案解析】永续盘存记录应由会计部门负责。

6.【正确答案】B

【答案解析】编制请购订单,控制存货以免出现积压及检验购入货物的数量,不属于采购部门的职责。

7.【正确答案】C

【答案解析】指挥盘点工作的进行、进行盘点、收集盘点单、编制盘点表为被审计单位职责。

8.【正确答案】C

【答案解析】管理费用变动与毛利率无关。

9.【正确答案】B

【答案解析】被审计单位持有的受托代存存货,因其所有权不属于被审计单位不应纳入盘点范围。

10.【正确答案】D

【答案解析】注册会计师不应让被审计单位了解自己抽取测试的存货项目以提高抽查的效果。

11.【正确答案】B

【答案解析】注册会计师对存货抽查时发现了差异,说明存货监盘过程中盘点记录与存货实物不符,此时应查明原因,及时提请被审计单位更正,增加抽查范围。如果认为盘点记录中错误程度非常严重,应当要求被审计单位重新进行盘点。如果被审计单位期末存货盘亏属非常损失,才列支营业外支出。

12.【正确答案】C

【答案解析】注册会计师如果无法在预定日期实施存货监盘或接受委托时被审计单位的期末存货盘点已经完成,注册会计师可以选择选项 A、B、D 的程序,注册会计师不能依赖内部审计人员监盘。

13.【正确答案】D

【答案解析】仅登记进出场的火车班次是不够的,还应详细列示进出火车满载与空载的车厢数。

14.【正确答案】D

【答案解析】用于继续生产应税消费品的委托加工应税消费品所支付的消费税可以抵扣,不进成本。

15.【正确答案】A

【答案解析】$128 + 215 + 316 = 659$

四、多项选择题

1.【正确答案】A、B、C、D

【答案解析】根据存货周转率计算公式,存货周转率与期末存货有关即选项 A；与存货管理或控制程序有关比如存货被盗或毁损有关即选项 B；与存货成本项目发生变动即料工费的比例有关即选项 C；与存货核算方法比如先进先出法或者加权平均法等计算方法有关即选项 D。

2.【正确答案】A、B、C、D

【答案解析】存货审计准则明确了注册会计师在编制存货监盘计划时应当实施的工作。

3.【正确答案】A、B、C、D

【答案解析】存货审计准则明确了存货监盘计划内容。

4.【正确答案】A、B、C、D

【答案解析】根据存货审计准则，以上四个选项都是注册会计师在编制存货监盘计划时应当与管理当局讨论的明确内容。

5.【正确答案】A、B、C、D

【答案解析】根据存货审计准则，注册会计师应特别关注存货的移动情况、存货的状况、期末截止等问题。

6.【正确答案】A、B、C、D

【答案解析】存货审计准则对注册会计师无法监盘时的典型替代程序。

7.【正确答案】A、B、C、D

【答案解析】注册会计师对辐射性化学物品或气体等特殊性质的存货无法监盘时通常实施的替代程序。

8.【正确答案】A、B、C、D

【答案解析】注册会计师确认委托其他单位保管或已作质押的存货是否真实的通常程序。

9.【正确答案】A、B、C、D

【答案解析】教材也有明确的文字表述。

10.【正确答案】A、B、C、D

【答案解析】审计准则第 1311 号第六条。

11.【正确答案】A、B、C、D

【答案解析】均属于常见的重大错报风险因素。

12.【正确答案】A、B、C、D

【答案解析】审计准则第 1311 号第十条。

13.【正确答案】A、B、C、D

【答案解析】均符合存货截止测试"账实同期"的基本要求。

14.【正确答案】A、B、C

【答案解析】审计准则第 1311 号第二十五条。

15.【正确答案】A、B、C

　　【答案解析】审计准则第 1311 号第二十八条。

五、判断题

1.【正确答案】√

2.【正确答案】√

3.【正确答案】√

4.【正确答案】√

5.【正确答案】√

6.【正确答案】√

7.【正确答案】√

8.【正确答案】√

9.【正确答案】√

10.【正确答案】×

　　【答案解析】大多数情况下,存货监盘的性质,属于控制测试。

六、简答题

1.【正确答案】作为最能反映生产经营状态特点的存货,与其他资产项目相比,具有以下特点:

（1）流动性较强、较快,介于其他流动资产和非流动资产之间。其周转速度取决于生产经营的周期,并且受制于生产与经营两者之中的较低速度。

（2）空间的累积性与不可逆转性。由于成本费用具有"步步累积、层层叠加"的性质,所以,在不同生产环节的同一在产品,随着加工程度的深入,其单位成本呈不断递增的特征,这就赋予了存货成本的累积性与不可逆转性。即存货的"上游"失控,就必然导致"下游"的"劫难";反之,"下游"的灾情又往往同"上游"的流速、流量、流径密切相关。

（3）时间的跨期性。同一存货可能存在于不同的会计期间。这些不同的会计期间又有前期、当期（本期）、后期之分。

（4）存在的实物性。虽然存货处于连续不断的变化之中,但万变不离其宗,即无论何时何地的存货,它总会以某一实物形式而存在,人们可通过实地盘点确证其数量。这为实地盘存制的运用,特定状态如清算会计下运用"财富法"计量损益提供了现实可能。

（5）价值流转的假定性。由于存货实物流转具有以上诸多特性,尤其是流转的连续性,因此,势必带来存货价值流转计量与计价的相当假定性。衡量这种计量、计价假定性的合适与公允与否,自然又成为审计的目标。

2.【正确答案】在编制存货监盘计划时,注册会计师应当实施以下工作:
① 了解存货的内容、性质、各存货项目的重要程度及存放场所。② 了解存货会计
系统及其相关的内部控制。③ 评估存货相关的重大风险和重要性。④ 审阅以前
年度的工作底稿。⑤ 考虑实地察看存货的存放场所。⑥ 利用专家的工作。⑦ 复
核或与管理当局讨论其存货盘点计划。

3.【正确答案】营业成本执行实质性分析程序的主要内容有:① 利用勾稽关
系,将主营业务成本汇总明细表、生产成本及主营业务成本倒轧表,以及"库存商
品"、"生产成本"等科目进行复核。② 利用销售成本率指标,复核主营业务成本与
主营业务收入的配比性,销售成本结转的恰当性。③ 利用存货周转率指标,分析
存货与成本是否存在异常波动。④ 检查锁定某一产品,将本期内各月间单位成本
与前期进行比较,查明是否存在异常波动。

七、案例分析题

1.【正确答案】

存货监盘计划内容	目标、范围、时间中存在错误的理由(若没有错误写"正确",无需写理由) 主要程序不当的修改(若没有不当写"恰当",无需写理由)
一、存货监盘目标	应该是获取丙公司 2009 年 12 月 31 日有关存货数量和状况证据,检查存货的数量是否真实完整,是否归属被审计单位,存货有无毁损、陈旧、残次和短缺等状况
二、存货监盘范围	应该是 2009 年 12 月 31 日库存的玻璃、煤炭和烧碱,并不应该包括其他公司存放在本公司的水泥
三、存货监盘时间	应该包括实地察看盘点现场的时间、观察存货盘点的时间和对已盘点存货实施检查的时间等,应当与被审计单位实施存货盘点的时间相协调,所以应为 2009 年 12 月 29 日至 12 月 31 日
四、存货监盘程序	
1. 讨论	应该是与被审计单位管理层复核或讨论其存货盘点计划
2. 观察	恰当
3. 检查	应该是检查所有在截止日前已确认为销售但尚未装运出库的存货均未纳入盘点范围
4. 替代	应该主要通过函证或利用其他注册会计师工作等替代程序来进行查验

2.【正确答案】要求：

（1）存在的问题如下：① 在建工程领用的原材料 22 500 元不应该计入本期的生产成本，应计入在建工程。② 在建工程人员的应在在建工程列支，不应作为制造费用。③ 销售部门员工的工资不应计入本期的生产成本，应计入销售费用。

（2）重新编制审定后的产品成本计算单。

2008 年 12 月份的产品成本计算表（审定后）　　　　　　单位：元

成本项目	月初在产品成本	本月生产费用	生产费用合计	产成品成本	月末在产品成本
直接材料	30 000.00	157 500.00	187 500.00	150 000.00	37 500.00
直接人工	3 200.00	20 800.00	24 000.00	20 000.00	4 000.00
制造费用	4 800.00	31 200.00	36 000.00	30 000.00	6 000.00
合　计	38 000.00	209 500.00	247 500.00	200 000.00	47 500.00

（3）会计分录如下：

借：存货（在产品）　　　　　　　　　　　　　　　　36 840
　　在建工程　　　　　　　　　　　　　　　　　　　30 725
　　销售费用　　　　　　　　　　　　　　　　　　　　2 260
　　贷：营业成本　　　　　　　　　　　　　　　　　　66 000
　　　　应交税费　　　　　　　　　　　　　　　　　　3 825

第十六章 筹资与投资循环审计

第一部分 习 题

一、思考题

1. 筹集活动的具体审计目标包括哪些?
2. 投资活动的具体审计目标包括哪些?
3. 如何评估企业筹资和投资活动的风险?
4. 企业筹资活动的内部控制有哪些内容?
5. 企业投资活动的内部控制有哪些内容?
6. 短期借款和长期借款的实质性程序有何区别?
7. 简述投入资本和资本公积两个项目的实质性程序。
8. 简述长期股权投资的实质性程序。
9. 简述金融资产项目的实质性程序。

二、名词解释

1. 筹资与投资循环　　　　　　　2. 筹资活动
3. 投资活动　　　　　　　　　　4. 权益筹资
5. 负债筹资　　　　　　　　　　6. 注册资本
7. 资本公积　　　　　　　　　　8. 出资方式
9. 法定资本　　　　　　　　　　10. 公允价值变动收益

三、单项选择题

1. 当发现记录的债券利息费用大大超过相应的应付债券账户余额与票面利率乘积时,注册会计师应当怀疑(　　)。

　　A. 应付债券的折价被低估　　　　B. 应付债券被高估
　　C. 应付债券被低估　　　　　　　D. 应付债券的溢价被高估

2. 甲注册会计师审计 B 公司长期借款业务时,为确定长期借款账户余额的真实性,可以进行函证。函证的对象应当是( )。

 A. B公司的律师　　　　　　　　B. 金融监管机关

 C. 银行或其他有关债权人　　　　D. 公司的主要股东

 3. A注册会计师拟对H公司与借款活动相关的内部控制进行测试,下列程序中,不属于控制测试程序的是( )。

 A. 索取借款的授权批准文件,检查批准的权限是否恰当、手续是否齐全

 B. 观察借款业务的职责分工,并将职责分工的有关情况记录于审计工作底稿中

 C. 计算短期借款、长期借款在各个月份的平均余额,选取适用的利率匡算利息支出总额,并与账务费用等项目的相关记录核对

 D. 抽取借款明细账的部分会计记录,按原始凭证到明细账再到总账的顺序核对有关会计处理过程,以判断其是否合规

 4. 授权批准是筹资与投资循环内部控制目标中( )的关键内部控制程序。

 A. 存在　　　　　　　　　　　　B. 完整性

 C. 计价和分摊　　　　　　　　　D. 权利和义务

 5. 在对于应付债券进行实质性程序时,注册会计师应当( )。

 A. 审查应付债券原始凭证保管人同会计记录人员是否职责分离

 B. 审查营业费用明细账

 C. 审查债券持有人明细账是否由专人保管

 D. 审查应付债券是否已在资产负债表或其附注中分类反映

 6. 为分析被审计单位在多大程度上依赖投资收益,从而判断其盈利能力的稳定性,注册会计师应当计算投资收益占( )的比例。

 A. 长期投资　　　　　　　　　　B. 利润总额

 C. 接受投资单位的实收资本　　　D. 应收款项

 7. 在对H公司2004年度财务报表进行审计时,A注册会计师负责筹资与投资循环的审计。在审计过程中,A注册会计师遇到以下事项,请代为作出正确的专业判断。A注册会计师拟对H公司与借款活动相关的内部控制进行测试,下列程序中,不属于控制测试程序的是( )。

 A. 索取借款的授权批准文件,检查批准的权限是否恰当、手续是否齐全

 B. 观察借款业务的职责分工,并将职责分工的有关情况记录于审计工作底稿中

 C. 计算短期借款、长期借款在各个月份的平均余额,选取适用的利率匡算利息支出总额,并与账务费用等项目的相关记录核对

 D. 抽取借款明细账的部分会计记录,按原始凭证到明细账再到总账的顺序核

对有关会计处理过程,以判断其是否合规

8. A 注册会计师在对 H 公司发生的借款费用进行审计时,注意到以下事项,其中,会计处理错误的是(　　)。

　A. 公司对为购建固定资产而溢价发行的公司债券采用实际利率法分期摊销债券溢价,并以实际利率作为资本化率

　B. H 公司的某项在建工程根据建造工艺的要求需暂停施工 4 个月,在此期间,H 公司停止了借款费用资本化

　C. H 公司将为购建固定资产而发生的金额较小的专门借款手续费,在固定资产达到预定可使用状态前计入期间费用

　D. H 公司将为购建固定资产而发生的外币专门借款的汇兑差额,在固定资产达到预定可使用状态前计入固定资产购建成本

9. 注册会计师在审查长期债券投资的溢价摊销时,不应重点审查的是(　　)。

　A. 摊销方法是否合规

　B. 每期摊销额计算是否正确

　C. 每期投资收益是否为"应计利息"与溢价摊销额之差

　D. 长期债券投资是否采用"权益法"核算

10. 在注册会计师关于投资项目的审计目标中,首要的是(　　)。

　A. 投资是否存在　　　　　　　B. 投资是否为被审计单位所拥有

　C. 投资的增减变动记录是否完整　　D. 投资的会计处理是否正确

11. X 公司在以下关于借款费用的会计处理中,注册会计师认为需要调整的是(　　)。

　A. X 公司将发行的股票佣金计入借款费用

　B. X 公司将发行的债券佣金计入借款费用

　C. X 公司将借款手续费用计入借款费用

　D. X 公司将借款利息计入借款费用

12. 下列各项费用中,不应计入非同一控制下企业合并的合并成本有(　　)。

　A. 为进行企业合并而发生的咨询费用

　B. 为进行企业合并而发生的法律服务费用

　C. 为进行企业合并而发生的审计费用

　D. 为进行企业合并而发行权益性证券的佣金

13. A 公司 2009 年 12 月 1 日以 1 000 万元取得 X 公司 30% 股权,取得投资时被投资单位可辨认净资产公允价值为 3 500 万元。A 公司能够对 X 公司施加重大影响,2009 年 12 月 31 日,A 公司对 X 公司长期股权投资的可收回金额为 800

万元,则 A 公司 2009 年 12 月 31 日应计提的长期投资减值准备为( )万元。

    A. 200   B. 250   C. 350   D. 0

14. 注册会计师对 X 公司长期股权投资减值准备进行审计时,认为 X 公司的处理错误的是( )。

    A. 由于 F 公司已经破产,尚未清算完毕,X 公司对其长期股权投资——F 公司 500 万元全额计提减值准备

    B. 由于 I 公司已经资不抵债了,X 公司对其长期股权投资——I 公司 1 000 万元金额计提减值准备

    C. 由于长期股权投资——S 公司的市价低于账面价值 100 万元。X 公司计提 100 万元的长期股权投资减值准备

    D. 由于 G 公司亏损,X 公司对其长期股权投资——G 公司 1 000 万元计提减值准备 200 万元

15. A 注册会计师在审计 X 公司 2008 年财务报表时发现,X 公司是一家大型机床制造企业,2008 年 12 月 1 日与甲公司签订一项不可撤销销售合同,约定于 2009 年 4 月 1 日以 300 万元的价格向甲公司销售大型机床一台,若不能按期交货,X 公司需要按照总价款的 10% 支付违约金。至 2008 年 12 月 31 日,X 公司尚未开始生产该机床;由于原料上涨等因素,X 公司预计生产该机床成本不可避免地升至 320 万元,企业拟继续履约。假定不考虑其他因素,A 注册会计师确认的 X 公司 2008 年 12 月 31 日正确处理为( )。

    A. 确认预计负债 20 万元   B. 确认预计负债 30 万元

    C. 确认存货跌价准备 20 万元   D. 确认存货跌价准备 30 万元

四、多项选择题

1. 属于筹资活动所涉及的主要凭证和会计记录有( )。

    A. 股东名册   B. 企业的章程

    C. 承销或包销协议   D. 投资协议

2. 对于长期借款在财务报表中的披露,注册会计师应当审查( )。

    A. 一年内到期的长期借款是否列入"一年内到期的非流动负债"

    B. 借款的种类是否列示

    C. 借款的目的是否说明

    D. 借款的担保是否说明

3. 一般来说,应付债券的内部控制包括( )。

    A. 债券的发行要经过董事会批准   B. 每种债券的发行都必须签订契约

    C. 债券承销或包销必须签订有关协议   D. 未发行的债券必须有专人保管

4. 为证实被审计单位是否存在未入账的长期负债,注册会计师可选用实质性程序有(　　)。

A. 函证银行存款余额的同时函证负债业务

B. 检查借款合同或债券副本

C. 向被审计单位索取债务声明书

D. 检查其会计处理是否符合会计准则

5. 下列对交易性金融资产实施的实质性程序中,恰当的有(　　)。

A. 对期末结存的相关交易性金融资产,向被审计单位核实其持有目的,检查本科目核算范围是否恰当

B. 监盘库存交易性金融资产,并与相关账户余额进行核对,如有差异,应查明原因,并作出记录或进行适当调整

C. 向相关金融机构发函询证交易性金融资产期末数量以及是否存在变现限制,并记录函证过程

D. 复核与交易性金融资产相关的损益计算是否准确,并与公允价值变动损益及投资收益等有关数据核对

6. 注册会计师对持有至到期投资实施实质性程序时,以下恰当的是(　　)。

A. 检查库存持有至到期投资,并与账面余额进行核对,如有差异,应查明原因,并作出记录或进行适当调整

B. 结合投资收益科目,复核处置持有至到期投资的损益计算是否准确,已计提的减值准备是否同时结转

C. 结合银行借款等科目,了解是否存在已用于债务担保的持有至到期投资

D. 向相关金融机构发函询证持有至到期投资期末数量,并记录函证过程

7. 如果未经注册会计师审计,则应考虑对被投资单位的财务报表实施下列审计或审阅程序的有(　　)。

A. 复核投资收益时,应以取得投资时被投资单位各项可辨认资产等的公允价值为基础,对被投资单位的净利润进行调整后加以确认

B. 将重新计算的投资收益与被审计单位所计算的投资收益相核对,如有重大差异,则查明原因,并作适当调整

C. 检查被审计单位按权益法核算长期股权投资,在确认应分担被投资单位发生的净亏损时,应首先冲减长期股权投资的账面价值,其次冲减其他实质上构成对被投资单位净投资的长期权益账面价值

D. 检查除净损益以外被投资单位所有者权益的其他变动,是否调整计入所有者权益

8. 对于接受捐赠的资产,注册会计师应当从(　　)等几方面进行审查。

A. 接受捐赠资产是否经过授权批准　　B. 捐赠资产是否办理了移交手续

C. 捐赠资产是否经过验收　　　　　　D. 捐赠资产是否入账

9. 发行记名股票的公司一般应在股东名册上记载的内容包括（　　）。

A. 股东姓名、名称及住所

B. 所持股票的票面金额、利率、付息方式

C. 取得其股份的日期

D. 所持股份数、所持股票的编号

10. 为了核实被审计单位有关借款和所有者权益的增减变动及其利息和股利会计记录的完整性，注册会计师应作的控制测试通常包括（　　）。

A. 索取借款或股票的批准文件　　　B. 了解债券持有人明细资料保管制度

C. 检查公司是否与外部机构核对　　D. 观察并描述筹资业务的职责分工

11. 下列能证明被审计单位房地产类固定资产所有权的资料包括（　　）。

A. 租赁协议　　B. 财产账单　　C. 保险单　　D. 产权证明

12. 注册会计师审查被审计单位有价证券时，实施的测试程序有（　　）。

A. 向被审计单位证券保管机构发函询证

B. 审查结账日前后一段时期内的现金收支

C. 查阅被审计单位管理当局有关证券买卖的会议记录或决议

D. 审查有价证券的取得是否按实际成本入账

13. 有价证券实质性测试程序一般包括（　　）。

A. 盘点　　　　B. 函证　　　C. 审查投资损益　　D. 实地观察

14. 在审查短期股票投资、长期股权投资的入账价值时，应注意其中包括（　　）。

A. 税金　　　　　　　　　　　　B. 手续费

C. 佣金　　　　　　　　　　　　D. 已宣告发放但尚未支付的股利

15. H 注册会计师计划测试 C 公司 2009 年年末长期银行借款余额的完整性。以下审计程序中，可能实现该审计目标的有（　　）。

A. 了解银行对 C 公司的授信情况

B. 检查长期银行借款明细账中本年新增借款的银行进账单

C. 向提供长期银行借款的银行寄发银行询证函

D. 重新计算并分析 2005 年度长期借款利息

五、判断题

1. 如果能够对被审计单位的资产和负债进行充分审计，且能证实两者的期初余额、期末余额和本期发生额，注册会计师可不必对所有者权益进行单独审计。

（　　）

2．注册会计师在审查公开发行股票的公司已发行的股票是否真实、是否已收到股款时，应向主要股东函证。　　　　　　　　　　　　　　　　　　　（　　）

3．向银行或其他债权人函证短期借款，是审查短期借款的一个必要的、不可替代的程序。　　　　　　　　　　　　　　　　　　　　　　　　　　　（　　）

4．如果企业的长期投资证券是委托某些专门机构代为保管，注册会计师应向这些保管机构进行函证，以证实投资证券的存在性和金额的准确性。　　　（　　）

5．为了解投资证券的真实性，无论其是由被审计单位保管，还是由某些专门机构代为保管，在审计实施阶段，注册会计师都应参与对这些证券的盘点。（　　）

6．2008 年度 R 公司将账面余额为 2 000 万元、已全额计提减值准备的长期股权投资以 1 000 万元予以转让，款项已全部收到，并已办妥股权转让相关法律手续。助理人员在取得 R 公司及其常年法律顾问关于股权受让方非关联方的说明后，得出可以确认 1 000 万元投资收益的审计结论。　　　　　　　　（　　）

7．R 公司 2008 年度企业所得税采用定额交纳方式，助理人员在取得 R 公司主管税务机关的批文并向其发函确认后，仍然得出其企业所得税的交纳方法不符合国家有关规定的审计结论。　　　　　　　　　　　　　　　　　　（　　）

8．注册会计师分析企业的投资业务管理报告的目的主要是为了判断企业长期投资业务的管理情况。　　　　　　　　　　　　　　　　　　　　　（　　）

9．证券交易的会计记录与证券的保管可以由一个人负责。　　　　（　　）

10．对投资业务实施简易抽查是投资业务审计重要的实质性程序。（　　）

11．如果发现被审计单位出售交易性金融资产时，注册会计师不仅应检查其成本结转是否正确，而且应核实原计入的公允价值变动损失有无调整至投资收益科目。　　　　　　　　　　　　　　　　　　　　　　　　　　　　（　　）

12．对盈余公积使用进行审计，注册会计师主要应检查盈余公积使用是否符合规定并经过批准。　　　　　　　　　　　　　　　　　　　　　　　（　　）

13．检查持有至到期投资时，注册会计师应结合"银行借款"等科目，了解是否存在已用于债务担保的持有至到期投资。如有，则应取证并作出相应的记录，同时提请被审计单位作恰当披露。　　　　　　　　　　　　　　　　　　（　　）

14．检查与利润分配有关的合同、协议、公司章程和股东大会、董事会会议纪要，结合国家有关法律的规定，可以确定利润分配有关计算的准确性。　　（　　）

15．甲企业为购建符合资本化条件的资产而取得专门借款支付的辅助费用全部资本化。　　　　　　　　　　　　　　　　　　　　　　　　　　　（　　）

六、简答题

1．为什么说注册会计师在执行借款审计时，应将被审计单位是否低估借款作为一个关注的要点?

2. 试述未分配利润实质性测试的一般程序。

3. 简述筹资与投资循环业务特点。

七、案例分析题

1. D股份有限公司是一家上市公司,从事投资、设备制造等方面的业务。XYZ会计师事务所2007年9月接受了D公司2007年度财务报表的审计业务,并指派注册会计师A和B对D公司2007年度投资业务的相关内部控制进行了解和控制测试,同时对部分财务资料进行了预审。在预审过程中,注册会计师A和B了解到以下情况:

(1) D公司的股票、债券的买卖业务须由董事会批准、经董事长签字后,由财务经理K具体办理股票、债券的买卖业务。但在具体办理的过程中,遇到股票价格大幅波动等的异常情况时,财务经理K可自行决定买进或卖出,并在度过紧急情况后及时向董事长汇报并备案。

(2) 由指定专职财务人员S负责进行会计记录和财务处理,专人T负责股票及债券的保管。

(3) 每月末,由内部审计人员U组织财务经理K、财务人员S、专人T和其他人员共同参与股票、债券的定期盘点以及与账面记录的核对,以确定股票、债券的真实性、完整性、所有权、正确性。

要求:指出D公司股票、债券交易的相关内部控制是否存在缺陷,并说明原因。

2. Z公司所得税税率为25%,法定盈余公积计提比例为10%。注册会计师2008年1月20日对该公司2007年度"长期借款"明细账和借款合同审阅时,发现该公司2007年10月1日因购买设备向银行借入资金1 000万元,借款期限为5年,年利率6%,每年付息一次,到期一次性还本;该公司11月1日用银行借款和自筹资金一次性向供货单位支付1 200万元设备价款、运输费、安装费等,该设备12月31日达到预定可使用状态。注册会计师检查该笔借款2007年应计利息费用的记账凭证,发现其会计分录为:

借:财务费用　　　　　　　　　　　　　　　　　　　　　　150 000

　　贷:应付利息　　　　　　　　　　　　　　　　　　　　　　　　150 000

要求:分析存在的问题,提出处理意见,并编制审计调整分录。

3. 注册会计师对A公司债券投资进行审计时发现,该公司2008年1月1日以240 000元购入W公司发行的4年期债券,票面利率10%,面值240 000元,到期一次还本付息。其会计分录为:

（1）年初取得投资时：

借：持有至到期投资——成本　　　　　　　　　　　　　　　　240 000
　贷：银行存款　　　　　　　　　　　　　　　　　　　　　　　　240 000

（2）年末确认应收票面利息时：

借：持有至到期投资——应计利息　　　　　　　　　　　　　　24 000
　贷：持有至到期投资——成本　　　　　　　　　　　　　　　　24 000

要求：分析存在的问题，提出处理意见，并编制审计调整分录。

4. 注册会计师在对 P 公司 2008 年度财务报表审计时，发现 P 公司 2008 年 9 月 8 日支付价款 100 万元从二级市场购入 A 公司发行的股票 100 000 股，每股价格 10.60 元（含已宣告但尚未发放的现金股利 0.60 元），另支付交易费用 0.1 万元。

P 公司作了如下会计处理：

借：交易性金融资产——成本　　　　　　　　　　　　　　1 000 000
　　应收股利　　　　　　　　　　　　　　　　　　　　　　　60 000
　　财务费用　　　　　　　　　　　　　　　　　　　　　　　 1 000
　贷：银行存款　　　　　　　　　　　　　　　　　　　　　1 061 000

注册会计师了解到该股票年末市场价格为每股 15 元，P 公司将持有的 A 公司股权划分为交易性金融资产，且持有 A 公司股权后对其无重大影响。P 公司年末对该股票按公允价作了如下会计处理：

借：交易性金融资产——公允价值变动　　　　　　　　　　　500 000
　贷：资本公积——其他资本公积　　　　　　　　　　　　　　500 000

要求：分析存在的问题，提出处理意见，并编制审计调整分录。

5. 注册会计师 X 在审查 ABC 股份有限公司的长期债权投资时，发现该公司按面值认购了 U 公司的一部分债券，按溢价购入了 V 公司的债券若干，又按折价认购了 W 公司的另一部分债券。

要求：在这三种情况下，ABC 公司分别应如何进行相关的会计处理，注册会计师 X 才能予以认可？

第二部分　参考答案及解析

三、单项选择题

1.【正确答案】C

【答案解析】其他选项都可能导致利息费用下降。

2.【正确答案】C

【答案解析】债权人是负债函证较可靠的对象,其他选项均不是负债函证的可靠对象。

3.【正确答案】C

【答案解析】计算短期借款、长期借款在各个月份的平均余额,选取适用的利率匡算利息支出总额,并与账务费用等项目的相关记录核对是实质性程序。

4.【正确答案】A

【答案解析】批准授权是筹资投资业务真实发生的一个关键内控。

5.【正确答案】D

【答案解析】只有选项 D 是应付债券审计的实质性程序,其他选项都是控制测试。

6.【正确答案】B

【答案解析】投资收益占利润总额的比重是反映企业盈利的稳定性的指标,该比率越大,说明企业盈利主要来源于投资收益,因而企业的盈利越不稳定。

7.【正确答案】C

【答案解析】该程序是实质性程序,不是控制测试。

8.【正确答案】B

【答案解析】发生非正常停工且连续停工 3 个月以上,借款费用才停止资本化。

9.【正确答案】D

【答案解析】长期债券不可能采用权益法核算。

10.【正确答案】A

【答案解析】投资的“存在”是审计其他目标的前提。

11.【正确答案】A

【答案解析】股票发行费用首先在资本公积(股票溢价)中处理。

12.【正确答案】D

【答案解析】该项费用应当冲减资本公积,不计入合并费用。

13.【正确答案】B

【答案解析】应计提减值准备等于长期股权投资原始金额 1 050 万元减 800 万元。

14.【正确答案】A

【答案解析】被投资企业破产应经过法定程序才能全额计提减值准备。

15.【正确答案】A

【答案解析】依据《企业会计准则第 13 号——或有事项》,没有标的的资产,不能确定存货跌价准备。确认预计负债的金额应是执行合同发生的损失和撤销合同损失的较低者,即 20 万元。

四、多项选择题

1.【正确答案】A、C

【答案解析】选项 B 和选项 D 为投资活动的主要凭证和记录。

2.【正确答案】A、B、D

【答案解析】长期借款的目的一般不需披露。

3.【正确答案】A、B、C、D

【答案解析】四项都是应付债券的内部控制。

4.【正确答案】A、B、C

【答案解析】检查长期负债的会计处理主要证实其准确性,不能直接确认是否存在未入账情形。

5.【正确答案】A、B、C、D

【答案解析】四项均是恰当的实质性程序。

6.【正确答案】A、B、C、D

【答案解析】四项都是恰当的对持有至到期投资实施实质性程序。

7.【正确答案】A、B、C、D

【答案解析】四项均是对未经注册会计师审计的被投资单位的财务报表实施的审计或审阅程序。

8.【正确答案】B、C、D

【答案解析】接受捐赠资产方不需经过授权批准,所以选项 A 错误。

9.【正确答案】A、B、D

【答案解析】C 项取得其股份的日期不是发行记名股票的公司应在股东名册上记载的内容。

10.【正确答案】B、C、D

【答案解析】A 项索取借款或股票的批准文件主要证实借款和权益变动的真实性的控制测试。

11.【正确答案】B、C、D

【答案解析】A 项租赁协议不能证明房地产的所有权。

12.【正确答案】A、C、D

【答案解析】选项 B 不是有价证券的测试程序。

13.【正确答案】A、B、C

【答案解析】选项 D 不是有价证券实质性测试程序。

14.【正确答案】A、B、C

　　【答案解析】选项 D 不应包括在长期股权投资的入账价值里。

15.【正确答案】A、C、D

　　【答案解析】A 项可以从总体上把握企业长期借款是否合理；函证银行存款不仅可以证实银行存款的存在认定也可以证实长期的完整性认定；由于长期借款的面值与其利息有一定比例关系，如果长期借款面值乘其利息有一定的比例关系，如果将长期借款面值乘其票面利率和期间得出的利息小于已入账的利息，则说明长期借款被低估了，故选项 A、C、D 正确，选项 B 是审计长期借款真实性的程序，不能审计长期借款的完整性。

五、判断题

1.【正确答案】×

　　【答案解析】虽然资产负债已审定，所有者权益在总的金额上没有问题，但有关所有者权益的列报，所有者权益的发生额等依然要审计才能确认。

2.【正确答案】×

　　【答案解析】目前我国的发行和转让大都是有企业委托证券交易所和金融机构进行的，因此应当向证券交易所和金融机构函证。

3.【正确答案】×

　　【答案解析】对于负债项目的函证不是必需的，一般是在金额较大或认为必要时才实施函证程序。

4.【正确答案】×

　　【答案解析】注册会计师向委托代为保管机构函证的目的主要为了证实投资证券的存在性和金额的准确性。

5.【正确答案】×

　　【答案解析】对某些专门机构代为保管投资证券，一般向这些专门机构发函询证即可，监盘只能用于有实物形态的审计项目，证券投资不一定有实物形态，所以监盘不是审计证券投资的法定程序。

6.【正确答案】×

　　【答案解析】资产减值一经确认，在以后会计期间不得转回。

7.【正确答案】√

8.【正确答案】√

9.【正确答案】×

　　【答案解析】记账和实物保管应分开。

10.【正确答案】×

【答案解析】对投资业务实施简易抽查一般用于了解投资业务的内部控制。

11.【正确答案】√

12.【正确答案】√

13.【正确答案】√

14.【正确答案】×

【答案解析】检查与利润分配有关的合同、协议、公司章程和股东大会、董事会会议纪要,结合国家有关法律的规定,可以确定利润分配的合法性。

15.【正确答案】×

【答案解析】专门借款发生的辅助费用,在所购建或者生产的符合资本化条件的资产达到预定可使用或者可销售状态之前发生的,应在发生时根据其发生额给予资本化。

六、简答题

1.【正确答案】首先,借款是企业承担的一项经济义务,是企业的负债项目,在一般情况下,被审计单位不会高估负债,因为这样于其自身不利,且难以与债权人的会计记录相互印证;其次,除少数情况下,负债的金额都是真实的。因为,对借款一般不会高估,被审计单位低估债务经常伴随着低估成本费用,从而能达到其高估利润的目的,因此,低估债务不仅影响财务状况的反映,而且还会极大地影响企业财务成果的反映,所以,注册会计师在执行借款审计时,应将被审计单位是否低估负债作为一个关注的要点。

2.【正确答案】未分配利润实质性测试的一般程序为:① 检查利润分配比例是否符合合同、协议、章程以及董事会纪要的规定,利润分配数额及年末未分配利润是否正确。② 根据审计结果调整本年损益数,直接增加或减少未分配利润,确定调整后的未分配利润数。③ 确定未分配利润是否已在资产负债表上恰当披露。

3.【正确答案】

(1)审计年度内筹资与投资循环的交易数量较少,而每一笔交易的金额通常都很大。

(2)遗漏或不恰当地对一笔业务进行会计处理,都将导致重大错误,从而对企业会计报表的公允反映产生较大的影响。

(3)出资与投资循环的交易比其他循环的交易受到国家更多的法律、法规的规范和更多的协议、契约的制约。

七、案例分析题

1.【正确答案】D公司股票、债券买卖业务的内部控制中存有两处缺陷：① 在紧急情况下由财务经理K自行决定并实施，这实际上使得财务经理K失去制约，董事会的批准流于形式，无法保证股票、债券的安全完整。② 每月末由内部审计人员U组织财务经理K、财务人员S、专人T参与股票及债券的盘点违反了不相容职务分离的基本要求。股票、债券的盘点工作应由不参与股票、债券业务的独立人员进行，不应有股票、债券的经办人员、记录人员及保管人员参与。

2.【正确答案】

(1) 存在的问题：根据《企业会计准则》规定，该笔借款是购建固定资产而专门借入的款项，其11月份、12月份的利息费用符合资本化条件应予资本化，应计入固定资产成本。而该公司将10月份、11月份、12月份该笔借款的利息费用全部计入财务费用，违反了规定，虚减了资产，增加了费用，虚减了当期利润，属于偷漏所得税的行为。

(2) 审计建议：注册会计师应提请该公司调整会计处理，并及时补交所得税。

(3) 调整分录。

冲减多计的财务费用和补计固定资产：

借：固定资产　　　　　　　　　　　　　　　　　100 000
　　贷：财务费用　　　　　　　　　　　　　　　　100 000

补提所得税费用：

借：所得税费用　　　　　　　　　　　　　　　　25 000
　　贷：应交税费——应交所得税　　　　　　　　　25 000

补提盈余公积：

借：提取法定盈余公积　　　　　　　　　　　　　7 500
　　贷：盈余公积——法定盈余公积　　　　　　　　7 500

3.【正确答案】

(1) 存在的问题：该公司年末确认应收债券票面利息时应确认投资收益，而不应冲减持有至到期投资的成本。

(2) 审计建议：注册会计师应提请该公司调整会计处理。

(3) 调整分录：

借：持有至到期投资　　　　　　　　　　　　　24 000
　　贷：投资收益　　　　　　　　　　　　　　　24 000

同时调整财务报表其他项目。

4.【正确答案】

(1) 存在的问题：根据《企业会计准则》规定，作为交易性金融资产的股票，在购买时支付交易费用应记入"投资收益"科目；年末对该股票按公允价调整时，产生的收益应记入"公允价值变动收益"科目。

(2) 审计建议：注册会计师应建议该公司调整会计处理。

(3) 调整分录。

调整投资收益和财务费用：

借：投资收益   1 000
   贷：财务费用   1 000

调整资本公积和公允价值变动收益：

借：资本公积——其他资本公积   500 000
   贷：公允价值变动收益   500 000

同时调整财务报表其他项目。

5.【正确答案】对于债券投资的业务，会计处理的总原则是，应以企业实际支付的价款入账。具体而言：① 对于按面值认购的 U 公司的债券，ABC 公司应将实际支付的价款借记"长期投资——长期债权投资"科目，贷记有关货币资金科目，但若实际支付的价款中包含应计利息，由于债券的利息是到期一次还本付息，因此应将应计利息借记"长期投资——应计利息"科目。② 对于按溢价购入的 V 公司的债券，应采用直线法或实际利率法予以摊销，每期摊销的溢价是对债券应计利息的扣除，此时，每期投资收益应为应计利息与溢价摊销额之差。③ 对于按折价认购的 W 公司的债券，应采用直线法或实际利率法予以摊销，每期摊销的折价是对债券应计利息的追加，此时，每期投资收益应为应计利息与折价摊销额之和。

第十七章　货币资金审计

第一部分　习　题

一、思考题

1. 货币资金的特点是什么?
2. 货币资金审计的具体目标有哪些?
3. 其他货币资金的实质性程序有哪些内容?
4. 如何审计现金收支业务?
5. 如何对银行余额调节表进行审计?

二、名词解释

1. 库存现金盘点　　　　　　　2. 外埠存款
3. 在途货币资金　　　　　　　4. 收款控制
5. 付款控制　　　　　　　　　6. 余额控制
7. 电子资金转账　　　　　　　8. 备用金
9. 现金挪用　　　　　　　　　10. 信用证存款

三、单项选择题

1. N公司某银行账户的银行对账单余额为585 000元,在审查N公司编制的该账户银行存款余额调节表时,A注册会计师注意到以下事项:N公司已收、银行尚未入账的某公司销货款100 000元;N公司已付、银行尚未入账的预付某公司材料款50 000元;银行已收、N公司尚未入账的某公司退回的押金35 000元;银行已代扣、N公司尚未入账的水电费25 000元。假定不考虑审计重要性水平,A注册会计师审计后确认该账户的银行存款日记账余额应是(　　)元。

　　A. 625 000　　　　B. 635 000　　　　C. 575 000　　　　D. 595 000

2. 针对N公司下列与现金相关的内部控制,A注册会计师应提出改进建议正确的是(　　)。

A. 每日及时记录现金收入并定期向顾客寄送对账单

B. 担任登记现金日记账及总账职责的人员与担任现金出纳职责的人员分开

C. 现金折扣需经过适当审批

D. 每日盘点现金并与账面余额核对

3. 货币资金内部控制的以下关键环节中,存在重大缺陷的是(　　　)。

A. 财务专用章由专人保管,个人名章由本人或其授权人员保管

B. 对重要货币资金支付业务,实行集体决策

C. 现金收入及时存入银行,特殊情况下,经主管领导审查批准方可坐支现金

D. 指定专人定期核对银行账户,每月核对一次,编制银行存款余额调节表,使银行存款账面余额与银行对账单调节相符

4. 2008 年 3 月 5 日对 N 公司全部现金进行监盘后,确认实有现金数额为 1 000 元。N 公司 3 月 4 日账面库存现金余额为 2 000 元,3 月 5 日发生的现金收支全部未登记入账,其中收入金额为 3 000 元、支出金额为 4 000 元,2008 年 1 月 1 日至 3 月 4 日现金收入总额为 165 200 元、现金支出总额为 165 500 元,则推断 2007 年 12 月 31 日库存现金余额应为(　　　)元。

A. 1 300　　　　　B. 2 300　　　　　C. 700　　　　　D. 2 700

5. 监盘库存现金是注册会计师证实被审计单位资产负债表所列现金是否存在的一项重要程序,被审计单位必须参加盘点的人员是(　　　)。

A. 会计主管人员和内部审计人员　　　B. 出纳员和会计主管人员

C. 现金出纳员和银行出纳员　　　　　D. 出纳员和内部审计人员

6. 向开户银行函证,可以证实若干项目标,其中最基本的目标是(　　　)。

A. 银行存款真实性　　　　　　　　　B. 是否有欠银行的债务

C. 是否有漏列的负债　　　　　　　　D. 是否有充作抵押担保的存货

7. 审计人员参加现金盘点后,应与审计人员共同在"库存现金盘点表"上签字的人员是(　　　)。

A. 会计员和出纳员　　　　　　　　　B. 出纳员和会计主管

C. 会计主管和总经理　　　　　　　　D. 出纳员和总经理

8. 银行存款余额调节表应由(　　　)来调节,以保证资产安全、记录准确。

A. 采购员　　　　　　　　　　　　　B. 出纳员

C. 出纳员以外人员　　　　　　　　　D. 出纳员或记录员

9. 抽查现金日记账记录时,审阅摘要栏一般是为了检查(　　　)。

A. 现金支付业务的账务处理是否准确　B. 有无坐支现象

C. 有无超过规定的库存现金限额现象　D. 现金收付业务是否合法

10. 以下项目应在资产负债表上银行存款余额中作出处理的是(　　　)。

A. 决算日下午上班时仍未解缴银行的收入汇票

B. 决算日下午下班时仍未解缴银行的收入汇票

C. 决算日下午已知的在途存款

D. 决算日下午付出的银行存款

11. 在进行年度财务报表审计时,为了证实被审计单位在临近 12 月 31 日签发的支票未予入账,注册会计师实施的最有效审计程序是( )。

A. 审查 12 月 31 日的银行存款余额调节表

B. 函证 12 月 31 日的银行存款余额

C. 审查 12 月 31 日的银行对账单

D. 审查 12 月份的支票存根

12. 被审计单位银行存款的收款 500 元错误记录在日记账的贷方。审计人员认为银行存款日记账余额应( )。

A. 调增 1 000 元   B. 调减 1 000 元

C. 调增 500 元   D. 调减 500 元

13. 如果在资产负债表日后对库存现金进行盘点,应当根据盘点数、资产负债表日至( )的库存现金数,倒推计算资产负债表上所包含的库存现金数是否正确。

A. 审计报告日   B. 资产负债表日

C. 盘点日   D. 外勤工作结束日

14. 在对库存现金进行盘点时,时间最好选择在上午上班或下午下班时进行,主要是为了证实( )认定。

A. 完整性   B. 计价与分摊   C. 存在   D. 权利和义务

15. 如果注册会计师已从被审计单位的某开户银行获取了银行对账单和所有已付支票清单,该注册会计师( )。

A. 不需再向该银行函证

B. 仍需再向该银行函证

C. 应复核银行对账单

D. 可根据实际需要,确定是否向银行函证

四、多项选择题

1. 注册会计师实施的下列各项审计程序中能够证实银行存款是否存在的有( )。

A. 分析定期存款占银行存款的比例   B. 检查银行存款余额调节表

C. 函证银行存款余额   D. 检查银行存款收支的正确截止

2. 为了做到银行存款在财务报表上正确截止,对于以下未达账项,注册会计师应当要求被审计单位编制会计分录调整的有( )。

A. 银行已付,企业未入账的支出　　B. 银行已收,企业未入账的收入

C. 企业已付,银行未入账的支出　　D. 企业已收,银行未入账的收入

3. 下列审计程序中,属于"库存现金"、"银行存款"账户实质性程序的有( )。

A. 盘点库存现金,编制库存现金盘点表

B. 抽查大额现金和银行存款收支

C. 抽取银行存款余额调节表并作检查

D. 向开户银行函证银行存款余额

4. 函证银行存款余额,注册会计师可以证实( )。

A. 银行存款是否存在　　　　B. 银行借款金额

C. 是否存在企业未入账的负债　　D. 是否存在或有负债

5. 注册会计师寄发的银行询证函( )。

A. 是以被审计单位的名义发往开户银行的

B. 属于积极式、有偿询证函

C. 要求银行直接回函至会计师事务所

D. 包括银行存款和借款余额

6. 资产负债表日后盘点库存现金时,注册会计师应( )调整至资产负债表日的金额。

A. 扣减资产负债表日至盘点日库存现金增加额

B. 扣减资产负债表日至盘点日库存现金减少额

C. 加计资产负债表日至盘点日库存现金增加额

D. 加计资产负债表日至盘点日库存现金减少额

7. 注册会计师应当注意检查库存现金内部控制的建立和执行情况,并关注( )。

A. 库存现金的收支是否按规定的程序和权限办理

B. 是否存在与被审计单位经营无关的款项收支情况

C. 是否存在出租、出借银行账户的情况

D. 出纳与会计的职责是否严格分离

8. 注册会计师应按现金的收款凭证分类,选取适当的样本量,作如下的检查有( )。

A. 核对现金日记账的收入金额是否正确

B. 核对收款凭证与应收账款明细账的有关记录是否相符

C. 核对实收金额与销货发票是否一致

D. 函证银行存款

9. 检查货币资金部分不相容职务划分情况时,审查内容包括( )。

A. 抽查收付款凭证上有无审批授权人的签章

B. 抽查银行存款调节表,检查编制人签章是否为出纳员以外人员

C. 抽查现金及银行存款日记账与相应的记账凭证。检查是否由会计人员编制并审核记账凭证

D. 支票的保管和登记及印章的保管是否分别由两人负责

E. 各项货币资金的收付程序有无明确的制度规定

10. 审计人员审查银行存款余额调节表时,应对( )事项审查。

A. 验算调节表的计算是否准确

B. 追查截止日期对账单上的在途存款

C. 审查截止日仍未提现的大额支票

D. 追查截止日期对账单已收、企业未收款项

E. 核对银行存款总账与对账单

11. 评审内部控制时,认为被审计单位对职务应分离的有( )。

A. 登记现金日记账与银行存款日记账

B. 登记银行存款日记账与核对银行账

C. 登记银行存款日记账与保管支票

D. 保管支票与保管印章

E. 登记现金及银行存款日记账与登记总分类账

12. 审计人员测试现金内部控制的内容及方法有( )。

A. 现金收付是否按规定程序及权限办理

B. 有无与本单位经营无关的收支业务

C. 出纳与会计职责是否严格分离

D. 现金是否定期盘点核对

E. 审查现金截止期

13. 货币资金审计目标包括( )。

A. 货币资金存在性   B. 收付业务合法性

C. 外币计价准确性   D. 控制措施可行性

E. 账务处理准确性

14. 审查库存现金时,应对库存现金进行清查,正确的清查做法是( )。

A. 应由出纳员将现金全部放入保险柜暂行封存

B. 事先通知出纳员做必要准备

C. 盘点库存现金的时间一般安排在营业前或营业后

D. 清点库存现金时,会计主管人员和审计人员在旁观察监督

E. 审计人员编制"库存现金清点表"作为审计工作底稿

15. 审计人员对银行存款询证的主要内容是(　　)。

A. 存款户账号、存款性质　　　　　B. 存款余额

C. 借款性质、抵押品　　　　　　　D. 借款期限、利率

E. 存款来源及去向

五、判断题

1. 如果现金盘点不是在资产负债表日进行的,注册会计师应将资产负债表日至盘点日的收付金额调整至盘点日金额。　　　　　　　　　　　　　　　　(　　)

2. 即使企业银行存款账户余额为零,只要存在本期发生额,注册会计师就应进行函证。　　　　　　　　　　　　　　　　　　　　　　　　　　　　(　　)

3. 向银行函证企业的银行存款,不仅可以证实企业银行存款的真实性,而且可以核实企业对银行借款的完整性。　　　　　　　　　　　　　　　　　　(　　)

4. 取得银行存款余额调节表后,注册会计师应检查调节表中未达账项的真实性,以及资产负债表日后的进账情况,如果查明存在应于资产负债表日之前进账的,应做出记录并提出适当的调整建议。　　　　　　　　　　　　　　　(　　)

5. 被审计单位资产负债表上的银行存款数额,应以编制或取得银行存款余额调节表日银行存款账户数额为准。　　　　　　　　　　　　　　　　　　(　　)

6. 注册会计师应检查银行存款收支的正确截止,其操作方法是抽查资产负债表日前后若干天的银行存款收支凭证实施截止测试,关注业务内容及对应项目,如有跨期收支事项,应考虑是否应提出调整建议。　　　　　　　　　　　(　　)

7. 当日收到现金应及时送存银行,以控制现金坐支。　　　　　　　(　　)

8. 注册会计师对银行存款的函证,一律采用积极式,不能采用消极式。(　　)

9. 函证银行存款余额是证实资产负债表所列银行存款是否存在的重要程序。通过向往来银行函证,注册会计师不仅可了解企业资产的存在,还可了解企业账面反映所欠银行债务的情况,并有助于发现企业未入账的银行借款和未披露的或有负债。　　　　　　　　　　　　　　　　　　　　　　　　　　　　(　　)

10. 被审计单位1年以上定期存款或限定用途的银行存款,不属于流动资产。　　　　　　　　　　　　　　　　　　　　　　　　　　　　　　　　(　　)

六、简答题

1. 货币资金与业务循环存在什么样的关系?

2. 货币资金循环所涉及的凭证和会计记录主要有哪些?

3. 一套健全的货币资金内部控制制度包括哪些内容?

4. 简述库存现金余额审计的审计程序。

七、案例分析题

1. 甲注册会计师在对 P 公司 2008 年度财务报表进行审计时,对 P 公司的银行存款实施的部分审计程序为:

(1) 取得 2008 年 12 月 31 日银行存款余额调节表。

(2) 向开户银行寄发银行询证函,并直接收取寄回的询证函回函。

(3) 取得开户银行 2009 年 1 月 31 日的银行对账单。

要求:

(1) 甲注册会计师向开户银行询证的作用有哪些?

(2) 甲注册会计师应采取什么方式才能直接收回开户银行的询证函回函? 目的是什么?

(3) 甲注册会计师取得银行存款余额调节表后应检查哪些内容?

(4) 甲注册会计师索取开户银行 2009 年 1 月 31 日的银行对账单,能证实 2008 年 12 月 31 日银行存款余额调节表的哪些内容?

2. 甲公司与乙公司分别以各自下属的 A、B 分公司的净资产进行整体置换。A、B 分公司的资产、负债情况如下(单位:万元)。

项 目	A公司	B公司
资产:	500	400
其中,银行存款	90	60
短期投资	20	10
应收票据	30	20
应收账款	50	40
预付账款	30	20
存货	160	100
固定资产	80	100
长期投资	40	50
负债:	200	100
其中,短期借款	10	0
应付票据	40	20
应付账款	80	30
预收账款	30	30
长期借款	40	20

据此,A 公司确定的短期投资、存货、固定资产、长期投资的入账价值分别为 10 万元、40 万元、100 万元、75 万元,同时,以 B 公司各负债项目的账面价值作为其负债的入账价值,请指出其中的错误,并提供正确的入账金额。

3. 某会计师事务所的注册会计师 A 和 B 接受委托,审计 XYZ 公司 2008 年度的会计报表。根据以往经验,决定信赖客户的内部控制,为此决定对相关内部控制进行了解和控制测试。通过了解,A 和 B 注册会计师发现以下情况:

(1)关于银行存款的内部控制:财务处处长负责支票的签署,外出时其职责由副处长代为履行;副处长负责银行预留印鉴的保管和财务专用章的管理,外出时其职责由处长代为履行;财务人员乙负责空白支票的管理,仅在出差期间交由财务处长管理。负责签署支票的财务处长的个人名章由其本人亲自掌管,仅在出差期间交由副处长临时代管。

(2)关于货币资金支付的规定:部门或个人用款时,应提前向审批人提交申请,注明款项的用途、金额、支付方式、经济合同或相关证明;对于金额在 10 000 元以下的用款申请,必须经过财务副处长的审批,金额在 10 000 元以上的用款申请,应经过财务处长的审批;出纳人员根据已经批准的支付申请,按规定办理货币资金支付手续,及时登记现金和银行存款日记账;货币资金支付后,应由专职的复核人员进行复核,复核货币资金的批准范围、权限、程序、手续、金额、支付方式、时间等,发现问题后及时纠正。

请指出上述内控存在的问题并提出改进建议。

第二部分　参考答案及解析

三、单项选择题

1.【正确答案】B

【答案解析】本题思路是根据银行对账单余额倒推出银行存款日记账余额,调整后的银行对账单金额应为:银行对账单余额＋企业已收,银行未收－企业已付,银行未付,即:$585\,000 + 100\,000 - 50\,000 = 635\,000$。

2.【正确答案】B

【答案解析】选项 B 中登记现金日记账与登记总账属于不相容的职务,这两项职能应当分离。

3.【正确答案】C

【答案解析】坐支现金应事先得到开户银行审查批准,由开户银行核定坐支范围和限额。

4.【正确答案】B

【答案解析】2007 年 12 月 31 日库存现金余额应为：$1\,000 - 3\,000 + 4\,000 - 165\,200 + 165\,500 = 2\,300$。

5.【正确答案】B

【答案解析】选项 B 中所列人员均是被审计单位与库存现金直接相关的人员。

6.【正确答案】A

【答案解析】向开户银行函证最基本的目标是真实性。

7.【正确答案】B

【答案解析】选项 B 中所列人员均是"库存现金盘点表"上签字的人员。

8.【正确答案】C

【答案解析】C 项选择符合银行存款的内部控制。

9.【正确答案】D

【答案解析】抽查现金日记账记录时，审阅摘要栏一般只能达到审查现金收支的合法性。

10.【正确答案】D

【答案解析】当天付出的银行必须当天入账。

11.【正确答案】D

【答案解析】为了确保银行付款的正确截止，注册会计师应当在清点支票及支票存根，确定各银行账户最后一张支票的号码，同时查实该号码之前的支票是否均已开出并入账。

12.【正确答案】A

【答案解析】收入 500 元记成付出 500 元，使银行余额少了 1\,000 元。

13.【正确答案】D

【答案解析】按调节原理，资产负债表的现金账面余额＝盘点日实际监盘数额－资产负债表日至盘点日增加的余额＋资产负债表至盘点日减少的余额。

14.【正确答案】C

【答案解析】盘店现金只要是为了证明其真实性，与存在认定有关。

15.【正确答案】B

【答案解析】证实银行存款的存在认定必须函证银行存款。

四、多项选择题

1.【正确答案】B、C、D

【答案解析】选项 A 主要是为了核实被审计单位是否存在高息资金拆借。选项 B、C 均为证实银行存款是否存在的重要程序。选项 D 通过截止测试,也能证明银行存款的存在认定。

2. 【正确答案】A、B

【答案解析】A、B 项是企业应调整的未入账的未达账项。C、D 项是企业已入账的项目,不需调账。

3. 【正确答案】A、B、C、D

【答案解析】4 个选项都属于库存现金、银行存款账户的实质性程序。

4. 【正确答案】A、B、C、D

【答案解析】银行函证可同时实现多个审计目标,四个选项都是银行函证可达到的审计目标。

5. 【正确答案】A、B、C、D

【答案解析】4 个选项都是注册会计师对银行存款函证应遵循的控制与要求。

6. 【正确答案】A、D

【答案解析】按调节原理,资产负债表的现金账面余额=盘点日实际监盘数额−资产负债表日至盘点日增加的余额+资产负债表至盘点日减少的余额。

7. 【正确答案】A、B、C、D

【答案解析】4 个选项都是库存现金内部控制的规范要求。

8. 【正确答案】A、B、C

【答案解析】D 项属于银行存款的审计程序。

9. 【正确答案】A、B、C、D

【答案解析】E 项不属于货币资金的职责分工问题。

10. 【正确答案】A、B、C、D、E

【答案解析】5 个选项都是审查银行存款调节表余额的审计程序。

11. 【正确答案】B、C、D、E

【答案解析】登记现金和银行日记账不需要分工。

12. 【正确答案】A、C、D

【答案解析】B、E 项不是现金的控制测试程序。

13. 【正确答案】A、B、C、E

【答案解析】D 项不是货币资金审计目标。

14. 【正确答案】A、C、D、E

【答案解析】现金盘点要采用突击审计方式。

15. 【正确答案】A、B、C、D

【答案解析】E 项不是银行存款函证内容。

五、判断题

1.【正确答案】×

【答案解析】如果现金盘点不是在资产负债表日进行的,注册会计师应将资产负债表日至盘点日的收付金额调整至资产负债表日金额。

2.【正确答案】√

3.【正确答案】√

4.【正确答案】√

5.【正确答案】×

【答案解析】资产负债表的数额当然以资产负债表日的实有数为准。

6.【正确答案】√

7.【正确答案】√

8.【正确答案】√

9.【正确答案】√

10.【正确答案】×

【答案解析】限定用途的银行存款有可能仍是流动资产。

六、简答题

1.【正确答案】货币资金是企业流动性最强的资产。货币资金的收支包含在企业的经济业务循环中,其增减变动及余额受各个业务循环中经济业务的共同影响。

(1)货币资金和销售与收款循环之间的关系。销售与收款循环中的现销收款业务、赊销回款业务和预收账款业务是企业货币资金增加的主要渠道。此外,销售过程中发生的现金折扣业务、销货退回与折让业务会通过抵减货币资金的增加而影响货币资金的余额。

(2)货币资金和购货与付款循环之间的关系。购货与付款循环中的现购存货或固定资产业务、应付账款偿还业务和预付账款业务会引起货币资金的减少。此外,购货过程中获得的现金折扣以及发生的购货退回与折让会通过抵减货币资金减少而影响货币资金余额。

(3)货币资金和生产与存货循环之间的关系。生产循环中的支付工资业务和支付相关的生产费用业务引起货币资金的减少。

(4)货币资金和筹资与投资循环之间的关系。筹资与投资循环中有些业务会引起货币资金增加,有些业务又会引起货币资金的减少。能引起货币资金增加的业务主要有：发行债券或股票筹集货币资金；取得短期或长期借款；证券投资转让或到期收回；收到利息和股利。能引起货币资金减少的业务主要有：用货币资金购买股票或债券；用货币资金归还债券或借款筹资本金和利息；发放现金股利。

2.【正确答案】货币资金循环所涉及的凭证和会计记录主要有：① 原始凭证：销售合同、收款单据、收款结算凭证、货物票据、采购合同、支出和报销单据、付款结算凭证和票据、交款单、库存现金日报表、银行对账单、银行存款余额调节表、现金盘点表等。② 记账凭证：现金收付凭证、银行存款收付凭证等。③ 现金日记账。④ 银行存款日记账。⑤ 现金总账、银行存款总账。⑥ 其他货币资金账户。⑦ 其他相关账户。

3.【正确答案】一套健全的货币资金内部控制制度主要分为三部分：收款控制、付款控制以及余额控制。收款内部控制主要包括现金销售、电子销售、赊销收回、锁箱系统和电子转账等。付款内部控制体现在企业主要采取支票和电子转账方式支付货币资金，如果支出的金额很小，则可以直接从库存现金中支付。货币资金余额内部控制的主要方法包括银行存款余额调节、现金盘点和备用金控制。

4.【正确答案】库存现金余额审计的审计程序有：① 检查现金日记账，核对现金日记账与总账的余额是否相符，保证库存现金账面余额的正确性。② 盘点库存现金，确定被审计单位库存现金的实存数额。③ 检查外币资金的折算。④ 检查现金在资产负债表上的披露。

七、案例分析题

1.【正确答案】

（1）甲注册会计师通过向开户银行函证，不仅可以查明 P 公司银行存款、借款的存在性，而且还可发现企业未登记入账的银行存款、借款。

（2）在询证函内指明回函请直接寄往甲注册会计师所在的会计师事务所，或在询证函内附上贴足邮票的以甲注册会计师所在的会计师事务所为回函地址的信封，甲注册会计师直接收回开户银行询证函的目的是防止 P 公司截留或更改回函。

（3）甲注册会计师应检查银行存款余额调节表中未达账项的真实性，以及资产负债表日后的入账情况。

（4）甲注册会计师索取开户银行 2009 年 1 月 31 日的银行对账单，可以证实列示在银行存款余额调节表上的在途存款和未兑现支票的真实性。

2.【正确答案】按照非货币性交易中有关两个分公司净资产整体置换的相关规定，A 公司置换后的资产、负债的金额见下表（单位：万元）。

项　目	置换前 B 公司的各项金额	置换后 A 公司的各项金额
资产：	400	500
其中,银行存款	60	60
短期投资 ＊	10	15
应收票据	20	20
应收账款	40	40
预付账款	80	80
存货 ＊	40	80
固定资产 ＊	100	150
长期投资 ＊	50	75
负债：	100	100
其中,短期借款	0	0
应付票据	20	20
应付账款	30	30
预收账款	30	30
长期借款	20	20

上表中不带 ＊ 的项目应按照置换前在 B 公司的原值计入 A 公司置换后的对应账户中;置换前 B 公司带 ＊ 项目的金额之和为 200 万元,短期投资、存货、固定资产、长期投资金额所占的比例分别为 5％、20％、50％、25％。A 公司原资产的账面原值减去应按 B 公司账面原值入账的项目金额后,余额为 300 万元。据此,置换后 A 公司的短期投资、存货、固定资产、长期投资的入账价值分别为 15 万元(300×5％)、60 万元(300×20％)、150 万元(300×50％)和 75 万元(300×25％)。

3.【正确答案】

(1) 有严重缺陷:如果财务处长与财务人员乙同时出差,则空白支票、签署支票的个人名章、财务专用章、银行预留印鉴将全部落入副处长之手。同样地,如果副处长与财务人员乙同时出差,空白支票、签署支票的个人名章、财务专用章、银行预留印鉴将全部落入处长之手,这就违反了签发支票的全部印鉴不能由一人掌管的规定,难以防止银行存款被贪污的情况。

建议:财务处长、副处长外出期间,分别指定与货币资金支付无关的专门人员掌管印鉴。

(2) 货币资金的支付制度存在严重缺陷:一是未对财务处长的审批权限规定任何限制,违反了"对重要货币资金支付业务,应当实行集体决策"的规定,无法防范贪污、侵占、挪用货币资金的行为;二是货币资金支付在前,复核在后,至多能及时发现问题,而无法防止问题的发生。

建议:经董事会指定财务处长的审批权限,对超过权限的货币资金支付业务,实行集体决策;支付货币资金之前,应由专职的复核人员进行复核,复核货币资金的批准范围、权限、程序、手续、金额、支付方式、支付单位等是否妥当。复核无误后交由出纳员办理支付业务。

第十八章 特殊项目审计

第一部分 习 题

一、思考题

1. 在哪些情况下会涉及期初余额的审计?
2. 注册会计师为什么要对会计估计、会计政策变更和前期差错更正等事项予以关注?
3. 注册会计师对关联方和关联方交易的审计目标和程序有哪些?
4. 注册会计师对合并财务报表进行审计时,应注意哪些事项?
5. 注册会计师为什么要关注期后事项? 其审计目标有哪些?
6. 什么叫持续经营假设? 如何理解持续经营假设?

二、名词解释

1. 期初余额
2. 会计估计
3. 独立估计
4. 会计政策
5. 前期差错
6. 债务重组
7. 非货币性交易
8. 关联方
9. 控制
10. 关联方交易
11. 合并财务报表
12. 现金
13. 现金等价物
14. 现金流量表
15. 或有事项
16. 或有资产
17. 或有负债
18. 期后事项
19. 调整事项
20. 非调整事项
21. 资产负债表日
22. 财务报表批准日
23. 财务报表报出日
24. 持续经营假设

三、单项选择题

1. 如果被审计单位存在对其持续经营能力产生重大影响的情况,且没有相应的改善措施,但已在财务报表中进行充分披露,注册会计师应当发表(　　)。

 A. 带说明段的无保留意见   B. 保留意见

 C. 无法表示意见   D. 否定意见

 2. 注册会计师对期后事项的专门审计,一般应安排在(　　)进行。

 A. 审计的计划阶段   B. 审计的实施阶段

 C. 临近审计工作结束日   D. 签约时

 3. 如果认为被审计单位在可预见的将来无法持续经营,继续运用持续经营假设编制财务报表将产生严重误导,但被审计单位对此作了充分披露,注册会计师应当发表(　　)。

 A. 带说明段的无保留意见或保留意见

 B. 保留意见或无法表示意见

 C. 保留意见或否定意见

 D. 带说明段的保留意见或否定意见

 4. 管理层对持续经营能力进行评估时,所涵盖的期间应该是(　　)。

 A. 自管理层开始评估日起 12 个月

 B. 自资产负债表日起的 12 个月

 C. 自资产负债表日起的 1 个生产经营周期

 D. 自当年财务报告批准报出日起 12 个月

 5. 如果被审计单位拒绝对财务报表公布日后获知的重大期后事项作出任何调整或披露,而该期后事项在审计报告日前已经存在,则注册会计师应当(　　)。

 A. 提请被审计单位召开临时股东大会予以说明

 B. 撤回已经出具的审计报告

 C. 修改审计报告

 D. 向注册会计师协会作出专项说明

 6. 对于截至审计报告日被审计单位仍未披露的重大或有损失,注册会计师应当首先(　　)。

 A. 提请被审计单位予以披露

 B. 在审计报告中反映

 C. 在审计报告中增设说明段予以反映

 D. 编制重要事项说明,并作为审计报告附件

 7. 持续经营假设是指被审计单位在编制财务报表时,假定其经营活动在可预见的将来会继续下去,此处的可预见的将来通常是指(　　)。

 A. 资产负债表日后 12 个月 B. 审计报告日后 12 个月

 C. 财务报表报出日后 12 个月 D. 资产负债表日至财务报表报出日

8. 编制被审计单位财务报表的审计计划时,注册会计师应当从（　　）等方面关注被审计单位在财务方面存在的可能导致对其持续经营能力产生疑虑的事项或情况。

　　A. 主导产品不符合国家的产业政策

　　B. 无法获得供应商的正常商业信用

　　C. 关键财务主管人员离职且无人替代

　　D. 经营期限即将到期且无意继续经营

9. 如果认为被审计单位在编制财务报表时运用持续经营假设是适当的,但可能导致对持续经营能力产生重大疑虑的事项或情况存在重大不确定性,虽财务报表已充分披露,但注册会计师应当考虑对财务报表应出具（　　）的审计报告。

　　A. 无保留意见　　　　　　　　　　B. 保留意见

　　C. 无法表示意见　　　　　　　　　D. 无保留意见加强调事项段

10. 如果认为被审计单位将不能持续经营,但财务报表仍然按照持续经营假设编制,注册会计师应当出具（　　）的审计报告。

　　A. 无保留意见　　　　　　　　　　B. 保留意见

　　C. 否定意见　　　　　　　　　　　D. 无法表示意见

11. 注册会计师在实施必要的审计程序后,确认被审计单位存在多项可能导致对其持续经营能力产生重大疑虑的事项或情况存在重大不确定性时,不能就被审计单位持续经营假设的合理性获取必要的审计证据,则发表（　　）。

　　A. 保留或否定意见　　　　　　　　B. 无法表示意见

　　C. 带强调事项段的保留意见　　　　D. 带强调说明段的无保留意见

12. 注册会计师审计或有事项时尤其关注的是或有事项的（　　）。

　　A. 存在　　　　　　　　　　　　　B. 完整性

　　C. 列报　　　　　　　　　　　　　D. 分类和可理解性

13. X 公司于 2007 年为 Y 公司 1 年期银行借款 500 万元提供担保,因 Y 公司不能及时偿还,银行于 2008 年 11 月向法院提起诉讼,要求 X 公司承担连带清偿责任。2008 年 12 月 31 日,X 公司在咨询律师后,根据 Y 公司财务状况,计提了 300 万元的预计负债。对上述预计负债,X 公司已在财务报表附注中进行了适当披露。截至审计工作完成日,法院尚未对该项诉讼作出判决。假定本情况对 X 公司 2008 年度财务报表的影响是重要的,A 注册会计师应发表的审计意见类型为（　　）。

14. 在审查或有事项时,如果认为未决诉讼或未决仲裁案件的结果对财务报表的影响较大且不确定性程度较高,则在下列做法中,注册会计师应当选择的是（　　）。

　　A. 在审计报告的意见段后增加强调事项段予以说明

B. 发表保留意见、否定意见或无法表示意见的审计报告

C. 视被审计单位的披露情况决定是否在审计报告中说明

D. 视被审计单位的披露情况决定怎样在审计报告中进行说明

15. X 公司于 2008 年度根据中级人民法院判决结果对其担保责任计提了 6 000 万元预计负债。2009 年 5 月,经高级人民法院终审裁定 X 公司应承担赔偿责任总额为 2 000 万元,X 公司据此确认为营业外收入 4 000 万元。对此注册会计师的正确做法应当是(   )。

A. 无需建议 X 公司进行调整

B. 建议 X 公司进行适当调整

C. 建议 X 公司贷记预计负债 4 000 万元

D. 建议 X 公司借记营业外收入 4 000 万元

四、多项选择题

1. 下列属于被审计单位在经营方面存在的可能导致对持续经营假设产生重大疑虑的事项是(   )。

A. 无法偿还到期债务

B. 主导产品不符合国家产业政策

C. 失去主要市场、特许权或主要供应商

D. 因自然灾害、战争等不可抗力因素遭受严重损失

2. 注册会计师应对(   )时段的期后事项承担相应的责任。

A. 被审计年度内

B. 资产负债表日至审计报告日

C. 审计报告日至财务报表公告日

D. 财务报表公布日后

3. 在确定有关期初余额的审计证据的充分性和适当性时,注册会计师应当考虑(   )。

A. 被审计单位运用的会计政策

B. 上期财务报表是否经过审计;如果经过审计,审计报告是否为非标准审计报告

C. 账户的性质以及本期财务报表中的重大错报风险

D. 期初余额对本期财务报表的重要程度

4. 对已发现的对财务报表产生重大影响的期后事项,如果被审计单位不接受调整或披露建议,注册会计师视其具体情况可能发表的审计意见包括(   )。

A. 无保留意见   B. 无保留意见加说明段

C. 保留意见　　　　　　　　　　　D. 否定意见

5. 以下事项需要提请被审计单位调整财务报表的有(　　)。

A. 资产负债表日前被审计单位遭到起诉,法院于资产负债表日后审计报告日前作出判决,被审计单位败诉

B. 被审计单位资产负债表日后,审计报告日前发生一起重大火灾

C. 被审计单位资产负债表日后月初有大批产成品经验收不合格

D. 被审计单位资产负债表日后被兼并

6. 与已审财务报表有关的勾稽关系中,正确的有(　　)。

A. 现金流量表中"现金及现金等价物净增加额"栏的数额,应等于其补充资料中"现金及现金等价物净增加额"栏的数额

B. 现金流量表中的"经营活动产生的现金流量净额"栏的数额,应等于其补充资料中"经营活动产生的现金流量净额"栏的数额

C. 现金流量表补充资料中"现金的期末余额"栏的数额,应等于同期资产负债表"货币资金"项目的期末数

D. 现金流量表补充资料中"待摊费用减少(减：增加)"栏的数额,应等于同期资产负债表"待摊费用"项目的期初数减去期末数的差额

7. 注册会计师应当充分关注被审计单位在财务、经营和其他方面存在的可能导致对其持续经营能力产生重大疑虑的事项或情况及有关的经营风险,以下属于财务方面存在疑虑的事项或情况的是(　　)。

A. 失去特许权

B. 大股东长期占用巨额资金

C. 累计经营性亏损数额巨大

D. 存在大量长期未作处理的不良资产

8. 如果注册会计师提请被审计单位管理层在财务报表中披露导致对持续经营能力产生重大疑虑的主要事项或情况以及管理层拟采取的改善措施,然后依据披露情况决定其发表的审计意见的类型,意味着注册会计师可能发表(　　)审计报告。

A. 保留意见　　　　　　　　　　B. 否定意见

C. 无法表示意见　　　　　　　　D. 带有强调事项段的无保留意见

9. 如果注册会计师基于被审计单位的持续经营能力决定出具无法表示意见的审计报告,应当提请管理层在财务报表中适当披露(　　)。

A. 有关法律、法规或政策的变化可能造成重大不利影响

B. 投资者未履行协议、合同、章程规定的义务,并有可能造成重大不利影响

C. 导致对被审计单位持续经营能力产生重大疑虑的主要事项或情况以及管

理层拟采取的改善措施

D. 被审计单位持续经营能力存在的重大不确定性，可能无法在正常的经营过程中变现资产、清偿债务

10. 被审计单位因第三方原因可能发生的潜在支付的或有损失业务包括（　　）。

A. 被审计单位以应收账款作抵押，向银行取得借款

B. 持票方向银行贴现被审计单位签发并承兑的商业汇票

C. 因开出票据的单位信用较差，而由被审计单位备书作为担保人的票据

D. 被审计单位与税务部门针对应税额和纳税额等方面存在分歧意见，尚未最后处理完毕

11. 为发现审计年度必须弄清的截至审计报告日发生的期后事项，下列属于注册会计师向被审计单位管理层询问的事项有（　　）。

A. 是否计划出售或购进资产

B. 是否发生新的担保、借款或承诺

C. 在风险领域和或有事项方面是否有新进展

D. 是否已发生或可能发生影响会计政策适当性的事项

12. 注册会计师主要通过实施以下审计程序来收集或有事项完整性的审计证据有（　　）。

A. 参与被审计单位董事会会议

B. 向被审计单位管理层获取书面声明

C. 向被审计单位的法律顾问和律师进行函证

D. 了解被审计单位与识别或有事项有关的内部控制

13. 对于被审计单位作出的财务承诺，注册会计师应当核实被审计单位是否按规定应当在财务报表附注中披露的内容有（　　）。

A. 承诺事项的性质　　　　　　　B. 承诺的主要内容

C. 承诺的对象、承诺的金额　　　D. 承诺的时间期限、相关的违约责任

14. 在对被审计单位的年度财务报表进行审计时，注册会计师往往要向被审计单位的法律顾问或律师发函询证，以获取它们对（　　）的确认证据。

A. 或有事项　　　　　　　　　　B. 期后事项

C. 审计意见　　　　　　　　　　D. 会计差错更正

15. 注册会计师对不同时段期后事项承担的责任是有所不同的。以下关于期后事项的各种论断中，你认为正确的是（　　）。

A. 注册会计师应主动识别截止到审计报告日发生的期后事项

B. 注册会计师应承担被动识别审计报告日至财务报表报出日前发现的期后

事项的责任

  C. 注册会计师没有义务识别财务报表报出后的期后事项

  D. 财务报表报出后注册会计师应对财务报表报出前存在的影响审计意见的期后事项采取行动,建议被审计单位管理层修改财务报表

五、判断题

  1. 如前任会计师出具了带说明段的审计报告,注册会计师应当考虑相关事项对本期财务报表的影响,并在审计报告中予以反映。 （ ）

  2. 注册会计师获取的管理当局书面声明通常应当包括管理当局的相关会议记录。 （ ）

  3. 在计划和实施审计程序以及评价其结果时,注册会计师应当考虑管理层在编制财务报表时运用持续经营假设的适当性。 （ ）

  4. 注册会计师应当考虑期初余额是否反映上期运用恰当会计政策的结果,以及这些会计政策是否在本期财务报表中得到一贯运用。 （ ）

  5. 注册会计师对期后事项负有主动查找并审计的责任。 （ ）

  6. 通报可能影响财务报表的期后事项,是注册会计师的责任。 （ ）

  7. 上市公司发生了会计政策变更,但未按财政部规定报上市地证券交易所备案,则上市公司应及时补报。 （ ）

  8. 注册会计师对期初余额进行审计,主要是为了证实期初余额不存在对本期会计报表有重大影响的错报。 （ ）

  9. 如果前任注册会计师对期初余额出具了带说明段的审计报告,只要影响没有消除,后任注册会计师仍然应当出具相同类型的审计报告。 （ ）

  10. 在审计报告日至会计报表公布日期间,注册会计师应当主动与被审计单位管理当局沟通,以获知在此期间的期后事项。 （ ）

  11. 若被审计单位在可预见的将来无法持续经营,继续运用持续经营假设编制会计报表将会对会计报表使用者产生严重误导,注册会计师应当出具无法表示意见审计报告。 （ ）

六、简答题

  1. 什么叫持续经营假设? 注册会计师考虑持续经营假设时的总体要求有哪些?

  2. 注册会计师应当针对会计估计实施哪些风险评估程序?

  3. 注册会计师在审计过程中识别出以前没有识别的关联方交易时应实施哪些追加审计程序?

七、案例分析题

1. 在对会计估计进行审计时,注册会计师应对被审计单位以前期间所作的会计估计与其实际结果进行比较,以获取有关会计估计程序和方法总体可靠性的审计证据,并考虑是否需要调整会计估计公式,必要时,对会计估计与实际结果之间的差异进行量化,并作适当调整或披露。假设甲单位从 2007 年年初起开始生产并销售某类产品,该类产品质量保证期为 3 年。2007 年至 2009 该产品的销售收入及其发生的维修费用如下表所示。

年 份 项 目	2007	2008	2009
销售收入(万元)	1 000	1 500	1 200
当年发生的维修费(万元)	(2005)8	(2006)18	(2007)18
第二年发生的维修费(万元)	(2006)11	(2007)20	(2008)尚未发生
第三年发生的维修费(万元)	(2007)9	(2008)尚未发生	(2009)尚未发生

假设甲单位在以上 3 年年末分别按照当年销售收入的 2‰ 计提产品质量保证金。问:注册会计师如何对该会计估计进行比较分析,并作出相应处理意见?

2. 关联方关系的性质可能导致与关联方交易有关的审计证据有限。例如,没有签订交易合同或协议,签订的合同或协议条款过于简单、付款方式随意等。此外,由于关联方交易的公允性难以判断,仅仅从被审计单位内部获取的证据说服力也不强。在关联方交易证据有限的情况下,注册会计师应实施哪些程序?

3. A 注册会计师审计 X 公司 2009 年度财务报表,审计报告日为 2010 年 3 月 15 日,财务报表公布日为 3 月 20 日。X 公司在资产负债表日后有如下事项:

(1) X 公司应收取甲公司一笔金额较大的货款。2009 年 12 月 31 日,甲公司经营状况良好,并无财务困难的迹象,但在 2010 年 3 月 10 日,甲公司发生重大火灾,无力偿还 X 公司的货款。

(2) 2009 年 5 月,由于 X 公司未能履行供货合同,使乙公司遭受 3 000 万元损失,乙公司已在 2009 年 10 月通过法律途径索赔。2010 年 3 月 16 日,法院一审判决 X 公司赔偿乙公司经济损失 3 000 万元,X 公司决定接受判决。

(3) X 公司内部审计人员于 2010 年 3 月 21 日发现 2009 年度已审财务报表存在 100 万元的重大错报,并向公司最高管理层作了汇报。

要求:

(1) 假定 A 注册会计师在 2010 年 3 月 11 日获知甲公司发生火灾,并于当日实施了必要审计程序后,应当提请 X 公司如何处理?

　　(2) A 注册会计师在 2010 年 3 月 17 日获知 X 公司需要赔偿乙公司经济损失后,于 3 月 18 日实施了追加审计程序,并已作适当处理。请简要说明 A 注册会计师确定的审计报告日期及其理由。

　　(3) 假定 A 注册会计师在 2010 年 3 月 22 日获知 X 公司已审财务报表中存在 100 万元的重大错报,如不改正,将影响报表使用者的判断。问:A 注册会计师应当采取何种最适当的补救措施?

第二部分　参考答案及解析

三、单项选择题

1.【正确答案】B

　　【答案解析】这种情况意味着被审计单位会计报表对该重大不确定性的披露不充分,可考虑发表保留意见的审计报告。

2.【正确答案】C

　　【答案解析】注册会计师对期后事项所负的主动责任到审计报告日,所以在临近外勤工作结束时审计期后事项比较适宜。

3.【正确答案】C

　　【答案解析】不管被审计单位是否充分披露,如果被审计单位在可预见的未来无法持续经营,继续运用持续经营假设编制财务报表将产生严重误导,注册会计师应当发表保留或否定意见。

4.【正确答案】B

　　【答案解析】管理层对持续经营能力的合理评估期间应是自资产负债表日起的下一个会计期间。

5.【正确答案】C

　　【答案解析】如果被审计单位拒绝对财务报表公布日后获知的重大期后事项作出任何调整或披露,而该期后事项在审计报告日前已经存在,则该事项属于影响财务报表公允反映的事项,需要建议被审计单位发布修改的财务报表;如果被审计单位拒绝,则注册会计师需要考虑修改审计报告。

6.【正确答案】A

　　【答案解析】对于截止审计报告日被审计单位仍未披露的重大或有损失,注册会计师应当提请其予以披露;如果对方单位拒绝披露,则注册会计师应当考虑在审计报告中反映。

7.【正确答案】A

【答案解析】对持续经营能力的评估期间应是自资产负债表日起的下一个会计期间。

8.【正确答案】B

【答案解析】选项 A、C 属于"经营方面"导致对持续经营能力产生疑虑的情况;选项 B 中情况导致货币资金交易量激增,筹措资金出现困难,很可能导致财务状况恶化;选项 D 属于"其他方面"导致对持续经营能力产生疑虑的情况。

9.【正确答案】D

【答案解析】当持续经营假设合理,影响事项存在但已披露时,注册会计师应当发表无保留意见但应增加强调事项段。

10.【正确答案】C

【答案解析】持续经营假设不合理时应当出具否定意见的审计报告。

11.【正确答案】B

【答案解析】当同时存在多项有影响事项时注册会计师应当出具无法表示意见的审计报告。

12.【正确答案】B

【答案解析】被审计单位对或有事项的调整或披露往往对被审计单位不利,因此被审计单位很可能漏列甚至隐瞒或有事项。

13.【正确答案】D

【答案解析】法院作出最终判决之前,本情况属于 X 公司的重大不确定事项。由于 X 公司已在财务报表附注中对此进行了适当披露,注册会计师应出具带强调事项段的无保留意见审计报告。

14.【正确答案】D

【答案解析】命题中情况决定了注册会计师注定在审计报告中对其进行反映。在此前提下,具体的方式只有两种:如果被审计单位未在财务报表附注中进行适当的披露,应在意见段前添加说明段,出具保留或否定意见;如果被审计单位在财务报表附注中进行了适当的披露,则在意见段后添加强调事项段,出具无保留意见。选项 A、B 均仅强调其一,不顾其二;选项 C 暗示了第三种方式,即可能不在审计报告中说明,这是错误的。

15.【正确答案】B

【答案解析】X 公司应作借记"预计负债"、贷记"营业外支出"的财务处理,不应将上年多提的 4 000 万元预计负债确认为本年度的营业外收入,注册会计师应建议 X 公司进行适当调整。

四、多项选择题

1.【正确答案】B、C、D

【答案解析】选项 A 属于被审计单位在财务方面存在的可能导致对持续经营假设产生重大疑虑的事项。

2.【正确答案】B、C

【答案解析】参见教材第 460 页。

3.【正确答案】A、B、C、D

【答案解析】参见教材第 450 页。

4.【正确答案】C、D

【答案解析】参见教材第 450 页。

5.【正确答案】A、C

【答案解析】参见教材第 461 页。

6.【正确答案】A、B、C、D

【答案解析】上述各项用来验证主表与补充资料之"现金及现金等价物净增加额"是否一致;主表与补充资料之"经营活动产生的现金流量净额"的勾稽关系是否合理;补充资料之货币资金期末、期初余额与资产负债表的勾稽关系是否合理;现金流量表有关数据与审计后财务报表及附注的勾稽关系是否合理。

7.【正确答案】B、C、D

【答案解析】选项 B、C、D 属于财务方面存在疑虑的事项或情况;选项 A 属于经营方面存在疑虑的事项或情况。

8.【正确答案】A、B、D

【答案解析】选项 C:根据持续经营准则的规定,注册会计师发表无法表示意见的依据中并不包括被审计单位的披露是否充分,恰恰相反,注册会计师是在决定了出具无法表示意见的类型之后,进一步要求被审计单位披露;选项 A、D 是明显的;选项 B 的可能性并不大,只是不能排除。

9.【正确答案】C、D

【答案解析】审计准则的规定。

10.【正确答案】A、C

【答案解析】选项 B 不属于或有损失;选项 D 属于直接或有损失,而不属于由第三方引起的或有损失。

11.【正确答案】A、B、C、D

【答案解析】上述四个选项均为注册会计师应向被审计单位管理层询问的事项。

12.【正确答案】B、C、D

【答案解析】注册会计师很难通过参与被审计单位董事会会议来收集是否漏记或隐瞒或有事项的审计证据,故选项 A 不恰当;注册会计师通常实施的审计程序包括 B、C、D 3 个选项等内容。

13.【正确答案】A、B、C、D

【答案解析】审计准则的规定。

14.【正确答案】A、B

【答案解析】律师声明书与"期后事项、或有事项"几乎是一种固定搭配,因为这两类事项中往往含有法律纠纷。选项 C、D 两种情形与律师没有直接联系。

15.【正确答案】A、B、C

【答案解析】选项 D 中"财务报表报出前"应为"审计报告日前"。

五、判断题

1.【正确答案】×

【答案解析】在此情况下,注册会计师应当考虑相关事项对本期财务报表的影响,如其影响尚未消除,注册会计师仍应在审计报告中予以反映。

2.【正确答案】√

3.【正确答案】√

4.【正确答案】√

5.【正确答案】×

【答案解析】注册会计师对资产负债表日至审计报告日发生的期后事项负有主动查找并审计的责任,而对审计报告日至财务报表公布日发生的期后事项只负有关注的责任,不负有主动查找的责任。

6.【正确答案】×

【答案解析】调整和披露资产负债表日后事项是被审计单位管理当局的会计责任,注册会计师只负有审计责任。对审计报告日前发生的期后事项,注册会计师应实施专门的审计程序进行审计。

7.【正确答案】×

【答案解析】上市公司发生了会计政策变更,但未报上市地证券交易所备案,则视为滥用会计政策,按照重大会计差错更正的方法进行处理。

8.【正确答案】√

9.【正确答案】×

【答案解析】前任注册会计师出具的审计报告不一定正确,后任注册会计师应当根据本期的情况发表审计意见。

10.【正确答案】×

【答案解析】在审计报告日至财务报表公布日期间，被审计单位管理当局有责任及时向注册会计师告知可能影响财务报表的期后事项及财务报表公布的内容、范围、方式等。注册会计师如在此期间获知可能影响财务报表的期后事项，应当及时与被审计单位管理当局沟通。

11.【正确答案】×

【答案解析】如果认为被审计单位在可预见的将来无法持续经营，继续运用持续经营假设编制财务报表，将对财务报表使用人产生严重误导，注册会计师视其重要性应当发表否定意见。

六、简答题

1.【正确答案】

（1）持续经营假设是指被审计单位在编制财务报表时，假定其经营活动在可预见的将来会继续下去，不拟也不必终止经营或破产清算，可以在正常的经营过程中变现资产、清偿债务。可预见的将来通常是指资产负债表日后 12 个月。

（2）注册会计师考虑持续经营假设的总体要求包括以下三个方面：① 对持续经营假设适当性的考虑贯穿整个审计过程。在计划审计工作和实施风险评估程序时，注册会计师应当考虑是否存在可能导致对持续经营能力产生重大疑虑的事项或情况及相关的经营风险，评价管理层对持续经营能力作出的评估，并考虑已识别的事项或情况对重大错报风险评估的影响。在实施阶段，注册会计师应当针对已经识别出的可能导致对持续经营能力产生重大疑虑的事项或情况，实施进一步的审计程序，以获取充分、适当的审计程序。在评价审计结果时，注册会计师需要确定导致对持续经营能力产生重大疑虑的事项或情况是否存在重大不确定性，并考虑对审计报告的影响。② 职业判断。在考虑管理层编制财务报表时运用持续经营假设的适当性，注册会计师需要运用职业判断。有时，注册会计师在连续几年的审计中，可能均对被审计单位在编制财务报表时运用持续经营假设的适当性存在重大疑虑，但被审计单位并没有终止经营，这并不意味着注册会计师的职业判断必然存在错误。③ 不得对未来事项的可实现程度作出保证。由于管理层对持续经营能力的评估以及针对评估结果作出的应对计划，多是对某些事项或情况的未来结果作出的判断，因而具有较大的不确定性。注册会计师在执行财务报表审计业务时，不得对被审计单位是否具有持续经营能力和管理层应对计划的可实现程度作出保证。

2.【正确答案】注册会计师可以针对会计估计实施下列风险评估程序：① 了解适用的会计准则和会计制度中有关会计估计的要求。② 了解管理层如何识别需要作出会计估计的交易、事项和情况。③ 了解管理层作出会计估计的过程。

（4）复核前期财务报表中作出会计估计的结果。

3.【正确答案】注册会计师在审计过程中识别出以前没有识别的关联方交易时应考虑实施下列追加审计程序：① 立即将这一情况传达给项目组其他成员，使其确定该情况是否影响到已实施审计程序所得出的结果。② 要求管理层在最新识别的关联方的基础上识别与该关联方的其他所有交易，以便注册会计师作出进一步的评价。③ 了解被审计单位对于关联方交易的控制，并调查被审计单位以前没有识别或没有披露关联方交易的原因。④ 如果发现管理层有意不予识别或不予披露关联方交易的情形，注册会计师应将这一情况告知被审计单位的治理层，并评价这一情况对审计工作其他方面的影响，尤其要考虑管理层提供的有关关联方信息完整性的声明是否可靠。

七、案例分析题

1.【正确答案】

（1）计算甲单位已经计提的产品质量保证金：2007 年：$1000 \times 2\% = 20$ 万元；2008 年：$1500 \times 2\% = 30$ 万元；　2009 年：$1200 \times 2\% = 24$ 万元。

（2）与实际结果进行比较：2007 年销售的产品所计提的产品质量保证金为 20 万元，而 3 年实际发生的维修费为 28 万元（8＋11＋9）。可以发现，该产品所计提的质量保证金不能弥补其质量保证期内所发生的维修费用。

（3）进一步分析：在 2007 年至 2009 年间，每年发生的当年维修费用与销售收入比率分别为 8‰、12‰、15‰，呈逐年上升趋势；2008 年销售的产品已经发生的维修费用高达 38 万元，占当年销售收入的比重为 2.53%，已经超过被审计单位估计的 2% 水平，说明被审计单位的会计估计存在过低嫌疑。

（4）建议：根据以上分析，注册会计师应当提请被审计单位提高对产品质量保证金的计提比例。

2.【正确答案】关联方关系的性质可能导致与关联方交易有关的审计证据有限，在这种情况下，注册会计师可以考虑实施下列审计程序：① 向关联方函证交易的条件和金额。交易条件包括交货时间、付款条件、担保条件等；交易金额包括已结算交易金额和未结算交易金额。② 检查关联方拥有的信息。注册会计师可以将该信息与对被审计单位实施审计程序所获取的信息进行核对，如果一致，则增强证据的说服力；如果不一致，则有助于注册会计师发现其中存在的风险，应采取进一步的措施。③ 向与交易相关的人员和机构（如银行、律师、担保人或代理商等）函证。

3.【正确答案】

（1）该事项于资产负债表日后、审计报告日前发生，不影响 2009 年度财务报表的金额,但可能影响对财务报表的正确理解,应提请 X 公司在财务报表中予以适当披露。

(2) A 注册会计师应当更改报告日期,即将原定审计报告日期 2010 年 3 月 15 日推迟至完成追加审计程序时的报告日期 2010 年 3 月 18 日。这是因为,审计报告的日期是注册会计师完成审计工作的日期,其中就包括"应当实施的审计程序均已实施"这一条件。既然注册会计师在 3 月 18 日实施了审计程序,审计报告的日期应当改为 3 月 18 日。

(3) 因为发现的错报影响了 2009 年度财务报表,A 注册会计师应要求 X 公司立即发布一个修改后的财务报表,并解释修改原因,然后根据 X 公司的反应作进一步决策。

第十九章 审计报告、审阅报告和审核报告

第一部分 习 题

一、思考题

1. 简述审计报告的作用。
2. 评价财务报表公允性应当考虑哪些内容?
3. 审计报告有哪几种类型?

二、名词解释

1. 审计报告
2. 特殊目的审计业务
3. 审阅报告
4. 无保留意见审计报告

三、单项选择题

1. 以下有关期初余额审计的表述中,不恰当的是(　　)。
A. 一般无需专门对期初余额发表意见
B. 期初余额与注册会计师首次接受委托相联系
C. 要对期初余额实施适当的审计程序
D. 无论期初余额对本期财务报表是否重要,均需对其予以特别关注

2. 以下有关管理层声明的表述中,不恰当的是(　　)。
A. 管理层声明是指被审计单位管理层向注册会计师提供的关于财务报表的各项陈述
B. 管理层声明包括书面声明和口头声明
C. 在特定情况下,管理层声明可以替代能够合理预期获取的其他审计理论证据

D. 如果合理预期不存在其他充分、适当的审计证据,注册会计师应当就对财务报表具有重大影响的事项向管理层获取书面声明

3. 甲注册会计师在对 X 公司 2007 年度财务报表进行审计时,在形成审计意见时,有下列问题需要作出判断。(财务报表重要性水平为 200 万元)

(1) 对在审计过程中,发现的下列事项,需建议被审计单位管理当局进行调整的是(　　)。

A. 资产负债表日后售出的商品,在注册会计师完成审计工作日前被退回,被审计单位冲销了 2008 年度的收入、成本等相关项目

B. 资产负债表日后被起诉,在注册会计师完成审计工作日前,法院宣判被审计单位应赔偿原告 150 万元损失,被审计单位计入了 2008 年度的负债和损失

C. 注册会计师认为预付 B 公司货款 2 000 元,已不符合预付性质,应转入其他应收款,并计提 200 元坏账准备,被审计单位未作此处理

D. 2007 年 10 月售出商品 1 000 万元,成本 800 万元,在 2008 年 1 月被退回,被审计单位冲销了 2008 年 1 月的收入、成本等相关项目

(2) 下列情况中,注册会计师应出具带强调事项段无保留意见审计报告的是(　　)。

A. 资产负债表日的一项未决诉讼,律师认为胜负难料,一旦败诉对企业将产生重大影响,被审计单位已在会计报表附注中进行了披露

B. 资产负债表日的一项未决诉讼,律师认为胜负难料,一旦败诉对企业将产生重大影响,被审计单位拒绝在会计报表附注中进行披露

C. 2007 年 10 月份转入不需用设备一台,未计提折旧金额为 5 万元(累计折旧重要性水平为 10 万元)×公司未调整

D. X 公司将出售给子公司商品 1 000 万元全部确认为当期收入,该商品的市价为 800 万元,被审计单位拒绝调整,但已在财务报表附注中作为关联方交易予以披露

4. 审计报告中,必须说明管理层对财务报表的责任段。下列不属于管理层对财务报表的责任是(　　)。

A. 选择和运用恰当的会计政策

B. 设计、实施和维护与财务报表编制相关的内部控制

C. 对财务报表发表审计意见

D. 作出合理的会计估计

5. 甲注册会计师审计了 Y 公司 2007 年度的财务报表,决定对 Y 公司出具否定意见的审计报告,下列(　　)的表述是注册会计师出具否定意见审计报告意见

段开头的专业术语。

A. 由于上述审计范围受到限制　　　B. 由于上述问题造成的重大影响

C. 除上述问题可能产生的影响外　　D. 我们认为,上述财务报表

6. ××有限责任公司委托会计师事务所审计,其审计报告的收件人应为(　　)。

A. ××有限责任公司全体股东　　　B. ××有限责任公司董事会

C. ××有限责任公司全体职工　　　D. ××有限责任公司董事长

7. 在下列情况下,注册会计师应出具无保留意见审计报告的有(　　)。

A. 拒绝提供应收账款明细账　　　　B. 拒绝提供实收资本明细账

C. 拒绝就银行存款进行凭证　　　　D. 拒绝提供应收账款明细表

8. 审计报告一般由(　　)编制。

A. 业务助理人员　　　　　　　　　B. 注册会计师

C. 审计项目负责人　　　　　　　　D. 主任注册会计师

9. 注册会计师出具无保留意见审计报告,如果认为必要,可以在(　　)增加说明段,增加对重要事项的说明。

A. 意见段之后　　　　　　　　　　B. 范围段之后

C. 意见段之前　　　　　　　　　　D. 范围段之前

10. 关于对预测性财务信息保证程序的表达,论点不正确的是(　　)。

A. 注册会计师不应对预测性财务信息的结果能否实现发表意见

B. 当对管理层采用的假设的合理性发表意见时,注册会计师仅提供有限保证

C. 注册会计师需要对预测性财务信息是否依据假设恰当编制,并按照适用的会计准则的规定进行列报也提供有限保证

D. 注册会计师往往需要对于假设的合理性提供有限保证,同时对预测性财务信息的编制与假设的一致性以及是否按照适用的会计准则的规定进行列报提供合理保证

11. 甲注册会计师对兴尔公司 2007 年财务报表组成部分出具审计报告时,为避免财务报表使用者产生误解,注册会计师应当提请被审计单位不应在财务报表组成部分的审计报告后附送(　　)。

A. 整体财务报表　　　　　　　　　B. 汇总财务报表

C. 合并财务报表　　　　　　　　　D. 组成部分的财务报表

12. 注册会计师在特殊编制财务报表的审计报告中,应在范围段中说明的是(　　)。

A. 所审计财务报表的编制基础

B. 审计按照中国注册会计师独立审计准则计划和实施审计工作,以合理确信

财务报表是否不存在重大错报

  C. 所审计财务报表在重大方面是否按该基础进行了公允表达

  D. 所审计财务报表是否符合《企业会计准则》和国家其他有关财务会计法规规定

  13. 注册会计师对特定日期与财务报表相关的内部控制进行审核,其发表审核意见的对象是(　　)。

  A. 被审核单位内部控制的合理性 B. 被审核单位内部控制的一贯性

  C. 被审核单位内部控制的有效性 D. 被审核单位内部控制的完整性

  14. 关于财务报表的审计业务和审阅业务的对比,陈述不正确的是(　　)。

  A. 审计业务属于合理保证的鉴证业务;审阅业务属于有限保证的鉴证业务

  B. 审计业务以积极方式提供合理保证;审阅业务以消极方式提供有限保证

  C. 审计业务和审计程序包括检查、观察、询问、函证、重新计算、重新执行、分析程序等;审阅业务以询问和分析程序为主,只有当有理由相信所审阅的财务报表可能存在重大错报时才需要追加其他程序

  D. 审计业务和审阅业务的执业标准都是中国注册会计师审计准则

  15. 当被审计单位会计政策的选用、会计估计的作出或财务报表的披露不符合适用的会计准则和相关会计制度的规定,或因审计范围受到限制,无法获取充分、适当的审计证据,金额超过重要性水平且影响广泛,将会全面影响财务报表使用者的决策,注册会计师应当出具(　　)的审计报告。

  A. 保留意见加强调事项   B. 否定意见

  C. 无法表示意见   D. 否定意见或无法表示意见

四、多项选择题

  1. 针对下列或有事项,甲注册会计师应提出审计调整建议的有(　　)。

  A. 基于合理的判断,M 公司对某项可能发生的担保损失于 2007 年确认预计负责 1 550 万元。2008 年 12 月法院作出终审判决,M 公司实际发生担保损失 1 500 万元。因此,M 公司于 2008 年确认营业外收入 50 万元

  B. 2008 年 12 月 31 日,法院尚未对 M 公司被诉的一起合同纠纷案作出判决。基于合理的判断,M 公司胜诉的可能性为 40%。因此,M 公司没有确认预计负债

  C. 2008 年 12 月 31 日,法院尚未对 M 公司涉及的一起三方合同纠纷案作出判决。M 公司的律师认为 M 公司很可能需要向合同一方支付违约金 500 万元,同时也基本确定可以从合同的另一方获得赔偿 400 万元。因此,M 公司确认预计负债 100 万元

D. 2008年11月法院判决M公司败诉,要求其偿付某银行担保责任款300万元。M公司于2008年12月提起上诉,其律师认为上诉获胜的可能性很大,且截至2008年度会计报表签署日法院尚未作出判决。因此,M公司没有确认预计负债

2. 向与被审计单位有业务往来的银行寄发要求银行提供被审计单位或有事项的询证函,其内容涉及( )。

A. 商业票据贴现　　　　　　　　B. 信用证存款

C. 为其他单位的银行借款进行的担保　　D. 为本单位的银行借款进行的抵押

3. 下列情形中,注册会计师应在审计报告意见段之后增加强调事项段的有( )。

A. 被审计单位存在可能导致对持续经营能力产生重大疑虑的事项或情况,但未在会计报表中披露

B. 被审计单位存在可能导致对持续经营能力产生重大疑虑的事项或情况,已在财务报表中披露,且不影响已发表的意见

C. 所持股票作为交易性金融资产,股票市价在资产负债表日后大幅下跌,但未在财务报表中披露

D. 由于违约在资产负债表日前被起诉,对此已在财务报表附注中披露

4. 甲注册会计师按约定完成对X股份有限公司2007年度财务报表审计工作,正草拟审计报告,在复核审计工作底稿时,发现X股份有限公司应收账款项目无法进行函证,也无法实施其他替代审计程序,甲注册会计师应发表( )类型的审计报告。

A. 无保留意见　　B. 保留意见　　　　C. 否定意见　　　　D. 无法表示意见

5. 如果注册会计师是首次接受委托,按照规定对存货实施了一定的审计程序,仍不能获得有关期末存货余额充分、恰当的审计证据,应出具( )的审计报告。

A. 无保留意见　　B. 保留意见　　　　C. 否定意见　　　　D. 无法表示意见

6. 如果需要修改已审计财务报表而被审计单位拒绝修改,注册会计师应当根据具体情况( )。

A. 出具无法表示意见的审计报告　　B. 在审计报告中提及该事项

C. 出具否定意见的审计报告　　　　D. 出具保留意见的审计报告

7. 注册会计师在出具简要财务报表的审计报告时,应在审计报告中特别指明( )。

A. 简要财务报表所依据的已审财务报表

B. 简要财务报表所依据的财务报表的审计意见类型及审计报告日期

C. 简要财务报表在所有重大方面是否与其所依据的已审财务报表相一致

D. 简要财务报表应与其所依据的已审财务报表一并阅读

8. 注册会计师可能应委托人要求对被审计单位按照《企业会计准则》以外的其他基础编制的财务报表发表审计意见,其他基础包括(　　)。

A. 计税基础　　　　　　　　　　B. 收付实现制基础

C. 外汇管理的规定　　　　　　　D. 证券监管机构的规定

9. 如果注册会计师认为被审计单位内部控制存在重大缺陷,而管理层已在书面声明及认定中恰当地说明了该重大缺陷及其对实现控制目标的影响,注册会计师应当视其重要程度发表(　　)。

A. 无保留意见　　　　　　　　　B. 保留意见

C. 否定意见　　　　　　　　　　D. 无法表示意见

10. 注册会计师在评价编制预测性财务信息所依据的假设时,应当重点关注(　　)。

A. 对内部外部因素的变化特别敏感的假设

B. 对预测性财务信息具有重大影响的假设

C. 存在重大不确定性的假设

D. 建立假设的过程是否合理

11. 注册会计师与管理层在会计政策选用方面的分歧,主要体现在以下方面(　　)。

A. 管理层选用的会计政策不符合适用的会计准则和相关会计制度的规定

B. 管理层选用的会计政策不符合具体情况的需要

C. 管理层选用了不适当的会计政策,导致财务报表在所有重大方面未能公允反映被审计单位的财务状况、经营成果和现金流量

D. 管理层选用的会计政策没有按照适用的会计准则和相关会计制度的要求得到一贯运用,即没有一贯地运用于不同期间相同的或者相似的交易和事项

12. 审计意见应当说明财务报表是否在所有重大方面公允反映了被审计单位的财务状况、经营成果和现金流量。评价财务报表是否具有公允性应考虑的内容包括(　　)。

A. 财务报表是否真实地反映了交易和事项的经济实质

B. 管理层作出的会计估计是否合理

C. 经管理层调整后的财务报表,是否与注册会计师对被审计单位及其环境的了解一致

D. 财务报表的列报、结构和内容是否合理

13. 注册会计师王凯在对 K 公司 2007 年度财务报表出具审计报告时,在注册会计师的责任段与意见段之间增加了对某个重要事项的说明,一般来说该审计报告的意见类型可能是( )。

A. 否定意见　　　　　　　　B. 无法表示意见

C. 保留意见　　　　　　　　D. 带强调事项段的无保留意见

14. 注册会计师在对被审计单位进行审计时,发现被审计单位存在下列事项,则注册会计师认为应作为前期差错更正的有( )。

A. 由于地震使厂房使用寿命受到影响,调减了预计使用年限

B. 由于经营指标的变化,必须缩短长期待摊费用的摊销年限

C. 根据规定对资产计提准备,考虑到利润指标超额完成太多,根据谨慎性原则,多提了存货跌价准备

D. 由于技术进步,将电子设备的折旧方法由直线法变更为年数总和法

15.《企业会计准则》要求财务报表项目的列报应当在各个会计期间保持一致,不得随意变更,但允许( )情况下进行变更。

A. 企业经营业务的性质发生重大变化后,变更财务报表项目的列报能够提供更可靠、更相关的会计信息

B. 母公司在报告期内因同一控制下企业合并增加的子公司,编制合并资产负债表时,应当调整合并资产负债表的期初数

C. 母公司在报告期内因同一控制下企业合并增加的子公司,编制合并资产负债表时,应当调整合并资产负债表的期末数

D. 在会计准则要求改变财务报表项目的列报

五、判断题

1. 资产负债表日后事项期间 A 公司董事会制定的利润分配方案分配现金股利,注册会计师应提请被审计单位调整财务报表,分配股票股利时注册会计师应提请被审计单位披露。　　　　　　　　　　　　　　　　　　　( )

2. A 公司对于待执行合同变成亏损合同的,该亏损合同产生的义务满足或有事项确认预计负债规定的,A 公司将其确认为预计负债。　　　　　( )

3. 重分类错误是因企业未按《企业会计准则》列报财务报表而引起的错误,从性质上讲不如核算错误严重。　　　　　　　　　　　　　　　( )

4. 注册会计师对审计报告的审计责任的时间划分为被审计的财务报表报出日,即此前存在或产生的影响财务报表列报与披露的事项,注册会计师应承担审计责任,此后的则不承担审计责任。　　　　　　　　　　　　　( )

5. 在发生重大不确定事项时,如果被审计单位已在财务报表附注中作了充分

披露,注册会计师就应当出具保留意见的审计报告。 （ ）

6. 如果被审计单位上期财务报表未经审计,注册会计师应当在审计报告引言段中说明上期比较数据未经审计,以免除注册会计师针对本期的期初余额实施恰当的审计程序的要求。 （ ）

7. 注册会计师应当按照中国注册会计师审计准则的规定对财务报表发表审计意见,但没有责任确定其他信息是否得到适当陈述。 （ ）

8. 注册会计师在执行财务报表审阅业务中考虑重要性水平时,应当采用与执行财务报表审计业务相同的标准。 （ ）

9. 注册会计师对被审核单位的内部控制进行审核发表了无保留意见的审核报告,则表明在下一次的报表审计中,可将控制风险直接评估为低水平。 （ ）

10. 注册会计师在出具保留意见或否定意见的内部控制审核报告时,应在审核报告的范围段之后另设说明段。 （ ）

六、简答题

1. 丙注册会计师审计 W 公司 2007 年度财务报表,于 2008 年 2 月 20 日完成外勤审计工作。丙注册会计师了解到 W 公司于 2008 年 2 月 25 日发生火灾,遭受重大损失。丙注册会计师于 2008 年 2 月 28 日完成了对火灾损失的追加审计程序,并于 2008 年 3 月 1 日完成审计报告并送达 W 公司,W 公司于 2008 年 3 月 5 日公布其 2007 年度财务报表。

要求:根据上述情况,丙注册会计师确定审计报告日期的方法有哪些?

2. 甲公司系公开发行 A 股的上市公司,A 注册会计师作为上海 ABC 会计师事务所审计项目负责人,在审计甲公司 2007 年度财务报表时发现:公司 2007 年度审计后的净利润为－1 000 万元,2007 年 12 月 31 日流动负债为 35 800 万元,资产总额为 34 600 万元。A 注册会计师经实施必要审计程序后认为,甲公司编制 2007 年度财务报表所依据的持续经营假设是合理的。

要求:针对这种情况,A 注册会计师应出具何种意见的审计报告?

3. A 注册会计师作为北京 ABC 会计师事务所审计项目负责人,在审计 Y 公司 2007 年度财务报表时发现:E 公司系 Y 公司于 2007 年 1 月 1 日在国外投资设立的联营公司,其 2007 年度财务报表反映的净利润为 3 600 万元。W 公司占 E 公司 45% 的股权比例,对其财务和经营政策具有重大影响,故在 2007 年度财务报表中采用权益法确认了该项投资收益 1 620 万元。E 公司 2007 年度财务报表未经其他会计师事务所审计,北京 ABC 会计师事务所也未能审计。

要求:针对这种情况,A 注册会计师应出具何种意见的审计报告?

七、案例分析题

1. 甲注册会计师作为信恒会计师事务所审计项目负责人,在审计以下单位 2008 年度会计报表时分别遇到以下情况:

(1) A 公司拥有一项长期股权投资,账面价值 500 万元,持股比例 30%。2008 年 12 月 31 日,A 公司与 K 公司签署投资转让协议,拟以 450 万元的价格转让该项长期股权投资,已收到价款 300 万元,但尚未办理产权过户手续,A 公司以该项长期股权投资正在转让之中为由,不再计提减值准备。

(2) B 公司于 2007 年 5 月为 L 公司 1 年期银行借款 1 000 万元提供担保,因 L 公司不能及时偿还,银行于 2008 年 11 月向法院提起诉讼,要求 B 公司承担连带清偿责任。2008 年 12 月 31 日,B 公司在咨询律师后,根据 L 公司的财务状况,计提了 500 万元的预计负债。对上述预计负债,B 公司已在财务报表附注中进行了适当披露。截至审计工作完成日,法院未对该项诉讼作出判决。

(3) C 公司在 2008 年度向其控股股东 M 公司以市场价格销售产品 5 000 万元,以成本加成价格购入原材料 3 000 万元,上述销售和采购分别占 C 公司当年销售、购货比例为 30% 和 40%,C 公司已在会计报表附注中进行了适当披露。

(4) D 公司于 2008 年 11 月 20 日发现,2007 年漏计固定资产折旧费用 200 万元。D 公司在编制 2008 年度财务报表时,对此项会计差错予以更正,追溯调整了相关财务报表项目,并在财务报表附注中进行了适当披露。

(5) E 公司于 2008 年年末更换了大股东,并成立了新的董事会,继任法定代表人以刚上任不了解以前年度情况为由,拒绝签署 2008 年度已审财务报表和提供管理当局声明书。原法定代表人以不再继续履行职责为由,也拒绝签署 2008 年度已审计财务报表和提供的管理当局声明书。

要求:假定上述情况对各被审计单位 2008 年度财务报表的影响都是重要的,且各被审计单位均拒绝接受 A 注册会计师提出的审计处理建议(如有)。在不考虑其他因素影响的前提下,请分别针对上述五种情况,判断 A 注册会计师应对 2008 年度财务报表出具何种类型的审计报告,并简要说明理由。

2. 鼎鑫会计师事务所接受委托,对境内上市的 X 股份有限公司 2007 年度的财务报表进行审计。注册会计师于 2008 年 4 月 10 日结束现场工作,于 2008 年 4 月 20 日完成全部审计工作,出具审计报告。X 公司于 2008 年 4 月 22 日公布 2007 年年度报告。X 公司 2007 年度未经审计的财务报表中的部分会计资料如下(X 公司增值税税率为 17%)。

项　　目	金额(万元)
资产总额	72 000
所有者权益	29 200
股本	15 000
主营业务收入	64 500
利润总额	4 700

注册会计师确定财务报表层次的审计重要性水平为 240 万元。在审计中,注册会计师发现 X 公司存在以下事项:

(1) X 公司于 2007 年 11 月 14 日与某银行签订了应收账款出售协议,X 公司将其账面余额为 4 000 万元、已提坏账准备 2 400 万元的一批应收账款出售给某银行,由银行负责去向 X 公司的客户收取这批应收账款。银行于 11 月 20 日根据协议扣除 200 万元手续费后,将 3 800 万元划入 X 公司的账户中。协议还规定若 6 个月后银行仍未收到或部分未收到应收账款,则 X 公司应无条件地赎回该部分应收账款。X 公司于 11 月 20 日的会计处理为:借记"银行存款"3 800万元、"坏账准备"账户 2 400 万元,贷记"应收账款"账户 4 000 万元、"资产减值损失"账户 2 200 万元。

(2) X 公司其他应收款年末余额 500 万元均为应收 Y 公司的非贸易往来款项,其变动情况如下。

日　　期	借方(万元)	贷方(万元)	余额(万元)
2006 年 8 月 5 日	1 000		1 000
2006 年 11 月 20 日		600	400
2006 年 12 月 31 日	1 000	600	400
2007 年 2 月 5 日	200		600
2007 年 7 月 14 日	150		750
2007 年 9 月 1 日		150	600
2007 年 12 月 28 日		100	500
2007 年 12 月 31 日	350	250	500

X 公司计提坏账准备的会计政策为:1 年以内 10%,1 年至 2 年 20%,2年至 3 年 50%,3 年以上 100%。X 公司对上述其他应收账款年末余额 500 万元的账龄划分为:1 年以内 350 万元,1 年至 2 年 150 万元,2007 年度对其他应

收款坏账准备的计提分录为：借记"资产减值损失"账户 65 万元，贷记"坏账准备"账户 65 万元。

（3）X 公司于 2007 年 2 月 20 日向乙公司租入一层办公用房，租赁期限 5 年，经花费 300 万元装修后，于 2007 年 3 月 31 日启用，预计 3 年后须再次装修。X 公司对该装修费的会计处理为：2007 年 3 月 31 日借记"经营租入——固定资产改良"账户 300 万元，贷记"在建工程"账户 300 万元，2007 年 12 月 31 日借记"管理费用"账户 45 万元，贷记"累计折旧"账户 45 万元。

（4）X 公司 2007 年 12 月 31 日列于交易性金融资产中的股票投资系上年购入，本年未发生购售业务，其相关资料如下：

	2007 年 12 月 31 日	
	年 初 市 价	年 末 市 价
L 公司股票	600	480
M 公司股票	50	80
N 公司股票	30	20
合　　计	680	580

X 公司 2007 年 12 月 31 日的会计处理为：借记"投资收益"账户 130 万元，贷记"交易性金融资产"账户 130 万元。

（5）注册会计师经审查 X 公司 2007 年 12 月 31 日的银行存款余额调节表和银行对账单及相关收付款凭证后，发现 2007 年 12 月 30 日银行已根据电力公司通知，从 X 公司账户中扣除了 12 月份的管理部门用电费计 110 万元。该未达账项 X 公司因 2007 年末尚未收到有关凭证，并未入账，但已于 2008 年 1 月 8 日在收到有关凭证后记入 2008 年度相关会计账簿中。

（6）X 公司原应收账款中包括应收 Z 公司账款 400 万元，已提坏账准备 100 万元。2007 年 10 月 22 日，经协商，Z 公司以其账面成本为 260 万元、市场售价为 300 万元的一批产品抵债。X 公司收到该批产品和 Z 公司开出的增值税专用发票后（双方商定增值税款无需结算），进行会计处理为：借记"库存商品"账户 249 万元，"应交税费——应交增值税（进项税额）"账户 51 万元、"坏账准备"账户 100 万元，贷记"应收账款"账户 400 万元。

（7）2007 年 12 月 31 日，X 公司应收票据余额为 28 800 万元，其中包括由 X 公司的第一大股东丁公司于 2007 年 12 月 2 日至 23 日开出的 28 份商业承兑汇票，合计金额 24 000 万元，且未计提任何坏账准备。经审计，注册会计师发现了丁公司的这些票据均没有真实交易背景，实质上是丁公司占用 X 公司资金的行为。

(8) 2005 年 12 月,X 公司因经济合同纠纷,曾被 W 公司要求赔偿 800 万元,但尚未向法院起诉。当时 X 公司考虑到当年盈利数额很大,可以负担此笔损失,故将此 800 万元全额作为 2005 年度的预计负债,计入营业外支出中。2007 年 3 月,W 公司正式向法院起诉 X 公司,经法院审理,认定 X 公司无过错,判决 X 公司无需经济赔偿。X 公司即在 2007 年 3 月进行了如下会计处理:借记"预计负债"账户 800 万元,贷记"营业外支出"账户 800 万元。

(9) 2007 年 6 月,税务稽查部门对 X 公司 2006 年度所得税的计缴情况进行了审查。根据审查结果,X 公司需补缴 2006 年度漏交的所得税 60 万元,并支付罚款 10 万元。X 公司在 2007 年 6 月份上缴时的会计处理为:借记"所得税费用"账户 70 万元,贷记"银行存款"账户 70 万元。

(10) X 公司于 2007 年 10 月份接受外部非关联公司的一批商品捐赠,其账面成本为 1 000 万元,市场售价和取得的增值税专用发票上的价格均为 1 200 万元,增值税税率为 17%。X 公司收到捐赠后,会计处理为:借记"库存商品"账户 1 000 万元,"应交税费——应交增值税(进项税额)"账户 170 万元,贷记"资本公积——接受捐赠非现金资产准备"账户 1 170 元。

(11) 2008 年 4 月 10 日,X 公司董事会作出关于 2007 年度利润分配和资本公积转增股本方案的决议,决定按审定后的财务报表数据:① 以资本公积 3 000 万元转增股本。② 以可供股东分配的利润转增股本 1 000 万元。③ 以可供股东分配的利润派发现金股利 500 万元。该方案尚需由公司股东大会通过后方可实施。故尽管 X 公司 2007 年度财务报表尚未报出,X 公司仍将上述方案中的所有各点均仅在财务报表附注中予以披露,一律不调整报告年度的财务报表项目。

(12) 2007 年 3 月 31 日,X 公司收到税务部门根据税收优惠政策退回 2006 年度上缴的所得税 50 万元,X 公司的会计处理为:借记"银行存款"账户 50 万元,贷记"以前年度损益调整"账户 50 万元。

要求:

(1) 如果不考虑审计重要性水平,针对上述每一个事项,请分别回答注册会计师是否需要提出审计处理建议? 若需要,请列示审计调整分录或披露建议(审计调整分录不考虑因调整而对企业所得税和年末结转损益及利润分配的影响,除非该分录须直接调整所得税)。

(2) 如果考虑审计重要性水平,针对上述每一个事项,请分别回答当 X 公司不接受注册会计师的审计调整或披露建议(假如确有建议,且该等建议是正确的)时,在不考虑其他条件的前提下,注册会计师应出具何种意见类型的审计报告,并简要说明理由。

3. 北京大华会计师事务所于 2004 年 12 月 30 日接受了 ABC 股份有限公司的

审计委托,该公司注册资本为 2 000 万元,审计前会计报表的资产总额为 5 000 万元。

北京大华会计师事务所委派该所注册会计师 A 和 B 共同承担 ABC 公司的审计业务。他们在计划阶段确定的重要性水平为 90 万元,而在完成阶段确定的重要性水平 100 万元。注册会计师 A 和 B 于 2005 年 2 月 15 日完成了对 ABC 股份有限公司 2004 年 12 月 31 日资产负债表及该年度的利润表、现金流量表的外勤审计工作,在复核工作底稿时,发现以下需要考虑的事项:

(1) 由于该公司一幢建于 1965 年、原值 200 万元、预计使用年限为 50 年、已提折旧 136 万元的办公大楼因为未经核实的原因出现裂缝,经过专家鉴定后将预计使用年限改为 40 年,决定从 2004 年起改变年折旧率,但该公司同意在 2004 年年末报表中作相应披露。

(2) 该公司在国外一家联营企业内据称有 675 000 元的长期投资,投资收益为 365 000 元,这些金额已列入 2003 年的净收益中,但 A 和 B 注册会计师未能取得上面所述的联营企业经审计的财务报表。受公司记录性质的限制,也未能采取其他程序查明此项长期投资和投资收益的金额是否属实。

(3) 该公司全部存货占资产总额的 50% 以上,放置于邻近单位仓库内。由于此仓库倒塌尚未清理完毕,不仅无法估计损失,也无法实施监盘程序。

(4) 由于存货使用受到仓库倒塌的限制,正常业务受到严重影响,可能影响即将到期的 100 万元债务。

(5) 2004 年 11 月间,该公司被控侵犯专利权,对方要求收取专利权费并收取罚款,公司已提出辩护,此案正在审理之中,最终结果无法确定。

(6) 由于财务困难,公司没有预付下年度的 15 万元广告费。

(7) A 和 B 注册会计师从公司职员处了解到,该公司在 2005 年 5 月份将进行大规模人事变动。

要求:

(1) 逐一分析上述七种情况,分别对每种情况指出应出具的审计报告类型,并简要说明理由。

(2) 仅考虑情况(1)、(5),请代 A 和 B 注册会计师草拟一份审计报告。

第二部分　参考答案及解析

三、单项选择题

1.【正确答案】D

【答案解析】注册会计师对财务报表进行审计,是对被审计单位所审期间财务报表发表意见,一般无需专门对期初余额发表审计意见。

2.【正确答案】C

【答案解析】管理层声明不能替代其他审计证据。

3.【正确答案】D

【答案解析】应冲销 2007 年收入、成本等相关项目。

【正确答案】A

【答案解析】A 选项为存在重大不确定事项;B 选项中注册会计师不能发布无保留意见;C 选项未超过重要性水平;D 选项注册会计师不能发布无保留意见。

4.【正确答案】C

【答案解析】C 选项为审计人员工作。

5.【正确答案】B

【答案解析】见教材"否定意见审计报告"的举例。

6.【正确答案】B

【答案解析】审计报告的收件人应是委托人,有限责任公司的委托人一般是董事会。

7.【正确答案】D

【答案解析】注册会计师审查应收账款时,只需要看账,不需要查应收账款明细表。

8.【正确答案】C

【答案解析】(略)。

9.【正确答案】A

【答案解析】保留意见、否定意见、无法表示意见的说明段在意见段之前。

10.【正确答案】C

【答案解析】注册会计师还要对"预测性财务信息的编制是否与假设的一致性"提供合理保证。

11.【正确答案】A

【答案解析】B、C、D 选项属于财务报表组成部分。

12.【正确答案】B

【答案解析】A、C、D 选项属于一般编制基础财务报表的审计报告中范围段应说明的内容。

13.【正确答案】C

【答案解析】见"内部控制审核报告"。

14. 【正确答案】D

【答案解析】审阅业务的执业标准都是中国注册会计师审阅准则。

15. 【正确答案】D

【答案解析】严重违反会计准则和相关会计制度的规定,应当出具否定意见或无法表示意见。

四、多项选择题

1. 【正确答案】B、C、D

【答案解析】A 选项中法院是 2008 年 12 月作出终审判决,因此应记入 2008 年。

2. 【正确答案】A、C

【答案解析】B、D 选项不属于或有事项。

3. 【正确答案】B、D

【答案解析】A 选项与 C 选项应在审计报告意见段之前增加说明段。

4. 【正确答案】B、D

【答案解析】审计范围受限。

5. 【正确答案】B、D

【答案解析】审计范围受限。

6. 【正确答案】C、D

【答案解析】被审计单位财务报表违反《企业会计准则》及相关会计制度的规定。

7. 【正确答案】A、B、C、D

【答案解析】以上 4 个选项都属于注册会计师在出具简要财务报表的审计报告时要特别指明的事项。

8. 【正确答案】A、B、C、D

【答案解析】A、B、C、D 选项都属于《企业会计准则》以外的其他基础编制事项。

9. 【正确答案】B、C

【答案解析】影响程度非常大,发表否定意见;不是非常大,发表保留意见。

10. 【正确答案】A、B、C

【答案解析】见教材第 510 页。

11. 【正确答案】A、B、C、D

【答案解析】A、B、C、D 选项均属于会计政策事项。

12. 【正确答案】A、C、D

【答案解析】选项 B 属于注册会计师在评价财务报表合法性时应当考虑的内容之一。

13.【正确答案】A、C

【答案解析】无法表示意见的审计报告没有注册会计师的责任段；无保留意见的审计报告没有说明段。

14.【正确答案】B、C

【答案解析】疏忽或曲解事实以及舞弊应当作为前期差错进行处理。

15.【正确答案】A、B、D

【答案解析】允许在下列情况下进行变更：① 会计准则要求改变财务报表项目的列报。如《企业会计准则第 33 号——合并财务报表》规定，母公司在报告期内因同一控制下企业合并增加的子公司，编制合并资产负债表时，应当调整合并资产负债表的期初数。② 企业经营业务的性质发生重大变化后，变更财务报表项目的列报能够提供更可靠、更相关的会计信息。

五、判断题

1.【正确答案】√

2.【正确答案】√

3.【正确答案】×

【答案解析】从性质上讲和核算错误一样严重。

4.【正确答案】×

【答案解析】在财务报表报出后，如果知悉在审计报告日已存在的、可能导致修改审计报告的事实，注册会计师应当考虑是否需要修改财务报表，并与管理层进行讨论。

5.【正确答案】×

【答案解析】应出具带解释段无保留意见审计报告。

6.【正确答案】×

【答案解析】如果被审计单位上期财务报表未经审计，注册会计师应当实施审计程序。

7.【正确答案】√

8.【正确答案】√

9.【正确答案】×

【答案解析】内部控制审核的范围限于特定日期与财务报表相关的内部控制，与下一次的审核没有直接关系。

10.【正确答案】×

【答案解析】应在审核报告的意见段前增设说明段。

六、简答题

1.【正确答案】丙注册会计师确定审计报告日期的方法有两种：① 签署双重日期，即保留 2008 年 2 月 20 日的审计报告日，并就火灾损失注明 2008 年 2 月 28 日新的审计报告日。② 更改审计报告日期，即将 2008 年 2 月 20 日原审计报告日推迟至 2008 年 2 月 28 日完成追加审计程序时的审计报告日。

2.【正确答案】A 注册会计师应出具带强调事项段的无保留意见审计报告。

甲公司 2007 年度的净利润为－1 000 万元，在 2007 年 12 月 31 日，流动负债高于资产总额 1 200 万元，在财务方面存在可能导致对其持续经营能力产生重大疑虑的事项或情况。但 A 注册会计师经实施必要审计程序后认为 Y 公司编制 2007 年度财务报表所依据的持续经营假设是合理的，并且 Y 公司已经接受注册会计师的审计处理建议，在 2007 年度财务报表附注中对该事项或情况予以披露，注册会计师应当对这一事项或情况在审计报告增加强调事项段予以揭示。

3.【正确答案】A 注册会计师应出具无法表示意见的审计报告。

占 W 公司 45% 的利润无法通过审计予以确认，说明审计范围受到限制可能产生的影响非常重大和广泛，注册会计师不能获取充分、适当的审计证据，以致无法对财务报表发表意见。

七、案例分析题

1.【正确答案】

（1）保留意见或否定意见的审计报告。由于对该项长期股权投资转让交易尚未完成，A 公司应计提而未计提减值准备，不符合《企业会计准则》和相关制度的规定。

（2）带强调事项段的无保留意见的审计报告（或标准无保留意见）。因担保而产生的诉讼可能给 B 公司带来损失，属于重大不确定事项，应当考虑在意见段之后增加强调事项段。或对未决诉讼已经进行适当的会计处理，且已适当披露，基本上确定该事项带来的损失，无需增加强调事项段。

（3）标准无保留意见的审计报告。C 公司与关联方的交易价格公允，关联方关系及交易披露适当，符合《企业会计准则》和相关制度的规定。

（4）标准无保留意见的审计报告。D 公司对重大会计差错进行了追溯调整，并进行了适当披露，符合《企业会计准则》和相关制度的规定。

（5）无法表示意见的审计报告。由于管理当局对已审计财务报表未予认定，也未能提供管理当局声明书，注册会计师的审计范围受到极大限制。

2.【正确答案】要求1：应提出的审计建议分别为：

（1）X公司的应收债权名义上是出售给银行，但由于与应收债权有关的风险和报酬实质上并未转移，应作为以应收债权为质押取得的借款进行会计处理。故审计调整分录为：

借：财务费用	2 000 000	
应收账款	40 000 000	
资产减值损失	22 000 000	
贷：短期借款		40 000 000
应收账款——坏账准备		24 000 000

（2）X公司对存在多笔发生且滚动变动的应收账款，按照先发生先收回的原则确定账龄的做法符合会计制度的有关规定，但其计提坏账准备金额有误，故审计调整分录为：

借：其他应收款——坏账准备	400 000	
贷：资产减值损失		400 000

（3）X公司对经营租入固定资产的装修费的核算有误，按《企业会计准则》的规定，对经营租入固定资产进行装修的费用应列入"长期待摊费用"，不再单设"经营租入固定资产改良"核算，且也不应分5年折旧，而应按剩余租赁期（5年）与装修后可使用期（3年）两者中的短者，即3年，进行摊销。故审计调整分录为：

借：长期待摊费用	2 250 000	
管理费用	300 000	
累计折旧	450 000	
贷：经营租入——固定资产改良		3 000 000

（4）按《企业会计准则》的规定，X公司的交易性金融资产期末不应以成本与市价孰低计量，而应以公允价值调整原账面价值，差额计入当期损益。故审计调整分录为：

借：公允价值变动损益	1 000 000	
交易性金融资产——公允价值变动	300 000	
贷：投资收益		1 300 000

（5）X公司对银行已付、企业未付的管理用电费只作银行存款余额调节表调节相符，却未按权责发生制原则调整2007年度财务报表的做法是错误的。故应作审计调整分录为：

| 借：管理费用 | 1 100 000 | |
| 贷：银行存款 | | 1 100 000 |

（6）X 公司作为债务重组中的债权人，按《企业会计准则》的规定，其收到对方交付的抵债库存商品，应按其公允价值入账，并应确认债务重组损失。故审计调整分录为：

借：库存商品	510 000	
营业外支出——债务重组损失	490 000	
贷：资产减值损失		1 000 000

（7）开具无真实交易背景的商业汇票是违规的行为，且实质上是 X 公司的大股东占用上市公司资金的行为，故注册会计师应作如下处理。

（a）建议 X 公司作如下审计调整分录：

| 借：其他应收款 | 240 000 000 | |
| 贷：应收票据 | | 240 000 000 |

| 借：资产减值损失 | 24 000 000 | |
| 贷：其他应收款——坏账准备 | | 24 000 000 |

（b）注册会计师应要求 X 公司在财务报表附注中对上述关联交易予以披露，并对丁公司大额占用 X 公司资金的情况出具专项审计说明，呈交被审计单位、中国证监会和证券交易所，X 公司应就专项审计说明作出公告。

（8）法院的判决表明 X 公司在 2005 年 12 月对可能赔偿 800 万元所作的估计与当时的事实严重不符，应当视为滥用会计估计，按照重大会计差错更正的方法进行如下审计调整处理：

| 借：营业外支出 | 8 000 000 | |
| 贷：年初未分配利润 | | 8 000 000 |

并进而对 2007 年度利润分配表上的上年对比数栏（即 2006 年度）的年初未分配利润调增 800 万元。

（9）按税法和《企业会计准则》的相关规定，X 公司补缴以前年度漏缴的所得税应视同重大会计差错作重述调整，而支付的罚款应计入当期营业外支出。故审计调整分录为：

借：年初未分配利润	600 000	
营业外支出	100 000	
贷：所得税费用		700 000

（10）X 公司接受捐赠的非货币性资产，按《企业会计准则》的规定，须按其公

允价值入账,并计入当期损益。故审计调整分录为:

借:库存商品   2 000 000

应交税费——应交增值税(进项税额)   340 000

资本公积——接受捐赠非现金资产准备   11 700 000

贷:营业外收入——接受捐赠收益   14 040 000

(11) 按《企业会计准则第 29 号——资产负债表日后事项》的规定,X 公司的董事会决议的三点内容均应作为资产负债表日后事项中的非调整事项,X 公司的处理是正确的,故注册会计师无需作出任何审计调整建议。

(12) 按税法有关规定,X 公司根据税收优惠政策收到税务部门退回的所得税,一律应在实际收到时冲减收到当期的所得税费用。故审计调整分录应为:

借:年初未分配利润   500 000

贷:所得税费用   500 000

要求 2:若 X 公司均不接受上述各项审计建议,注册会计师分别就上述各事项应出具的审计报告意见类型及简要理由如下。

事项序号	错漏报影响资产金额(万元)(A)或影响利润金额(万元)(P)	出具报告的意见类型	简 要 理 由
1	$A = 4\,000$ $P = 2\,400$	否定意见	A 占总资产 3.3%,P 占利润51.1%,且大大超过报表层重要性水平 240 万元,对报表整体公允反映产生影响
2	$A = P = 40$	无保留意见	P 占利润 1%,且大大低于 240 万元的报表层重要性水平
3	$A = 300, P = 30$	保留意见	A 占总资产 0.4%,P 占利润 0.6%,但 A 超过了 240 万元的报表层重要性水平
4	$A = P = 30$	无保留意见	理由同 2
5	$A = P = 110$	无保留意见	P 占利润 2.3%,且低于报表层重要性水平,不影响报表的公允表达
6	$A = P = 51$	无保留意见	理由同 2
7	$A = 24\,000, P = 2\,400$	否定意见	A 占总资产 33.3%,P 占利润51.1%,已 10 倍于报表层重要性水平,且未披露,错报已对报表整体公允反映产成了严重影响

（续表）

事项序号	错漏报影响资产金额（万元）（A）或影响利润金额（万元）（P）	出具报告的意见类型	简 要 理 由
8	$A = P = 800$	保留意见	A 占总资产 1.1%，P 占利润 17%，且错报超过了 240 万元的报表层重要性水平
9	$A = P = 60$	无保留意见	P 仅占利润 1.3%，大大低于 240 万元的报表层重要性水平，且虽税金的会计核算有误，但实际纳税已合规
10	$A = 200$，$P = 1\,404$	保留意见	错报金额超过了报表层重要性水平
11	$A = P = 0$	无保留意见	会计处理合法公允
12	$A = P = 50$	无保留意见	理由同 9（P 占利润 1.1%）

3.【正确答案】

（1）标准无保留意见。未改会计处理方法仅合理改变了估计。

（2）保留意见。审计范围受到限制并且金额超过重要性水平。

（3）无法表示意见。审计范围受到重大限制（金额超过重要性水平很多），重大资产无法审查。

（4）带强调事项段无保留意见。持续经营受到影响，且金额超过重要性水平。

（5）带强调事项段无保留意见。重大不确定事项。

（6）标准无保留意见。金额不重要，未超过重要性水平。

（7）标准无保留意见。对 2004 年的财务报表无直接影响。

审 计 报 告

北京 ABC 股份有限公司全体股东：

我们审计了后附的北京 ABC 股份有限公司（以下简称北京 ABC 公司）2004 年 12 月 31 日的资产负债表、2004 年度的利润表、股东权益变动表和现金流量表以及财务报表附注。

一、管理层对财务报表的责任

按照企业会计准则和《企业会计制度》的规定编制财务报表是 ABC 公司管理层的责任。这种责任包括：① 设计、实施和维护与财务报表编制相关的内部控制，以使财务报表不存在由于舞弊或错误而导致的重大错报。② 选择和运用恰当的会计政策。③ 作出合理的会计估计。

二、注册会计师的责任

我们的责任是在实施审计工作的基础上对财务报表发表审计意见。我们按照中国注册会计师审计准则的规定执行了审计工作。中国注册会计师审计准则要求我们遵守职业道德规范,计划和实施审计工作以对财务报表是否不存在重大错报获取合理保证。审计工作涉及实施审计程序,以获取有关财务报表金额和披露的审计证据。选择的审计程序取决于注册会计师的判断,包括对由于舞弊或错误导致的财务报表重大错报风险的评估。在进行风险评估时,我们考虑与财务报表编制相关的内部控制,以设计恰当的审计程序,但目的并非对内部控制的有效性发表意见。审计工作还包括评价管理层选用会计政策的恰当性和作出会计估计的合理性,以及评价财务报表的总体列报。

我们相信,我们获取的审计证据是充分、适当的,为发表审计意见提供了基础。

三、审计意见

我们认为,ABC 公司财务报表已经按照《企业会计准则》和《企业会计制度》的规定编制,在所有重大方面公允反映了 ABC 公司 2004 年 12 月 31 日的财务状况以及 2004 年度的经营成果和现金流量。

四、强调事项

我们提醒财务报表使用者关注,如财务报表附注×所述,ABC 公司在 20×1 年发生亏损×万元,20×1 年 12 月 31 日,在流动负债高于资产总额×万元。ABC 公司已在财务报表附注×充分披露了拟采取的改善措施,但其持续经营能力仍然存在重大不确定性。本段内容不影响已发表的审计意见。

北京大华会计师事务所(盖章)

中国北京市中国注册会计师:X(签名、盖章)

中国注册会计师:Y(签名、盖章)

2005 年 2 月 15 日

第二十章　验　　资

第一部分　习　　题

一、思考题

1. 验资报告包含哪些要素？
2. 试述拒绝出具验资报告并解除业务约定的情形。
3. 注册会计师在什么情况下拒绝出具验资报告？

二、名词解释

1. 验资报告
2. 验资对象
3. 实收资本
4. 拒绝表示意见审计报告
5. 保留意见审计报告

三、单项选择题

1. 如果投资者以货币出资，注册会计师应以（　　）作为验资依据。
   A. 被审验单位开户银行出具的收款凭证和银行存款调节表
   B. 被审验单位开户银行出具的收款凭证、银行函证回函和银行对账单
   C. 被审验单位开户银行出具的存款收款凭证和银行对账单
   D. 被审验单位开户银行出具的存款收款凭证和银行函证回函

2. 当注册会计师与被审验单位在实收资本的确认方面存在异议，且无法协商一致时，注册会计师应（　　）。
   A. 出具保留意见的验资报告
   B. 出具无法表示意见的验资报告
   C. 在验资报告说明段中清晰地反映有关事项及其差异和理由
   D. 在验资报告意见段中清晰地反映有关事项及其差异和理由

3. 被审验单位或出资者不提供真实、合法、完整验资资料的，注册会计师应（　　）。

　A. 拒绝出具验资报告　　　　　　　　B. 出具无法表示验资意见的验资报告

　C. 出具保留意见的验资报告　　　　　D. 在说明段中说明

4. 如果已设立企业尚未对注册资本的实收或变更情况进行相关的会计处理，则注册会计师应( )。

　A. 拒绝接受验资委托　　　　　　　　B. 拒绝出具验资报告

　C. 代为进行会计处理　　　　　　　　D. 在说明段中说明

5. 对于新成立的企业来说，验资的对象主要是( )项目。

　A. 实收资本以及相关的资产、负债　　B. 资本公积

　C. 未分配利润　　　　　　　　　　　D. 盈余公积

6. 对于募集设立的股份有限公司，发起人认购的股份不得少于股份总额的( )。

　A. 15%　　　　　　B. 20%　　　　　　C. 25%　　　　　　D. 35%

7. 出现下列情形时，注册会计师不应当拒绝出具验资报告并解除业务约定的是( )。

　A. 注册会计师发现前期出资不实的情况以及明显抽逃资金迹象

　B. 出资者投入的实物、知识产权、土地使用权等资产的价值难以确定

　C. 首次出资额和出资比例不符合国家有关规定

　D. 被审验单位减少注册资本，不按国家有关规定进行公告、债务清偿或提供
　　债务担保

8. 外商若以实物资产出资，则注册会计师对其价值进行验证时，应以( )为准。

　A. 销售发票及相关的运杂费单　　　　B. 财产价值鉴定书的鉴定价值

　C. 报关价值　　　　　　　　　　　　D. 协议价

9. 验资业务约定书应包含的内容不包括( )。

　A. 业务范围与委托目的　　　　　　　B. 双方的责任与义务

　C. 验资的方法　　　　　　　　　　　D. 验资报告的用途

10. 在( )的情况下，注册会计师可能认可相应的出资。

　A. 实务资产出资者以被抵押固定资产出资

　B. 实务资产出资者以尚有产权纠纷的房屋出资

　C. 货币资金出资者的汇款单没有注明"投资款"

　D. 无形资产出资者占实收资本的 30%

11. 以下关于验资业务的描述中，错误的选项是( )。

　A. 验资是鉴证业务，属于注册会计师的审计业务之一

　B. 验资是注册会计师的法定业务

C. 验资是基于责任方认定的鉴证业务

D. 验资是提供合理保证的鉴证业务,注册会计师以积极方式发表鉴证意见

12. 当被审验单位由于严重亏损而导致增资前的净资产小于注册资本及实收资本时,注册会计师应( )。

A. 出具保留意见的验资报告

B. 在验资报告意见段后增列说明段说明

C. 在验资报告意见段前增列说明段说明

D. 拒绝出具验资报告

13. 验资报告的附件不应当包括( )。

A. 注册资本、实收资本变更情况明细表

B. 验资事项说明

C. 被审验单位填写的注册资本实收情况明细表

D. 已审验的注册资本实收情况明细表

14. 如果全体股东以部分非货币资产出资的,注册会计师应该关注货币出资额占注册资本的比例是否符合法定要求,即不低于注册资本的( )。

A. 25%   B. 70%   C. 30%   D. 60%

15. 在编写验资报告时,对于验资报告的用途、使用责任及注册会计师认为应当说明的其他重要事项应该在( )中说明。

A. 引言段   B. 范围段   C. 意见段   D. 说明段

四、多项选择题

1. 下列有关验资的表述中,正确的是( )。

A. 验资是注册会计师的法定业务

B. 验资是一项鉴证业务

C. 验资的内容包括对被审计单位注册资本的实收情况或注册资本及实收资本的变更情况进行审验

D. 投资者出资方式包括货币、实物、无形资产、净资产等

2. 被审验单位的出资者以货币出资的,具体审验程序包括( )。

A. 获取截至验资报告日止的银行对账单,检查与出资者出资货币相关的收款金额、币种、日期等是否与收款凭证一致,并关注被审验单位与出资者的资金往来有无明显异常情况

B. 检查收款凭证是否加盖银行受理章或转讫章

C. 直接从被审验单位开户银行获取加盖其业务公章的银行询证函回函,检查出资者是否缴存货币资金,金额是否与收款凭证一致

D. 被审验单位为外商投资企业的,如果出资者将出资款直接汇入被审验单位在境外开立的银行账户,检查被审验单位注册地外汇管理部门的批准文件

3. 被审验单位的出资者以实物出资的,具体审验程序包括(　　)。

A. 监盘实物数量并关注其状况,验证其是否与实物出资清单一致

B. 核对实物出资清单与注册资本实收情况明细表或变更情况明细表是否相符

C. 出资实物为房屋、建筑物的,检查其平面图、位置图,验证其名称、坐落地点、建筑结构、竣工时间、已使用年限及作价依据是否符合协议、合同、章程的规定,检查房地产证等产权证明

D. 检查实物是否办理交接手续,交接清单是否得到出资者及被审验单位的确认,实物的交付方式、交付时间、交付地点是否符合协议、合同、章程的规定

4. 通常需要注册会计师进行变更验资的有(　　)。

A. 企业因合并增加实收资本

B. 企业将资本公积、盈余公积、未分配利润等转为实收资本

C. 企业注册资本金额虽保持不变,但出资人和出资比例等发生变化

D. 企业因吸收合并、派生分立、注册股份等减少实收资本

5. 注册会计师在验资前,应当了解被审验单位的基本情况,考虑(　　)。

A. 被审验单位的管理人员素质　　　　B. 注册会计师的自身独立性

C. 注册会计师的自身专业胜任能力　　D. 初步评估验资风险

6. 验资报告具有法定证明效力,其主要用途在于(　　)。

A. 被审验单位表明其持续经营能力

B. 被审验单位向企业登记机关申请设立登记或变更登记

C. 被审验单位向出资者签发出资证明

D. 被审验单位出资者在规定期限内办理财产权转移手续

7. 下列各项中,应在验资报告说明段中予以说明的有(　　)。

A. 验资报告的用途和使用责任

B. 由于严重亏损导致增资前的净资产小于注册资本的

C. 本次验资以前,已经其他注册会计师审验的注册资本实收情况

D. 由于被审验单位的阻挠未能实施审验程序的

8. 下列各项中,应在验资报告意见段中予以说明的有(　　)。

A. 已审验的被审验单位注册资本的实收情况或注册资本及实收资本的变更情况

B. 验资报告的用途和使用责任

C. 对于变更验资,注册会计师仅对本次注册资本及实收资本的变更情况发表审验意见

D. 对于变更验资,注册会计师对初始注册资本和本次注册资本及实收资本的

变更情况发表审验意见

9. 下列情况中,注册会计师应当拒绝出具验资报告的有(　　)。

A. 被审验单位或出资者不提供真实、合法、完整的验资资料的

B. 被审验单位或出资者对注册会计师应当实施的审验程序不予合作

C. 被审验单位的阻挠未能实施审验程序的

D. 被审验单位或出资者坚持要求注册会计师作不实证明的

10. 验资报告的附件主要包括(　　)。

A. 注册资本实收情况明细表

B. 注册资本、实收资本变更情况明细表

C. 验资事项说明

D. 管理层声明书

11. 下列关于注册资本与实收资本的描述中,正确的有(　　)。

A. 有限责任公司的注册资本是指在公司登记机关依法登记的全体股东认缴的出资额

B. 发起设立方式的股份有限公司的注册资本是指在公司登记机关登记的全体发起人认购的股本总额

C. 采取募集设立方式设立的股份有限公司注册资本是指在公司登记机关登记的实收股本总额

D. 实收资本是被审验单位全体股东或者发起人实际交付并经公司登记机关依法登记的出资额或股本总额

12. 设立验资报告的说明段应当说明(　　)及注册会计师认为应当说明的其他重要事项。

A. 对以前注册资本实收情况审验的会计师事务所名称及其审验情况

B. 验资报告的用途

C. 变更后的累计注册资本实收金额

D. 验资报告使用责任

13. 对于设立验资,如果出资者分次交纳注册资本,注册会计师应当关注全体出资者的首次出资额和出资比例是否符合国家有关规定,一般需要关注的有(　　)。

A. 关注有限责任公司全体股东的首次出资额是否不低于公司注册资本的30%,且不低于法定的注册资本最低限额

B. 关注有限责任公司全体股东的首次出资额是否不低于公司注册资本的20%,且不低于法定的注册资本最低限额

C. 关注发起设立的股份有限公司全体发起人的首次出资额是否不低于公司

注册资本的 25%

D. 关注发起设立的股份有限公司全体发起人的首次出资额是否不低于公司注册资本的 20%

14. 如果被审验单位或其出资者坚持要求注册会计师作不实证明,注册会计师应当采用的措施有(　　)。

A. 向股东大会陈述　　　　　　　　B. 发表拒绝表示意见

C. 拒绝出具验资报告　　　　　　　D. 解除业务约定

15. 以下情形中,通常需要注册会计师进行变更验资的有(　　)。

A. 企业因合并增加实收资本

B. 企业将资本公积、盈余公积、未分配利润等转为实收资本

C. 企业注册资本金额虽保持不变,但出资人和出资比例等发生变化

D. 企业因吸收合并、派生分立、注销股份等减少实收资本

16. 注册会计师在执行验资业务时,与验资业务有关的重大事项的书面声明通常包括(　　)。

A. 出资者及被审验单位的责任

B. 验资报告的使用

C. 出资者对出资财产在出资前拥有的权利,是否未设定担保及已办理财产权转移手续

D. 关于利用专家工作的同意书

五、判断题

1. 甲公司拟增加注册资本 3 000 万元,某股东根据增资协议投入货币资金 1 000 万元,A 注册会计师获取并审验了甲公司提供的银行收款凭证,银行出具确认收讫 1 000 万元投资款的询证函回函,据以确认该股东投入的货币资金已到位。
(　　)

2. 乙公司拟增加注册资本 500 万元,某股东根据增资协议,投入了房屋资产 200 万元,但尚未办理产权转移手续,A 注册会计师予以验证确认,并依据该股东出具的承诺函在验资报告说明段中说明该股东承诺在半年内办理过户手续。　(　　)

3. 丙公司由于经营不善造成重大亏损,致使 2007 年 12 月 31 日的净资产为 400 万元。为改善财务状况,缓解经营困难,丙公司股东约定用货币资金 1 000 万元增加注册资本。经审验,A 注册会计师确认丙公司新增注册资本 1 000 万元,并在验资报告说明段中说明丙公司由于亏损导致增资前的净资产小于注册资本。　(　　)

4. 出资者投入的实物、知识产权、土地使用权等资产的价值难以确定时,注册会计师应出具拒绝表示验资意见的验资报告。　(　　)

5. 如果被审验单位或出资者坚持要求注册会计师作不实证明的,注册会计师应出具拒绝表示意见的验资报告。　　　　　　　　　　　　　　(　　)

6. 变更验资与财务报表审计中审验资产、负债完全不同。　　　　(　　)

7. 委托人只有提供必要的验资文件,注册会计师才可以验资。　　(　　)

8. 验资工作底稿一般分为综合类、业务类、备查类。　　　　　　(　　)

9. 发起设立的股份有限公司全体发起人首次出资额不低于公司注册资本的20%。　　　　　　　　　　　　　　　　　　　　　　　　　　　(　　)

10. 审验过程中拟利用专家的工作时,应评价专家的专业胜任能力和客观性。　　　　　　　　　　　　　　　　　　　　　　　　　　　　(　　)

六、简答题

1. ABC 有限公司系由甲公司(合资中方,国有企业)、乙公司(合资中方,非国有企业)和丙公司(合资外方)共同出资组建的外商投资企业。合同、协议和章程中规定,ABC 有限公司的注册资本币种为人民币。甲公司以房屋建筑物、土地使用权出资;乙公司以国内机器设备出资;丙公司以货币资金(美元)、进口机器设备(以美元计价)出资,按出资日中国人民银行公布的市场汇率(中间价)折算为人民币,甲、乙及丙公司按照合同、协议和章程办理了出资事宜,并委托北京东方会计师事务所进行了验资。请分别简要说明注册会计师验证甲、乙及丙公司出资额时所认可的作价依据。

2. A 注册会计师在 ABC 会计师事务所承担验资工作底稿的复核职责。在 2007 年度承办的 4 项验资业务的相关验资工作底稿中,存在以下事项:

(1) 甲公司为有限责任公司,拟整体变更为股份有限公司。甲公司原注册资本为 2 000 万元,审计确认的资产总额为 10 000 万元,负债总额为 6 500 万元,净资产为 3 500 万元。注册会计师根据审计确认的净资产验证确认股东交纳的注册资本合计为 3 000 万元,资本公积为 500 万元。

(2) 乙公司为中外合资经营企业,其外方股东以从乙公司分得的人民币利润 1 000 万元出资设立注册资本为人民币 1 000 万元的外商独资企业。注册会计师按照货币资金出资的一般要求审验了外方股东的货币资金出资,并在对乙公司已审财务报表和审计报告、董事会有关利润分配的决议、主管税务机关出具的完税凭证审验无误后,验证确认该外商独资企业实收的注册资本为人民币 1 000 万元。

(3) 丙公司为有限责任公司,原注册资本为 600 万元,资产总额为 1 200 万元,负债总额为 300 万元,净资产为 900 万元。经股东会决议,丙公司申请减少注册资本 200 万元。在对与减少注册资本有关的法律文件和与支付 300 万元货币资金相关的凭证等审验无误后,注册会计师验证确认丙公司减资后的净资产为 600 万元,其中注册资本为 400 万元。

(4) 中方丁公司拟与外方 H 公司合资设立中外合资经营企业。该中外合资经营企业的注册资本币种和记账本位币均为人民币。丁公司以经评估确认的土地使用权作价人民币 2 000 万元出资,H 公司以货币资金美元 500 万元出资。美元对人民币的合同约定汇率为1:7.23,出资当月 1 日汇率为1:7.21,出资当日汇率为1:7.24。注册会计师审验了中外双方的实际出资情况,验证确认中外双方交纳的注册资本人民币 5 620 万元。

要求:请分别上述四种情况,说明注册会计师的审验结论是否正确,并简要说明理由。

七、案例分析题

1. ABC 有限责任公司经批准,由甲公司(合资中方)和乙公司(合资外方)共同出资组建。根据经批准的协议、合同和章程的规定,ABC 公司的注册资本为 3 000 万美元,由出资方分两期于 2008 年 6 月 30 日前缴足,其中第一期应于 2007 年 12 月 31 日前缴足。甲公司出资 1 800 万美元,其中,货币出资 200 万美元(应于第一期出资到位),房屋建筑物等出资 1 150 万美元(第一期出资 400 万美元),土地使用权出资 450 万美元(应于第一期出资到位),甲公司的出资按 1 美元兑换 7.30 元人民币折算。乙公司应出资 1 200 万美元,其中货币出资 600 万美元(应于第一期出资到位 450 万美元),机器设备出资 400 万美元(第一期出资 150 万美元),无形资产出资 200 万美元。

甲公司和乙公司已分别在 2007 年 12 月 31 日前办理了第一期出资,并聘请上海东方会计师事务所注册会计师 X 和 Y 验资,注册会计师 X 和 Y 于 2008 年 1 月 18 日出具了编号为"东会审验字第六号"的验资报告,该验资报告的附件如下。

注册资本实收情况明细表

截止到 2007 年 12 月 31 日

被审验单位名称:ABC 有限责任公司   单位:万美元

股 东名 称	认缴注册资本		实 际 出 资 情 况				
	金额	出资比例(%)	货币	实物	无形资产	合计	其中:实缴注册资本占注册资本总额比例(%)
甲公司	1 800	60	150	400	450	1 000	33
乙公司	1 200	40	450	150		600	20
合 计	3 000	100	600	550		1 600	53

编制单位:上海东方会计师事务所   注册会计师:X 和 Y

甲公司于 2008 年 5 月 18 日第二期出资，其中缴存 ABC 公司开户银行 365 万元人民币，出资的房屋、建筑物的会计账面记录为 5 600 万元人民币，评估并经确认的价值为 5 273 万元人民币。乙公司于 2008 年 5 月 25 日汇入 ABC 公司开户银行投资款 150 万美元，于 5 月 29 日到达 ABC 公司的机器设备原始发票价为 280 万美元，商检部门出具的商品价值鉴定书鉴定为 252 万美元，所提供 ABC 公司的专利技术经评估为 205 万美元。假定：

（1）经出资双方同意，并报经国有资产管理部门和外贸主管机关批准，双方实际出资超出注册资本部分作为资本公积处理。

（2）甲公司缴付的实物资产和无形资产已办理财产权转移手续。

（3）2008 年 5 月 18 日市场汇价为 1 美元兑换 7.32 元人民币。

（4）上海东方会计师事务所注册会计师 X 和 Y 于 2008 年 7 月 1 日进驻 ABC 有限责任公司进行验资，7 月 8 日完成审验工作，7 月 10 日提交了验资报告。

（5）截止到 2008 年 7 月 8 日，ABC 有限责任公司尚未对收到的资本及相关的资产进行会计处理。

要求：

（1）请根据上述资料代注册会计师 X 和 Y 填制"注册资本实收情况明细表"。

（2）请代注册会计师 X 和 Y 编制验资报告（无需编制验资报告其他说明和附件）。

2. 资料一：通达有限责任公司系拟设立的有限责任公司，根据协议、章程的规定，其申请登记的注册资本为人民币 3 000 万元，投资方华清公司出资注册资本的 60%、华西公司出资注册资本的 40%。双方约定分两期出资，首次出资于 2007 年 2 月 28 日之前缴足，首次出资由华清公司货币出资 450 万元和华西公司货币出资 600 万元。2007 年 2 月 27 日，由华清公司以 450 万元货币出资、由华西公司以 600 万元货币出资到位。

资料二：华清公司和华西公司约定第二期出资于 2007 年 9 月 30 日前缴足。协议、章程规定，第二期出资中，华清公司机器设备出资 1 350 万元、华西公司货币出资 600 万元。华清公司于 2007 年 9 月 28 日完成机器设备出资，华清公司机器设备经资产评估及双方确认的价值为 1 500 万元，双方约定确认的机器设备价值超过约定机器设备出资金额的部分，计入资本公积。2007 年 9 月 29 日，华西公司 600 万元货币出资到位。

要求：

（1）被审验单位申请的注册资本是否达到国家规定的最低限额，并说明理由。

（2）假设资料一中被审验单位申请的注册资本没有达到国家规定的最低限额，请说明注册会计师应当如何处理。

（3）根据资料一，说明被审验单位首次出资额占注册资本的比例是否符合国家规定的最低比例要求,并说明理由。

（4）根据资料一,说明注册会计师是否需要关注分次出资的首次出资货币出资占注册资本的比例是否符合国家规定的货币出资最低限额。

（5）根据资料二,请说明被审计单位累计货币出资是否达到国家规定的最低出资比例的要求,并说明理由。

（6）根据资料二,请说明注册会计师审验机器设备出资时的审验程序有哪些。

（7）根据资料二,华清公司机器设备经资产评估及双方确认的价值为1 500万元,双方确认的机器设备价值超过约定机器设备出资金额的部分,计入资本公积。请回答出资者的实际出资超过认缴出资的处理情况,是否应当在验资报告中体现,如果需在验资报告中体现,需要在验资报告的何处体现。

（8）假设出资双方没有约定出资者的实际出资超过认缴出资的处理,被审验单位对实际出资超过认缴出资的部分资金,该如何进行会计处理,并说明理由。

（9）根据资料二,请编制本期注册资本实收情况明细表。

（10）根据资料二,请编制累计实收资本实收情况明细表。

第二部分 参考答案及解析

三、单项选择题

1.【正确答案】B

【答案解析】见教材第534页。

2.【正确答案】C

【答案解析】见教材第547页。选项A、B错误原因：验资报告没有保留意见和无法表示意见的名称。

3.【正确答案】A

【答案解析】见教材第556页。

4.【正确答案】D

【答案解析】见教材第547页。

5.【正确答案】A

【答案解析】见教材第522页有关验资内容。

6.【正确答案】D

【答案解析】见教材第538页。

7.【正确答案】A

【答案解析】选项A应该在验资报告说明段中说明而不能拒绝出具验资

报告及解除业务约定。

8. 【正确答案】B

【答案解析】见教材第 535 页。

9. 【正确答案】C

【答案解析】见教材第 528 页。

10. 【正确答案】D

【答案解析】《公司法》中外商投资企业以无形资产投资的最高比例是 30%。

11. 【正确答案】C

【答案解析】C 选项正确的说法是：验资是直接报告业务。

12. 【正确答案】B

【答案解析】被审验单位由于严重亏损而导致增资前的净资产小于注册资本及实收资本时,注册会计师应当在说明段中说明,说明段就列于意见段之后。

13. 【正确答案】C

【答案解析】验资报告的附件应当包括已审验的注册资本实收情况明细表或注册资本、实收资本变更情况明细表和验资事项说明等,而在验资过程中获取的被审验单位签署的注册资本实收情况明细表属于注册会计师获取的重要证据,不属于附件中的审验结果。

14. 【正确答案】C

【答案解析】(略)。

15. 【正确答案】D

【答案解析】验资报告的说明段应当说明验资报告的用途、使用责任及注册会计师认为应当说明的其他重要事项。

四、多项选择题

1. 【正确答案】A、B、C、D

【答案解析】见教材"验资"定义。

2. 【正确答案】A、B、C、D

【答案解析】见教材第 534 页。

3. 【正确答案】A、B、C、D

【答案解析】见教材第 535 页。

4. 【正确答案】A、B、D

【答案解析】见教材第 534 页。

5. 【正确答案】B、C、D

【答案解析】见教材第 524 页。

6.【正确答案】B、C

【答案解析】见教材第 522 页有关"验资"的定义。

7.【正确答案】A、B、C

【答案解析】选项 D 情况,注册会计师应拒绝出具验资报告。

8.【正确答案】A、C

【答案解析】见教材第 546 页。

9.【正确答案】A、B、C、D

【答案解析】见教材第 556 页。

10.【正确答案】A、B、C

【答案解析】见教材第 547 页。

11.【正确答案】A、B、C、D

【答案解析】见教材第 531 页。

12.【正确答案】B、D

【答案解析】选项 A、C 属于变更验资报告的说明段还应该说明的事项。

13.【正确答案】B、D

【答案解析】选项 A、C 比例不正确。

14.【正确答案】C、D

【答案解析】如果被审验单位或其出资者坚持要求注册会计师作不实证明,注册会计师应当拒绝出具验资报告并解除业务约定。

15.【正确答案】A、B、D

【答案解析】一般而言,以下情况需要注册会计师进行变更验资:① 被审验单位出资者(包括原出资者和新出资者)新投入资本,增加实收资本(股本)。② 被审验单位将资本公积、盈余公积、未分配利润等转为实收资本(股本)。③ 出资者将其对被审验单位的债权转为股权。④ 被审验单位由于合并增加实收资本(股本)。⑤ 被审验单位因吸收合并、派生分立、注销股份等减少实收资本(股本)。⑥ 被审验单位整体改制。企业因出资者、出资比例等发生变化但注册资本金额不变,而需要按照有关规定向企业登记主管机关申请办理变更登记时,无需提交验资报告。

16.【正确答案】A、B、C

【答案解析】见教材第 541 页。

五、判断题

1.【正确答案】×

【答案解析】注册会计师还要看银行对账单。

2.【正确答案】×

【答案解析】必须办理产权转移手续,在尚未办理产权转移手续之前,不能予以验证确认。

3.【正确答案】√

4.【正确答案】×

【答案解析】可以利用专家工作,只有验资范围受到限制时,才出具拒绝表示验资意见的验资报告。

5.【正确答案】×

【答案解析】应拒绝出具验资报告并解除业务约定。

6.【正确答案】×

【答案解析】很多程序是一样的。

7.【正确答案】√

8.【正确答案】√

9.【正确答案】√

10.【正确答案】√

六、简答题

1.【正确答案】对甲公司:① 房屋及建筑物出资,以经法定评估机构评估,并获得国有资产管理部门核准的评估结果作为作价依据。② 土地使用权出资,以经出资各方协商一致并经土地管理部门批准转让的价值为作价依据。

对乙公司:国内机器设备以出资各方在评估价值基础上协商一致的价值为作价依据。

对丙公司:① 外币出资,以出资日中国人民银行公布的市场汇率(中间价)折算成人民币为作价依据。② 进口设备,以经国家商检部门或由其认定的其他鉴定机构鉴定的美元价值,按出资日中国人民银行公布的市场汇率(中间价)折算人民币为作价依据。

2.【正确答案】

(1)不正确。甲公司拟整体变更为股份有限公司时,折合的股份总额应当相等于公司净资产额,即 3 500 万元。

(2)不正确。针对外方出资者用其从中国境内举办的其他外商投资企业获得的人民币利润出资的,注册会计师还应验证利润获取的外汇管理部门的批准文件。

(3)不正确。注册会计师应当先审计减资日的资产负债表后方可验证减资后的实收资本。

（4）不正确。当投入货币资金的币种与外商投资企业的注册资本币种、记账本位币不一致时，合同有约定汇率的，应当按照合同约定汇率将交纳的外币折合为人民币。

七、案例分析题

1.【正确答案】

（1）

本期注册资本实收情况明细表

截至 2008 年 6 月 30 日

公司名称：ABC 有限责任公司　　　注册资本币种：美元　　　　单位：万美元

股东名称	本期认缴注册资本金额	本 期 实 际 出 资 情 况								其中：实缴注册资本	
		货 币		实 物		无形资产		其他	合 计		
		原币金额	按注册资本币种折算的金额	原币金额	按注册资本币种折算的金额	原币金额	按注册资本币种折算的金额		（注册资本币种）.	金额	占本期认缴注册资本比例（%）
甲	750	RMB 365	50	RMB 5 475	750				800	800	106.67
乙	600		150		250		200		600	600	100
合计	1 350		200		1 000		200		1 400	1 400	103.70

累计注册资本实收情况明细表

截至 2008 年 6 月 30 日

公司名称：ABC 有限责任公司　　　注册资本币种：美元　　　　单位：万美元

股东名称	认缴注册资本总额		前期累计实缴注册资本		本期实缴注册资本		累计实缴注册资本	
	金额	占注册资本总额比例（%）	金额	占注册资本总额比例（%）	金额	占注册资本总额比例（%）	金额	占注册资本总额比例（%）
甲	1 800	60	1 000	33.33	800	26.67	1 800	60
乙	1 200	40	600	20	600	20	1 200	40
合计	3 000	100	1 600	53.33	1 400	46.67	3 000	100

（2）
验 资 报 告

ABC 有限责任公司：

我们接受委托，审验了贵公司截至 2008 年 6 月 30 日已登记的注册资本第二期实收情况。按照法律、法规以及协议、章程的要求出资，提供真实、合法、完整的验资资料，保护资产的安全、完整是全体股东及贵公司的责任。我们的责任是对贵公司注册资本第二期的实收情况发表审验意见。我们的审验是依据《中国注册会计师审计准则第 1602 号——验资》进行的，在审验过程中，我们结合贵公司的实际情况，实施了检查等必要的审验程序。

根据协议、章程的规定，贵公司申请登记的注册资本为 3 000 万美元，由甲公司（以下简称甲方）、乙公司（以下简称乙方）分 2 期于 2008 年 6 月 30 日之前缴足。本次出资为第二期，应于 2007 年 6 月 30 日之前缴足。经我们审验，截至 2008 年 6 月 30 日，贵公司已收到甲方、乙方第二期交纳的注册资本合计 1 400 万美元整。各股东以货币出资 200 万美元，实物出资 1 000 万美元，非专利技术出资 200 万美元，非专利技术出资金额占注册资本的比例为 6.70%。

同时，我们注意到，第一期出资 1 600 万美元，其中甲方出资 1 000 万美元，乙方出资 600 万美元，已经上海东方会计师事务所审验，并由该所于 2008 年 1 月 18 日出具"东会审验字第六号"验资报告。截至 2008 年 6 月 30 日，连同第一期出资贵公司共收到全体股东交纳的注册资本 3 000 万美元，占已登记注册资本的 100%。此外，甲乙双方缴付的实物资产和无形资产在审验日前已办理财产转移手续。另外，截至 2008 年 7 月 18 日，贵公司尚未对收到的资本及相关的资产进行会计处理。

本验资报告供贵公司申请办理实收资本变更登记及据以向全体股东签发出资证明时使用，不应被视为是对贵公司验资报告日后资本保全、偿债能力和持续经营能力等的保证，因使用不当造成的后果，与执行本验资业务的注册会计师及本会计师事务所无关。

上海东方会计师事务所（公章）

地址：

中国注册会计师 X：（签章）

中国注册会计师 Y：（签章）

2008 年 7 月 8 日

2.【正确答案】

（1）根据资料一，被审验单位申请的注册资本已达到国家规定的最低限额，因为有限责任公司注册资本的最低限额为人民币 3 万元。

（2）假设资料一中被审验单位申请的注册资本没有达到国家规定的最低限额，注册会计师应当拒绝出具验资报告并解除业务约定。

（3）资料一中被审验单位首次出资额占注册资本的比例符合国家规定的最低比例要求，因为首次出资额不得低于注册资本的20％，被审验单位的首次出资额达注册资本的35％。

（4）资料一注册会计师不需要关注分次出资的首次出资货币占注册资本的比例是否符合国家规定的货币出资最低限额。

（5）根据资料二，被审计单位累计货币出资达到了国家规定的最低出资比例的要求，因为国家规定货币出资的金额不得低于注册资本的30％，而被审验单位累计货币出资占注册资本的55％。

（6）注册会计师审验机器设备出资时的审验程序有：

（a）检查机器设备出资清单填列的机器设备的品名、数量、作价、出资日期等内容是否符合协议、章程的规定。

（b）检查机器设备出资是否按国家规定进行资产评估，查阅其评估报告，了解评估目的、评估范围与对象、评估基准日、评估假设等有关限定条件是否满足验资的要求；关注评估报告的特别事项说明和评估基准日至验资报告日期间发生的重大事项是否对验资结论产生影响；检查机器设备作价是否存在显著高估或低估；检查投入机器设备的价值是否经各出资者认可。

（c）观察、检查机器设备数量并关注其状况，验证其是否与机器设备出资清单一致。

（d）检查机器设备的购货发票、货物运输单、保险单等单证，验证其权属及作价依据。

（e）检查机器设备是否办理交接手续，交接清单是否得到出资者及被审验单位的确认，实物的交付方式、交付时间、交付地点是否符合协议、章程的规定。

（f）检查机器设备是否办理财产权转移手续，验证其出资前是否归属出资者，出资后是否归属被审验单位。

（g）检查相关文件确认出资的机器设备是否设定担保。

（h）核对机器设备出资清单与注册资本实收情况明细表是否相符。

（7）出资者的实际出资超过认缴出资的处理情况，应当在验资报告中体现，应当在验资报告附件中的验资事项说明中体现。

（8）假设出资双方没有约定出资者的实际出资超过认缴出资的处理，被审验单位应当将实际出资超过认缴出资的部分资金记入其他应付款科目中。实际出资超过认缴出资的部分资金，双方约定计入资本公积的，则计入资本公积；双方约定计入其他应付款的，则计入其他应付款；没有约定的也计入其他应付款。

（9）

本期注册资本实收情况明细表

截至 2007 年 9 月 30 日

被审验单位名称：通达公司 　　　　　　　　　　　　　　单位：人民币万元

股东名称	认缴注册资本		本期认缴注册资本		本期实际出资情况						实收资本	
	金额	出资比例（%）	金额	占注册资本总额比例（%）	货币	实物	知识产权	土地使用权	其他	合计	金额	占注册资本总额比例（%）
华清公司	1 800	60	1 350	45		1 350				1 350	1 350	45
华西公司	1 200	40	600	20	600					600	600	20
合计	3 000	100	1 950	65	600	1 350				1 950	1 950	65

（10）

累计实收资本实收情况明细表

截至 2007 年 9 月 30 日

被审验单位名称：通达公司 　　　　　　　　　　　　　　单位：人民币万元

股东名称	认缴注册资本		前期累计实收资本		本期新增实收资本		累计实收资本		其中：货币出资	
	金额	占注册资本总额比例（%）	金额	占注册资本总额比例（%）	金额	占注册资本总额比例（%）	金额	占注册资本总额比例（%）	金额	比例（%）
华清公司	1 800	60	450	15	1 350	45	1 800	60	—	—
华西公司	1 200	40	600	20	600	20	1 200	40	—	—
合计	3 000	100	1 050	35	1 950	65	3 000	100	1 650	55

第二十一章 非审计服务

第一部分 习 题

一、思考题

1. 注册会计师可以办理哪些投资咨询业务？
2. 试述会计制度设计的具体内容。
3. 试述税务代理业务的范围。
4. 为什么非审计业务与审计独立性存在着矛盾？
5.《萨班斯-奥克斯法案》对哪些非审计业务作了禁止性规定？

二、名词解释

1. 非审计服务　　　　　　　2. 管理咨询

3. 投资咨询　　　　　　　　4. 可行性研究

5. 代编业务　　　　　　　　6. 税务策划

三、单项选择题

1. 下列有关代编业务的描述中,正确的是(　　　)。

A. 注册会计师运用会计而非审计的专业知识和技能

B. 代客户编制的一定是一套完整的财务报表

C. 代为收集、分类和汇总财务信息不属于代编业务

D. 注册会计师执行代编业务使用的程序旨在对财务信息提出鉴证结论

2. 美国注册会计师协会认为,注册会计师服务领域分为(　　)、咨询服务和其他服务。

A. 投资咨询　　　B. 鉴证型服务　　　C. 交易服务　　　D. 管理咨询

3. (　　)是以提高经济效益为目的,运用财务管理的专门方法,围绕改善企业财务管理工作所提供的咨询服务。

A. 管理决策咨询　　　　　　　　B. 财务管理咨询

C. 会计审计顾问　　　　　　　　　　D. 投资咨询

4. 可行性研究的内容分为经济和(　　)两个方面。

A. 管理　　　　　B. 法律　　　　　C. 政策　　　　　D. 技术

5. 如果注册会计师在代编财务信息时发现存在重大错报仍未得到更正,并且认为财务信息存在误导,那么注册会计师应该(　　)。

A. 发表保留意见　　　　　　　　　　B. 发表否定意见

C. 发表无法表示意见　　　　　　　　D. 解除该项业务约定

6. 如果注册会计师的姓名与代编的财务信息相联系,注册会计师应当出具(　　)。

A. 审计报告　　　B. 管理建议书　　C. 代编业务报告　D. 相关的鉴证书

7. 税务代理人是从事税务代理的专业人员和(　　)。

A. 专门机构　　　B. 业余人员　　　C. 税务工作人员　D. 领导机构

8. 税务代理档案至少保存(　　)年。

A. 5　　　　　　　B. 10　　　　　　C. 15　　　　　　D. 20

9. 注册会计师承办税务代理业务,由(　　),并与被代理人签订委托代理协议书。

A. 税务局　　　　　　　　　　　　　B. 税务师事务所

C. 其所在的会计师事务所　　　　　　D. 与税务相关机构

10. 税务代理期满,委托协议书届时(　　)。

A. 依然有效　　　B. 销毁　　　　　C. 失效　　　　　D. 具有法律效应

11. 税务策划与偷税、漏税最主要的区别在于它是(　　)。

A. 专业人员从事　B. 定期进行　　　C. 有较大收益　　D. 合法

12. 税务策划是一种有(　　)的活动。

A. 积极意义　　　B. 消极意义　　　C. 被动　　　　　D. 违法

13. 一般来说,一个国家的税收政策在地区间和行业间差别越大,税务策划就(　　)。

A. 形式越少　　　B. 没有必要　　　C. 应该被限制　　D. 形式越多

14. 税务筹划具有(　　)。

A. 客观性　　　　B. 普遍性　　　　C. 公正性　　　　D. 区域性

15. 流转税的税基是(　　)。

A. 应税利润　　　B. 所有收入　　　C. 应税收入　　　D. 利润总和

四、多项选择题

1. 鉴证服务包括(　　)。

A. 审计　　　　　　B. 审阅　　　　　C. 执行商定程序　D. 代编财务信息

2. 管理咨询业务有（　　　）。

A. 经济活动分析　　　　　　　　B. 财务管理咨询

C. 管理决策咨询　　　　　　　　D. 会计审计顾问

3. 代编业务报告应当指出（　　　）。

A. 财务信息是在管理层提供信息的基础上代编的

B. 管理层对注册会计师代编的财务信息负责

C. 执行的业务既非审计，也非审阅，因此不对代编的财务信息提出鉴证结论

D. 注册会计师应当在代编财务信息的每页或一套完整的财务报表的首页明确标示"未经审计或审阅"、"与代编业务报告一并阅读"等字样

4. 我国的税率有（　　　）。

A. 定额税率　　　B. 超额递减税　　　C. 比率税率　　　　D. 超额累进税率

5. 投资可行性研究的财务分析是从企业角度分析投资项目的经济效果，主要有（　　　）。

A. 总投资概算　　　　　　　　　B. 项目资金筹措估算

C. 生产成本估算　　　　　　　　D. 投资的财务效益分析

6. 代编财务信息业务关系人有（　　　）。

A. 预期使用者　　　　　　　　　B. 注册会计师

C. 责任方　　　　　　　　　　　D. 注册会计师协会

7. 鉴证业务关系人有（　　　）。

A. 预期使用者　　　　　　　　　B. 注册会计师

C. 责任方　　　　　　　　　　　D. 注册会计师协会

8. 代编财务信息业务的对象是（　　　）。

A. 历史财务信息　　　　　　　　B. 预测性财务信息

C. 历史管理信息　　　　　　　　D. 预测性管理信息

9. （　　　）是代编业务报告的内容。

A. 标题　　　　　　　　　　　　B. 收件人

C. 报告日期　　　　　　　　　　D. 注册会计师的签名及盖章

10. 国家对税务师实行（　　　）制度。

A. 外语考试　　　B. 资格考试　　　C. 定期讲座　　　D. 认定

11. 在收取高额非鉴证服务费的情况下，事务所很难（　　　）地发表鉴证意见。

A. 不受干扰　　　B. 独立　　　　　C. 客观　　　　　　D. 公正

12. 在《萨班斯-奥克斯法案》的立法过程中，针对非审计服务的问题观点有（　　　）。

A. 禁止提供任何非审计服务　　　　B. 部分禁止

C. 无需禁止,只要事先经过批准　　　D. 无需禁止

13. 委托税务代理人可以进行( )。

A. 全面代理　　　B. 单项代理　　　C. 临时代理　　　D. 常年代理

14. 税务代理的程序有( )。

A. 签订委托协议书　　　　　　　B. 编制税务报告

C. 办理税务代理业务　　　　　　D. 编制税务计划

15. 除《中国注册会计师相关服务准则第 4111 号——代编财务信息》规定的程序外,注册会计师通常不需要执行的程序有( )。

A. 评价内部控制

B. 验证任何事项

C. 验证任何解释

D. 询问客户管理层,以评价所提供信息的可靠性和完整性

五、判断题

1. 会计师事务所和注册会计师业务除鉴证服务之外,还可以向社会提供会计咨询和会计服务业务等非审计业务。　　　　　　　　　　　　( )

2. 非鉴证服务的收费高低不影响鉴证业务的独立性。　　　　　( )

3.《萨班斯-奥克斯法案》规定全面禁止向审计客户提供任何非审计服务。　　　　　　　　　　　　　　　　　　　　　　　　　　　( )

4. 代编业务是审阅业务,因此不包含任何保证成分。　　　　　( )

5. 为保持审计业务的独立性,会计师事务所必须把同一委托人的审计业务和管理咨询业务分开。　　　　　　　　　　　　　　　　　　　( )

6. 内部控制的设计是要建立一种能事后更正错误和舞弊的机制。　( )

7. 代编财务信息对证据提出要求。　　　　　　　　　　　　　( )

8. 注册会计师执行代编业务使用的程序并不在于对财务信息提出任何鉴证结论。　　　　　　　　　　　　　　　　　　　　　　　　　　( )

9. 代编财务信息一定是历史财务信息。　　　　　　　　　　　( )

10. 注册会计师应当记录重大事项,以证明其已按照职业准则的规定和业务约定书的要求执行代编业务。　　　　　　　　　　　　　　　　　( )

六、简答题

1.《萨班斯-奥克斯法案》对会计师事务所和注册会计师的非审计服务有何规定?

2. 简述代编业务与鉴证业务的区别。

3. 简述管理咨询。

4. 非审计服务为什么影响审计独立性？

七、案例分析题

1. 利达公司过去的主导产品一直以 A 产品为主,但近年来随着市场的变化,A 产品的市场占有率由最初的 90%,现已下降到 40%,并且销售单价由原来的 100 元/件下降到 70 元/件,这一状况致使企业效益逐年下滑。面对这一严峻形势,利达公司决定投资市场前景看好新产品 B 以使企业摆脱困境。为此,特聘请××会计师事务所的注册会计师王平,就该投资的可行性提出相应的建议。

注册会计师接受委托后,围绕该项目收集了如下资料。

(1) A、B 两产品的财务数据。

项 目	A 产品(实际数)	B 产品(预测数)
销售收入	100	80
减：变动成本	50	50
边际贡献	50	30
减：固定成本	20	
利润	30	

(2) 根据利达公司的现状,若投资生产 B 产品,A 产品的生产将减少 50%。

(3) B 产品的投资方案。

① 本公司技术部门自行研制,1 年后投产,试制费为 100 万元。② 从国外引进生产 B 产品的生产技术,3 个月后投产,引进费用为 200 万元。③ 与国内科研机构合作研制,6 个月后投产,试制费为 100 万元,并将 B 产品投产 1 年内实现利润的 20% 支付给该科研单位。

根据以上资料,该厂要求注册会计师帮助作出决策：① 要不要发展乙产品？② 若要发展乙产品,应选择哪种方案？

2. 利丰有限责任公司拟采用吸收、合并的方式购并 G 企业,为确保该决策的成功,特聘请××会计师事务所经验丰富的张三、李四对其可行性进行分析论证,并提出相应的咨询意见。注册会计师围绕着该项目收集了如下资料：

(1) G 企业的资产总额为 2 500 万元,负债总额为 800 万元,净资产为 1 700 万元,双方意向,若利丰公司收购 G 企业应向 G 企业的股东支付收购费用 1 800 万元,其中900万元在购并时支付,另900万元在并购期满1年时付清;G企业的负债由利丰公司向债权人提供担保并于到期时偿还,其中400万元1年后到期,利率为10%,300万元于2年后到期,利率为12%,100万元于3年后到期,利率为13%。

(2)市场平均基准收益率为9%。

(3)经测算,利丰公司不并购G企业情况下当年及未来5年的有关财务数据如下表所示。

项　　目	第零年	第一年	第二年	第三年	第四年	第五年
营业收入	1 800	1 950	2 230	2 560	3 000	3 500
减:营业成本	1 200	1 300	1 400	1 620	1 800	2 000
费用	200	200	250	340	400	500
净收入	400	450	580	600	800	100
减:税金	132	148.50	191.40	198	264	330
税后收益	268	301.5	388.60	402	536	670
加:不付现成本	92	95.5	102.40	120	150	180
现金净流量	360	397	491	522	686	850

第五年后的净现金流量可按第五年的数据统计。

(4)利丰公司若购并G企业,购并当年及未来5年的有关财务数据如下表所示。

项　　目	第零年	第一年	第二年	第三年	第四年	第五年
营业收入	2 100	2 600	3 500	5 850	7 460	9 300
减:营业成本	1 300	1 500	2 000	3 600	4 680	6 000
费用	400	400	650	780	780	900
净收入	400	700	1 000	1 600	2 000	2 400
减:税金	132	231	330	528	660	792
税后收益	268	468	670	1 072	1 340	1 608
加:不付现成本	204	280	305	340	360	400
减:偿债本息	0	440	376.32	144.29	0	0
现金净流量	472	309	598.68	1 267.71	1 700	2 008

第五年后的净现金流量可按第五年的数据统计。

(5)购并全过程需要支付各种手续费用80万元。请问注册会计师还要进一步作什么分析?

3. 飞翔公司是美国业务最多样化的公司之一,其 27 个分部在 5 个业务领域中生产 300 多种产品:工业化学制品、日用化学制品、防卫系统和机械设备。在过去很长的时间里,飞翔公司像大多数公司一样,每月都要检查各个业务部的财务绩效。每年年底,对实现了预期财务绩效的分部经理进行奖励。这使得各分部成功地取得了连续的短期财务业绩。

进入 20 世纪 90 年代以后,飞翔公司的高层管理人员意识到他们为了获取短期财务业绩而放弃了一些长期成长的机会。公司未来如何发展,应当从哪里寻求突破,如何进入新领域,这些问题变得越来越不清晰了。飞翔公司成了一家投资回报率很高、但发展潜力很小的公司。公司只关注支出和预算的偏差,导致工作中心集中在短期和内部经营活动上。公司决定改变绩效评估体系,以便与公司发展战略保持一致。于是,公司聘请了普勒会计师事务所,为其进行管理咨询服务。由詹姆斯等人组成管理咨询队伍,研究新的评估体系,引导经理们超越内部目标,在全球市场上寻求突破。新的体系关注对客户服务、市场地位以及能够为企业创造长期价值的新产品进行评估。请问:普勒会计师事务所会作出怎样提供咨询服务?

4. 北京大海股份有限公司为出口型生产企业,采用来料加工方式为国外利豪公司加工一批进口保税料件,价值为 1 000 万元,加工完成后返销利豪公司价值售价 1 800 万元,为加工该批产品耗用辅料、产品备件、动能费等的进项税额为 13%。该公司想通过税收策划来节省部分税款,以保持资金的流动性,于是聘请了吉林长税会计师事务所为其进行税收策划。

5. 某商场为促销,2007 年 1 月拟采用推出山花牌花生油买一赠一的销售方式,即购买一大壶(5 升)花生油赠送同品牌一小瓶(500 克)花生油,花生油的进价是 5 元/500 克,销售价是 8.02 元/500 克。该商场估计若采取促销,平均一天便可销售 100 壶。该商场向 AB 会计师事务所咨询该方法是否可行。

第二部分　参考答案及解析

三、单项选择题

1. 【正确答案】A
   【答案解析】代编业务是非审计服务。
2. 【正确答案】B
   【答案解析】美国注册会计师协会将注册会计师服务领域分为鉴证型服务、咨询服务和其他服务。

3.【正确答案】B

【答案解析】财务管理咨询定义为：以提高经济效益为目的,运用财务管理的专门方法,围绕改善企业财务管理工作所提供的咨询服务。

4.【正确答案】D

【答案解析】可行性研究分为经济和技术两方面。

5.【正确答案】D

【答案解析】注册会计师不能为代编财务信息提出任何鉴证结论。

6.【正确答案】C

【答案解析】注册会计师出具代编业务报告说明执行的业务既非审计也非审阅,因此不对代编的财务信息提出鉴证结论。

7.【正确答案】A

【答案解析】税务代理人是从事税务代理的专业人员和专门机构。

8.【正确答案】A

【答案解析】税务代理档案至少保存 5 年。

9.【正确答案】C

【答案解析】注册会计师承办税务代理业务,由其所在的会计师事务所统一受理。

10.【正确答案】C

【答案解析】税务代理期满,税务代理自然终止。

11.【正确答案】D

【答案解析】税务策划是在对税收法规进行精细比较后进行的纳税优化选择。

12.【正确答案】A

【答案解析】税务策划是符合国家政策导向、得到政府鼓励的经济行为。

13.【正确答案】D

【答案解析】一个国家的税收政策在地区间和行业间差别越大,税务策划形式就越多。

14.【正确答案】B

【答案解析】一个国家的税收制度制定得再完善,也不能保证它没有差别,这就给纳税人提供了税收策划的机会。

15.【正确答案】C

【答案解析】流转税的税基是应税收入。

四、多项选择题

1.【正确答案】A、B

【答案解析】鉴证服务包括审计、审阅和其他鉴证业务,执行商定程序和代编财务信息属于相关服务。

2.【正确答案】A、B、C、D

【答案解析】管理咨询业务有经济活动分析、财务管理咨询、管理决策咨询、会计审计顾问、投资咨询等。

3.【正确答案】A、B、C、D

【答案解析】代编业务报告应当包括:标题;收件人;财务信息是在管理层提供信息的基础上代编的;注册会计师应当在代编财务信息的每页或一套完整的财务报表的首页明确标示"未经审计或审阅"、"与代编业务报告一并阅读"等字样;执行的业务既非审计,也非审阅,因此不对代编的财务信息提出鉴证结论等内容。

4.【正确答案】A、C、D

【答案解析】我国的税率有三种形式,即定额税率、比率税率和超额累进税率。

5.【正确答案】A、B、C、D

【答案解析】投资可行性研究的财务分析是从企业角度分析投资项目的经济效果,主要由总投资概算、项目资金筹措估算、生产成本估算和投资的财务效益分析四个方面组成。

6.【正确答案】B、C

【答案解析】代编财务信息业务关系人只涉及注册会计师和责任方两方关系人。

7.【正确答案】A、B、C

【答案解析】鉴证业务关系人涉及注册会计师、责任方和预期使用者三方关系人。

8.【正确答案】A、B

【答案解析】代编财务信息业务的对象可能是历史财务信息,也可能是预测性财务信息。

9.【正确答案】A、B、C、D

【答案解析】代编业务报告应当包括:标题;收件人;财务信息是在管理层提供信息的基础上代编的;注册会计师应当在代编财务信息的每页或一套完整的财务报表的首页明确标示"未经审计或审阅"、"与代编业务报告一并阅读"等字样。执行的业务既非审计,也非审阅,因此不对代编的财务信息提出鉴证结论等内容。

10.【正确答案】B、D

【答案解析】国家对税务师实行资格考试和认定制度。

11.【正确答案】B、C、D

【答案解析】在收取高额非鉴证服务费的情况下,事务所很难独立、客观、公正地发表鉴证意见。

12.【正确答案】A、B、C

【答案解析】在《萨班斯-奥克斯法案》的立法过程中,针对非审计服务的问题有三种观点:一种最极端的观点是禁止向审计客户提供任何非审计服务,这种观点很少有人支持;另一种观点是无需禁止向审计客户提供任何非审计服务,只要这类非审计服务是事先经过审计客户审计委员会的批准即可;最后一种观点是采取部分禁止的办法。

13.【正确答案】A、B、C、D

【答案解析】纳税人、扣缴义务人可以根据需要,委托税务代理人进行全面代理、单项代理或临时代理、常年代理。

14.【正确答案】A、C

【答案解析】税务代理的程序有:① 签订委托协议书。② 办理税务代理业务。

15.【正确答案】A、B、C、D

【答案解析】除《中国注册会计师相关服务准则第 4111 号——代编财务信息》规定的程序外,注册会计师通常不需要执行下列程序:询问客户管理层,以评价所提供信息的可靠性和完整性;评价内部控制;验证任何事项;验证任何解释。

五、判断题

1.【正确答案】√

2.【正确答案】×

【答案解析】在收取高额非鉴证服务费的情况下,事务所很难独立、客观、公正地发表鉴证意见。

3.【正确答案】×

【答案解析】《萨班斯-奥克斯法案》规定:除了 9 项禁止事项以外,注册会计师可以向审计客户提供许多其他非审计服务。

4.【正确答案】×

【答案解析】代编业务既非审计业务也非审阅业务,不包含任何保证成分。

5.【正确答案】√

6.【正确答案】×

【答案解析】内部控制的设计是要建立一种能防止、发现和及时更正错误和舞弊的机制。

7.【正确答案】×

【答案解析】代编财务信息对证据未提出要求。

8.【正确答案】√

9.【正确答案】×

【答案解析】代编财务信息可能是历史财务信息，也可能是预测性财务信息。

10.【正确答案】√

六、简答题

1.【正确答案】法案在《会计师的独立性》一章中明确规定，会计师事务所和注册会计师在向公众公司（即公开发行证券的公司）提供审计服务时不得提供以下非审计服务：① 涉及被审计客户的会计记录及财务报表的簿记或其他业务。② 设计及执行财务信息系统。③ 评估或估价业务、公证业务或出具实物捐赠报告书。④ 精算业务。⑤ 内部审计外部化业务。⑥ 代行使管理或人力资源职能。⑦ 作为客户的经纪人或经销商，投资顾问，或提供投资银行服务。⑧ 提供与审计无关的法律服务或专家服务。⑨ 任何公众公司会计监督委员会所规定的未被许可的业务。

2.【正确答案】代编业务既非审计业务也非审阅业务，不包含任何保证成分，因此不属于鉴证业务。

代编业务与鉴证业务的区别例解

业务类型区别	代编财务信息	鉴证业务（以历史财务信息审计为例）
业务关系人	只涉及注册会计师和责任方两方关系人	涉及注册会计师、责任方和预期使用者三方关系人
业务关注的焦点	财务信息的收集、分类和汇总	财务信息的质量
保证程度	不对财务信息提供任何程度的保证	对财务报表不存在重大错报提供合理的保证
独立性的要求	不对独立性提出要求，但如果不独立，应当在代编业务报告中说明这一事实	要求注册会计师从实质上和形式上独立于被审计单位
对象	可能是历史财务信息，也可能是预测性财务信息	历史财务信息，通常是历史财务报表
标准	客户指定的编制基础，可以是法定的，也可以是非法定的	适用的会计准则和相关会计制度

（续表）

业务 类型区别	代编财务信息	鉴证业务（以历史财务信息审计为例）
证据	对证据未提出要求	获取足以支持结论的充分、适当的证据
报告	如果注册会计师的姓名与代编财务信息相关联，需要出具代编业务报告，但在报告中不提出鉴证结论	以书面形式提供审计报告，并在报告中就财务报表整体是否不存在重大错报提出鉴证结论

3.【正确答案】管理咨询是注册会计师接受企业委托，在进行调查分析的基础上，运用科学的方法，诊断企业在经营管理中存在的问题，提出改进措施并指导其实施，以帮助企业改善经营管理、提高经济效益的一种咨询服务活动。为保持审计业务的独立性，会计师事务所必须把同一委托人的审计业务和管理咨询业务分开。常见的管理咨询业务有：经济活动分析、财务管理咨询、管理决策咨询和会计审计顾问、投资咨询等。

4.【正确答案】非审计服务就其本质而言产生了利益冲突——注册会计师担任的不同角色之间的利益冲突，即当注册会计师执行审计服务时，他应当站在社会公众的角度，为他们的利益服务；而当注册会计师执行非审计服务时，他应当站在审计客户的角度，为审计客户的利益服务，但是这两种角色之间存在着根本的利益冲突。当会计师为一家客户同时提供审计服务和非审计服务时，注册会计师在执行审计服务时就可能为了自身的利益而偏向审计客户最终损害社会公众的利益，或者至少社会公众不相信此时注册会计师还能保持独立性标准。具体原因可以归纳为如下：第一，非鉴证服务的高额收费影响了鉴证的独立性。第二，当非鉴证服务的收费超过鉴证服务的收费时，便会在非鉴证业务与鉴证业务之间形成市场竞争，造成鉴证业务竞争力趋弱，注册会计师会将更多的精力集中于非鉴证业务，对鉴证服务的质量有一定影响。第三，非鉴证服务的提供使事务所与被鉴证单位之间的关系复杂化。第四，如果审计人员提供了管理决策的咨询意见，并且这种意见为被审计单位的管理当局所采纳，那么审查财务报告同时也是对管理决策的结果的评价。

七、案例分析题

1.【正确答案】

（1）是否发展乙产品。

项　　目	甲产品(减产 50%)	乙产品(预计数)	合计数
1. 销售收入	50	80	130
2. 变动成本	25	50	75
3. 边际贡献	25	30	55
4. 固定成本			20
5. 利润			35

由以上计算可以看出,投产乙产品会使该企业的利润由投产前的 30 万元增加至投产后的 35 万元,所以该企业应选择发展乙产品。

(2) 选择哪种方案发展乙产品(从 1 年内企业的相关成本收益角度考虑)。

方案一:由本厂技术部门研制,1 年之内本企业发生试制费 100 万元。

方案二:国外引进先进设备,1 年之内本企业发生试制费 200 万元,因 3 个月后即投产,故剩余 9 个月乙产品可产生边际贡献 270 万元,1 年之内本企业可取得净收益为 70 万元。

方案三:与国内科研机关协作,1 年之内本企业发生试制费 100 万元,因 6 个月后即投产,故剩余 6 个月乙产品生产可产生边际贡献 180 万元,其中 20%(即 36 万元)需支付给科研机构,1 年之内本企业可取得净收益 44 万元。

根据以上分析,应选择第二种方案。

2.【正确答案】

(1) 针对该项目的基本特点,制定适当的咨询程序。

(2) 采用有效的分析方法,提出恰当的咨询意见,并模拟咨询报告。

不并购 G 企业情况下 5 年现金净流量:

$$360 + 0.917\,4 \times 397 + 0.841\,7 \times 491 + 0.772\,2 \times 522 +$$
$$0.708\,4 \times 686 + 0.649\,9 \times 850 = 2\,578.95$$

并购 G 企业情况下 5 年现金净流量:

$$472 + 0.917\,4 \times 309 + 0.841\,7 \times 598.68 + 0.772\,2 \times 1\,267.71 +$$
$$0.708\,4 \times 1\,700 + 0.649\,9 \times 2\,008 = 4\,747$$

$$4\,747 - 2\,579 = 2\,168$$

考虑收购费和负债后,应该可以收购。

3.【正确答案】普勒会计师事务所组织了一个工作组,工作组把平衡计分卡作为讨论的核心。由普勒会计师事务所的詹姆斯小组完成飞翔公司的平衡计分卡体系花费了几个月的时间,并在其中一个部门进行了试点工作。由于试点的成功,飞翔公司在它所有的 27 个分部中都实现了平衡计分卡。该系统能够在短期财务绩效和长期发展机会之间取得平衡。

　　过去,飞翔公司有两个部门负责制定战略;财务部保存历史纪录,编制预算和评估短期绩效。发展战略家们制定出 5 年和 10 年计划,财务部制定 1 年预算方案,并进行短期预测,两个群体之间不存在什么联系。而现在,平衡计分卡在两者之间架起了一座桥梁。财务指标是在由财务部执行的传统职能的基础上建立起来的,其他三个维度的指标使发展部的长期战略目标具有可评估性。战略开发和财务控制的强有力结合,为经理们提供了有效的业绩衡量工具。

　　4.【正确答案】吉林长税会计师事务所注册税务师根据上述给出的内容进行分析,该企业出口退税＝进项税额－(出口销售额－保税进口材料)×(17%－13%)＝20－(1 800－1 000)×4%＝－12%万元,即该企业应纳税额 12 万元。

　　于是,注册税务师建议该企业改为进料加工方式。由于来料加工方式实行免税(不征税也不退税),则比来料加工方式少纳税 12 万元。销售价格如果改为1 300 万元,其他条件不变,按进料加工方式:

$$出口退税＝进项税额－(出口销售额－保税进口材料)×(17\%－13\%)＝$$
$$20－(1 300－1 000)×4\%＝8(万元)$$

　　显然,采用进料加工方式可退税 8 万元,比来料加工方式的不征不退方式更优惠,应选用进料加工方式。

　　5.【正确答案】2007 年 1 月,AB 会计师事务所王二对其进行了测算。他们以一天共销售花生油 100 壶、适用的增值税税率为 17% 为条件进行分析。

　　对于正价销售商品按照正常销售商品处理,并不需要特别考虑。

　　对于赠品,会计处理如下:

借:销售费用　　　　　　　　　　　　　　　　　　　　　　　　616.5
　贷:库存商品　　　　　　　　　　　　　　　　　　　　　　　500.0
　　应交税费——应交增值税(销项税额)[8.02×100÷(1+17%)×17%]　116.5

　　应该注意的是,因为利用这种方法促销商品,本来就是企业的一种让利行为,用此会计处理方法虽符合税法的规定,企业却要对赠出的商品按其正常销售价格交纳税金,这无疑加重了企业的负担。该商场规模不大,因为周围超市较多,其他商品的利润并不高,使用这种方法并不能为企业增加利润,所以建议商场不要促销。

第二十二章　计算机审计

第一部分　习　题

一、思考题

1. 信息技术的发展对审计产生了哪些影响？
2. 计算机审计的发展经过了哪几个阶段？各阶段的特点是什么？
3. 目前广泛使用的计算机审计技术有哪些？它们的工作原理是什么？各有什么样的优缺点？
4. 计算机舞弊行为有哪些类型？产生的原因是什么？如何进行预防和检查？

二、名词解释

1. 计算机审计　　　　　　　　2. 网络审计
3. 绕过计算机审计　　　　　　4. 穿过计算机审计
5. 利用计算机审计　　　　　　6. 计算机舞弊
7. 综合测试工具(ITF)　　　　 8. 平行模拟法

三、单项选择题

1. 计算机审计的发展历程是(　　　)。

A. 绕过计算机审计—穿过计算机审计—利用计算机审计—网络审计

B. 穿过计算机审计—绕过计算机审计—利用计算机审计—网络审计

C. 利用计算机审计—绕过计算机审计—穿过计算机审计—网络审计

D. 绕过计算机审计—利用计算机审计—穿过计算机审计—网络审计

2. (　　　)要求在应用系统数据库中建立一个虚拟实体。

A. 综合测试工具　　　　　　　B. 平行模拟法

C. 内嵌审计模块　　　　　　　D. 网络审计

3. 对计算机舞弊审查的第一步是(　　　)。

A. 对被审计单位信息系统内部控制的评审

B. 交易的详细测试

C. 余额测试

D. 分析性程序

4. 下列说法中,不正确的是(　　)。

A. 信息技术的应用增大了审计风险

B. 信息技术的应用提高了审计效率

C. 信息技术的应用扩大了审计范围

D. 信息技术环境下审计对象并没有改变

5. 计算机审计发展的必然趋势是(　　)。

A. 绕过计算机审计　　　　　　　B. 穿过计算机审计

C. 网络审计　　　　　　　　　　D. 利用计算机审计

6. 下列属于内嵌审计模块技术应用的方法是(　　)。

A. 综合测试工具　　　　　　　　B. 平行模拟法

C. 审计钩　　　　　　　　　　　D. 利用计算机审计

7. (　　)将计算机处理系统看作是一个"黑箱"。

A. 绕过计算机审计　　　　　　　B. 穿过计算机审计

C. 利用计算机审计　　　　　　　D. 网络审计

8. 随着网络技术的广泛使用,审计开始进入了(　　)阶段。

A. 绕过计算机审计　　　　　　　B. 穿过计算机审计

C. 利用计算机审计　　　　　　　D. 网络审计

9. 下列属于综合测试工具技术特点的是(　　)。

A. 客户数据被破坏的风险大　　　B. 信息专家的参与程度

C. 对客户的依赖程度高　　　　　D. 复杂性高

10. 下列不属于计算机舞弊发生人为方面原因的是(　　)。

A. 舞弊者的贪财欲　　　　　　　B. 内部控制制度不完善

C. 相关法律不健全　　　　　　　D. 财务软件存在缺陷

四、多项选择题

1. 计算机舞弊的实现手法主要有(　　)。

A. 输入类计算机舞弊的审计　　　B. 软件类计算机舞弊的审计

C. 输出类计算机舞弊的审计　　　D. 接触类计算机舞弊的审计

E. 计算机病毒

2. 传统审计方法和手段难以适应信息技术环境的变化,信息技术发展对审计产生了更多的影响,提出了更高的要求,主要体现在(　　)。

A. 审计范围进一步扩大 B. 审计对象和内容的变化

C. 取证难度加大 D. 审计风险加大

E. 对审计人员素质要求进一步提高

3. 计算机审计的发展经历的阶段有（   ）。

A. 绕过计算机审计 B. 穿过计算机审计

C. 利用计算机审计 D. 网络审计

E. 实时审计

4. 计算机辅助审计技术有（   ）。

A. 综合测试工具 B. 平行模拟法

C. 内嵌审计模块 D. 穿过计算机审计

E. 网络审计

5. 内嵌审计模块中目前国外应用比较广泛的技术有（   ）。

A. 快照法 B. 连续与间歇模拟法

C. 审计钩 D. 系统控制审计评审文件

E. 综合测试工具

6. 计算机审计在国外称为（   ）。

A. 信息系统审计 B. 信息技术审计

C. 信息审计 D. 系统审计

E. 技术审计

7. 下列关于计算机审计的说法中，正确的是（   ）。

A. 审计技术复杂

B. 审计取证实时

C. 审计线索从"可视性"向"不可视性"转化

D. 由"结果审计"转变为"结果审计"与"过程审计"并重

E. 重视过程，不重视结果

8. 绝大多数流行的计算机舞弊犯罪是资金分配方面的欺诈，包括（   ）。

A. 虚假的政府福利津贴和不正当要求 B. 虚假的赔款

C. 虚假的信贷要求 D. 虚假的工资支出

E. 虚假的费用支出

9. 输入类计算机舞弊的原因可能在于内部控制的弱点是（   ）。

A. 职责分工 B. 接触控制

C. 操作权限控制 D. 控制日志

E. 其他输入控制

10. 信息技术发展为审计创新提供了技术支持，体现在（   ）。

A. 内部控制得到了进一步加强

B. 审计技术方法更加先进

C. 审计效率进一步提高

D. 更好地满足信息需求者的信息需求

E. 审计风险降低

五、判断题

1. 信息技术的应用提高了审计效率,降低了审计风险。　　　（　　）

2. 计算机辅助审计技术使审计由"结果审计"转变为"结果审计"与"过程审计"并重。　　　（　　）

3. 对企业计算机会计信息系统,审计人员主要是使用各种计算机辅助审计技术进行实质性程序。　　　（　　）

4. 信息技术发展对审计目标产生了重大的影响。　　　（　　）

5. 审查计算机舞弊应通过对被审计单位信息系统内部控制的评审,找出系统内部的突破口。　　　（　　）

6. 平行模拟不影响客户的实际业务,对客户数据破坏的风险小。　　　（　　）

7. 综合测试工具对信息专家的参与程度要求高,信息专家必须设计程序区分实际业务和 ITF 业务。　　　（　　）

8. 接触控制不当很容易产生接触类计算机舞弊。　　　（　　）

9. 审计人员素质原因是计算机舞弊发生的最主要原因。　　　（　　）

10. 目前计算机审计已经发展到利用计算机审计阶段。　　　（　　）

11. 计算机审计包括电算化审计和审计电算化。　　　（　　）

12. 对计算机审计的理解包括两个层面:一是指对包括会计电算化在内的信息系统的设计进行审计,以及对包括会计电算化在内的信息系统的数据处理过程和处理结果进行审计;二是作为审计工作的辅助手段,将计算机技术引入审计工作,建立审计信息系统,实现审计工作的办公自动化。　　　（　　）

13. 我国审计准则中至今尚无计算机审计的定义。　　　（　　）

14. 计算机审计重视过程,不重视结果。　　　（　　）

15. 早在 1992 年,我国就发布了《计算机信息系统环境下的审计》准则。（　　）

六、简答题

1. 计算机审计的特征主要有哪些?

2. 计算机审计的发展经历了哪些历程?

3. 简要概述计算机辅助审计技术。

第二部分 参考答案及解析

三、单项选择题

1.【正确答案】A

【答案解析】见教材第 582 页相关内容。

2.【正确答案】A

【答案解析】使用综合测试工具时,这种方法要在应用系统数据库中建立一个虚拟实体。例如,应用系统是工资系统,可在其数据库中建立一个虚拟的职员;应用系统是一个存货系统,可在其数据库中建立一个虚拟的存货项目。

3.【正确答案】A

【答案解析】审查计算机舞弊的总体思路是:首先通过对被审计单位信息系统内部控制的评审,找出系统内部的突破口。

4.【正确答案】D

【答案解析】审计对象日益"虚拟化"。传统的审计服务对象都是实实在在的单位。然而,由于信息技术的发展,如 Internet 技术,使得企业可以借助于网络技术进行联合或分组,开始出现了一些全新的组织与经营活动,如存在于网络上的"虚拟企业"、"虚拟经营"等突破传统思维模式的公司与业务。

5.【正确答案】C

【答案解析】计算机审计的发展经历了绕过计算机审计、穿过计算机审计、利用计算机审计和网络审计四个阶段。

6.【正确答案】C

【答案解析】见教材第 588 页的相关内容。

7.【正确答案】A

【答案解析】这种方式的实质是计算机数据处理系统,将计算机处理系统看作是一个"黑箱",根据被审计对象计算机数据处理系统输入的原始数据,通过手工操作,将处理结果与计算机处理系统的输出进行对比,检验其是否一致,这是一种在数据处理的初级阶段,审计人员对计算机知识掌握甚少的条件下才使用的方法。

8.【正确答案】D

【答案解析】见教材第 583 页的相关内容。

9.【正确答案】D

【答案解析】见教材第 584 页的相关内容。

10.【正确答案】C

【答案解析】见教材第 591 页的相关内容。

四、多项选择题

1.【正确答案】A、B、C、D

【答案解析】见教材第 590 页的相关内容。

2.【正确答案】A、B、C、D、E

【答案解析】见教材第 578 页至第 579 页的相关内容。

3.【正确答案】A、B、C、D

【答案解析】见教材第 582 页的相关内容。

4.【正确答案】A、B、C

【答案解析】见教材第 584 页的相关内容。

5.【正确答案】A、B、C、D

【答案解析】见教材第 586 页的相关内容。

6.【正确答案】A、B

【答案解析】见教材第 581 页的相关内容。

7.【正确答案】A、B、C、D

【答案解析】见教材第 578 页至第 579 页的相关内容。

8.【正确答案】A、B、C、D、E

【答案解析】见教材第 589 页的相关内容。

9.【正确答案】A、B、C、D、E

【答案解析】见教材第 590 页的相关内容。

10.【正确答案】A、B、C、D

【答案解析】见教材第 579 页至第 580 页的相关内容。

五、判断题

1.【正确答案】×

【答案解析】信息技术的应用加大了审计风险。

2.【正确答案】√

3.【正确答案】√

4.【正确答案】×

【答案解析】审计目标没有发生变化,但信息技术环境下审计提高了信息及时性和相关性的关注。

5.【正确答案】√

6.【正确答案】√

7.【正确答案】√

8.【正确答案】×

【答案解析】接触控制不当很容易产生输入类计算机舞弊。

9.【正确答案】×

【答案解析】计算机舞弊的发生既有人员方面的原因,也有计算机自身的原因。

10.【正确答案】×

【答案解析】目前计算机审计已经发展到网络审计阶段。

11.【正确答案】√

12.【正确答案】√

13.【正确答案】√

14.【正确答案】×

【答案解析】计算机审计既重视过程,又重视结果。

15.【正确答案】√

六、简答题

1.【正确答案】较之传统的手工审计,计算机辅助审计存在以下主要特点:① 由"结果审计"转变为"结果审计"与"过程审计"并重。② 审计线索从"可视性"向"不可视性"转化。③ 审计取证的实时性。④ 审计技术的复杂性和审计数据的各异性。

2.【正确答案】计算机审计的发展经历了绕过计算机审计、穿过计算机审计、利用计算机审计和网络审计四个阶段。

3.【正确答案】目前审计界广泛使用的计算机辅助审计技术有综合测试工具(ITF)、平行模拟法以及内嵌审计模块(EAM)。ITF 是一种自动化技术,能够使审计人员在应用程序的正常操作中测试程序的内部逻辑和控制。平行模拟法是指审计人员自己或请计算机专业人员编写具有和被审程序相同处理控制功能的模拟程序。用这种程序重新处理以前已经由被审程序处理过的各种交易,并将处理结果与被审程序处理的结果进行比较,为推断程序处理和控制的质量提供一个基础。EAM 是审计人员在被审会计信息系统开发设计阶段,在被审的会计信息系统程序中内嵌为执行特定审计功能而专门设计的程序,对系统进行监控,其目标是在重要交易被处理时能够识别它们,并且实时地提取其副本,作为相关的审计证据。

模拟试卷(审计学原理部分)

一、单项选择题(下列各小题备选答案中,只有一个符合题意的正确答案。请将选定的答案编号用英文大写字母填入括号内。本类题共 15 分,每小题 1.5 分)

1. 下列各项中,不属于托马斯·李提出的审计假设是(　　)。
   A. 审计必要性假设　　　　　　B. 审计行为假设
   C. 审计职能假设　　　　　　　D. 审计目标假设

2. 被审计单位管理当局对财务报表的下列认定中,注册会计师通过分析存货周转率最有可能证实的是(　　)。
   A. 存在　　　　　　　　　　　B. 权利和义务
   C. 分类和可理解性　　　　　　D. 计价或分摊

3. 下列提法中,表述正确的是(　　)。
   A. 政府审计是独立性最强的一种审计
   B. 财务报表的合法性是报表使用者最为关心的
   C. 注册会计师审计意见旨在提高财务报表的可信赖程度
   D. 内部审计是注册会计师审计的基础

4. 审计过程中采用恰当的审计流程是十分重要的,如果审计人员忽略了必要的审计步骤,将直接影响到(　　)。
   A. 审计效率　　　　　　　　　B. 审计效果
   C. 审计效果和效率　　　　　　D. 审计效率或效果

5. 下列因素中,构成统计抽样与非统计抽样方法的区别因素是(　　)。
   A. 审计过程中运用职业判断
   B. 要求审计人员具有一定的工作经验
   C. 将抽样风险加以量化控制
   D. 存在抽样风险

6. 项目质量控制复核的时间是(　　)。

A. 在出具报告前完成项目质量控制复核

B. 与管理层沟通后完成质量控制复核

C. 与治理层沟通后完成质量控制复核

D. 与审计委员会沟通后完成质量控制复核

7. 以下关于注册会计师过失的说法中,不正确的是(　　)。

A. 过失是指在一定条件下,缺少应具有的合理的谨慎

B. 普通过失是指注册会计师则没有完全遵循专业准则的要求

C. 重大过失是指注册会计师根本没有遵循专业准则或没有按专业准则的基本要求执行审计

D. 注册会计师一旦出现过失就要赔偿损失

8. 在确定与哪些适当人员沟通特定事项时,注册会计师应当利用在了解被审计单位及其环境时获取的有关信息有(　　)。

A. 财务报告过程　　　　　　　　B. 治理结构和治理过程

C. 业务约定条款　　　　　　　　D. 经营活动和业务流程

9. 如果控制环境存在缺陷,注册会计师在对拟实施审计程序的性质、时间和范围作出总体修改时,应当考虑在(　　)实施更多的审计程序。

A. 期初　　　　B. 期中　　　　C. 期末　　　　D. 期中或期末

10. 按审计证据的可靠性由高到低的顺序,在注册会计师所获取的下列审计证据中,你认可的顺序排列是(　　)。

A. 银行存款函证回函、购货发票、销货发票副本、应收账款明细账

B. 购货发票、应收账款明细账、银行存款函证回函、销货发票副本

C. 销货发票副本、购货发票、银行存款函证回函、应收账款明细账

D. 应收账款明细账、银行存款函证回函、销货发票副本、购货发票

二、多项选择题(下列各小题备选答案中,有两个或两个以上符合题意的正确答案。请将选定的答案编号用英文大写字母填入括号内。本类题共 15 分,每小题 1.5 分)

1. 审计动因的主要理论是(　　)。

A. 受托责任论　　B. 代理理论　　　C. 信息论　　　　D. 保险论

E. 多因素决定论

2. 特殊目的的审计业务一般包括(　　)。

A. 按照《企业会计准则》和相关会计制度以外的其他基础(简称特殊基础)编制的财务报表

B. 财务报表的组成部分　　　　　C. 合同的遵守情况

D. 简要财务报表   E. 中期财务报表

3. 著名审计会计学家莫茨和夏拉夫等人认为审计的独立应是( )。

A. 财务利益方面的独立   B. 精神状态方面的独立

C. 评价依据方面的独立   D. 组织地位方面的独立

E. 自由调查方面的独立

4. 盘点方式可以分为突击盘点和通知盘点,下列物品不适用于突击盘点方式的有( )。

A. 现金   B. 产成品   C. 有价证券   D. 固定资产

E. 在产品

5. 复审的原因,可能是( )。

A. 被审计单位对审计结论提出异议

B. 审计机关对审计小组的工作进行检查,以保证质量

C. 法律诉讼引起

D. 审计业务约定书约定

E. 其他一些原因

6. 职业怀疑态度有助于降低注册会计师在执业过程中可能遇到的风险有( )。

A. 忽略了可疑的情况

B. 在决定证据收集程序的性质、时间和范围时使用了不恰当的假设

C. 对证据进行了不恰当的评价

D. 业务范围的限制

7. 注册会计师因为有( )可能导致承担法律责任。

A. 重大过失   B. 欺诈行为   C. 行政责任   D. 违约责任

8. 注册会计师应当根据具体情况判断某一事项是否属于重大事项,该重大事项包括( )。

A. 引起特别风险的事项

B. 导致注册会计师难以实施必要审计程序的情形

C. 导致出具非标准审计报告的事项

D. 实施审计程序的结果,该结果表明财务信息可能存在重大错报,或需要修正以前对重大错报风险的评估和针对这些风险拟采取的应对措施

9. 针对财务报表层次重大错报风险的总体应对措施有( )。

A. 提供更多的督导

B. 向项目组强调在收集和评价审计证据过程中保持执业谨慎态度

C. 选择实质性方案实施进一步审计程序

D. 只在期末实施实质性程序

10. A 公司某项应用控制由计算机自动执行,且在 2007 年度未发生变化。注册会计师测试该项控制在 2007 年度运行有效性时,正确的做法有(   )。

A. 同时考虑信息技术一般控制运行有效性

B. 利用该项控制得以执行的审计证据和信息技术一般控制运行有效性的审计证据,作为支持该项控制在 2007 年度运行有效性的重要审计证据

C. 确定的测试范围与该项控制由手工执行时的测试范围相同

D. 一旦确定正在执行该项控制,则无需扩大控制测试的范围

三、判断题(在每小题后面的括号内填入判断结果。正确的用"√"表示,错误的用"×"表示。本类题共 10 分,每小题 1 分)

1. 我国第一家会计师事务所是谢霖先生创办的"正则会计师事务所"。   (   )

2. 如果不存在某顾客的应收账款,在应收账款试算平衡表中却列入了对该顾客的应收账款,则违反了完整性目标。   (   )

3. 我国政府审计机构共分为四级,即:审计署,各省、自治区、直辖市审计(厅)局,省辖市、自治州、盟、行政公署(省人民政府派出机关)审计局,县、旗、县(市)级审计局。   (   )

4. 审计业务约定书具有经济合同的性质,一经约定双方签字认可,即成为注册会计师与委托人之间在法律上生效的契约。   (   )

5. 在审计抽样中,可靠程度的高低与风险度大小成正比。   (   )

6. 在整个审计过程中,职业怀疑态度十分必要。例如,它有助于降低注册会计师疏忽异常情况的风险,有助于降低注册会计师在确定审计程序的性质、时间、范围及评价由此得出的结论时采用错误假设的风险,有助于注册会计师避免根据有限的测试范围过度推断总体实际情况。   (   )

7. 注册会计师在执业谨慎方面出现问题就构成了过失。   (   )

8. 注册会计师无需了解被审计单位的所有内部控制,而只需了解与审计相关的内部控制。   (   )

9. 检查 M 公司应收账款时,注册会计师张华向 M 公司债务人 N 公司发函询证,回函确认的金额与 M 公司凭证、账面反映的金额之间出现了重大差异。张华认为,某项审计证据可能不可靠,追加了审计程序。   (   )

10. 如果注意到可能导致对鉴证对象信息重大修改的某个事项,即使执行的是有限保证鉴证业务,注册会计师也应执行其他足够的程序追踪该事项,以支持其报告。   (   )

四、综合题(共 60 分)

1. X 银行拟申请公开发行股票,委托 ABC 会计师事务所审计其 2006 年度、2007 年度和 2008 年度财务报表,双方于 2008 年年底签订审计业务约定书。

假定 ABC 会计师事务所及其审计小组成员与 X 银行存在以下情况:

(1) ABC 会计师事务所与 X 银行签订的审计业务约定书约定:审计费用为 1 500 000 元,X 银行在 ABC 会计师事务所提交审计报告时支付 50%的审计费用,剩余 50%视股票能否发行上市决定是否支付。

(2) 2007 年 7 月,ABC 会计师事务所按照正常借款程序和条件,向 X 银行以抵押贷款方式借款 10 000 000 元,用于购置办公用房。

(3) ABC 会计师事务所的合伙人 A 注册会计师目前担任 X 银行的独立董事。

(4) 审计小组负责人 B 注册会计师 2005 年曾担任 X 银行的审计部经理。

(5) 审计小组成员 C 注册会计师自 2006 年以来一直协助 X 银行编制财务报表。

(6) 审计小组成员 D 注册会计师的妻子自 2005 年度起一直担任 X 银行的统计员。

要求:请分别上述六种情况,判断 ABC 会计师事务所或相关注册会计师的独立性是否会受到损害,并简要说明理由。(12 分)

2. 某公司出纳员张丽从公司收发室截取了客户给公司的分期付款 12 000 元的支票,存入了由她负责的公司零用金银行存款户。然后,在该存款户中以支付劳务款为由开了一张以自己为收款人的 12 000 元支票,签名后从银行兑取了现金。

在与客户对账时,她将"应收账款——李伟"账户余额扣减 12 000 元后作为对账金额发给李伟对账单,表示 12 000 元已经收到。10 天后,她编制了一笔会计分录,借:银行存款 12 000,贷:应收账款——李伟 12 000,将"应收账款——李伟"账户调整到正确余额,但银行存款账面余额却比银行对账单高列 12 000 元。月底,在编制银行存款余额调节表时,她在调节表上虚列了未达账项,将银行存款余额调节表调平。

要求:就上述情况分析该公司内部会计控制制度中存在哪些重要的缺陷。(14 分)

3. 为了识别和评估 Y 公司 2006 年度财务报表的重大错报风险,A 和 B 注册会计师需要了解 Y 公司及其环境,以评估重大错报风险。为此,决定专门实施下列风险评估程序:

(1) 询问被审计单位管理层和内部其他相关人员。

(2) 观察和检查。

要求:(20 分)

（1）A 和 B 注册会计师应当从哪些方面对 Y 公司及其环境进行了解？

（2）在进行风险评估时，除了实施上述两类专门程序外，A 和 B 注册会计师还可以实施哪些程序？

（3）在了解 Y 公司及其环境，以评估重大错报风险时，A 和 B 注册会计师可以向 Y 公司管理层和财务负责人询问哪些主要情况或事项？

（4）在了解 Y 公司及其环境，以评估重大错报风险时，除了询问 Y 公司管理层和财务负责人外，A 和 B 注册会计师还考虑询问 Y 公司的其他人员（见下表），以获取对识别重大错报风险有用的信息。请指出：询问这些人员可以对注册会计师了解 Y 公司及其环境、识别重大错报风险提供哪方面的信息，将你的答案填入下表中。

询问的对象	对注册会计师了解 Y 公司及其环境、识别重大错报风险提供的信息
治理层	
内部审计人员	
参与异常交易的员工	
内部法律顾问	
销售人员	
采购和生产人员	
仓库人员	

（5）在了解 Y 公司及其环境，以评估重大错报风险时，注册会计师实施的观察和检查程序的具体内容包括哪些方面？

4. 某注册会计师在评估被审计单位的审计风险时，分别设计了以下四种情况决定可接受的检查风险水平。

风 险 类 别	情况 A	情况 B	情况 C	情况 D
可接受的审计风险（%）	4	4	2	2
固有风险（%）	100	80	100	80
控制风险（%）	100	50	100	50

请回答：（14 分）

（1）上述四种情况下的检查风险水平分别是多少？

（2）哪种情况需要注册会计师获取最多的审计证据？为什么？

模拟试卷(审计学原理部分)
试题解答和评分标准

一、单项选择题(每小题 1.5 分,共 15 分)

1. D　2. D　3. C　4. B　5. C　6. A　7. D　8. B　9. C　10. A

二、多项选择题(每小题 1.5 分,多选和少选均不给分,共 15 分)

1. A、B、C、D、E　2. A、B、C、D　3. A、B、D、E　4. B、D、E　5. A、B、C
6. A、B、C　7. A、B、D　8. A、B、C、D　9. A、B　10. A、B、D

三、判断题(正确的打"√",错误的打"×")(每小题答对给 1 分,空格扣 1 分,答错扣 2 分,共 10 分)

1. √　2. ×　3. √　4. ×　5. ×　6. √　7. √　8. √　9. √　10. √

四、综合题(60 分)

1. 题解:(2 分×6＝12 分)

(1) 会损害独立性。因为 ABC 会计师事务所的部分审计收费与 X 银行股票发行上市目标挂钩,已构成或有收费方式承办业务。

(2) 会损害独立性。因为虽然 ABC 会计师事务所按照正常程序和条件,以抵押贷款方式获得借款,但 1 000 万元对银行和事务所均构成金额重大,与 X 银行之间存在非正常的直接经济利益或间接重大经济利益。

(3) 会损害独立性。A 注册会计师目前担任 X 银行的独立董事,所产生的自我评价、经济利益威胁非常重大,以致没有防范措施能够将其降至可接受水平。

(4) 会损害独立性。审计小组负责人 B 注册会计师在 ABC 会计师事务所审计的财务报表最早期间(2006 年)前 2 年内担任 X 银行审计部经理。

(5) 会损害独立性。审计小组成员 C 注册会计师协助 X 银行编制财务报表,产生自我评价、关联关系威胁非常重大,只有将注册会计师调离审计小组。

(6) 不会损害独立性。审计小组成员 D 注册会计师的妻子不是 X 银行的高级管理人员,对年报审计对象没有直接重大影响。

2. 题解:(2 分×7＝14 分)

(1) 印章与支票应分开存放以便加强控制,付款审核和支票签发没有分离。

(2) 应收账款对账程序不应由出纳员执行,应由会计员执行。

（3）出纳员不应具备编制记账凭证的权利,这项工作应由会计员完成。

（4）登记现金、银行存款日记账的出纳员不应负责银行存款余额调节表的编制。

（5）每一笔付款都要经过审核、审批、结算、复核、记账、核对、对账这几个必要步骤,其中审核、核对、对账尤为重要,应对其加强管理,由专人负责,以此形成有效的内部控制制度和体系。

（6）张丽的这种行为也说明了该企业内部控制中的人员自身素质差的原因,单位内部会计控制体系不完整,应提高职员专业、素质各方面的水平。

（7）应加强对大额现金收付审核力度,对由出纳员负责的公司零用现金、银行存款户以及大笔现金流动加大日常审计监督。

3. 题解:(20分)

(1)。(4分)

① 行业状况、法律环境与监管环境以及其他外部因素。② 被审计单位的性质。③ 被审计单位对会计政策的选择和运用。④ 被审计单位的目标、战略以及相关经营风险。⑤ 被审计单位财务业绩的衡量和评价。⑥ 被审计单位的内部控制。

(2)。(4分)

A 和 B 注册会计师还可以实施分析程序。

(3)。(4分)

询问如下事项:① 管理层所关注的主要问题。如新的竞争对手、主要客户和供应商的流失、新的税收法规的实施以及经营目标或战略的变化等。② 被审计单位最近的财务状况、经营成果和现金流量。③ 可能影响财务报告的交易和事项,或者目前发生的重大会计处理问题。如重大的购并事宜等。④ 被审计单位发生所有权结构、组织结构的变化以及内部控制的变化等的其他重要变化。

(4)。(4分)

询问的对象	对注册会计师了解 Y 公司及其环境、识别重大错报风险提供的信息
治理层	理解 Y 公司财务报表编制的环境
内部审计人员	了解其针对公司内部控制设计和运行有效性而实施的工作以及管理层对内部审计发现的问题是否采取适当的措施
参与异常交易的员工	评估 Y 公司选择和运用某项会计政策的适当性
内部法律顾问	了解有关法律、法规的遵循情况,产品保证和售后责任,与业务合作伙伴的安排,合同条款的含义以及诉讼情况等

（续表）

询问的对象	对注册会计师了解 Y 公司及其环境、识别重大错报风险提供的信息
销售人员	了解 Y 公司的营销策略及其变化、销售趋势以及与客户的合同安排
采购和生产人员	了解 Y 公司的原材料采购和产品生产等情况
仓库人员	了解 Y 公司原材料、产成品等存货的进出、保管和盘点等情况

（5）。（4分）

① 观察被审计单位的生产经营活动。② 检查文件、记录和内部控制手册。③ 阅读由管理层和治理层编制的报告。④ 实地察看被审计单位的生产经营场所和设备。⑤ 追踪交易在财务报告信息系统中的处理过程。

4. 题解：（14分）

（1）A：检查风险＝4%÷100%×100%＝4%　（2分）

B：检查风险＝4%÷80%×50%＝10%　（2分）

C：检查风险＝2%÷100%×100%＝2%　（2分）

D：检查风险＝2%÷80%×50%＝5%　（2分）

（2）情况 C。（2分）

因检查风险与审计证据呈反向关系。（4分）

附录二

模拟试卷(财务收支审计部分)

一、单项选择题(下列各小题备选答案中,只有一个符合题意的正确答案。请将选定的答案编号用英文大写字母填入括号内。本类题共 15 分,每小题 1.5 分)

1. 了解被审计单位及其环境一般在( )进行。

A. 承接客户和续约时
B. 进行审计计划时
C. 进行期中审计时
D. 贯穿于整个审计过程的始终时

2. 下列关于特别风险的说法中,不正确的是( )。

A. 针对特别风险,注册会计师实施进一步审计程序应采取实质性方案
B. 舞弊导致的重大错报风险属于特别风险
C. 特别风险通常与重大的非常规交易和判断事项相关
D. 对于舞弊导致的特别风险,注册会计师应当专门针对该风险实施实质性程序

3. 为了证实被审计单位销售业务的记录是否及时,将( )的日期相核对,看两者是否相近是最有效的。

A. 发运凭证与销售发票
B. 销售订单与主营业务收入明细账
C. 发运凭证与主营业务收入明细账
D. 顾客发运凭证货单与主营业务收入明细账

4. 固定资产发生的下列各项后续支出的处理方法中,不正确的是( )。

A. 固定资产改良支出,应当计入固定资产账面价值,其增计后的金额不应超过该固定资产的可收回金额
B. 固定资产修理费用,应当直接计入当期费用
C. 如果不能区分是固定资产修理还是固定资产改良,或固定资产修理和固定资产改良结合在一起,则计入固定资产价值
D. 固定资产装修费用,在两次装修期间与固定资产尚可使用年限两者中较短

的期间内,采用合理的方法单独计提折旧。如果在下次装修时,该项固定资产相关的"固定资产装修"明细科目仍有余额,应将该余额一次全部计入当期营业外支出

5. 有关存货审计的下列表述中,正确的是(   )。

A. 对存货进行监盘是证实存货"完整性"与"权利和义务"认定的重要程序

B. 对难以盘点的存货,应根据企业存货收发制度确认存货数量

C. 存货计价审计的样本应着重选择余额较小且价格变动不大的存货项目

D. 存货截止测试的主要方法是抽查存货盘点日前后的购货发票与验收报告(或入库单),确定每张发票均附有验收报告(或入库单)

6. 当发现记录的债券利息费用大大超过相应的应付债券账户余额与票面利率乘积时,注册会计师应当怀疑(   )。

A. 应付债券的折价被低估   B. 应付债券被高估

C. 应付债券被低估   D. 应付债券的溢价被高估

7. N 公司某银行账户的银行对账单余额为 585 000 元,在审查 N 公司编制的该账户银行存款余额调节表时,A 注册会计师注意到以下事项:N 公司已收、银行尚未入账的某公司销货款 100 000 元;N 公司已付、银行尚未入账的预付某公司材料款 50 000 元;银行已收、N 公司尚未入账的某公司退回的押金 35 000 元;银行已代扣、N 公司尚未入账的水电费 25 000 元。假定不考虑审计重要性水平,A 注册会计师审计后确认该账户的银行存款日记账余额应是(   )元。

A. 625 000   B. 635 000   C. 575 000   D. 595 000

8. 如果被审计单位存在对其持续经营能力产生重大影响的情况,且没有相应的改善措施,但已在财务报表中进行充分披露,注册会计师应当发表(   )。

A. 带说明段的无保留意见   B. 保留意见

C. 无法表示意见   D. 否定意见

9. 为测试被审计单位的工薪账项是否均经恰当的批准这一内部控制目标,注册会计师通常应当实施的实质性程序是(   )。

A. 检查工时卡的有关核准

B. 检查工薪记录中有关内部检查标记

C. 检查人事档案中的授权

D. 将工时卡与工时记录进行比较

10. 审计报告中,必须说明管理层对财务报表的责任段。下列不属于管理层对财务报表的责任是(   )。

A. 选择和运用恰当的会计政策

B. 设计、实施和维护与财务报表编制相关的内部控制

C. 对财务报表发表审计意见

D. 做出合理的会计估计

二、多项选择题（下列各小题备选答案中，有两个或两个以上符合题意的正确答案。请将选定的答案编号用英文大写字母填入括号内。本类题共 15 分，每小题 1.5 分）

1. 注册会计师应当根据具体情况判断某一事项是否属于重大事项，重大事项包括（　　）。

A. 引起特别风险的事项

B. 导致注册会计师难以实施必要审计程序的情形

C. 导致出具非标准审计报告的事项

D. 实施审计程序的结果，该结果表明财务信息可能存在重大错报，或需要修正以前对重大错报风险的评估和针对这些风险拟采取的应对措施

2. 针对财务报表层次重大错报风险的总体应对措施有（　　）。

A. 提供更多的督导

B. 向项目组强调在收集和评价审计证据过程中保持执业谨慎态度

C. 选择实质性方案实施进一步审计程序

D. 只在期末实施实质性程序

3. 在证实登记入账的销售是否真实这一目标而进行的实质性程序时，注册会计师一般关心的错误有（　　）。

A. 未曾发货却已登记入账　　　　B. 销货业务重复入账

C. 向虚构的顾客发货并登记入账　D. 已经发货但未曾入账

4. 根据被审计单位实际情况，选择以下方法对应付账款执行实质性分析程序的有（　　）。

A. 将期末应付账款余额与期初余额进行比较，分析波动原因

B. 分析长期挂账的应付账款，要求被审计单位作出解释，判断被审计单位是否缺乏偿债能力或利用应付账款隐瞒利润；并注意其是否可能无需支付，对确实无需支付的应付款的会计处理是否正确，依据是否充分

C. 计算应付账款与存货的比率，应付账款与流动负债的比率，并与以前年度相关比率对比分析，评价应付账款整体的合理性

D. 分析存货和营业成本等项目的增减变动，判断应付账款增减变动的合理性

5. 如果由于被审计单位存货的性质或位置等原因导致无法实施存货监盘，注册会计师可实施（　　）替代审计程序获取有关期末存货数量和状况的充分、适当的审计证据。

A. 检查资产负债表日前发生的销货交易凭证

B. 检查进货交易凭证

C. 检查生产记录以及其他相关资料

D. 向顾客或供应商函证

6. 为证实被审计单位是否存在未入账的长期负债,注册会计师可选用实质性程序的有( )。

A. 函证银行存款余额的同时函证负债业务

B. 检查借款合同或债券副本

C. 向被审计单位索取债务声明书

D. 审查 1 年内到期的长期负债是否列示在"一年内到期的非流动负债"

7. 资产负债表日后盘点库存现金时,注册会计师应( )调整至资产负债表日的金额。

A. 扣减资产负债表日至盘点日库存现金增加额

B. 扣减资产负债表日至盘点日库存现金减少额

C. 加计资产负债表日至盘点日库存现金增加额

D. 加计资产负债表日至盘点日库存现金减少额

8. 注册会计师应对( )时段的期后事项承担相应的责任。

A. 被审计年度内　　　　　　　　B. 资产负债表日至审计报告日

C. 审计报告日至财务报表公告日　　D. 财务报表公布日后

9. 以下有关人力资源与工薪循环中与工薪相关的内部控制的说法中,不正确的是( )。

A. 为防止少付员工工薪,应进行适当的职责分离

B. 为防止漏付员工工薪,应进行独立的专人核查

C. 为防止错报工薪,工薪应由专职考勤人员发放

D. 为防止工薪计算差错,应独立验证工薪的计算

10. 向与被审计单位有业务往来的银行寄发要求银行提供被审计单位或有事项的询证函,其内容涉及( )。

A. 商业票据贴现　　　　　　　　B. 信用证存款

C. 为其他单位的银行借款进行的担保　　D. 为本单位的银行借款进行的抵押

三、判断题(在每小题后面的括号内填入判断结果。正确的用"√"表示,错误的用"×"表示。本类题共 10 分,每小题 1 分)

1. 重大错报风险评估结果一旦确定,不应当再予以更新。　　　　　　　( )

2. 无论评估的重大错报风险结果如何,注册会计师都应当针对所有重大的各

类交易、账户余额、列报实施实质性程序。　　　　　　　　　　　（　　）

3. 在询证函中列明拟函证的账户余额或其他信息,要求被询证者确认所函证的款项是否正确,通常认为,对这种询证函的回复能够提供可靠的审计证据,但是,其缺点是被询证者可能对所列示信息根本不加以验证就予以回函确认。（　　）

4. 应付账款通常不需函证,如函证,最好采用消极式函证。　　　　（　　）

5. 存货监盘针对的主要是存货的存在认定、完整性认定、权利和义务认定以及计价与分摊认定。存货监盘作为存货审计的一项核心审计程序,通常可同时实现上述多项审计目标。　　　　　　　　　　　　　　　　　（　　）

6. 向银行或其他债权人函证短期借款,是审查短期借款的一个必要的、不可替代的程序。　　　　　　　　　　　　　　　　　　　　　　　　（　　）

7. 注册会计师应检查银行存款收支的正确截止,其操作方法是抽查资产负债表日前后若干天的银行存款收支凭证实施截止测试,关注业务内容及对应项目,如有跨期收支事项,应考虑是否应提出调整建议。　　　　　　　　　（　　）

8. 如前任会计师出具了带说明段的审计报告,注册会计师应当考虑相关事项对本期财务报表的影响,并在审计报告中予以反映。　　　　　　　　（　　）

9. A公司对于待执行合同变成亏损合同的,该亏损合同产生的义务满足或有事项确认预计负债规定的,A公司将其确认为预计负债。　　　　　　（　　）

10. 重分类错误是因企业未按《企业会计准则》列报财务报表而引起的错误,从性质上讲不如核算错误严重。　　　　　　　　　　　　　　　（　　）

四、简答题(本类题共14分,第1小题8分,第2小题6分)

1. 注册会计师在实务中增强审计程序的不可预见性的方法有哪些?

2. 在人力资源与工薪循环审计中,以风险为起点的控制测试包括哪些方面?

五、综合题(共46分)

1. D股份有限公司是一家上市公司,从事投资、设备制造等方面的业务。XYZ会计师事务所2007年9月份接受了D公司2007年度财务报表的审计业务,并指派注册会计师A和B对D公司2007年度投资业务的相关内部控制进行了解和控制测试,同时对部分财务资料进行预审。在预审过程中,注册会计师A和B了解到以下情况:(10分)

(1) D公司的股票、债券的买卖业务须由董事会批准、经董事长签字后,由财务经理K具体办理股票、债券的买卖业务。但在具体办理的过程中,遇到股票价格大幅波动等异常情况时,财务经理K可自行决定买进或卖出,并在度过紧急情况后及时向董事长汇报并备案。

(2) 由指定专职财务人员 S 负责进行会计记录和财务处理,专人 T 负责股票及债券的保管。

(3) 每月末,由内部审计人员 U 组织财务经理 K、财务人员 S、专人 T 和其他人员共同参与股票、债券的定期盘点以及与账面记录的核对,以确定股票、债券的真实性、完整性、所有权、正确性。

要求:指出 D 公司股票、债券交易的相关内部控制是否存在缺陷?并说明原因。

2. ABC 集团公司风险管理部指派的 A 和 B 两人,对全资控股子公司 C 公司及其环境进行了全面了解和记录。相关的工作底稿显示,C 公司 2008 年度存在以下情况:(10 分)

(1) 2008 年 6 月 30 日,C 公司于 2006 年 6 月 30 日从 P 银行借入金额为 6 000 万元、期限为 2 年的长期借款到期。虽然 C 公司高层管理人员多次与 P 银行信贷部协商,希望延长还款期半年,但 P 银行在委托 K 会计师事务所对 C 公司进行专项审计后,于 2008 年 7 月份收回了款项。

(2) 为扩展业务,C 公司出资 1 000 万元于 2008 年 6 月 30 日成功兼并了西部某省的两家公司,此举增加了 C 公司在西部市场的立足点,降低了该公司在西部市场的竞争程度。

(3) 2008 年 10 月,为开拓国际市场,C 公司董事会决定在中东地区设立分公司。由于该地区除伊拉克以外的各国商家云集,均难以获得市场准入,C 公司董事会决定投入 500 万美元在伊拉克设立分公司。到 2008 年年底,该分公司已正式开始营业,虽然该地区时常发生绑架等刑事案件,但分公司的经营基本上没有受到影响。

(4) 直到 2008 年 11 月底,C 公司一直采用手工记账。为提高财务工作效率和质量,C 公司投资 500 万元于 2008 年 12 月份实现了会计电算化。考虑到这一变化对财务人员的影响,财务部门分期分批对全体财务人员进行了培训,同时还聘请了外部专家进行经常性业务指导。至 2008 年年底,相关的培训工作和计算机信息系统调试工作均已完毕。

(5) 2008 年 11 月起,C 公司将原存放于 Q 银行的 2 000 万元款项全部转入 3 名高级管理人员及财务经理的信用卡,与所有客户的往来以及公司职员薪酬的发放均通过信用卡结算。

要求:

(1) 针对上述各种情况,指出该情况是否会导致 C 公司产生重大错报风险,并简要说明理由。

(2) 上述情况中,哪些情况很可能会直接导致 C 公司的财务报表产生重大错报?对此,A 和 B 应当如何应对?

（3）上述情况中，哪些情况很可能意味着 C 公司存在特别风险？A 和 B 应当如何应对？

（4）上述情况中，哪两种情况最可能导致 C 公司的经营风险增加？

3. A 和 B 注册会计师对 XYZ 股份有限公司中 2006 年度财务报表进行审计。该公司 2006 年度未发生购并、分立和债务重组行为，供产销形势与上年相当。该公司提供的未经审计的 2006 年度合并财务报表附注的部分内容如下（金额单位：人民币万元）。（13 分）

（1）坏账核算的会计政策；坏账核算采用备抵法。坏账准备按期末应收账款余额的 5‰ 计提。

应收账款和坏账准备项目附注：

应收账款/坏账准备 2006 年年末余额 16 553/52.77

应收账款账龄分析

账　龄	年初数	年末数
1 年以内	8 392	10 915
1～2 年	1 186	1 399
2～3 年	1 161	1 365
3 年以上	1 421	2 874
合　计	12 160	16 553

（2）固定资产原价和累计折旧项目附注：

固定资产原价/累计折旧 2006 年年末余额 49 580/11 296

类　别	固 定 资 产 原 价			
	年初数	本年增加	本年减少	年末数
房屋及建筑物	20 930	2 655	21	23 564
通用设备	8 612	1 158	62	9 708
专用设备	10 008	3 854	121	13 741
运输工具	1 681	460	574	1 567
土地	472			472
其他设备	389	150	11	528
合　计	42 092	8 277	789	49 580

类 别	累 计 折 旧			
	年初数	本年增加	本年减少	年末数
房屋及建筑物	3 490	898	31	4 357
通用设备	863	865	34	1 694
专用设备	3 080	1 041	20	4 101
运输工具	992	232	290	934
土地		15		15
其他设备	115	83	3	195
合 计	8 540	3 134	378	11 296

（3）长期借款项目附注：

2006 年年末余额 13 730

贷款单位	金 额	借 款 期 限	年利率(%)	借款条件
a 银行第一营业部	1 800	2004 年 8 月至 2008 年 7 月	9.72	抵押借款
b 银行第一营业部	11 650	2003 年 9 月至 2007 年 8 月	7.65	抵押借款
c 银行第二营业部	280	2006 年 1 月至 2009 年 1 月	5.925	担保借款
合 计	13 730			

（4）主营业务收入和主营业务成本项目附注：

主营业务收入/主营业务成本 2006 年年度发生额 61 020/52 819

品 名	主营业务收入		主营业务成本	
	2005 年发生额	2006 年发生额	2005 年发生额	2006 年发生额
X 产品	40 000	41 000	38 000	33 800
Y 产品	20 000	20 020	19 000	19 019
合 计	60 000	61 020	57 000	52 819

（5）XYZ 股份有限公司拥有 X 有限公司 80％表决权资本,故已按规定将该子公司纳入合并财务报表范围。XYZ 股份有限公司将其为 X 有限公司提供货运服务事宜,在 2006 年度合并财务报表附注的"本公司与关联方的交易"部分披露为：

本公司为 X 有限公司提供货运服务,收费标准按向外单位提供同样服务所收费用的 120％计算。2006 年度,本公司从 X 有限公司获得的货运服务收入为 240

万元,2005 年度该项收入为 180 万元。

(6) XYZ 股份有限公司于 2006 年 10 月销售一批 y 产品,按规定在当月确认收入 1 000 万元、结转成本 900 万元。由于质量问题,该批产品于 2007 年 1 月 15 日被退回。XYZ 股份有限公司 2006 年财务报告批准报出日为 2007 年 1 月 24 日。XYZ 股份有限公司将该项销售退回事宜在 2006 年度合并财务报表附注的"资产负债表日后事项"部分披露为:

本公司于 2006 年 10 月销售一批 y 产品,按规定在当月确认收入 1 000 万元、结转成本 900 万元。由于质量问题,该批产品于 2007 年 1 月 15 日被退回,本公司因此将调整 2007 年 1 月份的主营业务收入和主营业务成本。

要求:假定上述附注内容中的年初数与上年比较数均已审定无误,你作为 A 或 B 注册会计师,在审计计划阶段,请运用专业判断,必要时运用分析程序,分别指出上述附注内容中存在或可能存在的不合理之处,并简要说明理由。

4. 上海东方会计师事务所的注册会计师李云、张华对 W 股份有限公司 2008 年度的财务报表进行审计,确定财务报表层次的重要性水平 40 万元。审计工作结束日是 2009 年 3 月 28 日。W 股份有限公司 2008 年度审计前财务报表反映的资产总额为 9 000 万元,股东权益总额为 3 600 万元,利润总额为 800 万元。在审计中发现该公司存在以下五事项:(13 分)

(1) 2007 年年末和 2008 年年末应收账款余额分别为 1 300 万元和 1 700 万元,公司的坏账核算方法一直采用备抵法,但将其坏账比例由 2007 年的 5‰ 变更为 2003 年的 3‰。

(2) 2008 年 7 月 1 日,公司为增加营运资金按面值发行 3 年期、面值为 400 万元、票面利率为 3% 的企业债券,当日筹足了资金并按规定作了会计处理(债券发行费用忽略不计),但当年未计提债券利息。

(3) 2008 年 11 月 30 日,公司清查成品仓库,发现 X 产品短缺 50 万元,作了借记"待处理财产损溢"科目 50 万元,贷记"产成品"科目 50 万元的会计处理。2009 年 3 月,查清短缺原因,其中属于一般经营损失部分 40 万元,属于非常损失部分 10 万元,由于结账时间在前,公司未在 2008 年度财务报表中对这一经济业务作相应的会计处理。

(4) 2008 年 1 月,公司购买价格为 40 万元的管理部门用轿车一辆并入账,当月启用,但当年未计提折旧,该类固定资产预计使用年限为 5 年,预计净残值为 5%。

(5) 2009 年 1 月 16 日,公司原材料仓库因火灾造成原材料毁损 300 万元,公司于当月按规定进行了相应的会计处理。

要求:

(1) 假定不考虑审计重要性水平,分别针对审计发现的上述 5 个事项,注册会计师李云、张华应提出何种处理建议？若需提出调整建议,应列示审计调整分录(不考虑审计调整分录对税费,期末结转损益及利润分配的影响)。

(2) 如果 W 股份有限公司拒绝接受注册会计师针对审计发出的 5 个事项所提出的相应的处理意见,注册会计师应当出具何种意见类型的审计报告？并简要说明理由。

(3) 如果 W 股份有限公司只存在上述第四和第五这 2 个事项,并且接受注册会计师对第五个事项提出的相应处理意见,注册会计师应当出具何种意见类型的审计报告？并简要说明理由。

(4) 如果 W 股份有限公司只存在上述第三、第四、第五这 3 个事项,并且接受注册会计师对第五个事项提出的相应处理意见,但拒绝接受对第三个和第四个 2 个事项的处理意见,请代注册会计师编一份审计报告。(引言段、责任段可省略)

模拟试卷(财务收支审计部分)
试题解答和评分标准

一、单项选择题(每小题 1.5 分,共 15 分)

1. D　2. A　3. C　4. C　5. D　6. C　7. D　8. B　9. D　10. C

二、多项选择题(每小题 1.5 分,多选和少选均不给分,共 15 分)

1. A、B、C、D、E　2. A、B、C、D　3. A、B、D、E　4. B、D、E　5. A、B、C　6. A、B、C　7. A、B、D　8. A、B、C、D　9. A、B　10. A、B、D

三、判断题(正确的打"√",错误的打"×")(每小题答对给 1 分,空格扣 1 分,答错扣 2 分,共 10 分)

1. ×　2. √　3. √　4. ×　5. ×　6. ×　7. √　8. ×　9. √　10. ×

四、简答题(14 分)

1. 注册会计师增加审计程序不可预见性的方法有:

(1) 对某些以前未测试的低于设定的重要性水平或风险较小的账户余额和认定实施实质性程序。(2 分)

(2) 调整实施审计程序的时间,使其超出被审计单位的预期。(2 分)

(3) 采取不同的审计抽样方法,使当年抽取的测试样本与以前有所不同。(2 分)

(4) 选取不同的地点实施审计程序,或预先不告知被审计单位所选定的测试地点。(2分)

2. (1) 员工的雇用、解雇以及固定数据的变更。(1分)

(2) 记录工作时间或提供的服务。(1分)

(3) 工薪的编制和记录。(1分)

(4) 记录工薪交易。(1分)

(5) 工薪的发放。(1分)

(6) 工薪监控。(1分)

五、综合题(46分)

1. D公司股票、债券买卖业务的内部控制中存有两处缺陷:

(1) 在紧急情况下由财务经理 K 自行决定并实施,这实际上使得财务经理 K 失去制约,董事会的批准流于形式,无法保证股票、债券的安全完整。(5分)

(2) 每月末由内部审计人员 U 组织财务经理 K、财务人员 S、专人 T 参与股票及债券的盘点,违反了不相容职务分离的基本要求。股票、债券的盘点工作应由不参与股票、债券业务的独立人员进行,不应有股票、债券的经办人员、记录人员及保管人员参与。(5分)

2. 第一部分 (2.5分)

第(1)种情况表明,C公司的融资能力受到限制,很可能导致流动资金不足,并导致重大的错报风险。

第(2)种情况表明,C公司发生了重大的购并行为,很可能占用大量资金,增加重大错报风险。

第(3)种情况表明,C公司在经济不稳定的国家开展业务,很可能难以收回成本,从而增加重大错报风险。

第(4)种情况表明,C公司的信息技术环境发生变化,很可能导致相当一段时期内的信息技术难以与经营活动融合,从而增加重大的错报风险。

第(5)种情况属于重大的异常情况,很可能意味着 C 公司与 Q 银行之间有纠纷,增加重大的错报风险。

第二部分 (2.5分)

情况(4)最有可能导致 C 公司财务报表产生重大错报。对此,A 和 B 应当要求聘请电算化方面的专家进行经常性业务指导。

第三部分 (2.5分)

情况(5)属于重大的异常情况,最有可能意味着 C 公司存在特别风险。该情况意味着 C 公司的资金运作脱离了银行的监管,为舞弊行为提供了客观条件。对此,

A 和 B 应当向 Q 银行询问,并要求 C 公司提供全部信用卡结算的清单,以便作进一步调查。

第四部分 (2.5 分)

情况(2)和情况(3)最可能导致 C 公司的经营风险上升。前者是在经济不发达的地区开展业务,后者是在经济不稳定的地区开展业务,很可能导致难以收回成本的情况发生,影响公司的经营成果。

3. 事项(1)中可能存在两处不合理:一是坏账准备年末余额 52.77 万元÷应收账款年末余额 16 553 万元×1 000‰=3.2‰,与会计政策规定的 5‰的坏账准备计提比例不符;二是应收账款账龄分析中,"2~3 年"和"3 年以上"这两部分的年初数之和仅 2 582 万元,而"3 年以上"的年末数却为 2 874 万元,通常,在公司 2001 年度未发生购并、分立和债务重组行为等的前提下是不可能的。(2.5 分)

事项(2)中可能存在两处不合理之处:一是"累计折旧——土地"的本年增加数为 15 万元,这与国家规定土地不提折旧的要求相悖;二是"固定资产原价——房屋及建筑物"的本年减少数为 21 万元,小于"累计折旧——房屋及建筑物"的本年减少数(31 万元)。而根据会计核算的基本原理,考虑固定资产净残值率这一因素,即便这些减少的房屋及建筑物已提足折旧,其累计折旧数也应小于相应的固定资产原价。(2.5 分)

事项(3)中可能存在一处不合理之处:公司向 b 银行第一营业部借入的 11 650 万元长期借款的借款期限为"2003 年 9 月至 2007 年 8 月",按照《股份有限公司会计制度》的规定,在编制财务报表时,应对其进行财务报表重分类调整,并入"一年内到期的长期负债"项目。(2.5 分)

事项(4)中可能存在一处不合理之处:X 产品 2006 年的销售毛利率为 17.56%,大大高于 2005 年的 5%,既然公司 2006 年的供产销形势与上年相当,通常应维持大致相当的销售毛利率水平。(2.5 分)

事项(5)中可能存在一处不合理之处:在公司 2006 年度合并财务报表附注的"本公司与关联方的交易"部分,不需要披露公司为 X 有限公司提供货运服务这一关联交易。这是因为,在合并财务报表中,企业集团作为一个会计主体看待,集团内的交易应在正确编制合并财务报表时予以抵销,无需予以披露。(2.5 分)

事项(6)可能存在一处不合理之处:该项销售退回事宜不应在 2006 年度合并财务报表附注的"资产负债表日后事项"部分披露,而应调整 2006 年度财务报表的主营业务收入和主营业务成本。因为,根据《企业会计准则第 4 号——资产负债表日后事项》的规定,这类销售退回属于"调整事项"。(2.5 分)

4.(1)。

(a)审计发现的上述第(1)个事项属于《企业会计准则第 28 号——会计政策、

会计估计变更和差错更正》中的会计估计变更的内容,应建议公司在会计报表附注中披露会计估计的内容和理由,以及会计估计变更的影响数。(1分)

(b) 审计发现的上述第(2)个事项影响利润总额 6 万元(400×3‰×1÷2),应建议公司调整审计调整分录为:(1分)

借:财务费用　　　　　　　　　　　　　　　　　　　　60 000
　贷:应付债券——应计利息　　　　　　　　　　　　　　　　60 000

(c) 审计发现的上述第(3)个事项属于《企业会计准则第 29 号——资产负债表日后事项》规定的资产负债表日后事项中的调整事项,该事项影响利润总额 50 万元,应建议公司调整。审计调整分录为:(1分)

借:管理费用　　　　　　　　　　　　　　　　　　　400 000
　营业外支出　　　　　　　　　　　　　　　　　　　100 000
　贷:待处理财产损溢　　　　　　　　　　　　　　　　　　500 000

(d) 审计发现的上述第(4)个事项影响利润总额 6.97 万元[40×(1—5‰)÷5×11÷12],应建议公司调整。审计调整分录为:(1分)

借:管理费用　　　　　　　　　　　　　　　　　　　69 700
　贷:固定资产——累计折旧　　　　　　　　　　　　　　　69 700

(e) 审计发现的上述第(5)个事项属于资产负债表日后非调整事项,应建议公司在会计报表附注中披露。(1分)

(2) 注册会计师应出具保留意见的审计报告。因为:公司未调整或披露的第(1)、第(2)、第(3)、第(4)、第(5)这 5 个事项,均属于不符合国家颁布的《企业会计准则》和相关会计制度的规定,但没有达到出具否定意见的程度。(2分)

(3) 注册会计师应出具无保留意见的审计报告。因为:第(4)个事项仅影响利润总额 6.97 元,远远小于财务报表层次的重要性水平,仅就该事项而言,注册会计师应出具无保留意见的审计报告。(2分)

(4) 审计报告(略)。(4分)

模拟试卷(综合)

一、**单项选择题**(下列各小题备选答案中,只有一个符合题意的正确答案。请将选定的答案编号用英文大写字母填入括号内。本类题共 15 分,每小题1.5 分)

1. 中国的第一家会计师事务所是( )。
   A. 正则会计师事务所　　　　　　B. 潘序伦会计师事务所
   C. 谢霖会计师事务所　　　　　　D. 徐永祚会计师事务所

2. 被审计单位管理当局对财务报表的下列认定中,注册会计师通过分析存货周转率最有可能证实的是( )。
   A. 存在　　　　　　　　　　　　B. 权利和义务
   C. 分类和可理解性　　　　　　　D. 计价或分摊

3. 审计由三方面关系人构成,他们依次是( )。
   A. 委托人、受托人和被审计单位 (受托人)
   B. 注册会计师、委托人和被审计单位(受托人)
   C. 注册会计师、被审计单位(受托人)和委托人
   D. 被审计单位(受托人)、注册会计师和委托人

4. 审计人员在对固定资产及其折旧的审计过程中,重新计算了本期客户应计提的折旧费用。该审计程序的执行目的在于审查被审计单位有关( )。
   A. 固定资产存在的认定　　　　　B. 固定资产完整性认定
   C. 折旧估价的认定　　　　　　　D. 固定资产所有权的认定

5. 下列因素中,构成统计抽样与非统计抽样方法的区别因素是( )。
   A. 审计过程中运用职业判断
   B. 要求审计人员具有一定的工作经验
   C. 将抽样风险加以量化控制
   D. 存在抽样风险

6. 注册会计师执行的下列业务中,保证程度最高的是( )。

A. 验资
B. 财务报表审阅

C. 内部控制审核
D. 对财务信息执行的商定程序

7. 以下关于注册会计师过失的说法中,不正确的是(　　)。

A. 过失是指在一定条件下,缺少应具有的合理的谨慎

B. 普通过失是指注册会计师没有完全遵循专业准则的要求

C. 重大过失是指注册会计师根本没有遵循专业准则或没有按专业准则的基本要求执行审计

D. 注册会计师一旦出现过失就要赔偿损失

8. 了解被审计单位及其环境一般在(　　)进行。

A. 承接客户和续约时
B. 进行审计计划时

C. 进行期中审计时
D. 贯穿于整个审计过程的始终时

9. 下列关于特别风险的说法中,不正确的是(　　)。

A. 针对特别风险,注册会计师实施进一步审计程序应采取实质性方案

B. 舞弊导致的重大错报风险属于特别风险

C. 特别风险通常与重大的非常规交易和判断事项相关

D. 对于舞弊导致的特别风险,注册会计师应当专门针对该风险实施实质性程序

10. 按审计证据的可靠性由高到低的顺序,在注册会计师所获取的下列审计证据中,你认可的排列顺序是(　　)。

A. 银行存款函证回函、购货发票、销货发票副本、应收账款明细账

B. 购货发票、应收账款明细账、银行存款函证回函、销货发票副本

C. 销货发票副本、购货发票、银行存款函证回函、应收账款明细账

D. 应收账款明细账、银行存款函证回函、销货发票副本、购货发票

二、多项选择题(下列各小题备选答案中,有两个或两个以上符合题意的正确答案。请将选定的答案编号用英文大写字母填入括号内。本类题共 15 分,每小题 1.5 分)

1. 审计动因的主要理论是(　　)。

A. 受托责任论
B. 代理理论
C. 信息论
D. 保险论

E. 多因素决定论

2. 管理层对各类交易和事项运用的认定通常分为(　　)。

A. 发生
B. 完整性
C. 准确性
D. 截止

E. 分类

3. 注册会计师应该特别关注可能损害独立性的因素,包括(　　)。

A. 经济利益
B. 自我评价
C. 关联关系
D. 外界压力

E. 审计收费

4. 审计计划包括(　　)。

A. 总体审计计划　　B. 具体审计计划　　C. 详细审计计划　　D. 项目审计计划

E. 简要审计计划

5. 在下列有关审计抽样的表述中,注册会计师不能认同的有(　　)。

A. 审计抽样适用于财务报表审计的所有审计程序

B. 统计抽样的产生并不意味着非统计抽样的消亡

C. 统计抽样可以减少审计过程中的专业判断

D. 对可信赖程度要求越高,需要选取的样本量就越大

6. 鉴证业务要素包括(　　)。

A. 鉴证对象　　　　B. 鉴证对象信息　　C. 证据　　　　　　D. 鉴证报告

7. 注册会计师因为(　　)可能导致承担法律责任。

A. 重大过失　　　　B. 欺诈行为　　　　C. 行政责任　　　　D. 违约责任

8. 注册会计师应当根据具体情况判断某一事项是否属于重大事项。重大事项包括(　　)。

A. 引起特别风险的事项

B. 导致注册会计师难以实施必要审计程序的情形

C. 导致出具非标准审计报告的事项

D. 实施审计程序的结果,该结果表明财务信息可能存在重大错报,或需要修正以前对重大错报风险的评估和针对这些风险拟采取的应对措施

9. 如果控制环境存在缺陷,注册会计师应当对确定审计程序的性质、时间和范围,作出总体修改时,应考虑的内容有(　　)。

A. 在期末而非期中实施更多的审计程序

B. 主要依赖实质性程序获取审计证据

C. 修改审计程序的性质,获取更具说服力的审计证据

D. 扩大审计程序的范围

10. 注册会计师应当充分运用各类交易、账户余额、列报与披露认定,作为(　　)的基础。

A. 评估重大错报风险　　　　　　　　B. 实施进一步审计程序

C. 形成正确的审计结论　　　　　　　D. 确定审计意见类型

三、**判断题**(在每小题后面的括号内填入判断结果。正确的用"√"表示,错误的用"×"表示。本类题共 15 分,每小题 1.5 分)

1. 审计环境是指与审计有关的内部因素的综合。　　　　　　　　　　　(　　)

2. 注册会计师的审计意见旨在提高财务报表可信赖程度,即是对被审计单位未来生存能力或管理经营效率、效果提供担保。　　　　　　　　　　（　　）

3. 我国地方审计机关实行双重领导体制,同时受本级人民政府行政首长和上一级审计机关领导。　　　　　　　　　　　　　　　　　　　　　　（　　）

4. 误拒风险比误受风险对审计人员的危害更大。　　　　　　　　（　　）

5. 审计程序一般包括进驻、实施和报告三个阶段。　　　　　　　　（　　）

6. 在整个审计过程中,职业怀疑态度十分必要。例如,它有助于降低注册会计师疏忽异常情况的风险,有助于降低注册会计师在确定审计程序的性质、时间、范围及评价由此得出的结论时采用错误假设的风险,有助于注册会计师避免根据有限的测试范围,过度推断总体实际情况。　　　　　　　　　　　（　　）

7. 在绝大多数情况下,当注册会计师未能发现重大错报并出具了错误的审计意见时,就可能产生注册会计师是否恪守应有的执业谨慎的法律问题。（　　）

8. 由于审计中的固有限制,影响注册会计师发现重大错报的能力,注册会计师不能对财务报表整体不存在重大错报获取绝对保证。特别是,如果被审计单位管理层精心策划和掩盖舞弊行为,注册会计师尽管完全按照审计准则执业,有时还是不能发现某项重大舞弊行为。　　　　　　　　　　　　　　　（　　）

9. 如果被审计单位的控制在剩余期间发生了变化,注册会计师可以决定信赖期中获取的审计证据。　　　　　　　　　　　　　　　　　　　　　（　　）

10. 检查 M 公司应收账款时,注册会计师张华向 M 公司债务人 N 公司发函询证,回函确认的金额与 M 公司凭证、账面反映的金额之间出现了重大差异。张华认为某项审计证据可能不可靠,追加了审计程序。　　　　　　　　（　　）

四、综合题(共 55 分)

1. V 公司系 ABC 会计师事务所的常年审计客户。2008 年 11 月,ABC 会计师事务所与 V 公司续签了审计业务约定书,审计 V 公司 2008 年度财务报表。假定存在以下情形:(12 分)

(1) V 公司由于财务困难,应付 ABC 会计师事务所 2007 年度审计费用 100 万元一直没有支付。经双方协商,ABC 会计师事务所同意 V 公司延期至 2009 年年底支付。在此期间,V 公司按银行同期贷款利率支付资金占用费。

(2) V 公司由于财务人员短缺,2008 年向 ABC 会计师事务所借用 1 名注册会计师,由该注册会计师将经会计主管审核的记账凭证录入计算机信息系统。ABC 会计师事务所未将该注册会计师包括在 V 公司 2008 年度财务报表审计项目组。

(3) 甲注册会计师已连续 5 年担任 V 公司年度财务报表审计的签字注册会计师。根据有关规定,在审计 V 公司 2008 年度财务报表时,ABC 会计师事务所决定不再由甲注册会计师担任签字注册会计师。但在成立 V 公司 2008 年度财务报表审计项目组时,ABC 会计师事务所要求其继续担任外勤审计负责人。

(4) 由于 V 公司降低 2008 年度财务报表审计费用近 1/3,导致 ABC 会计师事务所审计收入不能弥补审计成本,ABC 会计师事务所决定不再对 V 公司下属的两个重要的销售分公司进行审计,并以审计范围受限为由出具了保留意见的审计报告。

(5) V 公司要求 ABC 会计师事务所在出具审计报告的同时,提供内部控制审核报告。为此,双方另行签订了业务约定书。

(6) ABC 会计师事务所针对审计过程中发现的问题,向 V 公司提出了会计政策选用和会计处理调整的建议,并协助其解决相关账户调整问题。

要求:请根据中国注册会计师职业道德规范有关独立性的规定,分别判断上述六种情形是否对 ABC 会计师事务所的独立性造成损害,并简要说明理由。

2. 注册会计师在审查蓝色海洋公司 2008 年度财务报表时,按照审计准则的要求,形成了大量的审计工作底稿,其中有代表性的底稿有以下 4 张工作底稿,记载的内容分别是:(12 分)

(1) 管理建议书副本:蓝色海洋公司的银行存款、银行借款、投资等业务的规章制度存在严重影响财务报表的缺陷。

(2) 应收账款函证回函:蓝色海洋公司应收账款明细账所记载的内容与该客户记录的金额、日期、商品名称等均一致。

(3) 购货发票复印件:由于漏记了两种材料采购,蓝色海洋公司的应付账款户期末余额低于期末尚未偿还的实际余额,低估的金额接近本账户的可容忍误差。

(4) 审计调整分录汇总表:如被审计单位拒绝调整,财务报表错报总额将远远超过其重要性。

要求:根据上述信息,逐一确定相应的审计证据类型(包括来源和表现形式)、四种证据的可靠性排序以及每种证据最适宜证实的两个管理层认定(如果有)。将你的结论填列在下表中。

底稿序号	审计证据的类型	证据可靠性排序	适宜证实的两个管理层认定(如果有)
(1)			
(2)			
(3)			
(4)			

3. 试论述控制测试与实质性程序的异同点。

区别点	控制测试	实 质 性 程 序
1		
2		
3		
4		
5		
6		
7		
8		
9		
10		

4. 立信审计师事务所注册会计师王晨、李民已于 2009 年 3 月 10 日完成对 ABC 股份有限公司 2008 年度财务报表的外勤审计工作,现正草拟审计报告。按审计业务约定书的要求,审计报告应于 2009 年 3 月 25 日提交,在复核审计工作底稿时,王晨、李民发现存在以下几种主要情况:(20 分)

(1) 审计工作底稿显示,2008 年度利润表重要性水平为 85 万元,2008 年 12 月 31 日资产负债表重要性水平为 95 万元,公司审计前利润总额为 200 万元。

(2) 2009 年 3 月 5 日,北京市高级人民法院最终裁定,2009 年 1 月 ABC 股份有限公司被控告侵权,应赔偿 XYZ 股份有限公司 125 万元。

(3) ABC 股份有限公司 2008 年度计提坏账准备的比例由 2007 年度按应收账款年末余额 3‰提高到 5‰。

(4) 在 2008 年 12 月 31 日对 ABC 股份有限公司 A 产品进行监盘时,发现数量短缺 1 000 件,A 产品单位成本 870 元,但 ABC 公司未作调整。

(5) ABC 股份有限公司 2008 年 6 月购置一台价值 50 万元的设备,已入账,当月由管理部门启用,但当年并未计提折旧。公司会计政策规定,该设备折旧年限为 5 年,残值率为 10%,按直线法计提折旧。

要求:

(1) 针对上述第(1)种情况,王晨、李民应选择的重要性水平为多少? 为什么?

(2) 试简述王晨、李民在 2009 年 3 月 25 日前对期后事项审查负有哪些责任? 并针对上述第(2)种情况,应对 ABC 公司提出何种建议?

(3) 针对上述第(3)、第(4)、第(5)种情况,王晨、李民应提出何种建议? 若需提出调整建议,应列示调整分录。

(4) 如果只考虑第(2)、第(4)、第(5)种情况,并假定 ABC 公司未接受调整建议,请代王晨、李民起草一份审计报告。(引言段、管理层和 CPA 双方责任段可省略)

模拟试卷(综合)试题解答和评分标准

一、单项选择题(每小题 1.5 分,共 15 分)

1. A   2. D   3. C   4. C   5. C   6. A   7. D   8. D   9. A   10. A

二、多项选择题(每小题 1.5 分,多选和少选均不给分,共 15 分)

1. A、B、C、D、E   2. A、B、C、D、E   3. A、B、C、D   4. A、B   5. A、C

6. A、C、D   7. A、B、D   8. A、B、C、D   9. A、B、C、D   10. A、B

三、判断题(正确的打"√",错误的打"×")(每小题答对给 1.5 分,共 15 分)

1. ×   2. ×   3. √   4. ×   5. ×   6. √   7. √   8. √   9. ×   10. √

四、综合题(55 分)

1. (12 分)

(1) 损害独立性。ABC 会计师事务所将 2007 年审计费用收入 100 万元延期至 2009 年年底可以达到继续承接 L 公司 2009 年年报审计委托,同时,对 V 公司以前年度尚未支付的审计费用收取资金占用费,与 V 公司存在除审计收费以外的直接经济利益关系。(2 分)

(2) 不损害独立性。该注册会计师从事的记账凭证输入工作不属于编制鉴证业务对象的数据和其他记录,不会产生自我评价对独立性的威胁。(2 分)

(3) 损害独立性。甲注册会计师尽管不再担任签字注册会计师,但还担任 V 公司 2008 年度财务报表外勤审计负责人,并没有消除关联关系对独立性的威胁。(2 分)

(4) 损害独立性。由于 ABC 会计师事务所受到 V 公司降低收费的压力而不恰当地缩小工作范围,形成外界压力对独立性的威胁。(2 分)

(5) 不损害独立性。内部控制审核与审计报表业务不是不相容的工作,不会对独立性造成威胁。(2 分)

(6) 不损害独立性。为 V 公司提出会计政策选用和会计处理调整的建议,并

协助其解决相关账户调整问题,属于审计过程中的正常工作。(2分)

2. (15分)(1分×12=12分)

底稿序号	审计证据的类型	证据可靠性排序	适宜证实的管理层认定
(1)	自行编制的外部证据	第四	无
(2)	直接获取的外部证据	第一	存在,计价和分摊
(3)	客户持有的外部证据	第二	完整性,计价和分摊
(4)	自行编制的外部证据	第三	计价和分摊、准确性和计价(列报披露)

3. (11分)

控制测试主要测试被审计单位内部控制政策和程序设计的适当性及其运行的有效性。(1分)而实质性程序主要是交易和余额的详细(细节)测试及对会计信息和非会计信息应用的实质性分析程序。运用实质性程序可取得证明管理当局在财务报表上的各项认定是否公允的证据。(1分)控制测试的方法一般有:① 检查。② 询问。③ 重新执行。④ 观察四种以及穿行测试(复合方法)。(1分)实质性程序的方法一般有交易和余额的详细(细节)测试及对会计信息和非会计信息应用的分析程序两大类、六小种,即通过检查、观察、查询及函证、监盘、计算和分析程序等方法,获取充分、适当的审计证据,以便对被审计单位的财务报表发表意见提供合理的基础。(1分)

控制测试与实质性程序的联系:控制测试为实质性测试打基础,控制测试的结果为确定实质性程序的性质、时间、范围提供依据;实质性程序是在控制测试的基础上进行的,实质性程序取决于控制测试的结果。(2分)

两者区别具体见下表。(5分)(0.5分×10=5分)

区别点	控 制 测 试	实 质 性 程 序
1. 测试对象	内部控制	会计数据(余额、交易、列报等)
2. 测试目的	确定内部控制的设计和执行是否有效	确定财务报表项目认定的合法性和公允性
3. 程序性质	询问、观察、检查、重新执行	检查记录或文件、检查有形资产、观察、询问、函证、重新计算、分析程序等
4. 测试时间	期中、期末为主	期末、期后为主
5. 实施要求	选择进行	必须进行
6. 证据类别	间接证据	直接证据

（续表）

区别点	控　制　测　试	实　质　性　程　序
7. 程序种类	同步、额外、计划控制测试三种	余额、交易、分析性测试三种
8. 计量性质	偏差率	错报金额
9. 测试风险	控制风险	检查风险
10. 抽样类型	属性抽样	变量抽样

4. （20 分）

（1）。

（a）王晨、李明应选择的重要性水平为 85 万。因为按照注册会计师审计准则的规定，当不同财务报表的重要性水平不同时，CPA 应选择最低的重要性水平，重要性水平越低，审计风险越高，注册会计师就应执行更充分的审计测试，以将审计风险降低至可接受水平。（3 分）

（2）。

（b）在 3 月 10 日前王晨、李明应实施必要的审计程序，获取充分适当的审计证据，以确认期后事项的发生及处理是否合规，在 3 月 10 日至 25 日，王晨、李明应对已知晓的期后事项予以关注，并实施相应的审计程序，上述情况属于第二期后事项，应建议 ABC 股份有限公司在财务报表附注中予以披露。（3 分）

（3）。

（c）会计准则允许企业变更会计政策，且 ABC 调整后的计提坏账准备比例在规定范围内，但应提请 ABC 股份有限公司在财务报表附注中予以披露。（3 分）

（d）影响利润总额为 870 000 元，应建议调整。（3 分）

借：管理费用　　　　　　　　　　　　　　　　　　　　　　870 000
　贷：存货（库存商品）　　　　　　　　　　　　　　　　　　870 000

或，借：主营业务成本　　　　　　　　　　　　　　　　　　870 000
　　贷：存货（库存商品）　　　　　　　　　　　　　　　　　870 000

（e）需补提折旧并影响利润总额 4.5 万元 $[50\times(1-10\%)\div 5\times\frac{6}{12}]$，建议企业调整。（3 分）

借：管理费用　　　　　　　　　　　　　　　　　　　　　　45 000
　贷：固定资产——累计折旧　　　　　　　　　　　　　　　45 000

审计报告（略）。（5 分）